本书获2016年度福建省社会科学规划项目资助
（项目批准号：FJ2016TWB007）

中共福建党的建设史

（1926—1949）

中共福建省委党史研究室　著

福建人民出版社
FUJIAN PEOPLE'S PUBLISHING HOUSE

前　言

2019年是中华人民共和国成立70周年，也是中国共产党在全国执政70周年。中国共产党从1921年成立至今，走过了近百年历程，领导全国各族人民，艰苦奋斗，百折不挠，在革命、建设和改革的艰辛征途中，从小到大、由弱到强、转危为安、愈挫愈勇，从革命党转变为全国范围的执政党，并且让中华民族走向了民族复兴、世界舞台的中心，把一个积贫积弱的旧中国建设成了一个繁荣昌盛的新中国，而取得成功的根本原因是中国共产党特别重视自身建设。

研究并书写中国共产党建设的历史，可以使人们对中国共产党的发展壮大和自身建设的全貌有更多的了解，对党的建设的特点、规律有更直观的认识，有利于进一步探索解决党的建设现实问题的途径和方法。《中共福建党的建设史（1926—1949）》就是从一个限定的时间和空间角度，反映新民主主义时期中国共产党在福建发展的历史情况。中共福建组织从成立到全国解放，经历了曲折发展的过程：创建伊始，福建党组织在大力开展组织建设的同时，也进行了思想建设、干部训练和巡视、汇报等制度建设，还进行了党的布尔什维克化、党员成分工农化的探索；大革命失败后，由于福建党组织及时将革命的力量转移到农村，为农村党组织的发展奠定了基础；红四军入闽为福建党组织的发展创造了有利的条件；创建农村革命根据地，走农村包围城市的道路，为福建苏区党组织的发展开辟了广阔的空间，先后在苏区建立了中共福建省委和中共闽赣省委两个省级机关，党组织得到空前的发展，福建中央苏区成为中央苏区的重要组成部分；同时，在严峻的形势下，白区党组织仍顽强坚持，进行了组织改造及各项制度建设；90年前召开的古田会议，确立了“思想建党、政治建军”的一系列原则，成为党和军队建设史上的里程碑；抗日战争和解放战争时期，福建党组织在贯彻党中央提出的“隐蔽精干、长期埋伏、积蓄力量、以待时机”十六字方针的同时，领导进行了学习整风、提高思想水平、加强组织建设、提高执政能力等党的自身建设，密切了与群众的联系，锤炼了良好作风，从而保持了南方重要的战略支点，为迎接解放大军的南下和福建全境的解放并执政福建做出了贡献。

1939 年 10 月，毛泽东在《〈共产党人〉发刊词》中提出，要赢得革命的最终胜利，就必须把中国共产党建设成为“一个全国范围的、广大群众性的、思想上政治上组织上完全巩固的布尔什维克化的中国共产党”，强调这是一项伟大工程，要赢得革命最终胜利，必须抓好这个伟大工程。中国特色社会主义进入新时代，在统揽伟大斗争、伟大工程、伟大事业、伟大梦想中，起决定性作用的是党的建设新的伟大工程。习近平总书记指出：实现伟大梦想，必须推进党的建设新的伟大工程，必须坚持和加强党的全面领导，坚持党要管党，全面从严治党，全面推进党的政治建设、思想建设、组织建设、作风建设、纪律建设，把制度建设贯穿其中，把党建设成为始终走在时代前列、人民衷心拥护、勇于自我革命、经得起各种风浪考验、朝气蓬勃的马克思主义执政党。

党史是最好的教科书，历史经验是最好的财富。相信《中共福建党的建设史（1926—1949）》的出版，对于提高当前在全党开展的“不忘初心，牢记使命”的主题教育效果，增强党的建设科学化水平，实现新时代党的建设总要求，推进新时代党的建设伟大工程，都将发挥极好的启迪和借鉴作用。

目　录

第一章 福建党组织的创建

中国共产党的诞生是历史的必然，是时代发展的需要，是一定时期经济发展和社会阶级变化的产物。鸦片战争后，中国受到西方帝国主义的侵略，逐渐沦为半殖民地半封建社会，领导中国人民进行反帝反封建的民族民主革命的历史重任呼唤中国共产党的建立。同时，中国近代工业特别是资本主义经济一定程度的发展，引起社会阶级关系的新变动，促进了新的革命力量的成长。外国资本主义的侵入，为福建资本主义的发展提供了某些客观条件，在破坏自然经济的同时，也促进了自身商品经济的发展。加上官僚资本和海外华侨资本创办了一些近代企业，使福建工人阶级队伍得以形成，从而为党组织的建立奠定了阶级基础。随着五四运动的爆发、新文化运动的兴起以及进步报刊的创办，马克思主义在福建得到进一步传播，特别是共青团员、党员深入到工人、学生中开展活动，培训农运骨干，使马克思主义与工人运动结合，这些为福建党组织的成立做好了思想上和干部上的充分准备，党组织应运而生，破茧而出。

第一节 福建党组织建立的经济状况和阶级基础

一、福建党组织建立的经济状况

一个新生事物的出现，总是决定于当时的社会经济状况，中共福建地方组织的建立也离不开时代条件的约束。19 世纪，在中国这一泱泱大国还处于封建统治时，就受到西方资本主义国家的觊觎，随着 1840 年英国发动鸦片战争后各种丧权辱国的不平等条约的签订，中国逐步沦为半殖民地半封建社会。

地处东南沿海的福建，自古以来与海外联系比较密切，所以也成为较早受资本主义国家侵略的省份之一。根据《南京条约》的条款，福州、厦门先后被迫开埠通商，英国政府在福州、厦门设立领事机构。此后其他西方列强也接踵而至。从此，外国资本主义侵略势力以福州、厦门为跳板，深入到全省各地。特别是19世纪末20世纪初期，世界资本主义完成了向帝国主义的过渡，各帝国主义国家更进一步加强对福建的侵略。甲午战争后，日本以台湾为基地加紧对福建的侵略。1896年日本强迫清政府签订《中日通商行船条约》，取得在上海、天津、厦门、汉口、福州等地设立“专管租界”的权利。1915年日本又借口约束侨民，分别在福州、厦门的领事馆内附设“警察署”，翌年又强行在厦门梧桐埕分设警部，从而侵犯中国主权，公然行使其所谓“警察管辖权”。1903年初，西方各国联合在鼓浪屿成立工部局，厦门鼓浪屿从而沦为外国列强的“公共租界”。

与此同时，帝国主义加紧了对福建的经济侵略。早在19世纪中后期，西方列强即在福州、厦门两个通商口岸设立了直接服务于其倾销商品、掠夺原料的船舶修理厂和一些加工工厂等：如英国先后在厦门建立白拉梅船坞和鼓浪屿船坞等3座船坞，鼓浪屿船坞还附设有一座机器工厂和铁木工厂等，规模颇大；美商在福州马尾建立福州船坞；英、俄、丹麦联合在鼓浪屿开办大北电报公司；英国大东电报公司在闽江口川石岛建立电报局。各国还在福州、厦门等地建立鸦片制造厂、砖茶厂、铁锅制造厂和机器制冰厂等。甲午战争后，外国资本纷纷涌入福建，其中以日资最为突出。日商在福州、厦门开办有玻璃厂、制冰厂、樟油厂、印刷厂、电话公司、轮船公司等。此外还有英商在福州创办的耀明火柴厂、在鼓浪屿开办的礼昌电灯厂、在厦门设立太古轮船公司的“行口”，德商在福州开设的哥伦比亚制蛋公司等。

西方列强还在福建开办银行，操纵福建的财政金融。至1919年各国先后在福州、厦门设立有13家银行。同时，西方列强还对福建进行文化侵略。帝国主义分子纷纷以传教士的身份来福建活动，天主教、基督教都在福州、厦门设立教区，并逐渐深入福建各地。至1917年，全省各地已有基督教教士 4030 人、教徒近 3 万人，有天主教神父 96 人、教徒 6 万多人。西方列强还在福建创办了 1709 所各种学校，其中，高等专业学校 3 所、中等专业学校 12 所、中学 18 所、小学 1676 所。另外还办有一些医院、诊所及“育婴堂”“仁慈堂”等。甲午战争后，日本也在福州开办“东文学社”，在厦门开办“东亚书院”等学校，同时在福州、厦门办有《闽报》和《全闽新日报》。日本本土的佛教也先后在厦门等地开教。

外国资本在福建投资办厂，利用福建的廉价原料和劳动力，在福建制造产品就地倾销或转口他销，获取了比向福建输出商品高得多的利润，并且严重阻碍了福建民族工商业和手工业的发展，造成了工人失业和福建社会经济的凋敝。外国银行利用吸收的大量资金，帮助洋行进行经济掠夺，同时通过向福建地方政府提供贷款以扼制福建经济命脉。西方列强在福建各地建教堂，办医院、学校和报纸等，“其目的，在于造就服从它们的知识干部和愚弄广大的中国人民”[①]，实行文化侵略为其殖民和霸权服务。

外国资本主义的侵入，在破坏福建自给自足的封建经济的同时，也对城乡商品经济即资本主义的发展提供了某些客观条件。面对西方列强的侵略，当时的有识之士发出救国救民的呼吁。为了挽救封建统治，清朝政府发起洋务运动，创办一些官办企业，如福建机器局、福建矿务总公司等。而从 1870 年起，福建就出现了民族资本经营的近代工业，如在福州先后创办的砖茶厂、制糖厂、机器面粉厂、纱厂，厦门的玻璃制造厂、自来火局（火柴厂）等。甲午战争后特别是第一次世界大战前后，由于民族危机的加深，激发了一部分民族资产阶级、华侨和官僚士绅的反帝爱国热情，掀起“实业救国”热潮，特别是爱国华侨积极回家乡投资，使福建的民族工业有了较大程度的发展。这期间，福建民族资本创办的厂矿资本在 1 万元以上的有 21 家，比甲午

---

① 毛泽东：《中国革命和中国共产党》（1939 年 12 月），载《毛泽东选集》第 2 卷，人民出版社，1991，第 630 页。

战争前增加 2 倍多。[①] 主要有邵武煤矿、福州建兴锯木厂、福州制茶公司、厦门电灯厂、石码机器造砖厂、福建火柴厂、福州电灯厂、经厚染织厂、福州谦祥春记玻璃厂、厦门广建玻璃厂、淘化罐头公司、福州华川制皂厂、龙溪华祥制糖公司、大同罐头公司等。当然，由于遭受帝国主义的压制和封建主义剥削，这些民族工业发展极为缓慢，而且规模都很小。

帝国主义对福建的侵略，对福建经济和社会的发展造成了严重的阻碍，福建沦为半殖民地半封建社会，人民群众受到残酷的压迫和剥削，生活在水深火热之中。推翻帝国主义和封建主义的统治，实现民族独立和人民解放成为摆在中华民族面前的历史性任务，时代呼唤能够担负救国救民重任、领导人民反帝反封建的民族民主革命的政党出现。

福建经济社会的发展状况为共产党组织的建立提供了一般经济条件。

二、工人阶级队伍的形成奠定建党阶级基础

中国早期工人阶级的产生，一方面是由于封建经济的发展，产生了资本主义的萌芽，另一方面是由于帝国主义的侵略使中国近代资本主义客观上得到缓慢发展。福建是中国最早出现近代工业和产业工人的地区之一。

福建工人阶级是伴随着资本主义工业特别是外国资本主义在闽企业的创办而产生的，主要由部分破产的农民和手工业者所构成。福建最早的一批产业工人出现于 19 世纪 50 年代，当时外国资本在福建两个通商口岸开办的船舶修造厂和小型加工厂，如英商开设的厦门船坞公司，雇佣了一批中国工人。到 1892 年厦门船坞公司改组为新船坞公司时就经常雇佣着 200 名职工。[②] 19 世纪 70 年代以后外国资本家又在两地开办了各种加工业和小型轻工业工厂，如砖茶生产、鸦片加工、制

① 蒋伯英主编《福建革命史》（上），福建人民出版社，1991，第 34 页。

② 孙毓棠编《中国近代工业史资料》第 1 辑（下册），科学出版社，1957，第 1175 页。

铁锅、制冰、建火油池等。分别有英商在厦门开设的鸦片制造厂、德商在厦门建立的铁锅制造厂、英商裕丰洋行在鼓浪屿开办的铁锅厂、英商在福州创办的机器制冰厂等。砖茶业主要被俄商垄断，先后有3家俄商在福州、建宁及闽北南平、建瓯等地开设了9家砖茶厂，其中仅南平附近一厂即雇有工人200人，估计9个厂雇佣工人1000人至1500人[①]；英商在厦门建立3个火油池，还附设制造铝、铁煤油箱的小型工厂，雇有工人200多名。[②] 到甲午战争时，外国资本在福建开办有18家近代工业企业，雇佣的工人少则二三十人，多则200多人，估计雇佣1600人至2000人。[③]

从19世纪60年代起，清王朝兴起洋务运动，在福建创办了一批军事和民用工业。如福州船政内设立了清政府官办的规模最大的船舶修造厂，拥有10多个小厂。雇佣工人由最初的几百名，增加到1866年的1730人至2000人，1876年达到2600人。[④] 1869年创办的福建机器局规模虽小，也雇有工人70人至80人。同时也有部分商人资本家、华侨创办了一批民族工业，主要是砖茶、火柴、面粉、纺织等小型轻工业，达10多家。如福州机器面粉厂约有工人30人，福州机器制茶厂约有工人100人。至甲午战争前夕，在福建的外国资本主义企业、官办洋务企业和民营企业中的产业工人总数有4500人至5000人，大部分集中在福州和厦门两地，其中福州及其附近地区2970人至3240人，厦门约500人。[⑤]

甲午战争特别是辛亥革命发生后，面对西方列强的侵略，官僚买办和民族资本家掀起兴办实业的热潮，爱国华侨纷纷回国回乡投资办厂，这些都有力推动了福建民族工业的发展，各类厂矿日益增多，因此，福建的产业工人人数有了较大的增加。据统计，1912年福建在中

① 孙毓棠编《中国近代工业史资料》第1辑（下册），科学出版社，1957，第1202页。

② 孙毓棠编《中国近代工业史资料》第1辑（下册），科学出版社，1957，第1179页。

③ 福建省总工会编《福建工人运动史（1840—1949）》，中国工人出版社，1990，第11页。

④ 汪敬虞编《中国近代工业史资料》第2辑（上册），科学出版社，1957，第276页。

⑤ 孙毓棠编《中国近代工业史资料》第1辑（下册），科学出版社，1957，第1202页。

国人创办的工厂中即有职工 72583 人。[①] 但它并没有把逐年发展的外国企业和民族采矿业、航运业等企业中的工人统计在内，可见福建产业工人远不止此数。

第一次世界大战使帝国主义放松了对福建的经济侵略，给福建民族资本创造了有利时机。据不完全统计，从 1914 年至 1919 年，福建民族资本新开设厂矿 90 多家，主要有纺织、民用电业、加工修理等小型加工业和采矿业。厦门从 20 世纪初至 1919 年新办民族工业共 71 家，总共雇佣工人 1190 人。据北洋军阀政府农商部 1916 年统计，福建近代工业工人为 20634 人，但这仅限于注册的公司、工厂的数字，没有把小型企业、矿区、现代海员、码头工人计算在内，如果把这些工人计算在内，估计全省产业工人应达 2 万人至 3 万人。

福建工人阶级是福建社会中崭新的阶级力量，并且有着它自身显著的特点。

首先，福建工人阶级受剥削重，革命性特别强和彻底。福建工人阶级深受帝国主义、封建主义和官僚资本主义三重压迫，所受剥削十分残酷。工人劳动条件极差，根本谈不上有什么劳动保护措施，工人伤亡事故时有发生。工人的劳动时间长，劳动强度大，而报酬却极低。如福州船政创办之初，工人每日要工作 10 个小时，后来更增加到 12 个小时，成为当时国内劳动时间最长的工厂之一。其他如邮政、电话工人等每天均要工作 12 个小时至 16 个小时。工人在恶劣的劳动环境下，拼死拼活地干活，收入却极少。1916 年，男工日工资为 0.21 元至 0.37 元，女工只有 0.12 元至 0.22 元，难以养家糊口。此外福建工人还要受各种封建性的剥削和压榨，且没有任何政治权利，经济权利得不到任何保障，随时都有被无端解雇的可能。遭受剥削和压迫越强，反抗就越烈，正是这些沉重而残酷的压迫和剥削，使福建工人养成了坚定的革命性。福建工人阶级具有光荣的英勇斗争历史和优良的革命传统，自从它诞生后，不但进行过反剥削反压迫的斗争，而且也追随资产阶

① 刘明逵编《中国工人阶级历史状况》第 1 卷第 1 册，中共中央党校出版社，1985，第 124～128 页。

级参加过一些爱国和反封建的斗争，如厦门工人反对英商擅自建筑海后滩的斗争，反对英、德商人私设铁锅厂的斗争。福州船政工人自发反对“洋匠与华匠之待遇悬殊”，直至罢工；反对缩减工资、延长工时的罢工斗争。同时，厦门工人参加当地商人领头的反海关苛税斗争及同盟会武装起义等。这些充分表现出福建工人阶级革命的坚定性和战斗力。

其次，福建工人阶级的力量比较集中。福州、厦门是最早开埠通商的城市，福州又是省会，厦门是华侨中转中心，早期的近代工业主要创办在这两个城市，所以产业工人也基本集中在这里。1894 年两个城市的工人数占全省工人总数的 85%以上，其中福州约占 65%，厦门约占 20%，后来才逐步向漳州、泉州等中小城市及内地城镇发展。在产业分布上，与福建创办企业相适应，工人大多集中在造船、航运、邮政、码头搬运、制茶、纺织等产业中。所以福建工人分布主要集中于福州、厦门、漳州等城市和上述产业，便于组织和联系，容易形成较强的斗争力量。

再次，福建工人阶级与农民建立了紧密联盟。福建工人阶级大部分来源于破产农民，对福建农村和农民的生活状况有深切的了解，在思想感情上同情农民的疾苦，这就便于他们在斗争中与农村的劳动群众结成紧密的联盟，在斗争中互相支持，增强自身的力量。

但福建工人阶级也有自身的弱点，主要是人数比较少，历史很短，因袭封建行会意识等。特别是福建是个农业省份，农民占绝大多数，产业工人几乎都脱胎于破产农民，所以小农意识和非无产阶级思想较为浓厚，这为以后福建地方党的建设提出了一个重要课题。在五四运动以前，福建工人在思想上仍然没有根本摆脱封建社会行帮、会党思想的影响和束缚，当时工人的组织状况也还是以行会、帮口为主要形式，即按行业或按同乡、地域形成的组织。在五四运动的反帝反封建浪潮中，有的工人也参加了“抗英会”“十人团”“国货提倡会”等组织，但都不是纯粹的工人组织。这说明当时福建工人的力量很有限，觉悟程度较低，是处在“自在”的阶段，必须向“自为”阶段转变。

福建工人的这些鲜明特点，使他们成为福建社会中最先进、最革命，也是最有战斗力的阶级，能够担负起历史的重任。正是福建工人阶级队伍的产生和发展壮大，以及在斗争中觉悟程度和组织程度的不断提高，使其具有走上政治舞台、成立政党的要求。福建工人阶级队伍的形成，奠定了中国共产党在福建建立地方组织的阶级基础。

第二节　福建党组织的建立

一、马克思主义的传播与建党的思想准备

随着外国势力侵入福建，并将福建作为其势力范围，福建人民敢于反抗的优良传统进一步表现出来，对帝国主义的侵略和封建势力的统治进行了不屈不挠的斗争。在孙中山领导的资产阶级民主革命运动的影响下，福建相继出现了资产阶级的革命团体组织，福建革命党人积极参加辛亥革命，举行武装起义，推翻了清朝在福建的统治。但从全国范围来看，由于资产阶级的妥协性，使辛亥革命最终遭受失败，它昭示人们：中国必须另寻新的救国救民之路。

1919 年 5 月，为反对帝国主义列强在巴黎和会上损害中国主权，北京爆发了震惊中外的五四运动。福建各大专院校积极响应，厦门、漳州、泉州及各地学生相继举行罢课、集会和示威游行。14 日，福州 13 所中等以上学校学生代表开会，成立福州学生联合会，领导和宣传反帝爱国斗争，同时各地开展了抵制日货运动。福州、厦门、漳州、南平、建瓯、泉州、龙岩、莆田等地，先后组织了抵制日货的“十人团”“五人团”“日货检查队”“日货调查组”等团体，积极开展抵制日货、倡导国货运动。为反对日本侵略势力在福州报复抵制日货运动、惨杀中国警察，学生和市民奋起抗争，这就是震惊中外的“闽案”（台江事件）。全国各地纷纷声援，成为五四运动的最后一个浪潮。五四运动的广泛性、深入性和激烈性，开启了福建现代史上思想解放的进程。

五四运动推动了福建新文化运动的兴起。为了唤起民众，争取最广泛的社会阶层参加斗争，学生们用白话编写和印制传单，同时还编排小话剧在街头巷尾演出。各地中等以上学校都开始废弃文言文，提

倡白话文，使用新式标点，并且推广普通话，革除方言教学的旧习惯。各地报刊也开始使用白话文，“为教育史开了一个新纪元”。[①] 各地学生组织剧社、剧团以及宣传队等，演出“打倒卖国贼”“焚毁日货”等活报剧和《好儿子》《孔雀东南飞》《爱国魂》等剧目，宣传反帝反封建的思想，破除迷信，改良旧的不良风俗习惯，揭露和抨击社会黑暗，深为人民群众所喜爱和欢迎。全省各种学校逐渐开始同时招收男女学生，实行男女同校、同班，打破“男尊女卑”和“男女授受不亲”的封建礼教。同时福州等地的一些报刊开始宣传新文化运动所提倡的民主和科学。

此时，福建青年中出现留学的热潮。1918 年下半年，中华革命党人在福州发起组织华法教育会福建分会，开始在福建组织留法勤工俭学的活动。1919 年下半年，粤军总司令陈炯明在以漳州为中心的闽南护法区招选“半官费”资助的赴法勤工俭学学生，到 1920 年初，福建共选送 40 人。同时，福州的福建私立法政专门学校也附设了留法预备班。此外还有在北京、天津、上海等地由当地的留法勤工俭学等组织赴法的福建籍青年。到 1920 年 10 月，福建留法勤工俭学运动达到高潮，共有 87 名学生赴法留学。留法勤工俭学运动是新文化运动的一个重要组成部分。一些经过五四运动洗礼的福建籍学员，积极参加在法国的学生运动，其中的先进分子逐步接受了马克思主义，后来不少人成为中国共产党党员。

随着五四运动的深入发展，全国涌现出数百个进步社团和期刊，开始不同程度地介绍、宣传马克思主义，《新青年》《每周评论》《浙江评论》《新潮》《建设》《星期评论》等进步刊物陆续传入福建。同时，福建省内也出版了一些介绍新文化、新思潮，特别是介绍俄国十月革命和马克思主义学说的进步书籍和报刊。主要有：新闽学书局公开出售的《共产党宣言》《社会主义从空想到科学》《新青年》等，《闽星》半周刊和日刊，漳州省立第二师范学生自治会创办的《自治》半月刊

① 黄菊坡：《五四爱国运动在福鼎》，载中国人民政治协商会议福建省福鼎县委员会文史工作组编《福鼎文史资料》第 3 辑，1984，第 29 页。

等。《闽星》创办于被誉为“中国南部革命的中心”的漳州闽南护法区，它在宣传无政府主义的同时，也宣传十月革命的胜利，并用大量篇幅发表介绍苏俄的文章。不仅给予十月革命很高评价，对苏俄情况介绍也较为客观，对扩大十月革命影响起了一定积极作用。正如毛泽东所说，在中国“讲马克思主义倒还是国民党在先”。这些成为马克思主义在福建公开传播的先声。1921 年中国共产党成立后，党团中央出版的《向导》《新青年》《先锋》《先驱》《中国青年》等刊物，通过各种渠道大量传入福建，马克思主义在福建得到更广泛的传播。

在此基础上，福建各地初步信仰马克思主义的进步青年纷纷组织进步社团，研究和宣传马克思主义。1921 年春，邓子恢、陈少微（陈明）等人在龙岩团结一批进步知识青年组织成立了奇山书社，开展青年自修的读书运动，共同研究新文化、新思潮。这项活动在知识青年中引起极大反响，书社社员在短时间内发展到 200 多人。为交流心得，该社还编印了一份油印刊物《读书录》，后来又创办《岩声》报，成为五四运动后福建创办时间最长、发行量最大、发行范围最广，影响甚大的进步报刊；1923 年冬，永定县进步知识青年胡其文、曾牧村、陈正、胡定均、胡永东等人，组织晨钟社，并创办《晨钟》杂志；1924 年 5 月，集美学校龙岩籍学生杨世宁、谢景德、李联星等，先后组织新龙岩季刊社和龙岩籍集美学生会，出版《新龙岩季刊》和《到民间去》；1925 年，上杭县进步青年罗大准等人组织读书会，出版不定期刊物《幻灯》；同年冬，汀属八县在广东读书的进步学生谢秉琼、胡铁等人，在广州发起成立汀雷社，并于 1926 年 3 月创办《汀雷》月刊，每期寄回汀属八县散发。此外，闽西各县还先后出现《曙汀》《长汀月刊》《莲钟月刊》《改进》《虹痕》《奋斗》《赤花》《雷鸣》等进步刊物。

福州是较早有革命活动的地方。1922 年 10 月，团中央派福州籍团员陈任民回福州开展革命活动。陈任民在团中央执行委员会委员俞秀松的指导下，团结一批进步青年学生，组织民社，学习马克思主义。同年 12 月，陈任民又和方尔灏等人创办《冲决》周刊，宣传马克思主义学说和中国共产党二大通过的民主革命纲领。1923 年夏，陈任民等人又以勤工俭学为名，在省立福州二中建立工学社，组织同学阅读

《共产党宣言》《向导》《先驱》等革命书刊，并出版《工学报》宣传马克思主义。1925 年 1 月，陈任民、江削五、陈聚奎等人以“研究社会科学，努力青年运动，促成国民革命为纲领”，组织成立福建青年社，成员达 80 多人，并出版《福建青年》周刊，大力宣传马克思主义，号召青年和工农群众奋起开展反帝反封建斗争。1925 年 1 月，徐星者、苏建维等人发起成立福建勉之学社，成员互学互勉，共同研究马克思主义，后来改名福建涤社，创办《涤之》周刊。7 月，共青团员翁良毓创办福州书店，经销马克思主义书籍和党团中央出版的刊物，成为福州地区传播马克思主义的重要阵地。

厦门是海外华侨的中转站，成为最早对外开放的地区之一。特别是陈嘉庚捐资在厦门创办了集美小学、师范、中学、水产、商科、厦门大学等学校，推行“兼容并包”的办学方针，从全国各地聘请了在中外思想界、文化界有影响力的一批学者、名流，吸引了远近穷苦有志青年入读，接受新思想、新知识。1922 年至 1923 年，集美学校进步学生李觉民就与陈独秀、刘仁静建立了书信联系，并请求给予指导。不久，李觉民受聘为共青团中央主办的《中国青年》的通讯员，在厦门地区代销《中国青年》以及其他革命书刊。当时在厦门大学阅览室就可以阅读到《中国青年》《中国工人》《湘江评论》《帝国主义论》《国家与革命》等书刊。他还联络进步学生罗善培（罗明）、罗扬才、刘端生等人，于 1924 年 11 月组织星火社，出版《星火周报》，宣传、介绍马克思主义。1925 年 5 月，该社改名为福建青年协进社，成员达 130 多人，后来发展到 200 多人。

1921 年，建瓯籍的北京中国大学学生杨峻德、北京大学学生葛越溪在京筹办了《建声》半月刊，除分发给在外地读书的同乡学子外，大多数寄回闽北各县。该刊以政治评论为主，结合福建的政治、经济状况，抨击军阀的反动统治，积极宣传新文化和马克思主义学说。

在泉州，1926 年 12 月，洪平民、唐生等开办泉州书店，经售《向导》《新青年》《政治周刊》《资本论》《共产党宣言》《第三国际》《辩证唯物主义入门》《中国五年来之共产党》《福建新农民》等马克思主义革命刊物和书籍，成为泉州传播马克思主义的重要据点。

省内各地进步青年在各种刊物上撰写文章，积极宣传马克思主义。陈任民在《冲决》周刊创刊号上发表《生之债》，号召走十月革命的道路。邓子恢在《岩声》上发表《恐怖的生活》，宣传马克思剩余价值学说，号召人民群众团结起来打破现代资本主义的私有制度和贸易制度。他还大力宣传马克思主义暴力革命的学说，阶级斗争学说等，这些对于增强人民群众特别是先进青年的革命意识起了重要作用。在宣传马克思主义的同时，还与反马克思主义思潮进行了论战和斗争。当时最有代表性的就是反对无政府主义思潮，而这种斗争又以集美学校最为突出。当时信仰无政府主义学生攻击马克思主义，什么“共产主义不符合中国国情”“马克思革命不彻底”等等，初步信仰马克思主义的青年学生罗扬才、罗善培（罗明）等对这种论调进行多次辩论。针对国家主义派创办《醒狮》周报（又被称为“醒狮派”）宣传无政府主义，攻击马克思主义的行径，集美学校进步学生编印《集美潮》，对“醒狮派”反对社会主义的言论进行有力揭露和抨击。这样使无政府主义等思潮日益消寂，而信仰马克思主义阵营不断壮大，不少进步青年真正走上革命道路。

进步社团组织的建立，进一步促进了马克思主义在福建更加广泛深入的传播，进而为福建各地共青团、共产党地方组织的建立作了思想上和干部上的准备。

二、共青团的成立及与学生、工人运动相结合

党组织的建立一般都经历了先建团后建党的过程。1925 年初的中国社会主义青年团第三次代表大会，要求福建建立团的地方组织。会后，团中央派马念一、崔文焕到福州、仙游等地调查了解情况，具体指导和帮助建立共青团组织的工作。马念一到福州与陈任民取得联系后，从福建青年社中吸收陈聚奎、方尔灏、翁良毓、林铮等 10 人加入共青团。经团中央批准，4 月 1 日正式成立共青团福州支部，陈聚奎任书记，直属团中央领导。6 月，在崔文焕的帮助下，共青团农民支部在福州市郊成立，书记郑章荣。7 月，又在马尾成立共青团尤模街支部，崔文焕任书记。同月，方尔灏作为团中央特派员，从上海回到福州，

主持召开了福州团员大会，正式成立共青团福州地委。会上选举林铮为团地委书记。共青团福州地委仍直属团中央领导，下辖职工小学、女子师范、三山、七里、农民和福州书店6个支部，团员共计31人。

与此同时，在广东团区委的领导下，闽南地区也开展了建团工作。1925年6月初，团广东区委派区委候补委员蓝裕业到厦门与李觉民取得联系，开展建团工作。6月中旬，共青团厦门支部在集美成立，李觉民任支部书记。团厦门支部直属团中央领导，并受团广东区委的指导。

中国共产党第二次全国代表大会《关于共产党的组织章程决议案》提出：共产党不是知识者所组织的马克思学会，也不是少数共产主义者离开群众之空想的革命团体，党的一切运动都必须深入到广大的群众里面去。[①] 这表明成立政党的目的不是将其作为研究团体，而是要与革命斗争结合起来。福建青年团成立后，十分注重领导和推动学生和工人运动。1925年4月初，共青团福州支部通过福建学生联合会，多次组织18所学校数千名学生，到福建省长公署或闽侯地方检察厅请愿，要求释放被捕学生等，不仅无结果甚至遭受反动军警的镇压，各校学生轻、重伤130人。8日，福州城内外全部罢市、各校学生全体罢课，抗议暴行。共青团福州支部以福建学生联合会名义通电上海全国学生联合会和全国各地学生联合会、福建各地同乡会等，揭露和声讨福建军阀的罪行，吁请声援福州学生的爱国斗争。在全国人民声援下，福建军阀政府被迫启封福建学生联合会会所，释放全部被捕爱国学生。

1925年5月五卅惨案发生后，福建工人、学生等纷纷起来声援上海工人阶级的反帝爱国斗争。6月初，在共青团福州支部领导下，由福建学生联合会召集福州各界代表集会，成立上海惨案福建各界后援会。共青团员分头到工人中宣传，号召工人团结起来，同帝国主义作斗争。10日，全市3万多群众举行声势浩大的游行示威。17日，福州团支部通过后援会在仓前山巷下庙召开工人大会，翁良毓、陈聚奎等共青团员先后上台演讲。决定改变斗争形式，以“经济绝交”代替罢工。并宣布当日起实行与英、日“经济绝交”，从而挫败了军阀当局的阴谋。

① 中央档案馆编《中共中央文件选集》第1册，中共中央党校出版社，1989，第90页。

会后，团支部派团员和青年学生到马尾港，发动引水工人、轮船起卸工人罢工。后来有500多名工人罢工，拒绝替英、日两国轮船引航和装卸货物等。在厦门团支部的推动下，集美学校师生员工认捐3600多元，汇往上海，接济罢工工人。罗扬才等还积极编辑出版厦门大学学生外交后援会会刊《声援》，进行反帝宣传。同时，深入各行业工人中，鼓动举行罢工。25日，邮电、海员、驳船、码头以及所有日英商店、寓宅的职员和洋务华员等举行罢工，并带动学生罢课、商人罢市。

此外，福建工人还发动了声援省港大罢工运动。共青团福州地委还领导了收回教育权运动，在福建学生联合会设立收回教育权运动委员会，由翁良毓任委员长，团地委骨干参加委员会工作，成为领导青年学生反对帝国主义文化侵略的有力组织。

同时，各地团支部开始重视深入工人中宣传马克思主义。福州团支部派团员到织布工人中去，宣传革命思想，调查实际情况。先后创办了革命刊物《血钟》《福建学生》《后援会周刊》等，组织“五卅剧社”和演讲团，在工人及各界群众中宣传中国共产党的主张，宣传马克思主义，积极在工人群众中组织工会的活动。1925年8月，福州成立了海员工会和运输工会，有会员千余人；洋务工人成立洋务工会。11月，在罗扬才、柯子鸿的努力下，厦门成立各行业工人的混合团体“厦门工友联欢会”。省港大罢工后，组建了中华海员工业联合总会厦门分会。厦门团支部还派罗扬才在厦门电灯厂工人中进行活动，帮助设立工人夜校，向工人们讲解资本家剥削工人的奥秘，鼓动工人组织自己的工会团体，团结起来作政治和经济的斗争。

团组织在工人中的活动以及这些运动的开展，锻炼了无产阶级队伍，证明福建工人阶级已经登上了历史舞台，为将马克思主义与福建工人运动相结合，建立马克思主义政党创造了条件。

三、福建党组织的建立

随着五四运动影响的深入和马克思主义的传播，工人运动的开展，福建建立中共地方组织的条件基本成熟。1925年1月召开的中共四大，明确要求在福州等地努力开始建立党的组织，此后各地加紧了建团建党工作。这期间团福州地委进行了多次改组，至 1926 年 3 月，团福州地委所属的支部已有 13 个，团员 50 人。

1926 年 4 月初，根据党中央的指示，团福州地委进行了整顿和改组，实行党团分化，女师、福大、工专等单位的郑蓉裳、方尔灏、林铮等 17 人转为中共党员或党团兼任。随即成立中共福州地委，方尔灏任书记，直属中共中央领导。同时改组后的团福州地委亦由方尔灏兼任书记。6 月，中共中央派蔡珊来福州，调解中共福州地委内部意见分歧，帮助地委改组。改组后，由蔡珊任书记。

闽南和闽西地区历来与广东的联系比较密切，其建党工作在中共广东区委的领导下有序进行。1925 年 11 月，罗扬才到广东出席两广地区大学生代表大会，在会议期间，由团广东区委书记杨善集和已在团广东区委工作的罗善培（罗明）介绍，加入了中国共产党。1926 年 1 月，李觉民到广州参加国民党第二次全国代表大会，也在会议期间由罗明、杨善集介绍加入中国共产党。

1926 年 2 月底，罗明受中共广东区委委派，到厦门招收广州农讲所学员和整顿、发展党、团组织。罗明在厦门秘密举办了训练班，并在厦门大学、集美学校及其附近的农村、工厂发展了一批团员，先后成立了厦门大学、集美学校师范部、集美学校小学部、禾山、大中街、中山中学、育清（育民、清河小学）等 7 个团支部，共有团员 43 人。①为了统一领导，组成了共青团厦门特别支部，并成立支部干事会，由阮山任书记。同年 5 月，厦门特别支部实行党、团分化，成立中共厦门特别支部，厦门大学、集美学校小学部、禾山、大中街 4 个团支部转为党支部，支部书记不变。重新改组了共青团厦门特别支部干事会，书记罗扬才。厦门党、团组织分别归广东党、团区委领导。

1926 年初，在上海大夏大学加入中国共产党的莆田籍学生陈国柱毕业后，受团中央派遣回到家乡，在哲理中学任教员并开展革命活动。陈国柱在高年级学生中进行革命宣传，介绍革命书籍给他们阅读，并

① 《团厦门特支关于三月份的综合情况报告》（1926 年 4 月 16 日），载中央档案馆、福建省档案馆编《福建革命历史文件汇集（1923—1926）》，1983，第 120～121 页。

组织讨论。在此基础上，吸收陈天章、陈兆芳、吴承斌、吴梦泽、陈德来等加入共青团，建立了莆田党团混合支部。1926 年 6 月，陈国柱根据中共福州地委的要求，整顿和扩大共青团莆田支部。同时将首批入团的陈天章等 5 人转为中共党员，正式建立中共莆田支部，陈国柱任书记，直属中共中央领导。随后将党的组织向莆田农村发展，陈天章等在莆田的澳柄、夹漈、山门等地建立了一批农村党支部。9 月至 10 月间，林嵩龄、黄苍麟、陈嘉谟等从上海的大学毕业后回到莆田、仙游，在城乡开展革命活动，并发展了一批共产党员和共青团员。12 月，中共莆田特区委成立，陈国柱仍任书记。此后，中共莆田特区委转归中共福州地委领导。

1926 年夏，厦门特支干事会派出党员骨干分子到闽西、漳属各地开展建党活动。阮山、林心尧回到永定，与先期回县的赖秋实、赖玉珊、熊一鸥等在永定上湖雷羊头村万源楼成立中共永定支部，阮山任书记，同时派中共党员、厦门大学学生胡穷我回漳州地区活动。7 月间，中共厦门特别支部负责人罗扬才协助胡穷我在石码镇发展周惠波、颜卧云、陈文澜等人入党，并成立中共石码支部，胡穷我任支部书记。

1926 年 10 月，第六届广州农讲所福建籍学员由中共汕头地委派遣随北伐东路军回闽，李联星在漳州，朱积垒回平和，郭滴人、朱文昭、陈庆隆（陈子彬）回龙岩，胡永东、王奎福回永定，温家福回上杭，黄昭明回诏安，开展农民运动和建党工作。10 月下旬，陈庆隆、郭滴人、朱文昭在龙岩成立中共龙岩小组，发展陈国华、谢宝萱、罗怀盛等革命青年加入中国共产党。1927 年 1 月，中共龙岩总支部成立，陈庆隆为书记；温家福等回到上杭后，介绍罗大准、吴梅林入党，并于 1926 年底成立中共上杭支部，温家福任书记，后来因党员人数增加而改选，林心尧任书记；朱积垒回到平和九峰上坪后，先后发展陈彩芹、罗育才、朱赞襄等为中共党员，于同年 12 月在上坪乡建立了中共平和支部，朱积垒任书记；黄昭明于 11 月在诏安成立中共诏安支部；李联星也在漳浦成立中共漳浦支部。1926 年冬，在广州、厦门等地入党的武平籍共产党员修焕璜、钟武、练文澜等，相继回到武平的城关、象洞、武北笋开展革命活动，成立了以修焕璜为负责人的中共武平基层组织。

1926年七八月间，党中央派翁振华、谢志坚到漳州开展建党活动。是年冬，翁振华等发展季竹安（季永绥）等9人加入共青团，成立团支部，季竹安任书记；不久，翁振华吸收邱泮林、许土淼加入中国共产党，季竹安也转为中共党员，并成立中共漳州支部，翁振华任书记。

1926年初夏，中共上海区委派遣建瓯籍的中共党员葛越溪、潘作民回到福建开展活动，发展党的基层组织，发动工农群众运动，为北伐军入闽作准备。当葛越溪、潘作民回到建瓯时，杨峻德已先回到建瓯。葛越溪、潘作民先发展杨峻德加入中国共产党。随后三人到福州与中共福州地委建立组织关系。7月，中共建瓯支部在建瓯城关正式成立，葛越溪为书记，这是闽北地区第一个党支部，归中共福州地委领导。

中国共产党福建党组织的创建，是马克思主义与福建工人运动相结合的产物，是福建经济政治发展的必然结果。从福建早期党员成分分析，当时福建党员骨干主要是知识分子，以高等学校、中小学教员为主。

福建党组织从建立之日起，就在领导福建工农革命运动的同时，开始了不断加强自身建设的历程。

第二章　福建党组织的曲折发展

福建党组织成立后，在实现第一次国共合作进行的国民革命运动中，积极领导工农运动，力量得到发展壮大。但蒋介石、汪精卫相继背叛革命，发动反革命政变，实行“清党”和“分共”，使轰轰烈烈的大革命失败。福建党组织遭受严重破坏，党员数量急剧减少，不少党员脱党或动摇。在此形势下，党组织纷纷转向农村坚持革命斗争。同时在总结大革命失败的教训基础上，根据中共中央指示，福建党组织进行了整顿和改造，加强秘密工作，增加党员中特别是领导机关的工人成分，恢复和发展基层党组织。在此期间，福建党组织成立了临时省委和正式省委，积极贯彻中共第六次代表大会精神和党建方针，不断强化党内巡视及各项制度，加强党员思想和干部队伍建设，使福建党组织在挫折中仍得到较大的发展。

第一节　在国民革命运动中的发展与挫折

一、在合作与斗争中求发展

在中共福建地方组织建立的同时，国民革命运动正轰轰烈烈地展开。特别是在孙中山提出的“联俄、联共、扶助农工”三大政策下，实现了国共第一次合作，北伐东路军在福建节节胜利，福建的军阀统治迅速走向覆灭，中共福建地方组织的发展环境有了极大改善。在合作中，中共福建地方党团组织积极执行中央指示，在帮助发展国民党员和筹备建立国民党组织的过程中，也使自身的力量得到增强。

1926 年秋，中共中央派中央特派员王荷波回到福州，协助整顿福州地委，发动组织工农运动，开展统战工作。在中央直接领导下，福州地委积极宣传国共合作的意义，宣传三大政策。根据党的决定，许多党团员加入国民党。在10月中旬召开的党员大会上，王荷波作形势与任务报告，要求党员做好统战工作，在国民党各阶层组织中起核心作用。于是，福州地委积极开展上层统战工作，为筹组国共合作的省、市党部作准备。12月下旬，国民党福建省党部正式成立，一批中共党员参加党部各部门工作并担任负责人。此时陈明（陈少微）、陈昭礼、徐琛、陈碧笙等一批共产党员也先后来到福州开展工作。到1927年初，福州地委已有16个支部，党员150余人。1月，中共福州地委书记改由陈昭礼担任。

国民革命军东路军北伐攻克福建后，中共广东区委为加强领导，派罗明到漳州筹组中共闽南部委，统一领导厦、漳、泉和闽西各县党的工作。1927年1月，罗明到厦门首先指导成立了中共厦门市委，由罗秋天任书记。中共厦门市委成立前，已由党总支通知闽南和闽西各党支部，派代表到漳州开会，以讨论工作和成立闽南部委。到会的有30余人。会上讨论了发展党和共青团的组织问题，同意在革命斗争中吸收有觉悟、有活动能力的工农、学生、教师入党、入团。并按照党的民主集中制的组织原则，选举产生中共闽南部委，书记罗明。中共闽南部委归中共广东区委领导，下辖漳州、厦门、平和、龙岩、永定、上杭、同安、泉州等地的党组织。

罗明和厦门市委负责同志多次召开会议，分析当时的革命形势，认为应加紧发展基层党的组织，巩固工农群众组织，同时遵照广东区党委的指示，提防国民党右派的破坏，根据原来秘密组织和公开活动相结合的经验，加强了市委机关和各党支部组织的秘密工作。① 闽南部委成立后，立即建立秘密的部委机关，常委之间保持经常联系。

1927年3月，王荷波在福州召集中共福州地委和中共闽南部委负责人，研讨成立中共福建省委事宜。经过分析、研究，认为成立省委的条件还不成熟，仍保持闽南部委和福州地委建制。此时，因陈昭礼

---

① 《罗明回忆录》，福建人民出版社，1991，第50～51页。

调往武汉，中共福州地委再次进行改组，由徐琛任书记。

在国共合作、北伐军入闽摧毁军阀反动统治的大好形势下，中共福建地方党、团组织得到迅速发展。至1927年4月，福州地区的党组织已有22个支部以及连江、建瓯、古田、莆田4个特支（特区委），共有党员150多人，所辖地区扩大到长乐、福清、莆田、仙游、连江、罗源、古田、建瓯等县。到四一二反革命事变前，中共福州地委与闽南部委的下属组织已有1个特区委（莆田）、1个市委（厦门）和65个党支部，共有党、团员400多人。

与此同时，国民党右派寻找种种借口，破坏国共合作，压制与打击共产党的活动与发展。国民党右派成立桥南社、独立厅同志会等反动组织，不断制造事端，压制和破坏革命力量的发展。如提出驱逐省党部筹备员、省党部宣传委员会主任马式材，工人运动委员会主任李培桐，福建民众委员会主席、福州地委书记徐琛等人出境，并召开临时政治会议，通过对徐琛、马式材、李培桐等“暂行停止职权，待查明真相请中央党部核办”的决议。对此福州地委进行了坚决的斗争，发动召开万人参加的市民大会，提出惩办摧残革命分子的反动派等七条要求，推举王荷波等9人为请愿代表，要求严惩扰乱后方的反动派，迫使决议无法执行。经过斗争，党组织和党员得到很大锻炼。

尽管在国民革命中党组织得到发展，但党员以个人身份加入国民党这种党内合作的方式，也给福建地方党的建设带来严峻的考验，因为这种方式带来两种潜在的危险：一是忽视共产党自身的建设；二是被国民党所同化，丧失自己的独立性。[①] 当时福建党组织确实存在着这种危险，在国共合作中，有的地方党组织把过多精力花费在帮助国民党发展党员，筹建国民党地方组织，壮大国民党左派方面，使国民党组织得到快速发展，而对自身组织的发展和建设有所忽视，造成有些县的同志“也就尽数混入国民党里，躲在国民党里工作，为本党及同志的唯一出路”。于是就有“竭力避免色彩，不单是不宣传党的主张，甚至自己喊出‘打倒共产党’或‘共产主义不合国情’的论调的反宣

---

① 高新民、张希贤主编《中国共产党建设史》，中共中央党校出版社，2009，第12页。

传"，"所以数月来各县的党，不单是不能很快的发展（在客观上是容许我们突飞的发展），且多阻滞不前"。[①] 漳浦党组织也是"以国民党部为领导机关"，"连我们的党和每个同志都是事事依靠国民党"，产生"不能了解党的政策""党的发展也可以说就是等于零"[②] 的结果。

在这种形势下，福建地方党组织大力加强自身的组织建设和思想建设，特别是加强思想教育，向广大党员讲清楚，虽然是在与国民党进行合作，但必须坚持中国共产党对民主革命的领导权。同时针对党内存在的对于国共合作存在模糊认识，不了解进行合作是中国革命的需要，从而影响到在合作中的自觉性和积极性的问题，要求党员注意学习中央的有关文件，领会精神，提高认识等。

但当时党在思想建设方面还比较忽略。"当时党内教育工作，由于斗争忙，大家都没顾到"，"有的地方，连过组织的生活也很少"[③]，到反革命事变后支部生活"才严格的执行起来"。但党在干部培养方面则比较注重。随着国民革命运动的发展，中共福建地方组织深感各地工农群众运动中干部的缺乏，迫切需要培养工农运动的骨干。1927 年 1 月，罗善培主持召开了中共闽南部委第一次扩大会议，决定通过各政治监察署，由派回各县的广州农讲所学员在当地举办工农运动讲习所，培训工农运动干部。2 月，漳州农工运动人员养成所在漳州第二师范学校开办，由共产党员翁泽生任教务主任，教员绝大多数为共产党员。养成所从漳州、闽西各县挑选 20 岁左右、具有初中文化程度、立志从事农工运动的学员 100 余人。同时，张旭高、陈庆隆在龙岩开办了(龙）岩（漳）平宁（洋）宣传人员养成所，学员 20 多人。3 月下旬，汀属社会运动人员养成所在上杭正式开学，以谢秉琼为所长，教务主

① 《中共福建省委通告第十一号——关于国民党问题》（1928 年 1 月 24 日），载中央档案馆、福建省档案馆编《福建革命历史文件汇集（省委文件）》（1927—1928）上册，1983，第 90 页。

② 《中共福建省委致漳浦函——漳浦工作中的问题和任务》（1928 年 1 月 14 日），载中央档案馆、福建省档案馆编《福建革命历史文件汇集（省委文件）》（1927—1928）上册，1983，第 36 页。

③ 陈国柱：《莆仙地区建党初期党史资料》，载中共莆田县委党史办公室编《革命回忆录选编——莆田建党六十周年纪念》，1986，第 7 页。

任林心尧、总务主任傅柏翠，有来自汀属的长汀、上杭、武平、永定、连城、宁化、清流、归化八县的学员100余人。此外，李联星、黄昭明等还在漳浦县城开办了一个小型的农民运动讲习所，招收来自漳浦、诏安、南靖、平和等县的学员10多人。

这些养成所基本仿效第六届广州农讲所的教学方式，课程设置有社会发展史、帝国主义侵略中国史、中华民族革命史、中国社会各阶级分析以及军事训练等课目；岩平宁宣传人员养成所按广州农讲所教材进行缩编，设有“关于青年运动”“关于农民运动”等课目；汀属社会运动人员养成所主要教材有《马克思主义浅说》、毛泽东的《中国社会各阶级的分析》、周恩来的《农民运动与军事运动》以及萧楚女编著的《帝国主义讲授大纲》等。各个养成所都有从第六届广州农讲所毕业的同志参与领导和教学工作。为了锻炼学员的实际能力，汀属社会运动人员养成所还组织学员到上杭农村进行社会调查。

1927年1月，在中共福州地委领导下，由国民党省党部筹备处筹备员马式材（共产党员）、李培桐（左派人士）主持创办福建党政干部训练所，从全省各地招收进步青年进行为期半年的培训。参加培训的不少是共产党员。如莆田党组织就讨论选派了陈天章、陈兆芳、陈磊、陈德来、王纪修、李培兰、林景亮等10名共产党员参加学习，并专门成立了一个党支部。培训对提高党员的素质起了作用。

各地养成所的开办，不仅培养了一大批具有一定革命理论知识的农运、民运骨干，而且为党组织的发展培养了大量干部，后来不少参加学习的人员都加入了党组织。在此后的革命斗争中，许多人都成为各地农民运动和党组织的领导者，如中共长汀县委第一任书记段奋夫，上杭县苏维埃政府第一任主席李立民，中共宁化地方组织最早的负责人徐赤生，武平县苏维埃政府主席练宝桢，武平农民暴动领导人梁心田、张玉衡，闽南革命委员会主席王占春，中共福建临时省委委员、党的六大代表许土淼，中共龙岩县委第一任书记罗怀盛等，都曾经是养成所的学员。后来，在闽西南农民武装暴动和创建闽西、闽南革命根据地的斗争中，这些革命骨干都发挥了重要作用。

但从全省来看，党才开始组织，党员人数也少。多数民众未经普遍的宣传，对于什么是党，党的主义是什么样，居多不能了解。“且省党部方开始筹备，县党部都未组织。加入党者，多是投机的小资产阶级，党的本身没有巩固的组织，党的下层，没有群众的基础。”①

二、党组织遭受严重破坏

就在大革命如火如荼地展开之际，蒋介石、汪精卫却相继背叛了革命，发动了四一二、七一五反革命事变，疯狂屠杀共产党员和革命群众。在此之前，福州、厦门的国民党右派就秉承蒋介石的意旨，先后发动了四三、四九反革命事变。

1927 年 4 月 3 日，国民党右派在福州发动反革命事变，随即在福州实行戒严，进行大搜捕。中共福州地委宣传部部长方尔灏、组织部部长陈兴钟，共产党员郑尚衡、林梧凤、朱铭庄和左派人士黄素云等 30 多人先后被反动军警拘捕入狱。中共福州地委书记徐琛、妇女部部长余哲贞在转移途中不幸于厦门被捕。同时，反动军警还封闭了福州店员总工会、福建学生联合会、福建青年社、福建评论社、福建涤社等革命群众团体，并接管了福建民国日报社。4 月 9 日，厦门发生反革命事变。共产党员、厦门总工会委员长罗扬才，厦门总工会副委员长杨世宁，厦门学生联合会主席黄埔树等被捕。随后，晋江、莆田、龙岩、宁德、福安、上杭等地也先后发生反革命事变。在龙岩，共产党员陈国华、朱文昭等 6 人被抓捕，郭滴人、邓子恢、陈庆隆等 10 余人被通缉。5 月初，上杭发生反革命事变，反动势力包围了汀属政治监察所、县党部、总工会、农民协会、汀属社会运动人员养成所及学生联合会、妇女联合会等团体、机关，抓走张楷、包究生，随后两人都遭杀害，第二天林心尧也被杀害。

国民党右派分子还在全省进行“清党”，改组国民党县党部，封闭革命群众团体，肃清左派势力，一时白色恐怖笼罩整个福建。全省各

① 松林：《把列宁主义的精神应用到福建现环境》（1927 年 1 月），载中共龙岩地委党史资料征集领导小组、龙岩地区行政公署文物管理委员会编《闽西革命史文献资料》第 1 辑，1981，第 121 页。

地的共产党组织和革命群众团体遭到极为严重的破坏，一大批共产党人、国民党左派人士和革命群众被捕杀。据不完全统计，从4月3日至年底，全省被捕的共产党员、左派人士和革命群众达1300余人，被杀害569人。

在事变以前，不少同志兼任外部工作而公开活动，暴露了身份，事变后均站不住脚，或被捕或逃走，组织几乎瓦解。福州党组织在事变后连共青团员在内仅有20人。[①] 闽南部委经受变乱和摧残后，负责活动同志或被捕杀，或“在漳厦站不住”；一般知识分子逃散；工人同志或被捕或被驱逐，支部崩散；断绝经济接济，不能继续活动等，使“闽南部委及漳厦工作，几如停顿”。[②]

国民党右派发动反革命事变，使中共福建党组织遭受严重破坏，但共产党员宁死不屈的革命精神永昭日月。翁良毓留下了“此身不作资阶杰，有日甘为无产奴”的铮铮诗句；林心尧双腿被打断，在被用箩筐抬往刑场的途中，仍向群众揭露国民党右派的罪行；在福州西门外的鸡角弄刑场，先后有共产党员方尔灏、郑尚衡、林梧凤、朱铭庄、郑长璋、徐琛、余哲贞、罗扬才、杨世宁等英勇就义，他们表现出视死如归的革命气节，那“共产党万岁！”的呼声在八闽回响。真正的革命者并没有被国民党右派的嚣张气焰所吓倒，不少人更加坚定了自己的革命意志，义无反顾地选择了革命道路，如闽西的张鼎丞、王仰颜、李立民，闽中的林锦堂、林步庭等就在这种白色恐怖的形势下，毅然决然地加入了中国共产党。这充分说明了党组织的吸引力和党员同志的高度思想觉悟。

---

① 《中共福建临时省委陈少微关于福建组织情况的口头报告》（1927年12月26日），载中共龙岩地委党史资料征集领导小组、龙岩地区行政公署文物管理委员会编《闽西革命史文献资料》第1辑，1981，第140页。

② 《中共闽南临时特委报告——闽南概况及特委成立经过》（1927年10月10日），载中央档案馆、福建省档案馆编《福建革命历史文件汇集（省委文件）》（1927—1928）上册，1983，第10页。

第二节　在困境中奋起

一、党员和党组织转向乡村发展

面对反革命事变的危急形势，为了减少革命力量的损失，协调所属各级党组织的行动，中共福建地方组织采取了多种应对措施。1927年4月底，中共闽南部委在漳州召开紧急会议，作出四项决定：一是在城市坚持党的地下秘密组织，领导工人、学生和市民继续斗争；二是把党和革命工作的重点转移到农村的农民中去，农村工作以闽西上杭、永定、龙岩、平和等县为重要地区；三是党的组织既要坚持秘密，又要巩固和发展；四是派罗善培和罗秋天往闽西工作。在党的组织工作方面，提出一要坚持秘密，二要坚持巩固和发展。在反革命事变发生后，有些人思想动摇，经过教育还要离开革命队伍的，可以让他们离开；在斗争中经得起考验的工人、农民、学生和教员等，可以吸收他们入党，注意发展党的组织，以适应当前革命斗争发展的需要。当时不少革命青年对蒋介石的反革命政变很激愤，要求加入党的组织。

这次会议正确地分析了国内时局的变化与敌我力量对比的状况，为中共闽南、闽西等地党组织及时指明了斗争方向。不仅及时把主要力量转入了农村，避免组织遭受更大的破坏，而且在农村得到发展壮大，为福建的革命斗争保存了力量。

会后，罗善培、罗秋天、李联星等立即赶往上杭、永定、龙岩、平和各县巡视，贯彻会议精神，整理各县支部，帮助各县党的组织把工作重点转入农村，建立农村工作的据点，防止反革命事变扩大到各县。5月初，罗善培帮助成立了中共下洋公学支部，并指示把下洋建成一个活动据点，随后赴上杭、龙岩召开紧急会议应对反革命事变，设法营救被捕同志。在平和，罗善培与朱积垒商定将中共平和支部和县农民协会转移到较有群众基础、离县城较远的长乐山区。中共龙岩支部撤离龙岩县城，迁往考塘村，转入农村坚持斗争。

随着中共闽南部委紧急会议的贯彻，闽西各地党组织加强农村工作，取得较大发展。永定县党组织转入农村，在农民群众中进行工作。中共下洋公学支部还把下洋公学的建团工作与发动农民结合起来，许多进步学生积极参加发动和组织农民的工作，使进步学生的思想觉悟和工作能力都有较大提高，于是成立了共青团下洋公学支部。[①] 此时永定北面溪南里的工作也急于开展，经罗善培与中共广东大埔县委书记饶龙光商量，决定派在大埔青溪保灵寺小学任教的党员张鼎丞回溪南里领导和发动革命斗争。7 月，张鼎丞回到家乡后，根据党组织的指示，以金砂公学教员的身份为掩护，深入群众，积极宣传革命道理，很快就在金砂公学、正德小学以及农民群众中发展了一批共产党员，成立了党小组。上杭县党组织转入丰稔、峰市、水西渡、庐丰一带积极发展农民党员，建立秘密农会。6 月间，先后建立了庐丰、丰稔、峰市、横山、水西渡党支部。

同时，福建其他地方保留下来的党组织也都转入农村活动。1927 年 4 月上旬，中共惠安支部先迁往东张村，再转到苏村，并在涂岭等地开展农民运动。在涂岭建立中共涂岭区委，下辖涂岭、林角、泗洲支部。此后中共涂岭区委在农民中开展活动，组织互助团，并以互助团成员为骨干，举办农民训练班和农民夜校等。4 月间，中共莆田特区委书记陈国柱转到仙游县兴太山区的上宫，发展党员，建立中共上宫支部。6 月，国民党福建省临时党部向各县重新派遣县党部的筹委会成员，这些人员大都是省党政干部训练所的学员，其中大部分是大革命中涌现出来的革命积极分子和党团员。如派到莆田的黄谟、蓝少华、李培兰、刘筠声、王纪修都是中共党员，他们到莆田后，与莆田原有的中共党员宋耀华、陈天章、吴梦泽等通力合作，利用国民党县党部这块合法招牌，开展组织活动和推进革命斗争。中共莆田特区委决定在国民党县党部设立特别支部，由宋耀华任特支书记。此外在德化，共产党员唐生、庄醒民等转到丁乾、瑞坂等乡村开展活动。在漳州，共产党员王占春、王德等人也转到漳州郊区农村和南靖的程溪等地活

---

① 参见胡炽基、陈开昌：《关于永定下洋公学团支部和永定团县委建立的情况》（1984 年 9 月 24 日）。

动。在福州地区，共产党员郑乃之等人从福州回到长乐营前农村活动；陈馨桂回到连江县马鼻、东川一带活动，开展建立组织等工作。

由于福建地方党组织迅速转变了斗争策略，把主要力量转入农村继续坚持革命斗争，使党的基层组织基本得以保存并有所发展。到7月底，闽南部委辖有厦门、龙岩、龙溪、海澄、石码、漳浦、平和、永定、上杭、汀州等地党组织，共有党团员230余人。①

二、中共福建临时省委成立

在中国革命的紧急关头，中共中央于1927年8月7日在湖北汉口召开紧急会议（即八七会议），提出土地革命和武装反抗国民党反动派的方针。中央发出给闽北、闽南临委信，决定：闽省暂时划为闽南、闽北两区，兴化、泉州、厦门、漳州、龙岩、汀州各属为闽南，福州、南平、邵武、建宁所属为闽北，各设临时委员会管理之。闽北临时委员会直隶中央，闽南临时委员会由粤省委指挥。闽北中心应渐移福州，闽南临委应在厦门。闽北、闽南两临委应互相联络，互派交通。②

1927年8月上旬，陈明受中央委派经厦门转抵漳州，经两周奔走，与闽南部委的罗明、陈祖康、刘端生、邱泮林等人取得联系，决定依照中央指示，改组闽南特委。8月中旬，在南靖、漳州边界召开会议，共同商议如何加强和恢复闽南党组织的活动问题。会议选举产生以陈明为书记的中共闽南特委领导机构。9月，闽南特委接到党中央的信后，改称中共闽南临时委员会，并确定罗明为临委书记。因罗明前往闽西迎接南昌起义部队而未到职，临委书记仍由陈明担任。委员有陈明、罗明、李松林、陈祖康、李联星、罗秋天。

与此同时，陈昭礼于7月底从武汉经江西到达闽北。8月中旬，在建瓯和季康、葛越溪等取得联系。在党员大会上，他针对当时形势和党团员的思想状况，指出以蒋介石为代表的新军阀虽貌似强大，实际

---

① 《闽南特委关于校务及工、农、学、妇运动的情况》（1927年7月30日），载中共厦门市委党史办主编《厦门革命历史文献资料选编》第1集，1987，第228～229页。

② 《中共中央致闽北闽南临委信——对军阀战争的态度与发动农民斗争》（1927年8月7日），载中共厦门市委党史办主编《厦门革命历史文献资料选编》第2集，1987，第2页。

上内部矛盾重重。闽北是国民党反动统治薄弱地区，尤其崇安地处闽浙赣三省边区，又有大革命时期工农运动的基础，正是发展革命的最好区域。他要求党员振作精神，努力工作，迎接新的革命高潮。随后建立中共崇安特别支部。接着，在建瓯组建中共闽北临时委员会，陈昭礼任临委书记，组织委员潘作民，宣传委员季康。9 月，根据中央"闽北中心应渐移福州"的指示，陈昭礼到福州，成立中共闽北临委福州办事处，由葛越溪任书记，对福州党团组织进行整顿与恢复工作。

党中央原定闽南临委归中共广东省委领导，但实际上闽南、闽北两临委一直都由中央直接领导。闽南临委根据八七会议确定的总方针，决定了当时的工作大纲：在组织上，整理原有之支部，扩展支部组织等。到 10 月，闽南临委所属有厦门、集美、龙岩、上杭、永定、平和、南靖、漳浦、龙溪、海澄、同安、惠安、莆田、仙游、南安等市县党团组织，党团员共约 230 余人。其成分约为工人占 20%，农人 35%，学生 50%。①

随着党的八七会议精神的贯彻，经两临委的积极工作，派出人员到各县巡视，促进工农运动的发展，对各县党组织进行了整顿。到 1927 年 11 月，各地党组织基本得到恢复，从而为福建全省统一组织的建立创造了条件。党中央根据福建党组织的实际情况，于 10 月 15 日和 12 月 1 日在给两个临委的信中指出："一，闽南闽北应即合并组织一临时省委。现临时省委由两特委负责同志及县市代表若干合开一会选出五人至七人组织之，并报告中央批准，此会议并须做一全闽工作计划寄中央。二，福建临委以后直接归中央管辖。"② "党的组织必须使闽南闽北两特委年内合并成为一个临时省委，地点必须在厦门。党的代表

---

① 《中共闽南临时特委报告——闽南概况及特委成立经过》（1927 年 10 月 10 日），载中央档案馆、福建省档案馆编《福建革命历史文件汇集（省委文件）》（1927—1928）上册，1983，第 10 页。

② 《中共中央致福建省信——关于农民暴动及组织临时省委问题》（1927 年 10 月 15 日），载中共厦门市委党史办主编《厦门革命历史文献资料选编》第 2 集，1987，第 11 页。

会便可根据此训令召集。临委的常务以五人组织之”①。

为适应革命形势的发展，统一全省党的领导，根据中央指示，陈明担负中央命令，召集闽南、闽北临委负责同志联席会议。于是陈明在上海即致函闽北临委令各县同志到厦门开会，陈明回到厦门后，又致电闽北临委，要参会同志即速赴厦。直至11月21日闽北临委才至3位负责同志，当即在厦门闽南临委驻地召开联席会议，筹备召开各县负责同志联席会议事宜，推举陈明、林熙盛、王海萍、邱泮林、陈昭礼、葛越溪、潘作民为委员，组成大会的筹备委员会。

12月初，中共福建各县负责同志联席会议在漳州开幕。出席会议的代表有闽南、闽北临委及福州、建瓯、厦门、漳州、龙岩、漳浦、同安等县党组织负责人20人，还有共青团代表1人。会议听取了主席团报告、筹备委员会报告以及政治、党务、共青团、工运、农运、军运、会匪、经济等报告，讨论了目前政治任务、组织、宣传、共青团、工运、农运、军运及会匪、妇女及济难会、执行纪律、暴动、经济等问题。会议要求加强对党的宣传，要使工农群众了解党的主张，以得到群众的拥护，要“显出党的作用，不可使群众只看党的个人，见不出整个的党”。因此，必须注意：各种重大问题，必须经会议讨论决定，不可由同志个人意见随便决定；利用各种机会，把党公开起来，但这并不是把秘密工作放弃了，而是在暴动的地方挂起党的招牌及公开参加民众各种组织。把勇敢的工农分子无条件地大批介绍进党，尤其是在某一处斗争之后，把那些勇敢的分子介绍入党，这样找到正确的出路之后，能更加勇敢地奋斗，加强党的力量。同时党的教育训练，不可忽略。由于很多的同志，甚至负责同志对土地革命的问题尚不懂得，因此“各级党部，应尽可能的召集县委、区委、支部、小组的大会，或代表会，报告及讨论党的政策，及当地实际问题，使同志能够

---

① 《中央致闽北闽南两特委信》（1927年12月1日），载中共厦门市委党史办主编《厦门革命历史文献资料选编》第2集，1987，第13页。

了解党的政策而猛勇地执行”。[①] 会议指出：福建的党历史不久，而又处在风雨飘摇之中，所以各级党部党员同志，都犯了很大的因袭机会主义的错误。所以在此严重时期斗争剧烈之时，要时时刻刻严密我们的党。[②]

12 月 5 日，会议选举产生了中共福建临时省委。共选出执行委员 9 人，当时工农分子少，所以执委中没有工农同志，后接中央来信，才增加 2 个工农同志，于是执委共 11 人，常委由原来的 5 人增加到 6 人，有陈明（书记）、陈昭礼（组织委员）、王海萍（宣传委员）、罗明、林熙盛、许土淼。中共福建省临委的成立，为统一领导以福州为中心的闽北、闽东党组织和以厦门为中心的闽西、闽南党组织发挥了积极作用。

中共福建临时省委认为：这次大会“为闽省空前的创举”。福建的党从此比较健全，因为各级党部已有工农分子参加指导，实可使党的基础日趋巩固；各县党部负责同志可由此了解最近党的新策略和现在的环境与责任；同时可以由此改正过去的种种错误；大会中清洗了不少的腐化及投机分子，实可使党更加巩固更加布尔什维克化；大会关于福建工作已有了新的计划和努力，使福建的党必可以日趋发展。但经费与人才的缺乏，实为福建党不发展的最大原因。同时中央对福建工作之不注意与缺少指导亦是很重要原因。[③] 过去工作因无钱无人及与中央的交通关系不灵，便做得非常不好。同志少受训练，政治情形及党的策略均不大明了，大部分同志有所畏缩，知识分子消极。不过其中仍有一部分很努力的。经过闽南特委扩大会议后，特别是两特委联

① 《福建政治现状及目前工作大纲》（1928 年 2 月 9 日），载中央档案馆、福建省档案馆编《福建革命历史文件汇集（省委文件）》（1927—1928）上册，1983，第 117～118 页。

② 《福建各县负责同志联席会议文件——关于目前政治任务决议案》（1928 年 2 月 9 日），载中央档案馆、福建省档案馆编《福建革命历史文件汇集（省委文件）》（1927—1928）上册，1983，第 110 页。

③ 《中共福建临时省委成立的情况报告——各县负责同志联席会议之经过》（1927 年 12 月），载中央档案馆、福建省档案馆编《福建革命历史文件汇集（省委文件）》（1927—1928）上册，1983，第 22 页。

席会议后，“工作比较进步，亦注意到训练工作了。现在闽南组织比较健全，闽北亦有相当的基础”。①

到 1927 年 12 月，中共福建省临时委员会辖有厦门、福州两个市委，建瓯、龙岩、永定、漳州、平和 5 个县委和武平、南靖、德化、仙游 4 个特别支部。同时还有崇安、上杭、永春、莆田、惠安、同安、海澄、漳浦等 8 个县委正在筹建之中。全省各地共有党员 400 人左右，其中人数较多的有厦门 40 余人，福州 110 人，漳州 30 余人，建瓯约 100 人，龙岩 25 人，永定 30 人，平和 20 人，同安 20 人、莆田 28 人、崇安 20 人。② 省委提出，18 岁以上的共青团积极分子可以加入党，已经中央同意并要求共青团中央告知福建团省委遵照执行。

临时省委成立后，福建各地的组织“已有急剧的发展，大学与中学大半都已分化清楚，全省同志，已由三百余发展到一千，各县工作亦比较有头绪”。③

1928 年 2 月，临时省委召开第二次全体会议，针对当时的政治状况确定了党的工作方针。会议选举产生了新的省委常务委员会和出席中国共产党第六次全国代表大会的代表。新临时省委书记为罗明。出席党的六大的代表为罗明、许土淼、葛越溪（后改孟坚）。

三、组织改造与省临委紧急代表会议

大革命失败后，党中央在总结失败教训的基础上，提出要对党组织进行改造，当时的重点是将党组织由公开向秘密的转变，“现时主要之组织问题上的任务，就是造成坚固的能奋斗的秘密机关，自上至下

---

① 《中共福建临时省委陈少微关于福建组织情况的口头报告》（1927 年 12 月 26 日），载中共龙岩地委党史资料征集领导小组、龙岩地区行政公署文物管理委员会编《闽西革命史文献资料》第 1 辑，1981，第 140 页。

② 《中共福建临时省委陈少微关于福建组织情况的口头报告》（1927 年 12 月 26 日），载中共龙岩地委党史资料征集领导小组、龙岩地区行政公署文物管理委员会编《闽西革命史文献资料》第 1 辑，1981，第 141 页。

③ 《中共福建临时省委紧急扩大会议综合报告》（1928 年 1 月 28 日），载中央档案馆、福建省档案馆编《福建革命历史文件汇集（省委文件）》（1927—1928）上册，1983，第 73 页。

一切党部都应如此”，“一切支部应当立刻进行秘密工作，并即按照此种目的而改造”。[①] 同时，党中央分析认为，党的领导机关里绝大多数是知识分子和小资产阶级的代表，这是大革命后期犯右倾错误致使大革命失败的一个重要原因。在实际的革命斗争中，党中央也认识到党组织中存在的小资产阶级意识影响，“组织问题已占了党中第一等重要地位。党的组织之布尔塞维克化以及无产阶级和农民群众的组织之革命化，都是当前最迫切最重要的问题”。[②] 于是，中央连续发出关于组织问题的通告或决议案，提出党的成分的改造，党员思想的改造，指导机关的改造，一切工作方法的改造，党与群众组织关系的改造，党内干部之形成，尤其成了党的组织的最严重的问题。[③] 同时提出对各级党组织进行改组与改造的基本原则，就是党的指导机关成分工农化，提拔在斗争中表现积极的工农分子到各级党的指导机关作负责工作；党员成分工农群众化，坚决地赶紧地大批吸收工农分子入党；切实改造支部的工作，健全支部的组织；严格地执行党的纪律。并对各级党部机关组织和成分上的改造作了具体规定，甚至规定代表、执委、常委中工农分子的比例数等。

根据中央指示和在革命斗争中探索的经验，特别是大革命失败后党组织遭受破坏，党员退党或动摇的实际状况，福建省临委也认识到进行组织改造的重要性，特别是要加强秘密工作建设和“须得要提拔工农分子到指导机关来”的紧迫性。虽然在这方面采取了某些措施，在转变秘密工作方面有些进展，但在其他改造方面成绩很少，“各县同志多不明白，觉得农民不知如何开会，报告又有生活问题，不能担任

---

① 《党的组织问题议决案》，载中央档案馆编《中共中央文件选集》第 3 册，中共中央党校出版社，1989，第 303～304 页。

② 《中央通告第十七号——关于党的组织工作》（1927 年 12 月 1 日），载中央档案馆编《中共中央文件选集》第 3 册，中共中央党校出版社，1989，第 535 页。

③ 《中央通告第三十二号——关于组织工作》（1928 年 1 月 30 日），载中央档案馆编《中共中央文件选集》第 4 册，中共中央党校出版社，1989，第 76 页。

指导工作。对改造党的工作迟迟执行，后经省委派人督促才改组”。[①]

中央对福建工作也不太满意，指责福建党组织对厦门、福州的海员、市政、码头、船厂等工人运动“始终未尝予以重视，只在厦门印务工人中发生一点党的组织，但斗争力量亦极薄弱；在各县手工业工人中更是毫无工作，以致党在工人群众中毫无基础”。因此，指示福建临委必须建立于厦门工商业发达及交通便利区域，漳州、福州皆不适宜。并要求福建“须找得力党员深入贫农群众吸收激进分子入党”，“各级党的组织及支部分支部以分组的办法，可依照中央关于组织问题通告办理。党员成分必须尽可能吸收工农分子，淘汰腐化胆怯封建思想很深的知识分子”。[②]

从当时福建党员队伍的状况看，在400名党员中，其中已知为工人成分的195人，农民成分的168人，合计363人，占97.5%，知识分子仅57人，占14%。[③] 统计数虽有出入，也说明中央的指责存在偏颇，但福建省临委对中央指示还是极为重视，在组织问题决议案中就提出：发展组织要特别注重工农分子，限定各县须有30个以上工农同志始可成立县、市委，从而使福建的党真正工农化，扩大巩固党在工农群众中的基础。[④]

这时，接到1927年11月中共中央临时政治局扩大会议文件，主要精神是反对“左”倾盲动主义错误。为了贯彻会议精神，福建临时省委于1928年1月10日召开紧急扩大会议。会议根据中央的指示及福建

---

① 《第十八号罗明在政治报告讨论时的发言》(1928年6月25日)，载中共中央党史研究室、中央档案馆编《中国共产党第六次全国代表大会档案文献选编》下，中共党史出版社，2015，第562页。

② 《中央致闽北闽南两特委信》(1927年12月1日)，载中共厦门市委党史办主编《厦门革命历史文献资料选编》第2集，1987，第13页 。

③ 《中共福建临时省委陈少微关于福建组织情况的口头报告》(1927年12月26日)，载中共龙岩地委党史资料征集领导小组、龙岩地区行政公署文物管理委员会编《闽西革命史文献资料》第1辑，1981，第140～141页。

④ 《中共福建临时省委给中央报告——关于闽南工作的错误》(1927年12月)，载中共龙岩地委党史资料征集领导小组、龙岩地区行政公署文物管理委员会编《闽西革命史文献资料》第1辑，1981，第144页。

党内组织状况，通过组织问题的决议案。为使党内组织上改造之布尔什维克化，以适应革命斗争紧张的环境，规定：凡有两个支部以上的县，指导机关均改为临时县委或市委，只有一个支部者则改组为特支；各县临时县委或特支，须增加提拔两名以上工农同志组织之；各级党部的指导机关，从小组以至省委必须经过全体会议或代表会议的选举，重新改组。各县改组完毕后即开全省代表大会改组省委；省委派出真能了解八七会议、扩大会议的种种决议和具有彻底改造组织精神的分子，出席下级党部选举代表及改组领导机关的会议，指导党内讨论；扩大党的民主化至最高限度，激发党员群众的讨论，打破党员群众对于党的政策不敢讨论或不懂得怎样讨论的成习；省委与各县的关系要更加密切，各县须经常向省委报告；各级党部应以最大力量来整顿党的基本组织——支部；发展党的组织仍为目前组织上最重要的工作。[①]

为改造党组织，省委制订改组大纲及其办法，并派出负责干部分赴各县帮助改组。具体办法是：（1）小组组长或支部书记，由所属全体党员选举。（2）支部书记、支部干事会由支部大会选举。支部党员在30人至50人以上时，得因当地环境关系分次开会选举，统计票数多者当选。（3）区委在30人至50人以内的，由区大会选举；30人至50人以外则由各支部大会选出30人或50人的代表会议或分次大会选举之。（4）县委市委由各支部选举30人至50人的代表会议选举之。（5）省委由各县委市委各特支各直辖区委选30人至50人之代表会议选举之。正式代表之工农分子须占二分之一以上，并须有重要工厂支部的代表。

据此，省临委对厦门党组织进行了整顿。省临委刚成立时，厦门共有36名党员，但支部均不健全，不能按期开会。对外的斗争和活动更谈不上。后来增加了几个新的分子和开除几个不好的分子以后，“支部渐渐的能召集开会，同时亦不象从前的退缩”。但大半数党员对党的

① 《中共福建省委扩大会议组织问题决议案》（1928年1月21日），载中央档案馆、福建省档案馆编《福建革命历史文件汇集（省委文件）》（1927—1928）上册，1983，第9～61页。

新政策尚未明了。省临委觉得市委的工作不好，负责同志负有相当的责任，于是又重新进行改组，结果“已比较的能够领导斗争”[①]。到1928年3月，厦门市共有党员74人，其中工人成分49人。[②]

尽管省临委认为“此次紧急扩大会对于全省工作情形，党的新政策及今后工作的正确路线，都有详细的讨论，较之此次省委成立会，实有很大的进步。此后如能照此做去，福建党的前途，当很有可观”[③]。但省临委在深刻反思基础上，认识到在组织上还存在有许多缺点：（1）各级党部，多还完全由知识分子主持，态度常游移不定，不能坚决执行党的策略和决议，工作也不积极，对工农又不大信任，没有坚决提拔工农分子到各级指导机关；（2）支部没有建筑在工农群众身上，组织不健全，在群众中不起核心作用；（3）党员少经常的教育训练，对党的策略不认识，工作能力也很薄弱；（4）只注意数量上的增加。[④]于是提出“改造各级党部的组织，并尽量发展，加紧党员的训练，增加党的质量”。

中央也认为福建对于从各级党部提拔新的积极的工农分子加入指导机关，以改造党部洗刷机会主义的余毒这一工作还未能深切了解其作用和切实执行。[⑤]福建共产党员虽已发展至1000人，但党员数量的增加，应与质量的好坏相适应。参加省委扩大会议的20人中工人同志仅2人，农民同志仅1人。中央提出厦门市委必须省委兼，不须分立。

---

① 《中共福建临时省委紧急扩大会议综合报告》（1928年1月28日），载中央档案馆、福建省档案馆编《福建革命历史文件汇集（省委文件）》（1927—1928）上册，1983，第74页。

② 《中共厦门市委三月份总报》（1928年4月），载中共厦门市委党史办主编《厦门革命历史文献资料选编》第2集，1987，第87页。

③ 《中共福建临时省委紧急扩大会议综合报告》（1928年1月28日），载中央档案馆、福建省档案馆编《福建革命历史文件汇集（省委文件）》（1927—1928）上册，1983，第73页。

④ 《目前政治状况及党的工作方针》（1928年2月），载中央档案馆、福建省档案馆编《福建革命历史文件汇集（省委文件）》（1927—1928）上册，1983，第131页。

⑤ 《中央致福建临委信——对省委关于客观形势分析及政治任务、职工、组织决议案的意见》（1928年2月16日），载中共厦门市委党史办主编《厦门革命历史文献资料选编》第2集，1987，第67页。

1928 年 5 月 7 日，中共中央（留守）致信福建省临委指出：福建党的基础尚不强固，要注意整理组织。城市要使每业每厂有同志有支部，须吸收好的分子，在精不在多。乡村要特别注重干部，注意吸收工人分子。党的领导机关应分内勤和出巡两部分，时常调换工作。[①] 5 月 18 日，中央发出关于在白色恐怖下党组织的整顿、发展和秘密工作的第 47 号通告，规定九项具体办法，提出改变组织形式、设立分支部、候补书记，由在业的同志担任执委委员、省委委员，轮流到下属县区巡视工作，注意培养干部的独立工作能力，遵守集中的原则，把秘密工作和公开工作联系起来等具体办法。这些都对福建党组织的整顿和改造起了很好的指导作用。但在当时的历史条件下，过分强调领导机关工农化和党员的工农成分，硬性规定比例人数，不仅客观上难以做到，而且对党的建设产生了不利影响。

1928 年 6 月 24 日，省临委代理书记陈祖康叛变，为应对危机，省临委立即召开常委紧急会议，但这次会议只批评了一些过去的错误，处分了一批负责同志，决定请在福州工作的刘乾初回厦门主持省委工作，并请中央巡视员赵亦松向中央告急。紧急会议的召集在当时确有必要，“在福建党的发展上是很有意义的。因为第一洗刷投机分子出党；第二执行党的政治纪律；第三同志勇敢的批评上级指导机关。最近两个月事实证明，党各方面工作都较有进步”。但 8 月的全省紧急代表会议对此作了检讨，认识到原来认为福建的党“指导机关已经破产”“有完全变为第三党的危险”是过于严重的估量，对陈祖康叛党事件的估量也不正确，其他也有过度估量。同时宣布紧急会议作出的对撤销罗明省委常委、书记职务处分和对省委全体警告等的决定无效。[②]

鉴于紧急会议“对于党的目前一般工作的方针和任务，完全没有讨论到”，7 月 3 日，刘乾初主持召开临时省委扩大会议。会议就扩大

---

① 《中共中央致福建临委的指示信》（1928 年 5 月 7 日），载中共龙岩地委党史资料征集领导小组、龙岩地区行政公署文物管理委员会编《闽西革命史文献资料》第 1 辑，1981，第 199 页。

② 《对省临委报告议决案》（1928 年 10 月），载中央档案馆、福建省档案馆编《福建革命历史文件汇集（省委文件）》（1928 年）下册，1984，第 266～267 页。

组织方面提出：应就现有党的组织的各县普遍的向四邻各县发展。在质量上应特别注意。工人以产业工人、手工业工人为主体；农民以佃农、雇农、贫农为主体，士兵以下层士兵为对象。[①] 在《组织问题决议案》中，对福建地方党组织存在的问题进行剖析，分析了产生问题的原因，认为危机的产生，最主要是省委本身“忽视改造组织的工作”，造成“发展组织上之畸形”，“形式主义的提拔工、农干部”，“支部没有建立工作”，“一切动摇犹豫的、机会主义的知识分子，也没有下坚心去洗刷清除，而采取小资产阶级的姑息容忍的态度”。会议提出加强党的建设的十二条对策，主要是：要创造新的工农化的战斗的布尔什维克的党，为此应彻底改造各级党部，从根本做起，从支部改造起，然后改组县市委，再改组省党部；洗刷清除动摇腐化机会主义分子；建立支部的工作；严密党的组织；加紧训练工农干部；实行集体的指导；发展新的组织；实行党的民主化；加紧教育训练工作；严格执行铁的纪律；建立各级党部的密切联系；建立正确的党团关系等。[②]

在此前后，各县级党组织陆续开始了改造工作并取得效果。厦门区委对支部重新改组，不积极的工人党员亦连带开除了一批，不革命的分子，一律洗刷除去，也开除一些表现不进步支部的工头党员的党籍。[③] 永定县党组织改组进展较顺利，有 4 个支部，120 余名党员，农民占 3/5，工人及知识分子占 2/5，均能按期开会，对内的训练比较好。“有几县已看到改组的成绩，就是工农同志在指导机关中不但能负责工作，而且能监督智识分子。”[④] 漳浦召开全县代表大会，“指出以前工作之一切弱点，充分的洗刷一般摇动犹移分子，党的数量减了三分之一，

---

① 《福建现状与目前我们党的任务》（1928 年 7 月 3 日），载中央档案馆、福建省档案馆编《福建革命历史文件汇集（省委文件）》（1928 年）下册，1984，第 9 页。

② 《组织问题决议案》（1928 年 7 月 3 日），载中央档案馆、福建省档案馆编《福建革命历史文件汇集（省委文件）》（1928 年）下册，1984，第 10～16 页。

③ 《赵亦松关于厦门工作概况报告》（1928 年 7 月 26 日），载中央档案馆、福建省档案馆编《福建革命历史文件汇集（省委文件）》（1928 年）下册，1984，第 106 页。

④ 《第十八号罗明在政治报告讨论时的发言》（1928 年 6 月 25 日），载中共中央党史研究室、中央档案馆编《中国共产党第六次全国代表大会档案文献选编》下，中共党史出版社，2015，第 562 页。

却是党的工作开了一个新局面”。党的组织依据农民运动的路线到城中去，到海港去，到大乡村去。代表大会后，不到半个月，“增加同志二三十人，改造了三个支部，增加了两个支部，提高了农民的革命情绪和决心”①。至7月间，共有8个支部，已发展组织尚未组建支部的有六七处。永春临时县委经过改组后，“确有相当的进展”，“深深认识了过去同志间不少的浪漫和幼稚病”，“确定出比较具体的全永计划大纲，特别注意下层工作”。结果使“散漫无章的永春的党整得比较规模”②。至9月，全县党员发展到32人。③ 当然，这些改组也存在某些缺点。

此时，留守中央得知福建省临委变故的情况后，立即派郑超麟为中央特派员来闽帮助应对危机。本来中央认为不适宜召集全省会议，一则因为在斗争紧张时召集会议会妨碍工作，二则想等参加六大的代表回来再召集。但福建同志一致要求召集一个全省代表大会来解决党的组织问题，同时各县派一代表不至于太妨碍工作，而且等赴会代表回来再召集至少也要3个月后，特别是“福建下层干部人才极缺乏，同志虽尚积极努力，但理论与经验两无根底，借此会议也可给各县代表以相当程度的训练”④，再加环境也允许，于是决定召集会议。经向中央请示，罗迈（李维汉）指示福建党组织应以争取群众、组织群众，改造党的组织为中心任务。党的改造一方面须注意派员巡视改变中上级指导的成分和政治观念，一方面尤须进行下层改造即创造布尔什维克的支部，实行一切工作归支部，支部讨论工作分配工作，每个同志

---

① 《赵亦松关于漳浦工作概况报告》（1928年7月26日），载中央档案馆、福建省档案馆编《福建革命历史文件汇集（省委文件）》（1928年）下册，1984，第115页。

② 《中共永春县第一次代表大会政治报告决议案》（1928年9月24日），载中央档案馆、福建省档案馆编《福建革命历史文件汇集（各县委文件）》（1928—1931），1985，第45页。

③ 中共泉州市委党史研究室编《中共泉州地方史（新民主主义革命时期）》，中央文献出版社，1997，第91页。

④ 《元和给云光的信——请示召开福建省党代会及闽西工作等问题（1928年8月20日）》，载中央档案馆、福建省档案馆编《福建革命历史文件汇集（省委文件）》（1928年）下册，1984，第166页。

参加党的指导工作。[①] 为此，福建临时省委于 8 月 26 日至 27 日召开全省紧急代表会议。

紧急代表会议讨论了福建现状与党的任务、组织问题等，通过了《党的政治任务决议案》《组织问题议决案》等重要决议。会议认为省临委过去九个月中的工作确很努力，而且比较以前有长足的进步。“党在这九个月中已经形成为领导福建工农革命斗争的党”[②]。但福建的党尚未成为一个真能担负其应负的历史使命的党。党的干部人员缺乏，各级党部不健全，上下级党部关系不好，支部不能在群众中起核心作用，党不能指挥如意地领导群众。这些都是基于福建党部及同志共有的一种“速成科”的观念，因此造成“在党的组织及工作方面，党过去的无正确估量无系统计划，临时应付的政策”；“工作中时常容易发生消极的精神和悲观的倾向”；“以为共产党员不必经过长期的艰苦的训练及争取群众的奋斗就能完成中国的革命”。所以“党须认定长期艰苦的争取群众教育群众组织群众的工作，是目前党的中心的工作”[③]。《组织问题议决案》提出：党的组织与党的政策有密切关系，福建党组织的改造很有必要，“实有特别重要的意义”。但福建党在组织上的缺点尤为严重，党的基本组织——支部不起作用；省委以至各县党部之不健全，下级干部之缺乏，形式主义地提拔工农同志，党员成分之不好（农民占绝大多数），秘密工作之不注意，纪律执行之松懈，宣传教育之不良，指导之非集体化，民主集权制度行得不好……于是对健全省委、县市委，省委加强与各县市党部关系，造成干部、宣传训练、秘密工作，提拔工农同志，民主集权制度，支部工作等问题提出许多

---

① 《罗迈致元和信——关于党在福建工作策略的指示》（1928 年 8 月 23 日），载中共龙岩地委党史资料征集领导小组、龙岩地区行政公署文物管理委员会编《闽西革命史文献资料》第 1 辑，1981，第 264 页。

② 《对省临委报告议决案》（1928 年 10 月），载中央档案馆、福建省档案馆编《福建革命历史文件汇集（省委文件）》（1928 年）下册，1984，第 266 页。

③ 《党的政治任务决议案》（1928 年 10 月），载中央档案馆、福建省档案馆编《福建革命历史文件汇集（省委文件）》（1928 年）下册，1984，第 218～225 页。

可操作性意见，专门制订了《支部工作大纲》。[①]

会议决定正式成立中共福建省委，省委委员为刘乾初、陈昭礼、谢汉秋、陈真仔、林香仔；候补委员为杨适（杨峻德）、罗明、张鼎丞、王海萍、徐崇德。刘乾初、陈昭礼、谢汉秋为常委，刘乾初任书记。中央又指定罗明、吴亚鲁、陈真仔为候补常委，罗明为候补书记。以备正式常委及书记发生意外不能行使职权时，即刻有人负责。[②] 原来还设立了监察委员会，后因与党章不合被中央取消。为适应秘密工作的环境，依照中央指示，后来常委略有变更，由 5 人改为 3 人，即黄钊、罗明、谢汉秋，另设候补 2 人，即王海萍、吴亚鲁。

会后中央听取郑超麟巡视福建和省委书记刘乾初的报告，认为福建存在“党的农民化，党受农民意识所支配”“支部不起作用”等问题。这是因为福建同志成分，农民占 92%，工人仅占 5%，所以断定“福建的党，在数量上已经充分的农民化了”。为此中央要求福建党必须注意福州、厦门、漳州三大城市职工运动工作，在斗争中扩大党的影响，在福建造成党的社会基础。中央还指责福建“党内从来未有一次办过党校或短期训练班一类的教育工作，同志几乎可以说完全未受过党的教育和训练”[③]。

当然，中央也许对福建党组织的情况并非完全了解，或许要求过高，有些指责过于苛求。对此，福建省委也进行了解释和申辩，认为中央指示“在原则上是完全正确的；不过中央所采取的例证，有许多与当时的事实不符”。如厦门、福州各地的支部组织，有很多是混合性质的，这是事实。省委知道这样的组织有许多缺点，无时不力求改善，并没有以为停滞在这样的组织便认为满意的错误观念；关于教育方式的问题，“时有注意到支部同志讨论实际问题，联系到党的通告和宣传

① 《组织问题议决案》（1928 年 10 月），载中央档案馆、福建省档案馆编《福建革命历史文件汇集（省委文件）》（1928 年）下册，1984，第 233～239 页。

② 《中央致福建省委信——关于目前形势与党的紧急任务的指示》（1928 年 10 月 4 日），载中共厦门市委党史办主编《厦门革命历史文献资料选编》第 2 集，1987，第 164 页。

③ 《中央致福建省委信——关于目前形势与党的紧急任务的指示》，载中共厦门市委党史办主编《厦门革命历史文献资料选编》第 2 集，1987，第 161～162 页。

大纲”。福建省委对于中央指责“对教育方式有不正确的观念”难以接受，认为应该活用，在支部讨论时，从实际问题的讨论联系到通告，固然是对的，然在市委区委讨论通告宣传大纲时，联系到实际问题也是可以的；保存干部的问题，只是说干部不要公开出来活动（因为闽西有这种倾向)，应该保存一部分干部的秘密，并没有说在斗争区域只要保存一部分干部，其他便无须注意保存，也没有其他同志都应该公开党籍和完全公开的意思，所以中央指责是不正确的。省委“认为中央太过于夸大我们的错误和缺点”，“工作上的错误和缺点是有的，但是有许多并不是整个路线的错误，这样错误也并没有如中央所说的那样严重”。[①] 省委对下级党组织的批评也是虚心接受的。省委对龙岩县委的批评进行了解释，表示对县委的批评“甚为满意。一方面给省委以自己检阅的机会，一方面也使你们许多误解的地方得以纠正”。同时提出“批评全要有事实的证据”。[②] 这种情况也说明当时上下级关系还是正常的，有意见可以提，也可以申辩，还是比较民主的。

正是在各方的努力下，省委在组织领导及各项工作上都有很大提高。省委对于政治问题的分析与估量都很正确，加强了对各级党部的政治指示，特别是三大城市的党部，对政治上的认识已经相当的提高。省委对各地的指导很有系统，省委负责同志对各地的工作都比以前更加了解。省委对各地工作的指示比从前有计划，更具体。各地党部与省委的关系也较以前密切，不但时常有交通来往，而且各地负责同志亦常到省委，能了解和执行省委的指示。党的组织虽在数量上没有很大的发展，但质量上得到提高，党的工人成分有相当增加，党的政治认识和工作能力已经相当的提高。党与群众在组织上的联系已经加强。

---

① 《中共福建省委答复中央指示的报告——关于英雄主义、工厂委员会、保存干部等问题》(1928 年 12 月 12 日)，载中央档案馆、福建省档案馆编《福建革命历史文件汇集(省委文件)》(1928 年) 下册，1984，第 305～310 页。

② 《中共福建省委对龙岩县委意见的答复》(1929 年 1 月 4 日)，载中央档案馆、福建省档案馆编《福建革命历史文件汇集（省委文件）》(1929 年) 上册，1984，第 14 页。

各级党部已经比以前健全起来。[①]

四、在斗争中恢复与发展基层组织

在对各级党组织进行整顿与改造的同时，各地极为重视党组织的恢复与发展。1927 年 8 月，从武汉返回福建的陈国柱到仙游县立中学任教，以教员身份为掩护，深入基层进行调查研究，发现大革命时期的仙游党组织十分不健全，新党员没有严格履行入党手续，还有一些投机分子混入党内；党不仅没有坚实的基层组织，也没有秘密机关，因而党在大革命中不能发挥领导核心作用。为保持党组织的纯洁性和战斗力，陈国柱决定重新物色对象，发展新党员，从基层建党做起，逐步建立全县的领导核心。他先后发展王于洁、陈博等 10 多名知识青年和贫苦农民入党，成立中共仙游东乡支部。同时相继成立城区党支部和南区党支部。后来以此为基础，成立中共莆田县委和仙游县委，莆田县委领导下“有同志五六十人”。

中共闽北临委成立后，立即派葛越溪到福州恢复发展党的组织。1927 年 8 月中旬，葛越溪在福州北门马鞍乡与刚恢复党组织关系不久的苏建维取得联系，恢复了张钊臣等人的组织关系，随后恢复发展党员 40 多人。不久成立中共闽北临委福州办事处，主要任务就是恢复整顿党组织，联系发展党员。至 12 月中共福州市委正式成立，福州办事处取消，在短短的 3 个月中，福州办事处恢复发展了 110 名党员。[②] 福州市委成立后，继续努力建立城市党团组织，到 1928 年 7 月间，城区党员已发展到 80 多人，郊区党员发展到百人以上。同时还根据省委紧急代表扩大会议指示，先后派遣党员分赴福宁府（福安、霞浦、宁德、寿宁、福鼎五县）开展革命活动，发展党员，建立党组织。

为了适应农村的环境和为农民暴动作准备，省委特别重视发展农

---

① 《中共福建省委给中央的党务报告》（1928 年 12 月 9 日），载中央档案馆、福建省档案馆编《福建革命历史文件汇集（省委文件）》（1928 年）下册，1984，第 290～291 页。

② 《中共福建临时省委陈少微关于福建组织的口头报告》（1927 年 12 月 26 日），载中共龙岩地委党史资料征集领导小组、龙岩地区行政公署文物管理委员会编《闽西革命史文献资料》第 1 辑，1981，第 140 页。

民党员。提出“应该在斗争中发展组织，惟有建立在斗争中的党，才是健全的布尔塞维克的党”[①]。同时要迅速纠正“不敢尽量介绍工农进党”的错误，“尽量的吸收农民同志，只要勇敢忠实即无条件介绍进来”。[②]“尽可能发展农村支部，发展农民同志”，“尽可能引拔农民同志负责，知识分子可多作技术工作，为农民同志之帮助”。[③]省委要求漳浦在1个月内发展300名农民同志入党。指示平和在暴动中要公开宣传公开征收党员，吸收广大的工农群众入党；党的指导机关要充分的使工农同志参加；党的政策要党员群众讨论，使党部不致完全依靠一两个负责同志；支部党团要经常开会，使支部党团在群众中发生作用；严密党的组织与纪律，使指挥集中，行动严整。[④]这些指示都是很及时很有针对性的。

1928年，在党组织的领导下，福建闽西、闽北先后爆发了龙岩后田、平和、上杭蛟洋、永定和崇（安）浦（城）等农民武装暴动。这些暴动虽然均先后遭到暂时失败或挫折。但大部分地区在暴动中建立起来的组织和武装都保存下来，并根据形势变化转移到偏僻山区，坚持革命斗争，在斗争中党的基层组织得到恢复和发展。到1928年4月，永定有党员约500人，共11个支部。龙岩有党员百五六十人。[⑤]党组织的发展，对农民运动起了推动作用。

---

① 《中共福建省委致永定函——有关农运、工运、军事等工作的指示》（1928年1月24日），载中央档案馆、福建省档案馆编《福建革命历史文件汇集（省委文件）》（1927—1928）上册，1983，第92页。

② 《中共福建省委致惠安函——有关农运、组织和宣传工作的指示》（1928年1月20日），载中央档案馆、福建省档案馆编《福建革命历史文件汇集（省委文件）》（1927—1928）上册，1983，第46页。

③ 《中共福建省委致漳浦函——漳浦工作中的问题和任务》（1928年1月14日），载中央档案馆、福建省档案馆编《福建革命历史文件汇集（省委文件）》（1927—1928）上册，1983，第39页。

④ 《中共福建省委致平和信（一）》（1928年3月20日），载中央档案馆、福建省档案馆编《福建革命历史文件汇集（省委文件）》（1927—1928）上册，1983，第170页。

⑤ 《中共福建临时省委赵亦松给中央的报告——永定、武平、龙岩工作概况》（1928年7月29日），载中共龙岩地委党史资料征集领导小组、龙岩地区行政公署文物管理委员会编《闽西革命史文献资料》第1辑，1981，第249页。

1928年7月，根据中央的指示，福建省临委回迁厦门，厦门特委取消，厦门各基层党组织归省临委直管。这时厦门共有11个基层支部，即烧壳灰业支部，集美工人支部，大同、陶华罐头工厂支部，木业支部，码头支部，电气支部，邮务支部，印刷支部，双浆、驳船支部，小贩业支部，店员支部，100多名党员。党员的表现，烧灰、集美、大同、陶化、木业、小贩各工人党员“对于党有相当的认识及信仰，表现的态度很积极”①，党组织更加纯洁和有战斗力。

到六七月间，全省党员已发展到5000人左右，农民占绝大多数。②省临委辖有闽北、泉属、闽南、闽西4个特委。到1928年8月，省临委领导澄码、建安、闽西3个特委，福州、厦门两个市委，12个县委或临时县委，7个特支。临时省委认为“我们幼稚的党，也已进为领导农民暴动的党，党员人数自三百人增加到三千人”③。中央巡视员代表中央表示满意，肯定福建党的工作“是有进步的”。④根据厦门本岛党组织发展状况，为适应形势要求，省委决定从1928年11月起成立中共厦门区委，专门负责领导厦门本岛的基层党组织，区委书记由省委常委、组织部部长谢汉秋兼任。因形势变化，1929年2月，省委决定撤销厦门区委，对所属各基层党支部实行第二次直管。

由于国民党在莆田进行全面“清党”，加上书记黄经芳自行离职，莆田县委领导力量受到削弱，革命形势转入低潮。为了促进莆田革命斗争，省委指定王于洁接任莆田县委书记，县委领导分头深入基层整

---

① 《赵亦松关于厦门工作概况报告》（1928年7月26日），载中央档案馆、福建省档案馆编《福建革命历史文件汇集（省委文件）》（1928年）下册，1984，第106页。

② 《中央巡视员关于福建组织状况报告》（1928年8月），载中共厦门市党史办主编《厦门革命历史文献资料选编》第2集，1987，第130页。需要说明的是，根据党的六大文献之《全国党员数量统计表》，福建党员为1800人。时间应是三四月间。

③ 中共福建临时省委紧急代表会议：《党的政治任务决议案》（1928年10月），载中央档案馆、福建省档案馆编《福建革命历史文件汇集（省委文件）》（1928年）下册，1984，第212页。

④ 中共福建临时省委紧急代表会议：《对中央巡视员报告决议案》（1928年10月），载中央档案馆、福建省档案馆编《福建革命历史文件汇集（省委文件）》（1928年）下册，1984，第269页。

顿、巩固和发展组织。1928 年 12 月下旬，省委常委陈昭礼到仙游、莆田巡视指导，发现基层组织依靠自己的摸索，在党组织建设方面还是获得相当的成绩。当时仙游共有 14 个支部，170 名左右的党员，全县分为东西两区，各组织干事会。但没有全县的总的指导机关，其负责人“对党的观念甚好，只是对党的工作方法不懂”。为此，陈昭礼在仙游亲自主持整顿党组织，成立中共仙游临时县委。在对莆田、仙游两个县委进行整顿加强的同时，还正式把团组织和党组织分开，成立两个县的团县委组织。莆、仙两县党团组织经过整顿和发展，战斗力有了很大提高，“党的前途颇有希望”。[①] 省委表扬莆田党的历史较久，干部也比较多，在泉属中算是最好的。[②] 因此省委确定仙游县的工作由莆田县委帮助，并“尤其注意福清方面的发展”。于是莆田县委先后派人到仙游指导工作，到福清东张、渔溪等乡镇开展活动，在渔溪镇和周围农村建立了几个支部。至此事实上“莆田县委是莆田、仙游、福清的中心”。[③]

同时，各地注意加强基层组织建设。各地区还不能做到每个支部定期开会，但澄码、厦门、漳浦、永定等地的支部能够定期开会，尤其是澄码支部，时常召开活动分子会议、支部书记联席会议等，讨论各种问题，很有活力。[④] 福州、漳浦党组织都开办了短期训练班，取得不错成效，训练出不少干部。漳浦有一个支部本来缺乏生气，经过训练后，组织生活更为活跃起来。

经过工作，至 1929 年春，各级组织得到发展。据福州 6 个支部统计，已有 22 名党员，其中有 7 名工人，11 名知识分子，4 名兵士。厦门基层组织共有 16 个支部，共 78 名党员，其中 39 名工人，26 名知识

---

① 《福建全省组织工作报告》（1929 年 3 月 8 日），载中央档案馆、福建省档案馆编《福建革命历史文件汇集（省委文件）》（1929 年）上册，1984，第 137 页。

② 《中共福建省委给中央的组织报告》（1929 年 7 月 29 日），载中央档案馆、福建省档案馆编《福建革命历史文件汇集（省委文件）》（1929 年）下册，1984，第 65 页。

③ 《中共福建省委关于组织工作向中央的报告》（1930 年 6 月 25 日），载中共厦门市委党史办主编《厦门革命历史文献资料选编》第 3 集，1988，第 267 页。

④ 《中共福建省委宣传教育工作报告》（1928 年 6 月），载中央档案馆、福建省档案馆编《福建革命历史文件汇集（补遗）》（1923—1934），1987，第 44～45 页。

分子，13 名兵士。特别是红四军入闽西后，闽西组织得到扩大，龙岩党员增至七八百人，上杭、武平、永定等县也有相当的发展，特别是“各县党部的领导力量，比以前增加了许多”[①]。据全省组织状况统计，共有 35 个区（委）、28 个特支，400 个支部，3760 名党员。

五、贯彻中共六大精神及党建方针

1928 年 6 月 18 日至 7 月 11 日，中国共产党第六次代表大会在莫斯科召开，大会分析了大革命失败后中国的政治经济状况，明确中国仍然是半殖民地半封建社会，中国革命的性质还是资产阶级民主革命。大会指出中国的政治形势是处在两个革命高潮之间，党的总路线是争取群众，准备起义。为了完成党在各方面的工作任务，大会强调必须加强党的组织建设和思想建设，积极恢复和发展各级组织，发扬党内民主，实行集体领导，肃清各种错误倾向，努力“加强自己的战斗力及党底无产阶级化”。大会总结革命斗争的经验教训，反对了“左”、右两种错误倾向，着重指出：“最主要的危险倾向就是盲动主义和命令主义，他们都是使党脱离群众的”。[②] 大会对党的建设作出了有益探索，提出党的建设的主要任务是“创造党的无产阶级基础”，规定将党的工作中心和党的力量集中在产业区域和重要城市；继续改造党的组织，尤其要坚决反对小资产阶级意识；党员要职业化，深入群众，使党成为真正群众的党；改进支部生活；贯彻干部工人化的方针；确立秘密工作原则等。这些对于加强党的建设提供了理论和实践的指导。

当时，福建党组织确实存在一些问题，全党存在的非无产阶级意识在福建党内也有反映，如极端民主化、个人的意气之争等。在 6 月的省委紧急会议上，就有同志对于福建工作提出十数条的批评意见，且有不少人随声附和。如说在引进工农分子方面，只是机械地找些工人

---

① 《中共福建省委报告——闽西最近情况及省委对闽西斗争的估量与指示》（1929 年 4 月 20 日），载中国人民解放军政治学院党史教研室编《中共党史教学参考资料》第 14 册，1985，第 295～296 页。

② 《政治决议案》（1928 年 7 月 9 日），载中共中央文献研究室、中央档案馆编《建党以来重要文献选编》第 5 册，中央文献出版社，2011，第 374～391 页。

分子进来，而不加以积极的教育，或则机械地规定指导机关中工人成分的比例等。提拔工农分子大部是官样文章，虽然有些地方工农分子参加指导机关，但只是拿几个工农分子来张门面而已，“不过是知识分子的附庸”。不去建设工人支部，以致整个的党成了知识分子和农民分子党，工人在福建失掉了革命的领导权。[①] 王海萍认为这些批评有些过火，简直是恶意攻击，变为“攻击省委的会议”[②]。此后的临时省委扩大会议也认为，福建党的基础是在农民上面，是非无产阶级基础，因而“党的政策与工作很容易受农民意识之支配，消灭了无产阶级的布尔什维克的意识”。小资产阶级还是把持指导机关，“党的工作都建筑在知识分子个人身上，形成个人即党的恶劣现象”。为此必须按照中央要求，“组织基础要建筑在广大的工农群众上面，以保证党的无产阶级化，以形成布尔什维克的党”。[③]

8 月的省临委紧急代表会议对上述问题进行了审议，取消了不正确的批评和处分，通过的《组织问题议决案》提出：尽量扩大党内民主主义。一切党的政策必须达到每个同志使之了解，并且要尽可能的经过党员群众讨论党的各种实际斗争的策略，尽可能的实行指导机关由代表大会或党员大会选举。但同时必须遵守集权的原则，一切问题既经党部决定，任何同志只有服从决议执行工作。议决案强调既要扩大党内民主，又必须遵守集权的原则，不能借口民主否定集中。党内民主主义，决不是要党员无理的攻击上级机关和负责同志等，并特别提请注意，同志批评指导机关，或同志间的互相批评，应以冷静的头脑，根据切实的事实去批评。[④]

福建省临委书记罗明在党的六大会议上，就对福建党组织有个发

---

① 《中共福建省委紧急会议记录》，载中央档案馆、福建省档案馆编《福建革命历史文件汇集（补遗）》（1923—1934），1987，第 27～28 页。

② 《中共福建省委王海萍给罗许的信》（1928 年 7 月 11 日），载中央档案馆、福建省档案馆编《福建革命历史文件汇集（补遗）》（1923—1934），1987，第 49～50 页。

③ 《组织问题议决案》（1928 年 7 月 3 日），载中央档案馆、福建省档案馆编《福建革命历史文件汇集（省委文件）》（1928 年）下册，1984，第 11～13 页。

④ 《组织问题议决案》（1928 年 10 月），载中央档案馆、福建省档案馆编《福建革命历史文件汇集（省委文件）》（1928 年）下册，1984，第 238 页。

言，认为“福建党的历史如此短，又少受上级的指导和帮助，所以力量薄弱，工作幼稚，错误很多”[①]。如对国民党工作，改造党的工作，斗争和军事方面等都存在错误。福建的情形是，城市白色恐怖厉害，党的支部极难发展，党与群众失了联系，斗争多失败；党在农村中的组织甚易发展，有许多农民要求入党。会议期间，中共福建代表团提出福建下一步工作的意见：加紧领导城市工人及小资产阶级继续反帝运动，并在反帝中揭破军阀勾结帝国主义的黑幕；用新的策略和方法加紧福州兵工厂以及福州、厦门、漳州等大城市的市政交通工人中的工作；在闽南农运比较有基础的区域进行抗租运动；与“第三党”的理论与组织斗争等。代表团向中央提出要求派工作人员到福建帮助工作。因为过去福建负责同志分析政治的能力很弱，对政治问题常应付得不好，福建需要一个应付政治问题比较有经验有理论的同志在省委工作。代表团还要求派组织、工运、军事工作人员到福建，同时提出经费的支持，因为福建“尚有许多重要市县，因无经费无法派人前往活动，长此以往，则革命的发展，将愈不得平衡”[②]。代表团提出在两个月内召集省代表会或先开扩大会，讨论六次大会的决议，并根据此决议决定新的工作计划。

1928 年 10 月间，赴莫斯科参加党的六大的罗明回到福州。这时省委机关已从厦门迁到福州。福建省委根据中央“须根据这次大会精神进行各项工作，并使大会决议很普遍的深入于党员群众中去”[③] 的指示，在福州召开扩大会议，传达六大精神。因尚未收到六大正式文件，罗明仅凭记忆作口头传达，然后将传达记录油印出来，发给党员学习。接着，省委鉴于过去教育训练工作不足、同志政治水平较低、干部人

---

① 《第十八号罗明在政治报告讨论时的发言》（1928 年 6 月 25 日），载中共中央党史研究室等编《中国共产党第六次全国代表大会档案文献选编》下，中共党史出版社，2015，第 562 页。

② 《中共福建代表团的意见书》（1928 年 7 月），载中央档案馆、福建省档案馆编《福建革命历史文件汇集（省委文件）》（1928 年）下册，1984，第 79～81 页。

③ 《中央致福建省委信——关于目前形势与党的紧急任务的指示》（1928 年 10 月 4 日），载中共厦门市委党史办主编《厦门革命历史文献资料选编》第 2 集，1987，第 165 页。

才缺乏的状况，根据中央要求，加强干部教育与培训，分别在福州、厦门等地举办训练班。福州训练班的对象为下级干部，共计10人，时间1周，每天2个小时；厦门训练班共有漳州、上杭、龙岩的9名同志。主要内容虽稍有不同，但都设有党的政治任务、福建政治现状及工作路线、职工运动、农民运动等内容。厦门开班时准备更为充分，增加有党内组织问题、各派理论的谬误、土地党纲、闽西报告、阶级斗争与无产阶级专政等，而且基本上是对中共六大各种决议案加以解释并引起讨论。经过学习，“受训练的同志很觉满意，开班时发言者亦多，受训练的同志对党的策略及各种工作方法得有相当的认识”。① 平和县委也开办了一天半的短期训练班等。省委还计划继续开办4个高等和2个初等训练班，并请求中央帮助解决训练教材问题。

此后，省委派罗明赴闽西、杨峻德赴闽北、吴亚鲁赴泉属各县、谢汉秋赴漳属各县巡视，传达六大精神，指导各地工作。当时因为暴动遭受挫折，大家情绪有些消极，思想较为混乱，提出了许多问题，如大革命是不是失败了，开展游击战争对不对，有没有前途等。于是，罗明根据六大的决议，在传达中着重阐述了中国革命正处在两个革命高潮之间的政治形势，讲明党的任务是争取群众，积蓄力量，开展游击战争，实行土地革命，争取革命高潮的到来。否定了因斗争失败特委要取消的做法，要求特委加强对各县县委的指导，作出“认真健全党的支部，严密党的组织，加强秘密工作，重新恢复农民协会与‘铁血团’的组织”的决定。大家听后很受鼓舞，克服了少数同志在困难中产生的一些消极思想和情绪。②

六大精神的传达贯彻，不仅使正处困难之中的党员同志看到了希望，而且使福建党内在一系列带根本性的问题上澄清了模糊或错误的认识，党员的思想认识得到提高，对统一思想，巩固党组织起了极大作用。

---

① 《中共福建省委关于开办训练班的报告》（1928年12月2日），载中央档案馆、福建省档案馆编《福建革命历史文件汇集（省委文件）》（1928年）下册，1984，第281页。

② 《罗明回忆录》，福建人民出版社，1991，第75～76页。

在贯彻党建方针上，省委提出“要加紧注意党的组织，加强三大城市及闽西特委指导机关，吸收工人同志，注意产业工人支部，在工作及斗争中，防止党的一切非无产阶级意识的反映，厉行职业化，深入到群众中去，在闽西目前仍要注意秘密工作，加强党的无产阶级基础”①。“（1）应尽量使每个同志在社会上找到固定的职业，尤其是打入工厂作坊去做工。（2）应使每个同志都了解职业化的意义，自觉的坚决的到群众中去。（3）首先要有计划的使三大城市的党员职业化。各地失业的党员亦应尽量想法做工、耕田或当兵。”同时要“建立党与群众的正确关系”，“支部是党领导群众的核心，应经过支部，使广大群众围绕于党的周围”。② 这些指示和做法，对于贯彻六大党建方针，加强党组织建设都发挥了重要作用。

六、强化巡视及各项制度

巡视制度是党内的一项重要制度，自从中国共产党成立后，党中央就开始设想和实行特派员巡行指导工作的措施。大革命失败后，中共组织转入地下，巡视制度的建立显得更为必要。1927 年 11 月，中共中央临时政治局扩大会议通过的决议案提出“应当开始建立各级党部的巡视指导制度”③。12 月 1 日，中央又对党的组织工作发出通告，要求“中央、省委、县委、市委必须经常的有一人巡视下级党部直至支部小组的工作”④。到党的六大后，1928 年 10 月 8 日，中央专门制订下

① 《中共福建省委通告第廿四号——军阀战争形势与福建党目前的策略》（1929 年 5 月 12 日），载中央档案馆、福建省档案馆编《福建革命历史文件汇集（省委文件）》（1929 年）上册，1984，第 221 页。

② 《目前党的主要策略与今后工作总方针》（1929 年 7 月 2 日），载中央档案馆、福建省档案馆编《福建革命历史文件汇集（省委文件）》（1929 年）下册，1984，第 8～9 页。

③ 中央档案馆编《中共中央文件选集》第 3 册，中共中央党校出版社，1989，第 472 页。

④ 《中央通告第十七号——关于党的组织工作》（1927 年 12 月 1 日），载中共中央文献研究室、中央档案馆编《建党以来重要文献选编》第 4 册，中央文献出版社，2011，第 726 页。

发了《中央通告第五号——巡视条例》[1]，以党内法规的形式把党的巡视工作制度化。中央明确指出："巡视制度是保证上级党部正确指导的主要方法"，巡视目的就是"为了解下级党部的生活和群众工作的实际，使上级指导能正确而且合于实际，能密切的传到下级党部"，要求各级地方党部切实执行中央巡视条例。[2]

从文献可以看出，此期间中央对福建的巡视较少。1928 年初，受周恩来委派，周肃清化名赵亦松，作为中央巡视员到福建巡视。这是中央第一次派巡视员到福建，其使命是：(1) 传达并解释中央新的政策；(2) 帮助福建的党规定今后工作方针；(3) 帮助福建的党解决组织问题。[3] 在 8 个月中，周肃清除了和罗明、陈明、刘谦（乾）初等一起领导福建党的工作外，还到厦门、漳浦、永定、武平、龙岩、上杭、平和、莆田、仙游、永春、福州等县市进行巡视，向中央和省委写出 10 多万字的报告。报告了各县市的地理、经济、政治、民众生活，以及工作概况、农民斗争情形、党务概况等。报告中特别提出福建的军事工作要利用乡村割据，首先是闽西、闽南割据局面而发展，提出有益的建议。他还以中央巡视员的身份，在省临委代理书记叛变的情况下，与大家一起采取紧急有效措施，使福建省委避免了最严重的失败和破坏，把牺牲和损失减到最小。中央派人对福建的巡视，不仅向中央反映了党的建设的真实情况，而且也对福建巡视工作的开展作出示范。但这种情况不多，而且中央对福建党组织的指示也不多，以致临时省委负责人多有抱怨，向中央反复提出要求多加指导的意见。到 1929 年后中央对福建的巡视和指示才逐渐增多。

福建地方党组织成立后，贯彻中央指示，也建立了对基层开展巡

① 《中央通知第五号——巡视条例》（1928 年 10 月 8 日），载中共中央文献研究室、中央档案馆编《建党以来重要文献选编》第 5 册，中央文献出版社，2011，第 652～654 页。

② 《中央通告第七号——关于党的组织——创造无产阶级的党和其主要路线》（1928 年 10 月 17 日），载中共中央文献研究室、中央档案馆编《建党以来重要文献选编》第 5 册，中央文献出版社，2011，第677 页。

③ 中共福建临时省委紧急代表会议文件：《对中央巡视员报告决议案》（1928 年 10 月），载中央档案馆、福建省档案馆编《福建革命历史文件汇集（省委文件）》（1928 年）下册，1984，第 269 页。

视的制度。省临委、各县委也经常派出人员赴各地巡视，这些巡视工作，不仅对各地开展工农革命运动及工作给予了及时指导，而且对加强各级党组织的建设发挥了重要作用。但开始时因为缺乏经验，巡视工作也存在问题，以至于省临委提出“要纠正过去巡视员脱离了党的指挥，而成个人行动的现象”①，并在 1928 年初调回巡视员报告巡视经过后，由省临委重新派得力同志往各县巡视并指导改组工作。

1928 年 5 月，中央向福建省临委提出：省委应当从漳州搬至厦门或福州，闽北特委无组织之必要。“省委应派出二个巡视员到闽北，二个到闽南各县实地指导工作，这样全省的工作和党的建立才能真正起来”②。

省委为改造各级党部，肃清机会主义及便利工作起见，向各工作重要区域派遣特派员。为此于 1928 年 7 月专门制订《省委特派员暂行条例》，规定省委特派员秉承省委命令，根据中央、省委的通告及决议案，实地指导并监督省委指定区域的一切工作；参加各级党部改组工作为省委特派员重要责任之一。特派员须帮助并监督各级党部肃清机会主义，提拔工农参加指导机关，健全各级党之组织；应随时随地召集各级党部会议，详细讨论过去工作的缺点和错误，加以严厉的批评和指示；在可能范围内，严厉监督各级党部执行省委命令、通告及决议案等。同时规定各级党部有违反上级机关命令，犯了严重的政治纪律或事实上不能担负指导工作的责任时，省委特派员得先报告省委，召集当地同志，改组党部或解散党部另行组织。省委特派员对省委除临时报告外，应每十天有一次定期报告，每一月有总报告一次。③ 虽然特派员与巡视员的职责有所区别，但工作基本是一致的。派遣特派员

① 《中共福建省委扩大会议组织问题决议案》（1928 年 1 月 21 日），载中央档案馆、福建省档案馆编《福建革命历史文件汇集（省委文件）》（1927—1928）上册，1983，第 61 页。

② 《中共中央致福建临委的指示信》（1928 年 5 月 7 日），载中共龙岩地委党史资料征集领导小组、龙岩地区行政公署文物管理委员会编《闽西革命史文献资料》第 1 辑，1981，第 199 页。

③ 《省委特派员暂行条例》（1928 年 7 月 3 日），载中央档案馆、福建省档案馆编《福建革命历史文件汇集（省委文件）》（1928 年）下册，1984，第 25～26 页。

的做法既是党的一项重要制度，又与党的建设有重要关系。省委紧急会议决定：省委与各县市党部之间应加强联系，在一定时间内往各地派巡视员的同时，各地党组织亦应派负责同志来省委报告。会上选举陈昭礼、邱泮林、谢汉秋、郭慕亮 4 个特派员分赴厦门、闽北、汀属、漳属四区，自下而上改组各级党部。

巡视工作被作为省委在组织路线上的中心工作和主要任务，而且也是指导基层党组织建设，改进机关作风的重要途径。省委要求“各级应一律厉行巡视制度，实地检阅下层工作，以保证上级指导的正确”①。1928 年 9 月，邱泮林到崇安巡视指导上梅暴动。10 月至 11 月间，省委派出罗明等赴闽西各地巡视，吴亚鲁到泉州、南安、惠安、永春、德化各县巡视，杨适到建瓯、崇安各县，谢汉秋到平和、诏安巡视。12 月下旬，省委常委陈昭礼到仙游、莆田巡视调查。他认为：“省委过去未与莆田党部发生密切的关系。莆田同志在暗中摸索，使党的组织能有相当的发展，而且树立了相当的基础，造就几个干部，而是很努力勇敢的，这一点省委对之有相当的满意。”② 同时认为仙游党组织“基础还非常薄弱，过去没有全县的总的指导机关”，各支部工作均由知识分子每人包办几个支部，工作人员互相不了解别支部的状况，形成了割据局面。③ 从巡视报告可以看出，省委对于基层组织的指导是不够的。对存在的问题需要进行改变和提高。这份调查结论是符合陈国柱离开仙游后当地党组织的实际状况的。后来陈昭礼又主持了对两个县委的重建和整顿，同时还派人到平和巡视，使斗争失利后停顿的组织重新恢复，召开了县委扩大会，进行了讨论。这期间，各县党组织的巡视也基本能够坚持，如龙岩在农民武装暴动失败后，许多同志

---

① 《目前党的主要策略与今后工作总方针》（1929 年 7 月 2 日），载中央档案馆、福建省档案馆编《福建革命历史文件汇集（省委文件）》（1929 年）下册，1984，第 8 页。

② 《昭礼巡视莆田的报告——莆田政治经济状况和党的工作概况》（1929 年 1 月 9 日），载中央档案馆、福建省档案馆编《福建革命历史文件汇集（省委文件）》（1929 年）上册，1984，第 37 页。

③ 《昭礼巡视仙游的报告——政治概况及党的组织情况》（1928 年 12 月），载中央档案馆、福建省档案馆编《福建革命历史文件汇集（省委文件）》（1928 年）下册，1984，第 376 页。

都很消沉的情况下，县委负责人还坚持“到各支部巡视，督促各地负责人及各支部仍要积极工作”①。

1929年一二月间，省委又派人到闽西、漳州、福州、莆田、仙游、崇安、澄码、漳浦等地巡视。此后，省委与各地党组织的联系也更为密切。4月至6月间，省委派谢汉秋为闽西特派员，往闽西各县巡视，帮助成立闽西特委并与红四军前委取得联系；派邱泮林、罗明到福州巡视；派王海萍到漳州巡视，帮助县委制定工作计划，并推动县委工作；派杨适到海澄、谢汉秋到同安巡视。② 1929年六七月间，到省委接头的有漳州、永春、崇安、同安、漳浦等各县负责同志。省委派出特派员到福州、惠安等地巡视。9月，为加强三大城市工作，派罗明巡视福州，吴亚鲁巡视漳州、莆田。为了加强巡视工作，省委确定两个经常的巡视员，轮流派往全省各地巡视，重要城市及斗争区域的巡视员，由省委委员担任，而且巡视员要相互调换，巡视地方也要有所变动。总之，巡视工作基本上是正常的。

实践证明这种巡视是非常必要的，对党的建设也是十分有益的。首先，有利于使上级机关了解当地的实际情况，了解革命工作开展情况和党组织建设现状，发现存在的问题，更有针对性地作出指示；其次，有利于把中央和省委指示与当地实际结合起来，对当地工作和党的建设进行及时指导；再次，巡视员还可以主持召开当地党组织的会议等，并对组织进行整顿，特别是把干部问题纳入巡视范围，其任务之一就是发现和提拔下层干部。罗明在1928年10月巡视闽西时，就主持召开了龙岩县委扩大会议，确定了党目前的任务，作出许多决议，进一步健全了县委班子，选举执委7人。

巡视的效果也得到显现。通过巡视，虽未能将各县工作即刻整顿得很好，“但使一般同志对于策略有更深的了解，各县工作亦得些益

---

① 《中共龙岩县委向省委的报告——政治形势和工作任务》，载中央档案馆、福建省档案馆编《福建革命历史文件汇集（各县委文件）》（1928—1931），1985，第212页。

② 《中共福建省委给中央的组织报告》（1929年7月29日），载中央档案馆、福建省档案馆编《福建革命历史文件汇集（省委文件）》（1929年）下册，1984，第50～51页。

处，省委对各县情形更知道清楚一点”[①]。闽西各县经过巡视之后有的地方进步多了，与省委的关系也密切起来，莆田经过巡视后纠正了机会主义的错误，崇安工作也有很大的进展。[②] 在1929年八九月间对福州、漳州的巡视之后，工作确比较进步、紧张起来。当时在每一巡视员出发之前，省委在常委会中给予分配巡视任务；回来后，省委会又会提阅巡视员的巡视工作。“这样一来巡视工作确比以前进步，对各地工作的指示也比较切实而且有计划。”[③] 党中央对福建此项工作给予充分肯定，指出福建省委“对于组织工作，特别是对于地方党部巡视指导的工作，有相当的进步”[④]。

在贯彻民主集中制方面，省委提出：“在秘密条件之下，应可能发展民主化的党内讨论与选举制度。但应提防极端民主主义的倾向，以保持民主集中的组织原则。”[⑤]

中国共产党是具有严格纪律的党。福建地方组织十分重视对于党纪的遵守，对违反纪律的行为进行了坚决的惩戒。当时有的县的国民党机关仍然在共产党员掌握中，因为认识不足，在中央和省委已经发出指示后，还不舍得完全抛弃，幻想国民党还可以革命，“一切民众运动用国民党的招牌”，“阻止工农直接的自动的斗争，取消土地革命”，这是严重违反党的政治纪律的行为，是“取消土地革命，违反政治主张的反革命行为”。于是，省委严格执行政治纪律，规定“对国民党尚有留恋或制止群众自发的骚动者须严重处分，不愿退出国民党者应开

---

① 《中共福建省委十一月份党的组织工作报告》（1928年12月11日），载中央档案馆、福建省档案馆编《福建革命历史文件汇集（省委文件）》（1928年）下册，1984，第294页。

② 《福建全省组织工作报告》（1929年3月8日），载中央档案馆、福建省档案馆编《福建革命历史文件汇集（省委文件）》（1929年）上册，1984，第131页。

③ 《中共福建省委关于组织工作向中央的报告》（1929年9月30日），载中央档案馆、福建省档案馆编《福建革命历史文件汇集（省委文件）》（1929年）下册，1984，第298页。

④ 《中共中央致福建省委信》（1929年11月14日）。

⑤ 《目前党的主要策略与今后工作总方针》（1929年7月2日），载中央档案馆、福建省档案馆编《福建革命历史文件汇集（省委文件）》（1929年）下册，1984，第8页。

除党籍”[①]。临时省委紧急扩大会议再次议决并发出通告：“（1）所有同志不马上退出国民党者，以反革命论，立即开除党籍。（2）各种民众运动如农协工会等，如再用国民党招牌，张贴国民党旗帜标语者，以反动机关论。该负责同志予以最严厉处分，直至开除。（3）各级党部接到此通告后不切实执行者，以违抗命令论，决予以最严厉处分。”[②]中央也指示福建省委，对“还是躲在国民党旗帜下领导工农作请愿运动”的漳浦、龙岩、建瓯、崇安党组织“坚决地予以制裁”，“并须急速改组这几县党部提拔新的能斗争的工农分子加入指导机关”。[③] 此外还有其他的纪律处分。如1928年初，厦门市委“开除几个不好的分子”[④]。平和暴动期间，省委认为县委指导不好，也对县委全体委员予以警告，改组县委及各级党部，并对在斗争中表现不好的同志由县委分别处分。[⑤] 后来对有些表现积极的又恢复了党籍。6月的省委紧急会议，“开除了许多与第三党勾结的同志”[⑥]。12月，罗明在闽西巡视时，发现龙岩、永定县委成立“行委”解决经济问题的做法不妥，对这种绑票行为提出批评，对此规定了范围与对经济的支配办法，并报告了

---

① 《中共福建省委扩大会议组织问题决议案》（1928年1月21日），载中央档案馆、福建省档案馆编《福建革命历史文件汇集（省委文件）》（1927—1928）上册，1983，第61页。

② 《中共福建省委通告第十一号——关于国民党问题》（1928年1月24日），载中央档案馆、福建省档案馆编《福建革命历史文件汇集（省委文件）》（1927—1928）上册，1983，第90～91页。

③ 《中央致福建临委信——对省委关于客观形势分析及政治任务、职工、组织决议案的意见》（1928年2月16日），载中共厦门市委党史办主编《厦门革命历史文献资料选编》第2集，1987，第69页。

④ 《中共福建临时省委紧急扩大会议综合报告》（1928年1月28日），载中央档案馆、福建省档案馆编《福建革命历史文件汇集（省委文件）》（1927—1928）上册，1983，第74页。

⑤ 《中共福建临时省委致平和信（二）——平和暴动中的问题与任务》（1928年3月），载中央档案馆、福建省档案馆编《福建革命历史文件汇集（省委文件）》（1927—1928）上册，1983，第176页。

⑥ 《赵亦松关于福建省委紧急和扩大两次会议情况的报告》（1928年7月25日），载中央档案馆、福建省档案馆编《福建革命历史文件汇集（省委文件）》（1928年）下册，1984，第28页。

省委。省委同意罗明意见，严肃指出："这些错误要不严行纠正，将来对党的影响是非常之坏的。甚至党在群众的信仰会因此坠失。"要求县委严格按照办法执行，"如个人故意违反，则开除其党籍，如党部故意违反，亦必予以严重的处分"。[①] 不久省委再次重申这种做法"使同志腐化""使党在群众中失了信仰"等，要求立即停止，取消"行委"，"如有不听命令者，县委应按照党纪，予以严重的处分，直至开除其党籍"。[②] 对于地方党组织给省委提出的"纪律太松懈，对动摇分子没有先坚决执行纪律"的意见，省委也作出认真答复，并进而提出：纪律也是教育训练的一部分。对同志要与兄弟一样，要平素有教育，有训练。执行纪律不是要将其"杀死"，而是为了促其前进，不是促其后退。只有发现"不能教育训练的时候，然后才执行最后的处分——开除"，即宣布了政治上的死刑。[③] 并要龙岩县委"切要注意不能因经费滥用而使党腐化起来"。省委强调执行纪律也要以事实为依据。这期间，闽西特委决议开除 6 名同志，省委只批准其中 3 人，并要求对另外 3 人的材料调查清楚并报告，"如果情无可原，当然按党纪执行。如其事出有故，或可轻处分"[④]，表现出对同志负责任的态度。各县级党部也是严格执行纪律。1929 年 4 月，莆田召开全县党的第一次代表大会，会上"工农同志都很有布尔什维克的精神，对于知识分子的处分是稍不姑息的"[⑤]。严厉的组织措施，有力地维护了福建党铁的纪律，纯洁

① 《中共福建省委给龙岩信——关于政治形势与斗争策略的指示》（1928 年 12 月 18 日），载中央档案馆、福建省档案馆编《福建革命历史文件汇集（省委文件）》（1928 年）下册，1984，第 345 页。

② 《中共福建省委对龙岩县委意见的答复》（1929 年 1 月 4 日），载中央档案馆、福建省档案馆编《福建革命历史文件汇集（省委文件）》（1929 年）上册，1984，第 11～12 页。

③ 《中共福建省委对龙岩县委意见的答复》（1929 年 1 月 4 日），载中央档案馆、福建省档案馆编《福建革命历史文件汇集（省委文件）》（1929 年）上册，1984，第 13～14 页。

④ 《中共福建省委对闽西特委工作的指示——关于武装斗争问题》（1928 年 12 月 28 日），载中央档案馆、福建省档案馆编《福建革命历史文件汇集（省委文件）》（1928 年）下册，1984，第 374 页。

⑤ 《中共福建省委巡视员练文澜巡视莆田工作报告》（1929 年 4 月 26 日），载中央档案馆、福建省档案馆编《福建革命历史文件汇集（省委文件）》（1929 年）上册，1984，第 193～194 页。

了党的组织。

福建省临委对于党内报告制度能够严格执行。经常向中央报告有关情况，请求得到指示。如1928年3月初，就向中央寄出2月份工作报告，包括目前福建政治状况及工作方针、党的组织概况、宣传教育工作、职工运动、福建3月份工作计划、省临委2月份经费收支决算和3月份收支预算、省临委第二次全体会各项议决案、省委所出刊物宣言各一份等。[①] 由此可见其报告内容的全面。省临委对下级报告也有严格的规定，要求各县、区委都要向上级组织经常写书面报告，或派人报告，会议形成的文件等也要上报。如省临委曾对永定县委指出：县委报告中关于常务及领导民众斗争等亦少写及，而县委成立的决议案及今后工作大纲亦全无报告。要求每月应作一总报告，每周中应有一简报，特别是关于党务及斗争策略和经过，应有详细报告。[②] “支部每周应向上级机关报告工作概况。各种重要消息须即刻向上级机关报告。”[③] 甚至各支部同志也须经常的向支部书记或干事会报告工作情形及其他消息，但因为交通不便、人手少等原因，这方面做得很不够，不仅报告少，更不及时。因为“过去各级各党部，没有经常的报告，报告也很空洞不切实，所以影响省委的报告也做得不完备不切实”，省临委要求中央对此“加以详细的批评和指示”。[④]

在省委工作制度方面有所创新，常委会改为办公会，每两日开一次。工作紧张时，每天办公会两小时，以解决一切问题。办公会以3人

① 《中共福建临时省委关于省委二次全会情况的报告》（1928年3月3日），载中央档案馆、福建省档案馆编《福建革命历史文件汇集（省委文件）》（1927—1928）上册，1983，第146页。

② 《中共福建省委致永定函——有关农运、工运、军事等工作的指示》（1928年1月24日），载中央档案馆、福建省档案馆编《福建革命历史文件汇集（省委文件）》（1927—1928）上册，1983，第94页。

③ 《中共福建临时省委紧急代表会议组织问题决议案》（1928年10月），载中共厦门市委党史办主编《厦门革命历史文献资料选编》第2集，1987，第186页。

④ 《中共福建临时省委关于省委二次全会情况的报告》（1928年3月3日），载中央档案馆、福建省档案馆编《福建革命历史文件汇集（省委文件）》（1927—1928）上册，1983，第146页。

为限。每周开常委会一次，全体常委及团省委书记参加，以解决较大的问题，如政治的、全省的、三大城市的、职工的等。[①] 后来又对常委会进一步健全起来。这期间，省委的领导得到加强，“工作中确实上了正轨”，常委本身政治的认识比以前提高，工作的精神和方法比以前切实紧张，且能使全部工作都加紧起来。干部分子之注意和宣传工作之进步，巡视员之工作加紧，都能从工作方面显现出来。省委对各地的指示比以前切实，且一切工作能集体指导。对支部的工作指示较为实际，且支部比以前更勇敢而努力得多。[②]

此外还有其他一些制度建设，如征收党费的制度等，这是党章所规定的，但许多支部不能按期开会缴费。福建省委专门发出关于征收党费的通告，指出：它不仅是一种经济来源，而且“是用来培养同志团体化纪律化的生活，也是训练同志考察同志最好的方法”。[③] 规定各支部要严格征收党费，要求各级党部立即纠正过去疏忽征收党费的缺点，从 1929 年 11 月起，要切实执行，一切党费的收入须全数报告省委，由省委支配，并确定征收党费的具体标准。

七、加强思想和组织建设

支部是党的基本组织，针对当时福建存在着城市工作很少发展，农民支部多于工人支部，产业工人支部没有建立起来，“福建的党，无产阶级基础十分薄弱，几乎成为农民的党”，支部在群众中不能起核心作用，支部不能负起教育党员的责任等问题，提出支部必须每星期开会，开会时要讨论党的策略，要纠正过去负责同志只做机械式的报告，不给或不懂得指导党员群众参加讨论的错误，要讨论支部所在机关的

---

① 《中共福建省委八月份工作报告》(1929 年 9 月 17 日)，载中央档案馆、福建省档案馆编《福建革命历史文件汇集（省委文件）》(1929 年) 下册，1984，第 234 页。

② 《中共福建省委八月份工作报告》(1929 年 9 月 17 日)，载中央档案馆、福建省档案馆编《福建革命历史文件汇集（省委文件）》(1929 年) 下册，1984，第 245 页。

③ 《中共福建省委通告第四十二号——关于征收党费》(1929 年 10 月 28 日)，载中央档案馆、福建省档案馆编《福建革命历史文件汇集（省委文件）》(1929 年) 下册，1984，第 372 页。

群众实际问题。[①] 开支部会或小组会议时，须规定讨论一项，具体讨论各种问题，特别是关于党的和政治的问题。每个同志都要读党的刊物，可能时开训练班。指导机关如县委、市委可成立政治研究会，或讨论会等。负责同志须常与各同志个别谈话。[②]

据此，各级组织十分重视组织讨论和党员训练工作。厦门党团市委同志共同讨论党的策略及政治等问题，每两周至少讨论一次。每次讨论什么问题由大家决定，再拟定大纲，交各同志先行研究后开会讨论。到 1928 年 3 月，已讨论过中国目前革命性质问题和暴动问题，共讨论 3 次，大家踊跃发言。同时开展支部讨论，讨论中央所发的政治宣传大纲。分发省、市委对外宣传等刊物给党员同志们阅看。市委开办 1 期训练班，从 3 月 12 日至 26 日，共宣讲 5 次，主要有共产主义与共产党，党员须知，土地革命，为什么反对国民党，广州工农后期大暴动，怎样做职工运动等。[③] 这些对提高党员的政治水平和思想觉悟都很有帮助。

开展反对“第三党”的斗争，是福建党部的一项特殊的使命。陈祖康叛变后投靠军阀张贞，拉拢党内一些不坚定分子，组建“第三党”，并在报刊上写文章，宣传用和平方式改良中国社会，鼓吹“平民革命”，攻击共产党进行的土地革命，甚至出卖共产党员等，使闽南党组织和工农运动受到严重破坏。中央也认为，因为有张贞作为其靠山，故全国只有福建能够给“第三党”公开活动的机会，“第三党”的反动

---

① 《中共福建省委扩大会议组织问题决议案》（1928 年 1 月 21 日），载中央档案馆、福建省档案馆编《福建革命历史文件汇集（省委文件）》（1927—1928）上册，1983，第 61 页。

② 《中共福建临时省委紧急扩大会议综合报告》（1928 年 1 月 28 日），载中央档案馆、福建省档案馆编《福建革命历史文件汇集（省委文件）》（1927—1928）上册，1983，第 84～85 页。

③ 《中共厦门市委三月份总报》（1928 年 4 月），载中共厦门市委党史办主编《厦门革命历史文献资料选编》第 2 集，1987，第 90～91 页。

性在福建表现得也比较明显，“应该在群众中尽力揭破第三党的假面具”[①]。

福建党组织与其展开针锋相对的斗争。一方面在党内刊物上发出《反对第三党宣传大纲》及通告和文件，从理论上批判“第三党”的错误主张，批驳陈祖康等人的造谣欺骗，揭露其投降国民党新军阀，为害工农运动的企图；另一方面开除与“第三党”相勾结的党员，并提起全体同志注意此危险。同时加强党内教育，阐明小资产阶级是不能独立形成政治上的势力的，第三条道路是走不通的，革命的中坚仍当归之于工农贫民，尤其是工农贫民的无产阶级。“每个同志要自觉的养成信任本党的信心，彻底洗清为个人盛情或信仰某某个人而入党及为党工作的错误观念与行动”。[②] 宣传启迪一般人员坚决在共产党领导下，走武装暴动和土地革命，建立苏维埃政权的道路。

有鉴于受“第三党”影响与拉拢，许多党员干部自首与叛变的事实，省委为了从积极方面消灭造成这种现象的党内原因，纯洁和巩固党的组织，发出《关于党员自首与叛变》的通告，分析了其中的原因，认为党员成分中工人占非常少数，各级党部缺少正确的政治指导和训练，没有正确的支部生活，以及投机分子的混入等，是造成党员自首与叛变的主要原因。提出预防的具体办法：一是党必须坚守深入群众的口号，指导每个党员俱能从群众生活中锻炼出来，坚强其阶级意识和对革命的信念。二是努力发展工人同志尤其是产业工人同志，加增党的无产阶级成分，稳固党的无产阶级基础，加增党无产阶级意识的反映。三是创造党的支部生活。四是各级党部应指示出党员为党工作的正确路线，在每个党员最低限度必须做的工作中，训练每个党员的阶级意识。五是实行党员职业化，推动党员深入群众中。六是各级党部必须加紧对于党员的政治训练，坚强他们对于革命的信念。七是抓

---

① 《中央致福建省委信——关于目前形势与党的紧急任务的指示》（1928 年 10 月 4 日），载中共福建省建阳地委党史办、福建省建阳地区档案馆编《闽北党史文献》第 1 集，1983，第 81 页。

② 《反对第三党宣传大纲》（1928 年 7 月 9 日），载中央档案馆、福建省档案馆编《福建革命历史文件汇集（省委文件）》（1928 年）下册，1984，第 39 页。

紧改造党的工作，肃清一切动摇投机分子。八是以极大的努力注意秘密党的存在条件的一一遵守。要求任何一个党员被捕后不吐出任何党务，不承认任何关联，不指出任何同志。① 这些办法收到一定成效。

干部和经费的困难严重妨碍了福建党组织和各项工作的发展。因为在白色恐怖下干部牺牲较大，加上福建地方方言多，要找到合适的干部特别是领导干部不容易。省委也多次向中央要求派干部，但中央不可能满足，所以省委只得把重点放在自身培养上。省委也注重在斗争中培养和提拔干部，把在斗争中涌现出来的积极分子提拔起来。“应该就地培养干部，首先应加紧中心区域与中心支部中忠勇进步分子的特别训练，并应由下而上吸收工人干部，参加指导工作。在农村中亦应注意提拔雇农贫民的干部加入指导机关。”② 省委要求闽西特委，应该坚决地从当地制造干部，先注意中心区域与中心支部中干部的培养，寻找曾经参加过斗争而且很积极的工农干部，选择最积极、勇敢、觉悟的分子加以特别训练，在支部中应该特别注意干部训练，使干部能领导支部工作。③

为加强干部培养，1928 年 7 月，参加中共六大的福建代表团向中央提出，请中央设法调派工作人员到福建工作，同时请中央允许福建派一批工农同志到莫斯科学习政治、组织及军事等工作。除先选派 12 人外，以后还要和别省一样，按期派送。因为福建地方方言多，很需要本地同志（有理论有能力的）工作。④ 年底中央本来定福建派 3 人赴莫斯科学习，后来省委感到福建极缺乏地方干部，如不多事培植，将

---

① 《中共福建省委通告第十九号——关于党员自首与叛变》（1929 年 1 月 28 日），载中央档案馆、福建省档案馆编《福建革命历史文件汇集（省委文件）》（1929 年）上册，1984，第 59～60 页。

② 《目前党的主要策略与今后工作总方针》（1929 年 7 月 2 日），载中央档案馆、福建省档案馆编《福建革命历史文件汇集（省委文件）》（1929 年）下册，1984，第 8 页。

③ 《中共福建省委致闽西特委信——党的组织工作》（1929 年 5 月 10 日），载中央档案馆、福建省档案馆编《福建革命历史文件汇集（省委文件）》（1929 年）上册，1984，第 213～214 页。

④ 《中共福建代表团的意见书》（1928 年 7 月），载中央档案馆、福建省档案馆编《福建革命历史文件汇集（省委文件）》（1928 年）下册，1984，第 80～81 页。

来更恐慌，所以要求加派2人，并上报5人名单。[1] 注重对妇女干部的培养。把女同志尽可能派到工农妇女群众中做工，或组织夜校等团体，促进与妇女的接触，选择其中的积极先进分子介绍到党团组织中。对新加入的女党员、团员加紧训练教育，并根据其工作能力，分配以相当的工作，经工作中切实的锻炼后参加党部工作，并从中提拔积极的无产阶级分子到干部中来。[2]

各地党部十分重视向外扩大组织。1929年2月，福州市委派范光到崇安工作；派黄可英到建瓯恢复党组织并开展活动。7月，派黄应、郑厚康回连江，9月合并了连江党的城关支部与镜路支部，成立中共连江特支。1929年冬，派任达回永泰建立党、团组织。

对于组织的发展，省委提出：要特别注意城市的工作，用大部分力量去建立中心支部；使每个同志有支部的生活；注意培养干部；会议要讨论实际的切身问题，尤其要引起同志的热烈的发表意见；加紧教育训练的工作，提高一般同志的政治水平等。[3] 各级党部对此比较注意。厦门党的工作“有相当的头绪，且有进展的希望”，一般同志都能够接受“党员职业化”的口号，产生好的影响，有海员、码头、建筑、店员4个工人支部，马路工人、海员工人中都有同志进入，邮政、建筑、码头、印务均准备进入。[4] 漳州县党组织方面，城市及乡村合并共有200人，支部22个。党员成分虽然不太好，但支部的成分不错，22个支部中，工人支部有7个，农村支部有13个，教员支部有2个。党

① 《中共福建省委关于选派赴莫学生问题给中央的报告》（1928年12月13日），载中央档案馆、福建省档案馆编《福建革命历史文件汇集（省委文件）》（1928年）下册，1984，第333页。

② 《中共福建省委通告第十五号——关于妇女运动问题》（1929年1月3日），载中央档案馆、福建省档案馆编《福建革命历史文件汇集（省委文件）》（1929年）上册，1984，第7页。

③ 《怎样健全支部》（1929年2月16日），载中共龙岩地委党史资料征集领导小组、龙岩地区行政公署文物管理委员会编《闽西革命史文献资料》第2辑，1981，第27页。

④ 《福建全省组织工作报告》（1929年3月8日），载中央档案馆、福建省档案馆编《福建革命历史文件汇集（省委文件）》（1929年）上册，1984，第133～134页。

的力量虽然薄弱，但从数量上看来“已有了相当的基础了”。[①]

因为各地工作不平衡，也造成有的县委有意见。永春县委就对省委提出批评，认为“省委不肯以物质上的帮助和不派人巡视，显然偏重城市放弃农村的倾向”。对此省委指出这完全不是事实，因为对农村工作也是很注意的，而且对泉属一带的指示比任何一处都多。省委对于经济问题是无法帮助，因为本身经济非常困难。鉴于永春、德化在人员和经济方面的困难情况，省委提出两地组织合并的意见，这样人员上可得到解决，经济压力也可减轻。改为永德县委来指导两县工作，县委下设各区区委，区委下便是乡村支部。特别强调要有“集体化的指导和合作之精神”，“一切工作要归县委讨论，切实执行，并且一切工作要集中在常委，使全体常委同志对于全县工作都互相了解，不致使工作集在一个人身上，这才是正确的组织路线”[②]。于是将两县委合并成立永德县委，这也是符合实际的办法。

为了提高负责同志的政治水平及增加其工作能力，省委对从各地召集来的及拟派往各地工作的负责同志，大多将他们留在省委一段时期，省委派人和他们谈话，提供书籍供他们阅读，经常召开讨论会甚至参加厦门以至省委本身的部分工作，通过这种办法“给他们一个相当的训练”。仅 1929 年 6 月间就召开了两次讨论会，每次 5 人。第一次是准备派往福州市委、惠安、漳州、闽西工作及崇安派来接头的负责同志；第二次是派往莆田、泉州、闽西、福州工作的负责同志及厦门活动分子。讨论的材料以党的六大决议案为主体，以及政治情形、中央通告等，分为政治、组织、职工、农民及全省工作方向等各种问题的讨论。因为这些干部中做过实际工作的占多数，所以很容易进行比较结合，实现理论与实际相联系，做到融会贯通。通过这种讨论会的

① 《中共福建省委给漳州县委的指示——漳州县党代表会的缺点和错误》（1929 年 8 月 20 日），载中央档案馆、福建省档案馆编《福建革命历史文件汇集（省委文件）》（1929 年）下册，1984，第 133 页。

② 《中共福建省委关于组织永德县委问题给永春县委的指示》（1929 年 9 月 14 日），载中央档案馆、福建省档案馆编《福建革命历史文件汇集（省委文件）》（1929 年）下册，1984，第 215 页。

学习，同志们确有相当的进步。[①] 同时，介绍基本理论及六次大会各种决议案到同志中。纠正一般错误观念特别是右倾思想，如和平发展、合法运动、悲观观念等。使每个同志懂得马克思列宁主义之基本理论，认识革命的形势与党的策略。

为加强党内教育，省委定期编辑刊物《党的生活》，目的在发动同志讨论问题，提高同志政治水平。为提高党员的政治思想水平，各级组织编有《红旗》《政治通讯》《省委通讯》《党务通讯》等刊物。通过宣传教育，同志们对党的认识一般说来“比较以前好点。有些地方，开会时，大家都能够热烈地讨论，尤其农民同志参加指导机关，表现好的不少”[②]。1929 年福建省委出版了《布尔什维克生活》3 期，《政治通讯》10 期，《烈火》周刊 19 期，《厦门工人》33 期，以及中央通告，各种宣传小册子等，还整顿建立了全省宣传通讯网。

1929 年 8 月，中共中央发布《中央通告第四十四号——关于中国党内反对派问题》，号召全党开展反对托派的斗争；10 月，中央政治局作出《关于反对党内机会主义与托洛茨基主义反对派的决议》，随后把陈独秀、彭述之等人开除出党。省委根据中央的指示，讨论了中央通告和决议，认为中央的意见是完全正确的，除全部接受和拥护中央决定外，作出决议指出：这些人都离开了无产阶级的立场，理论上有共同的错误的观点，都不了解革命的性质与动力的关系，都忽视了农民的革命作用。决议号召全党同志“一致起来与之作坚决的斗争！”福建党虽然在政治上有相当的进步和认识，然而党的无产阶级的基础还没有坚强地建立起来，所以应该更努力地在中央指示之下，起来反对机会主义与托洛茨基主义反对派。决议要求各地党部都要开会讨论，并且与实际工作联系起来，这样才能肃清机会主义与托洛茨基主义反对

① 《中共福建省委给中央的组织报告》（1929 年 7 月 29 日），载中央档案馆、福建省档案馆编《福建革命历史文件汇集》（1929 年）下册，1984，第 52～53 页。

② 《中共福建省委宣传教育工作报告》（1928 年 6 月），载中央档案馆、福建省档案馆编《福建革命历史文件汇集（补遗）》（1923—1934），1987，第 45 页。

派的思想，更加认识到党的六次代表大会政治路线的正确。[①]

自从朱毛红军进入闽西，开始创建中央革命根据地后，因为党的政治影响的扩大，党的组织也比以前有更大发展。到1929年4月，龙岩党员增加至七八百人，上杭、武平、永定等县也有相当的发展。[②] 到7月闽西党员发展到近3000人，占全省党员总数的4/5以上。闽西党组织很早就有如何组织农民党支部的经验，积累了如何加强农村党支部建设的经验。省委对闽西工作更加重视，经常给予指示，要求闽西在农村中发展党的组织，加强党的训练。5月，省委就党的组织工作致闽西特委信，提出要发展新的区域与建立中心的区域，建立各村乡的支部工作，使各级党部日渐健全，坚决地从当地制造干部等，[③] 同时强调要注意防止"共产军兴，共产党消"的现象，党的负责人不要跟着红军跑，更不能把干部都调到红军中。"因为党是领导一切的，如果不健全党的组织，不加紧党员的教育训练，则党将沉溺于群众中，看不出党的作用，就失了党的意义。"[④]

省委还针对当时党组织存在的问题，强调要"加强党的无产阶级基础"，"党在农村中的组织基础，要建筑在乡村中无产阶级及半无产阶级（手工业工人、雇农、贫农）中的先进分子。……也就是加强党

① 《中共福建省委通告第四十八号——反对党内机会主义与托洛茨基主义反对派的决议》（1929年11月18日），载中央档案馆、福建省档案馆编《福建革命历史文件汇集（省委文件）》（1929年）下册，1984，第404页。

② 《中共福建省委报告——闽西的形势与任务》（1929年4月19日），载中央档案馆、福建省档案馆编《福建革命历史文件汇集（省委文件）》（1929年）上册，1984，第172页。

③ 《中共福建省委致闽西特委信——党的组织工作》（1929年5月10日），载中央档案馆、福建省档案馆编《福建革命历史文件汇集（省委文件）》（1929年）上册，1984，第210～213页。

④ 《中共福建省委给永定县委并转特委前委信——对闽西工作的指示》（1929年8月7日），载中央档案馆、福建省档案馆编《福建革命历史文件汇集（省委文件）》（1929年）下册，1984，第89页。

在农民群众中的组织基础及领导作用”。[①] 指示闽西要在斗争中扩大和巩固党的组织，但须有相当的限制，不要过滥。入党后应注意训练和工作的分配。健全各级党部，尤其支部要能发挥核心作用。发展党员的成分，要注重工人与雇农贫农，尤其在斗争中表现忠勇的分子。知识分子不应笼统地反对和排除，只要是“真正觉悟，能够接受无产阶级的意识，努力于革命，便要吸收入党”。[②] 这些指示与朱毛红军对于古田会议建党思想的探索具有一致性，对于闽西乃至中央革命根据地的开辟都起了一定的指导作用。

同时，为了适应武装斗争的需要，省委提出要实行党员军事化，因为“共产党员是斗争中的领导者，最少应具有军事常识才可领导武装斗争”，指示泉属各县的党应开始实行党员军事化。除了省委派军事干部到各地就地训练外，主要是各县利用当地的武装团体来公开学习并派送同志到敌人军队中去学习。[③] 特别是闽西地区，党员更要有军事化的训练，立即开始从支部进行这一工作，使每个同志会用枪，懂得很平常的游击战术和巷战的技术，更应该武装每个同志的头脑。

正是经过实际斗争，进一步加强了福建党的组织和思想建设，使福建党“已能在各种工人群众中找到了建立党的基础的门路”，“在工人群众中已有了党的组织”，“很多同志对工作有相当积极”，这些“都是福建党的组织上的进步”。福建党的工作“已经由在机关工作而到群众中去工作，且有相当的坚持执行六次大会的决议，中央的决议及历次的指示的正确的政治路线、组织路线、工作路线，运用到群众中去

① 《中共福建省委通告第三十四号——目前工作大纲》（1929 年 8 月 28 日），载中央档案馆、福建省档案馆编《福建革命历史文件汇集（省委文件）》（1929 年）下册，1984，第 172 页。

② 《中共福建省委给闽西巡视员及闽西特委的指示》（1929 年 11 月 10 日），载中央档案馆、福建省档案馆编《福建革命历史文件汇集（省委文件）》（1929 年）下册，1984，第 394～395 页。

③ 《中共福建省委致泉属各县指示信》（1929 年 10 月 16 日），载中央档案馆、福建省档案馆编《福建革命历史文件汇集（省委文件）》（1929 年）下册，1984，第 350 页。

建立党的组织，领导群众的斗争工作”。[①]

总的看，福建地方党组织建立初期，比较注重于组织的发展和建设，而在思想政治特别是理论方面的建设比较薄弱，正处于探索阶段，在党员成分构成上开始以知识分子占多数，后来是农民占多数。这些都制约了党的建设水平的提高。

① 《福建工委水平给浩的报告——福建政治形势和党的工作状况》（1929 年 12 月 4 日），载中共厦门市委党史办主编《厦门革命历史文献资料选编》第 3 集，1988，第 163 页。

第三章　思想上建党理论的形成

大革命失败后，福建党组织走上了武装反抗国民党反动派，开展土地革命，建立苏维埃政权的道路。各地暴动失利后，党的组织转入乡村坚持斗争，开始了工农武装割据、创建革命根据地的尝试，这些为中央苏区的形成和党建理论的诞生打下了一定的基础。以毛泽东为代表的中国共产党人，成功地走出了一条以农村包围城市的正确革命道路。在领导红军转战赣南闽西开创中央革命根据地的伟大实践中，中国共产党在闽西召开了古田会议，探索解决了在农村环境和以农民为党员队伍主要成分的条件下，如何建设一个马克思列宁主义政党的问题，通过的决议成为建党建军的纲领性文献，思想上建党理论得以形成。建党理论又在斗争中不断得到丰富和发展，初步形成了党的思想路线、群众路线和良好作风，为中央苏区的创建和巩固创造了条件。

第一节　工农武装割据下的各地党组织

一、农民武装暴动中的各地党组织

1927 年 8 月 7 日，中共中央在汉口召开紧急会议，确定了实行土地革命和武装起义推翻国民党反动统治的总方针。会议指出中国共产党必须自下而上地领导农民解决土地问题，满足农民的土地要求；党团组织应在最短期间选派优秀分子去做农民暴动的组织者，领导农民运动已开展起来的地方举行武装暴动。随后，中共中央在致中共闽南、闽北临委信时也明确指出：“工作的中心问题是如何组织农民，如何武装农民，使他们能够自己起来用暴动的方式夺取政权。”特别是要求中共闽南临委立刻派骨干分子到与广东接近的闽西各县，“组织农民暴动，参加土匪民团工作，以与广东将起之农民暴动打成一片”。[1]

八七会议明确指出党的工作中心在于组织农民的武装斗争，并要求派党的骨干分子到农村开展发动和组织农民的工作。随着工作中心的确立，福建党组织在四一二反革命政变中已部分转移到农村的基础上，进一步将骨干派往农村，加强农村党的建设。在中共福建临时省委成立后，即派出省委常委罗明前往闽西各县指导党组织的建立工作，派谢汉秋到平和，帮助建立了中共平和临时县委，并派罗怀盛到龙岩担任中共龙岩临时县委书记。除此之外，1928 年初，在农民运动发展较快的地区也很快建立起党的县级组织，先后有中共永定县委、中共上杭临时县委、中共崇安县委、中共建瓯县委等，特别是为了适应新的斗争形势，各县委进一步加强了基层党组织的领导力量。中共龙岩临时县委为了做好农民暴动的准备工作，指示后田村党支部在衍新小学举办青年夜校，宣传革命道理，并组织青年国术馆，加强党的武装力量。1928 年 2 月 24 日，中共平和临时县委和各支部召开联席会议，决定在党内设立暴动委员会，以加强对农民暴动的组织领导和指挥。上杭北四区在成立中共蛟洋乡支部后，各村也陆续建立了党组织，并于 1928 年 3 月成立了中共北四区区委，全区共有党员 100 多人。中共上杭县委书记郭柏屏和宣传部部长邓子恢先后到蛟洋指导工作。为了组织农民暴动，中共北四区区委成立了农民自卫军和敢死队。中共福建临时省委对于组织永定的农民暴动高度重视，派王海萍为特派员前往加强领导，全县先后建立起 9 个党支部，[2] 至 1928 年 5 月初，党员迅速发展达 700 多人，党组织还秘密组织了农民武装“铁血团”。1928 年 1 月，中共崇安县委和中共建瓯县委成立后，闽北党组织发展迅速，在建瓯县先后建立了 5 个党支部，党员由 10 多人发展到数十人，崇安

① 《中共中央致闽北闽南临委信——对军阀战争的态度与发动农民斗争》（1927 年 8 月 7 日），载中共厦门市委党史办主编《厦门革命历史文献资料选编》第 2 集，1987，第 3 页。

② 《中共福建临时省委三月份给中央的工作报告》（1928 年 4 月），载中央档案馆、福建省档案馆编《福建革命历史文件汇集（省委文件）》（1927—1928）上册，1983，第 224 页。

县也有党员10多人。[①] 为了指导闽北的农民斗争，中共福建临时省委于4月派遣常委、组织部部长陈昭礼巡视崇安，随后于9月上旬，又派邱泮林为巡视员抵达崇安。在省委的及时指导下，闽北党组织迅速深入民众中发展组织、发动农民暴动，并成立了暴动指挥机构——民众局。

在党组织的领导下，闽西、闽北陆续爆发了一次比一次强烈的农民武装暴动。尽管农民武装暴动先后失利，党组织也损失严重，仅永定暴动中就损失同志20余人，[②] 但党组织在斗争中受到了武装斗争和土地革命的洗礼，迅速成长起来。尤其是党组织针对农民暴动中暴露出的问题，有的放矢地加强党的建设，对于党组织能力提升起到了重要的作用。比如中共平和临时县委在总结平和暴动的教训时，明确指出由于“党组织不健全，同志缺少训练，故不能胜任领导之责”，“要改组各支部及准备改组县委，同时极力发展党的组织”。[③] 后来对各支部进行了改组，恢复和发展党组织。在后田暴动后，中共龙岩县委总结了“龙岩党过去本身的组织很薄弱，而且还没有与工农群众发生密切的联系”的问题，并指出龙岩党组织存在的缺点：（1）党的组织成分多小资产阶级的知识分子，工人和贫农分子还很少，阶级意识淡薄，导致地方主义、个人主义和盲动主义的倾向。（2）没有在城市农村中普遍发展党的组织，城市支部及乡村支部不健全，在工农群众中不能起到核心作用。(3) 没有在士兵群众中发展党的组织，成立士兵支部。(4) 县委不健全，不能经常进行全县的工作，甚至县委本身也不能按时开会。县委与各支部的关系不密切，没有经常领导各支部工作。

---

① 《中共福建临时省委紧急扩大会议综合报告》（1928年1月28日），载中央档案馆、福建省档案馆编《福建革命历史文件汇集（省委文件）》（1927—1928）上册，1983，第81页。

② 《中共永定县委关于暴动情况给省委的报告》（1928年7月10日），载中央档案馆、福建省档案馆编《福建革命历史文件汇集（各县委文件）》（1928—1931），1985，第22页。

③ 《中共平和县临委给省委的报告——平和暴动经过情况》（1928年3月15日），载中央档案馆、福建省档案馆编《福建革命历史文件汇集（各县委文件）》（1928—1931），1985，第14～16页。

（5）忽视对C·Y·工作的指导，也没有帮助C·Y·发展组织。（6）没有注意发展工农群众的组织，有以党代群众组织的倾向。（7）没有经常进行教育训练的工作。（8）秘密工作做不好，党的文件和消息时常散布出去。乡村的支部有时变为半公开的组织。[①] 针对党组织存在的缺点，中共龙岩县委召开扩大会议作出《党本身工作决议》，有针对性地从诸多方面克服和纠正存在的缺点，进一步加强党的建设。龙岩市委经过改建之后，各级党的基层组织也恢复起来。

在此基础上，为了适应斗争形势的需要，党的组织也开始向区域性发展。1928年7月9日，中共福建临时省委鉴于“目前在闽西一带，如上杭、永定、平和、龙岩，应布置一个骚动的局面，从乡村的割据，进而为一县或数县的政权的夺取”的斗争形势判断，向上杭、永定、平和、龙岩县委发出指示，指出“现在闽西一带已经到了革命工农与豪绅资产阶级短兵相接的时期，上杭、永定、平和、龙岩四个县委应即各出代表二人在永定成立闽西特委。特委执委以七人至九人组织之，常委以三人组织之。其任务为规划该数县工作的联系，以期在斗争中能收得四县互相配合，互相声援的效果”。[②] 根据中共福建临时省委的指示，在省委特派员王海萍的主持下，上杭、永定、平和、龙岩四县负责人会议在永定金砂古木督崇德楼召开，会议决定成立中共闽西临时特委，郭慕亮（郭柏屏）、张鼎丞、邓子恢等9人为特委执委，郭慕亮任书记，张鼎丞任组织部部长，邓子恢任宣传部部长。同时，成立了闽西暴动委员会，王海萍任总指挥，张鼎丞、邓子恢、傅柏翠任副总指挥。

此时，省临委书记罗明到闽西巡视指导工作，针对闽西党组织存在的问题，如在永定暴动中，永定的党不但不能纠正农民中的落后反动的意识，而且自身无意中就受这些意识的支配。甚至认为出现“共

---

① 《龙岩县委扩大会议的决议案》（1928年10月15日），载中央档案馆、福建省档案馆编《福建革命历史文件汇集（各县委文件）》（1928—1931），1985，第54～55页。

② 《中共福建临时省委给上杭、永定、平和、龙岩四县委的指示——关于成立闽西特委及了解永定农暴情况》（1928年7月9日），载中央档案馆、福建省档案馆编《福建革命历史文件汇集（省委文件）》（1929年）下册，1984，第31页。

产军兴，共产党消”的情形，暴动起来后，“党几乎星散，只有领导的运动，而无集体的党领导的运动”[①]，“自暴动以来，各县负责同志都忙于军事上的应付，忽视了党的工作，各区乡的党部很少能经常开会，讨论和进行当地的工作，到处看不见党的力量”。特别是暴动失败后，许多支部无形解散，但这些只是暂时的，党的组织力量虽然很弱，而“党的政治影响已散布得甚普遍，以后不难恢复，并发展我们的组织”。为此提出：为加紧争取广大群众以扩大武装斗争，永定党的任务是以恢复并扩大各区乡党的组织，建立党的基础，加紧训练，提高党的政治认识和工作能力，建立党的群众的秘密的联系与加强党在群众中的领导等。[②] 省临委也要求闽西特委：健全党的组织，提高党对农民运动的领导，尤其切不可使党自身反在农民意识领导之下，必须注意党本身的组织，特委及县委能够领导党员，各级党部关系能够密切。[③]

中共中央对于福建农民暴动中党组织的发展也高度重视，在闽北上梅等地农民暴动失利后，于 1928 年 11 月 28 日，中共中央致信中共福建省委，作出重要指示：第一，积极恢复党的组织，健全支部；第二，继续领导群众进行革命斗争；第三，积极宣传党的土地政策等，并且与当地农民的实际要求密切联系起来；第四，揭露反革命分子勾结豪绅的罪恶；第五，极力扩大群众组织。

根据中共中央的指示，中共福建省委采取措施进一步加强闽北党组织的建设，派出省委候补委员、福州市委书记杨峻德赶赴闽北，召开崇安县委会议，确定由陈耿继任县委书记。12 月 15 日，中共崇安县委在梅岭北坡的燕子岩村召开各乡党员代表大会，会议总结第一次暴

① 《中共福建临时省委关于永定暴动等问题给闽西特委的指示》（1928 年 8 月 11 日），载中央档案馆、福建省档案馆编《福建革命历史文件汇集（省委文件）》（1928 年）下册，1984，第 158 页。

② 《罗明关于闽西情况给福建省委的信》（1928 年 10 月 10 日），载中央档案馆、福建省档案馆编《福建革命历史文件汇集（闽西特委文件）》（1928—1936），1984，第 19～21 页。

③ 《中共福建临时省委关于永定暴动等问题给闽西特委的指示》（1928 年 8 月 11 日），载中央档案馆、福建省档案馆编《福建革命历史文件汇集（省委文件）》（1928 年）下册，1984，第 160 页。

动失败的原因和教训，提出了迅速恢复和发展党的组织，广泛发动群众，深入宣传党的土地政策，建立脱产的民众武装，准备再次举行武装暴动的斗争任务。在党组织强有力的领导下，失利后不久的闽北又爆发了更大规模的农民武装暴动，暴动的规模和区域遍及近百个村庄。

农民武装暴动是福建党组织领导土地革命掀起的第一波革命浪潮，在这一革命浪潮中，福建党组织受到了武装斗争和土地革命的洗礼，“是一个锻炼党员的很好机会”①。首先，武装暴动中福建党组织和广大党员经历了更为激烈的斗争考验，进一步坚定了革命斗争的信念；其次，对于刚成立不久的福建党组织来说，开展武装斗争是一项全新的斗争方式，农民武装暴动使党组织和广大党员得到了武装斗争的锻炼，为今后进一步开展武装斗争奠定了基础；再次，农民武装暴动的枪声对于广大农民有着极大的宣传和发动作用，使广大农民革命斗争的积极性进一步提高。这一切都为发展党员、健全党组织创造了有利的条件。

二、红四军入闽与农村党组织的发展

随着福建各地武装暴动的先后失利，各地党组织和革命斗争招致国民党反动派的疯狂镇压，“白色恐怖非常厉害”，党的工作更受了很大打击。1928 年 12 月，中共闽西临时特委机关遭敌人包围，损失严重。“闽西十一县（平和在内），过去有我们党的组织仅永定、上杭、龙岩、平和、长汀、武平六县。其余连城、清流、归化、宁洋、漳平等县还没有开始组织。就在有组织的几县中，也是很畸形的发展（如永定与长汀、武平之比，相差得太远）。再则，组织松懈，党员质量太弱，干部缺乏，斗争一失败，党也跟着塌台。”② 党组织的状况十分严

① 《罗明关于闽西情况给福建省委的信》（1928 年 10 月 10 日），载中央档案馆、福建省档案馆编《福建革命历史文件汇集（闽西特委文件）》（1928—1936）下册，1984，第 22 页。

② 《中共福建省委关于闽西政治经济状况与今后工作方针的决议》（1929 年 3 月 8 日），载中央档案馆、福建省档案馆编《福建革命历史文件汇集（省委文件）》（1929 年）上册，1984，第 124 页。

峻，尤其是武装暴动失利后各县更是如此。据中共福建省委 1929 年 3 月 8 日给中共中央的报告称，“平和的党现在可说完全倒台，以前好的组织并领导过斗争的地方，如长乐乡、五坎等党的组织均无形瓦解。现在只有小溪由大浦逃来的四五个同志组织一特支，县委也解散了”。中共永定县委于 1928 年 12 月遭到破坏，负责同志三人被捕，县委因此瓦解。上杭县“因为有色彩的同志不能立足被通缉。现在县委指导薄弱，但日常工作尚可维持下去”。仅有龙岩县的情况尚好，共有 5 个区委、40 多个支部，党员在 300 人以上，“党的工作在此时有最长足的发展”。总体而言，在农民武装暴动失利后，农村党组织的发展陷入低潮，出现了不利于党组织发展和领导革命斗争的倾向：“（1）大部分同志对党的认识薄弱，多有不正确的观念在同志中或群众中常常的影响。（2）同志工作能力大部分很薄弱。（3）同志对党的策略不了解，有机会主义及盲动主义的倾向。（4）党没有顾到失败的同志联系，失败的同志与党也不发生关系。（5）同志生畏惧退缩的气象。（6）指导机关时有意气之斗。”① 农村党组织出现这种状况有多方面的原因：一是与大革命时期党组织重视在城市的发展，对于农村党组织则相对忽视有直接关系；二是大革命失败后有部分城市的党组织仓促转入农村，对于在农村发展党组织缺乏必要准备，农村的党组织虽有一定的发展，但基础尚十分薄弱；三是由于农民武装暴动的失利，党组织损失严重，遭到国民党反动派的疯狂报复，致党组织的发展转入低谷。

1929 年 1 月 14 日，为了打破国民党军队的“会剿”，红四军前委决定采用“围魏救赵”的战术，由毛泽东、朱德、陈毅等率红四军主力向赣南闽西出击。在向赣南闽西出击的过程中，红四军前委深切感受到：“有党有群众的地方，我军有极大扶助，如运输救护扰敌侦探等，敌人处于孤立地位，与之作战比较有胜利的把握，即不幸失败亦有法收容。”所以，十分重视与沿途党组织的联系，以取得当地党组织的配合和支持。红四军挺进闽西后，为了实现开创农村革命根据地的

---

① 《福建全省组织工作报告》（1929 年 3 月 8 日），载中央档案馆、福建省档案馆编《福建革命历史文件汇集（省委文件）》（1929 年）上册，1984，第 143～145 页。

任务，中共中央和红四军前委都十分重视农村党组织的恢复和发展。中共中央明确要求红四军前委“在红军经过区域应与地方党部有密切联络，一切地方政治问题应与地方党部开联席会议决定。如所经地区无党的组织时，前委应尽可能从发动群众斗争中帮助建立地方党部组织”①。红四军所到之地，都十分重视帮助建立党部组织，毛泽东多次召集军队党和地方党的联席会议，指导地方党的工作，协调地方与军队的行动。红四军在闽西期间，“一面整顿红军，一面帮助闽西党的改造”，派出得力干部充实到各县县委中去，加强党的组织性，并帮助中共闽西特委举办了县委与区委两级党员干部训练班，使闽西党组织有了较大发展。以长汀为例，“过去可谓完全没有工作，此次红军入汀才开始发展”，“在红军影响之下有一日千里之势”，“党组织比以前发展两倍”。

在红四军的帮助下，闽西党组织基础“虽曾因失败而削弱，现在已经渐次恢复，而且新区域亦有相当的发展。党在群众中的领导力量亦已渐渐增加”。“党的组织与政治影响同时更加扩大。此次因为党的政治影响扩大，党的组织也就比以前更加扩大，不但数量上的增加，而且发展了许多新的区域。龙岩党员近已增加至七、八百人，前个月有四、五百人，上杭、武平、永定等县也有相当的发展。朱毛到汀时，杭、永、龙岩等县党书记在上杭开了一个联席会议，讨论目前闽西的工作计划”，“各县党部的领导力量，已经比以前增加了许多”。② 在此基础上，中共福建省委根据闽西形势发展和斗争的需要，于 1929 年 4 月中旬重新组成中共闽西临时特委，书记邓子恢，常委李力一、李之民，委员卢其中、张鼎丞、傅柏翠、张赤男。原直属于省委的龙岩、永定、上杭、长汀、连城、平和等县委重归中共闽西临时特委领导。

1929 年 5 月，红四军二次入闽，历时一个月三占龙岩城，随后，

---

① 中共中央文献研究室、中央档案馆编《建党以来重要文献选编》第 6 册，中央文献出版社，2011，第 464、521 页。

② 《中共福建省委报告——闽西的形势与任务》（1929 年 4 月 19 日），载中央档案馆、福建省档案馆编《福建革命历史文件汇集（省委文件）》（1929 年）上册，1984，第 172～174 页。

红四军前委实行了在闽西各县的分兵计划：一纵队赴坎市、稔田、兰溪、太拔、庐丰、安乡、回龙、官庄、才溪等地；二纵队在龙岩雁石一带分兵后，向连城的姑田、新泉发展；三纵队留在龙岩境内活动；四纵队在上杭的白沙、旧县等地。在分兵期间红四军高度重视各地党组织的建立和发展，随着红色区域的扩展，各地党组织发展迅速。

在此新形势下，中共福建省委专门就党的组织工作致信闽西特委，强调进一步加强各村乡党支部的建立，要求：（1）支部不但要做到按期开会、纳费、报告，还要做到能自动依照支部的环境，讨论当地应该进行的工作，并应切实分配工作。在支部会中还要讨论上级的指示与工作的批评。（2）要使支部的每个同志都成为群众的宣传员、组织员与领导群众的战斗员，要使每个同志都日常的做宣传组织工作，要整个支部能在群众中起核心作用。（3）支部应介绍进步分子入党，但不只要数量的增加，应该力求质量的增加。（4）支部干事会必须建立，支部书记尽可能由支部会议中自觉的选举本地在业的同志担任。只有这样才能使被选人与选举人积极工作与互相督促。（5）支部中应该特别注意干部的训练，使干部能领导支部的工作。（6）在农村中要马上做到严密的支部生活。省委还指出，在使各级党部得到健全的同时，要坚决地从当地培养干部，选举积极、勇敢、觉悟的分子进行培训，选择参加过斗争且积极的工农干部入党。① 由此，在土地革命的热潮中，闽西党组织出现了突破性的发展。

至 1929 年 7 月，闽西各地的党员数发展到近 3000 人，占当时全省党员总数 3700 余人的 4/5 以上。其中龙岩发展最快，有 100 多个支部、党员 1000 多人。永定县至 1929 年 7 月，全县有 81 个支部、党员 512 人，其中溪南第一区支部 17 个、党员 90 人，溪南第二区支部 13 个、党员 90 人，丰田区支部 6 个、党员 61 人，金丰区支部 12 个、党员 93 人，太平区支部 13 个、党员 110 人，合（溪）特支下属 18 个支部、党

---

① 《中共福建省委致闽西特委信——党的组织工作》（1929 年 5 月 10 日），载中央档案馆、福建省档案馆编《福建革命历史文件汇集（省委文件）》（1929 年）上册，1984，第 211 页。

员 90 人，湖（雷）特支下属 2 个支部、党员 18 人。[①]

红四军入闽特别是红四军二次入闽，对于闽西各地党组织的发展起了直接的促进作用，但是由于无论在组织建设还是在思想建设上都比较薄弱，同时也存在着依赖红四军的思想，所以农村党组织的建设尚不十分健全。中共福建省委就明确指出中共闽西临时特委存在的“成立之初期是有经常工作及红军重入闽西后，特委犹不健全，甚至于经常工作没有了”[②]，“只等经过前委的指导”[③] 的倾向。故而，农村党组织有待在开创和发展农村革命根据地的过程中不断完善和发展。

三、中共闽西第一次代表大会

1929 年 6 月 27 日，中共闽西临时特委根据红四军前委的决定，发出通知准备在上杭蛟洋文昌阁召开中共闽西第一次代表大会。7 月 10 日，龙岩、永定、上杭、长汀、连城、武平等县代表 60 余人到达蛟洋，红四军前委派了毛泽东、蔡协民、谭震林、江华、曾志 5 人为代表出席大会。大会原定于 11 日开幕，后因毛泽东认为会议准备还不够充分，于是，与会代表又分赴各地进行土地、政治、党务、武装群众、政治组织、物价、洋货侵入与工农业破产等方面的调查，至 20 日大会正式开幕。大会推举邓子恢等 5 人为主席团，张鼎丞、邓子恢、郭滴人等 13 人为决议案起草委员会委员，分政治、土地、组织、政权、宣传、工运、军运、妇女、共青团、济难会 10 个方面分别起草决议案。

中共闽西临时特委书记邓子恢在会上作工作报告，总结了闽西两年多来的革命斗争经验与教训，指出了巩固与发展闽西革命根据地的有利条件，特别是总结了闽西党组织和地方武装的建设经验、存在的

---

① 《中共永定县委报告——斗争形势及县委扩大会决议案》（1929 年 7 月 6 日），载中央档案馆、福建省档案馆编《福建革命历史文件汇集（各县委文件）》（1928—1931），1985，第 112 页。

② 《中共福建省委给永定县委并转特委前委信——对闽西工作的指示》（1929 年 8 月 7 日），载中央档案馆、福建省档案馆编《福建革命历史文件汇集（省委文件）》（1929 年）下册，1984，第 89～90 页。

③ 《闽西工作报告》（1929 年 8 月 22 日），载中央档案馆、福建省档案馆编《福建革命历史文件汇集（闽西特委文件）》（1928—1936），1984，第 110 页。

问题和纠正的办法，总结了闽西部分县区土改分田的经验。中共福建省委委员、中共闽西临时特委组织部部长张鼎丞也在会议上作了发言。

毛泽东在会上作了政治报告，他赞扬了闽西革命斗争取得的重大成就，阐明了中国革命的特点和革命根据地的重要性，指出闽西党组织今后的任务是巩固和发展革命根据地并与赣南革命根据地连成一片，建立中心工作区域。同时，还指出了实现这一战略部署的基本方针和有利条件。基本方针是：（1）深入地进行土地革命；（2）彻底消灭民团土匪，发展工农武装，有阵地波浪式向外发展；（3）发展党、建立政权、肃清反革命。有利条件是：（1）有80万已经发动起来的群众；（2）有经过领导武装斗争的有战斗性的共产党组织——中共闽西特委，龙岩、永定、上杭、武平、连城、长汀、平和等7个县委及各县相当普遍的区委和支部，有3000多党员；（3）有人民的武装力量——地方红军、游击队、赤卫队；（4）有足够的粮食，可以维持军需民用；（5）有有利的地势，崇山峻岭，地形险阻，竹茂林密，宜于开展游击战争；（6）地处三省边界，敌人统治力量薄弱，主要敌人是土著的地匪割据，互相矛盾，互不支援，有利于我各个击破。在红军攻势下，反动派处于动摇崩溃中。

毛泽东在闽西一大的报告进一步发展了《井冈山的斗争》《中国的红色政权为什么能够存在?》的思想，对于创建革命根据地的基本方针和有利条件进行了更加全面、更有针对性的阐述，特别是进一步强调了党组织在创建和发展农村革命根据地斗争中的重要性。会议期间，毛泽东还与邓子恢、张鼎丞等一起总结了闽西革命斗争的丰富经验，特别是总结了闽西党组织的建设、地方武装建设以及土改分田等方面的成功经验和存在的问题，指出了存在问题的性质和危害，提出了纠正的办法。特别指出了党的建设方面存在的党的领导力量薄弱的问题："闽西党员数量太少，六县共计不上三千，当然是不足以领导百几十万新发展的群众。兼之党员质量亦不很好，政治水平太低，组织涣散，纪律废弛，去年斗争中干部损失太多，为了这些原因，党的领导力，就削弱了，其中最大的缺陷，就是缺乏组织性，简直像一盘散沙。而各级党的指导机关很少用会议的集体的方法去指导工作，分配工作，乃是组织涣散的总原因。”①

为了解决上述问题，中共闽西一大之政治决议案明确提出了10项措施：（1）从工人及贫农中创造党的无产阶级基础；（2）健全支部生活；（3）严密党的组织，洗刷原来无组织状态，同时要扩大党的组织，使党员数量和党的分布区域都发展起来；（4）党的指导工作集体化，废除从前不开会的不良习惯；（5）执行铁的纪律；（6）在城市和中心区域建立党的基础；（7）建立党的理论基础，加紧宣传教育工作，提高党员政治水平；（8）训练干部人才；（9）消灭机会主义、盲动主义的残余，洗刷非无产阶级意识如地方主义、个人主义、极端民主化等；（10）扩大党的政治影响。

7月25日，大会选举了邓子恢、张鼎丞、蔡协民、蓝鸿祥、雷时标、戴树兴、卢其中、谭震林、郭滴人、练文兰、张用心、苏阿德、邓潮海、官近玖、郑金文15人为中共闽西特委执行委员，邓子恢为特委书记，蔡协民为组织科科长，蓝鸿祥为宣传科科长，江华为秘书长；张鼎丞为军委书记，谭震林、卢肇西、傅柏翠为军委委员。7月29日，为应付闽粤赣敌人“三省会剿”的紧急情况，代表大会提前闭幕。大会通过了由邓子恢起草、毛泽东亲自修改的《闽西第一次代表大会政治决议案》以及关于苏维埃政权、土地问题、C·Y·问题、妇女问题等决议案，全面地总结了闽西党领导闽西人民武装暴动、政权建设和土地斗争等方面的经验教训，制定了深入开展土地革命和巩固红色政权的正确路线。

中共闽西特委正式成立后，党的工作和党的建设出现了新气象。第一，一改过去闽西党组织不能经常开会的状况，仅在特委成立后的20多天里，就先后召开1次特委会、16次常委会，参加1次红四军前委会，举行1次与红四军第一纵队的联席会议；第二，改变了特委对基层党组织指导不力的状况，先后发出前委报告5份，通告5号，通讯29号，加强了对各县工作的指导；第三，在宣传方面印刷政治局势230

① 《中共闽西第一次代表大会之政治决议案》（1929年7月），载中央档案馆编《中共中央文件选集》第5册，中共中央党校出版社，1990，第712页。

份，国际来信150份、省委来信128份，以及闽西一大的政治决议、妇女问题决议、土地问题决议案、苏维埃组织法、C·Y·问题决议各170份，并将上述决议集册印刷1000份，还印刷C·Y·五次大会工运决议150份；第四，为了培训支部书记，县委、区委两级举办了有20人参加为期8天的干部训练班，培训课程为共产主义与共产党、六次大会的决议精神、土地问题与建国策略、闽西一大决议、政治报告以及党的组织工作、群众工作须知、游击战争与暴动、反“第三党”与改组派等，并“决定经常开办高级短期训练班，训练县区两级的指导工作人才”；第五，督促按期开会，特别是支部，注重集体的讨论，切实分配工作，使同志得到训练培养；第六，针对“在白色恐怖之下交通困难”的实际情况，特委重新调整了区划，决议设立了一、二特区，直属于特委领导，并调整充实了负责同志。由此，中共闽西特委下属永定、龙岩、上杭、武平、连城、长汀六县县委，一、二特区委及四纵队10个党部。① 同时，为了加强对所属党组织的领导，特委向各县区委下发了党的组织状况调查统计表，包括县委调查表、各县区委支部统计表、党员总数与成分一览表、各级党部会议情况。

在加强特委建设的同时，为了加强基层组织的建设，中共闽西特委专门制订并颁布了《组织工作大纲》，具体规定县、区组织部门和支部组织干事的职责，进一步规范了党的组织工作。规定县委组织科的16项职责，如：督促并指导各区委执行上级组织通告及决议案；计划并帮助中心区域工作及工作同志的派遣；计划发展组织与洗刷党员改造党的成分；检查组织错误与缺点；指导帮助各区委组织委员工作的建立；计划并派遣同志到各区巡视指导工作，考察各级组织状况；计划并派遣同志到无党组织的区域建立党的组织；纠正同志思想上行动上的错误；计划党员的调动与工作分配；会同宣传科计划并开办党内外训练班，创造党与群众的干部人才等。规定区委组织委员的工作职责共19项。

---

① 《闽西工作报告》（1929年8月22日），载中央档案馆、福建省档案馆编《福建革命历史文件汇集（闽西特委文件）》（1928—1936），1984，第108～111页。

但在斗争中也反映出闽西党组织的不足，最大缺点就是党的组织涣散与领导力量薄弱。表现出闽西的党根本没有组织性，斗争一起来到处党务便无形停顿，一个会都没有开，一切事项没有讨论没有分工，只凭几个人英雄式的各干各事。党也不执行纪律。“这种‘共产军兴，共产党亡’的现象根本是闽西党的致命伤。”这样的党，当然谈不上什么领导力量。① 所以加强党的建设还是任重而道远。

第二节　开创党的建设的新道路

一、农民意识对党的建设的影响

随着农村革命根据地的开辟，农村党组织获得了迅猛的发展，农民在党员中的比例呈直线上升，与此同时，农民意识对党的建设的影响也日趋凸显。中国有着数千年农耕社会的传统，长期以来积淀下来的农民意识，对维护传统的农耕社会有其内在的合理性。但是农民意识之中也包含着小农生产者诸多的狭隘性和劣根性，并随着时代的变迁日趋演变成社会进步发展的制约因素。

在农村革命根据地创建的初期，农民意识中的宗族观念、地方观念、排外观念、家庭观念、太平享乐观念等，都十分浓厚地存在于农村之中，这不仅与农民的革命主体地位不相适应，而且其影响也日益显现，出现了诸多有悖于革命宗旨的倾向和后果。主要表现有：（1）斗争中的宗族观念。由于农村中“姓氏界限甚清，常引起械斗，永结冤仇，因械斗而死亡者甚多”。如此牢固的宗族观念使早期的革命斗争常掺杂一些宗族的因素，这在党领导的农民暴动中表现得尤为突出，如福建党组织在领导平和暴动的过程中，就“已引起宗族械斗的危机，曾姓农民怀

① 《中共闽西特委报告——闽西斗争形势和组织状况》（1929年8月28日），载中央档案馆、福建省档案馆编《福建革命历史文件汇集（闽西特委文件）》（1928—1936），1984，第132页。

恨朱姓农民，对我们甚反感，在豪绅指挥之下已向我们进攻”[①]。(2) 模糊的阶级意识。由于豪绅地主多集中在城市，萌发了仇视城市的观念，“笼统的反对城市，斗争一起来便要攻城，便要杀尽城内人，而倾向于‘火烧’、‘大杀’、‘大抢’的途径”，结果导致城乡的对立，当革命武装攻入城市时，“一般商人都拿出枪来向我们扫射”。(3) 严重的地方观念。不少农民党员愿意在本地工作，不愿意调往外地，有家室儿女者尤其如此。(4) 浓厚的家庭观念。这种观念的存在致使初期的红军部队的指挥调动困难，如闽西暴动中成立的闽西红军第七军第十九师，是由各县的农民武装组成的，共有3个团的兵力，颇具规模和实力，却因为这支由农民组成的部队，大多数战士不愿离家太久，有的战士见到分田了，也想尽快回去分田，不愿到离家远的地方打仗。在此情况下，最终队伍不得不分散掉，各自回到原地活动。(5) 组织纪律观念淡薄。松散的小农经济生产生活方式，一时很难适应严格的组织纪律，一些地方队伍刚组织起来，转而便散去，“今天五十个人，明天是否还有五十个人还成问题”。长汀的农民武装在党组织的领导下，浴血奋战攻下汀州城后，农民武装见稻谷正值成熟，便纷纷忙于回家割稻，城防无人顾及，结果在豪绅地主的反扑下城池得而复失。那些旧农民起义军的各种思想意识都不同程度地存在着。

广大农村中蔓延的农民意识不可避免地反映到党的建设中，1929年10月5日，中共闽西特委在给中央的有关党务报告中列举了党的建设中存在的问题：(1) 一切都不是党的领导，只是个人意识的指挥。现在大体上虽有很大进步，但是还不充分，许多也只是形式的，以致大会时，无问题提出讨论，只是按时实行开会罢了。(2) 支部生活不健全，不建立在无产阶级指导上，甚至有些地方支部的成分不好，不是群众中勇敢积极的分子。支部本身无日常生活，无计划去领导群众斗争，以致不能在群众中起核心作用。(3) 忽视无产阶级基础的创造，

---

① 《中共福建临时省委致平和信（一）——对于平和暴动工作的指示》（1928年3月20日），载中央档案馆、福建省档案馆编《福建革命历史文件汇集（省委文件）》（1927—1928）上册，1983，第168页。

有的地方不注意在群众中吸收新的积极分子入党，改换党员成分，建立党的新基础。（4）很少注意干部的创造，以致新的干部不能创造出来，发生工作的堆积和人才缺乏的恐慌。（5）教育工作做得很少，党员政治水平很低，同志活动能力差。（6）上级县委对下级无经常工作指示，下级支部向上级无定期的报告。（7）极少注意政治问题的讨论，以县委一级讲，除龙岩、永定有时讨论一下外，其余不大过问政治问题。（8）不懂巡视的任务和主要县以下很少派人到所属党部巡视指导工作，同时文字上的指导也极少。（9）上下级及同志个人间彼此只单纯的一种友谊关系，缺少团结精神，特别是支部缺少正确的批评及互相督促的批评精神。（10）因党的组织不严密的缘故，许多同志趋于腐化怠工等。① 党的建设中存在的一系列问题，很显然与农民意识的影响有直接关系。

同样，当红四军率先进入农村进行开辟农村革命根据地的伟大实践时，农民意识的影响便开始在红四军中出现，并产生不可忽视的影响。由于“红军的来源只有收纳广大的破产农民，此种农民……有极浓厚的非无产阶级意识”②，并很快在红四军中蔓延开来。红四军党内出现的非无产阶级思想如单纯军事观点、极端民主化、绝对平均主义、流寇主义、盲动主义残余等问题，究其根源大多与农民意识的负面影响有密切的关系。比如：“极端民主化的来源，在于小资产阶级的自由散漫性。这种自由散漫性带到党内，就成了政治上的和组织上的极端民主化的思想”。“绝对平均主义的来源，和政治上的极端民主化一样，是手工业和小农经济的产物，不过一则见之于政治生活方面，一则见之于物质生活方面罢了”。“个人主义的社会来源是小资产阶级和资产阶级的思想在党内的反映”。“由于红军中游民成分占了很大的数量和全国特别是南方各省有广大游民群众的存在，就在红军中产生了流寇

① 《中共闽西特委党务报告》（1929年10月5日），载中央档案馆、福建省档案馆编《福建革命历史文件汇集（闽西特委文件）》（1928—1936），1984，第148～149页。

② 《中共中央给红军第四军前委的指示信——关于军阀混战的形势与红军的任务》（1929年9月28日），载中共中央文献研究室、中央档案馆编《建党以来重要文献选编》第6册，中央文献出版社，2011，第517页。

主义的政治思想”。“盲动主义的社会来源是流氓无产者的思想和小资产阶级的思想的综合。”①

不容讳言，在党开创革命根据地的初期，农民意识的负面影响是客观存在的，且显日趋蔓延之势，如果不及时有效地加以纠正，有可能出现“农民的意识将影响到党的组织路线”，甚至出现“跟着农民小资产意识的尾巴主义”的危险。这是由中国农耕社会的特点所决定的，并成为党在创建农村革命根据地中一个亟待解决的关键性问题。这一问题解决的好坏，既关系到农民在革命中的主体地位，也成为党领导的开创农村革命根据地，以农村包围城市，最后夺取政权的革命道路，能否走下去的关键。

二、对农村环境中党的建设的探索

自从革命的重心由城市转向农村后，中国共产党既对农民在革命中的重要地位予以高度的重视，同时对于长期农耕社会中产生的农民意识的影响，也是颇感忧虑。为此，共产国际曾担心中国共产党在进入农村开辟革命根据地后，由于党和红军的主要来源是农民，导致党和红军中农民所占的比例高，农民成为革命的主体，会使中国共产党丧失无产阶级的先进性，所以，要求中国共产党把工作重心放在城市，片面强调通过加紧在工人中发展党员，提拔工人出身的党员到领导岗位，以保持共产党的无产阶级性质。在未找到有效解决办法的情况下，中国共产党只能沿着共产国际的经验和方法，以图尽可能地避免农民意识的影响。早在1928年10月4日，中共中央在给福建省委的指示中就尖锐地指出：福建同志成分，农民竟占百分之九十二，工人仅占百分之五，这是其他各省所没有的。如此，福建的党，在数量上已经充分的农民化了，在党的工作上尤其带有很浓厚的农民落后的意识，譬如闽西各县县委不仅不能纠正农民的“三大主义”“攻城政策”的倾

① 《中国共产党红军第四军第九次代表大会决议案》（1929年12月），载中共中央文献研究室、中央档案馆编《建党以来重要文献选编》第6册，中央文献出版社，2011，第729～735页。

向，不能走在农民前面领导农民的自发运动，而且本身亦就受这种意识所支配。闽西以外其他各县的工作也是不能发展无产阶级党的领导作用的。要求中共福建省委切实地注意解决。

然而，中国是个农业大国，农民占据人口的绝大多数，这是个绕不过去的国情。以毛泽东为代表的中国共产党人把马克思列宁主义与中国革命的实际相结合，立足于中国的国情，将中国革命明确定位于“以农业为主要经济的中国革命”[①]，即先有农村红军，后有城市政权，这是中国革命的特征，这是中国经济基础的产物，这也是一条在马克思主义本本中所没有的全新的革命道路。

随着农村革命根据地的开辟，党的状况发生了新的变化。由于党和红军由城市转为长期在农村的环境中开展革命斗争，环境的变化必然导致党员结构的变化。在红四军进入闽西的几个月中，革命斗争局面迅速打开，红军得到迅猛的发展，红四军发展到 4 个纵队，兵力达 5500 人左右。红军是以农民为主体组织起来的，所以红军中发展的党员大多为农民。根据当年陈毅《关于朱毛红军的历史及其状况的报告》的统计：红四军中叶贺旧部到现在大半成了干部，占全军十分之二；湘南农军约占十分之四；历次俘虏改编的约占十分之二；在赣南闽西新招募的占十分之二。[②] 如此的结构，必然使几千年积淀下来的旧思想、旧观念和旧军队的陈腐意识，不同程度地反映到红军中来，突出的有单纯军事观点、极端民主化、流寇思想和军阀主义残余等。具体表现为对党委、支部讨论问题的制度不习惯，认为军队只管打仗，喜欢“走州过府”，政权观念薄弱，对建立苏维埃、建立农民协会、建立游击队和农村中的党组织不重视；主张维持旧的所谓军风纪，部队中打骂现象比较严重，连长、排长打了战士，过两天开了士兵委员会，也可以打连长、排长的手板，还有打屁股的。部队进到闽粤赣边，甚

---

① 毛泽东：《井冈山的斗争》（1928 年 11 月 25 日），载《毛泽东选集》第 1 卷，人民出版社，1991，第 79 页。

② 陈毅：《关于朱毛红军的历史及其状况的报告》（1929 年 9 月 1 日），载中共中央文献研究室、中央档案馆编《建党以来重要文献选编》第 6 册，中央文献出版社，2011，第 466～467 页。

至还采取枪毙逃兵的野蛮手段。

早在党的八七会议上就提出“军队之中要有极广泛的政治工作及党代表制度，强固的本党兵士支部”，在建立红军的过程中，十分重视红军中党组织的建设。红四军虽然普遍建立了党的组织，党的组织分军委、团委、营委、连支部四级，班也设有小组，党员的人数也日渐增加，但是要从政治上、组织上和思想上确立党对军队的领导，绝非可以一蹴而就的。特别是由于战事频繁，干部又缺乏，严重制约了部队的党的建设和政治工作的开展。就红四军第四纵队而言，当时第七、八支队虽各有党员八九十人，“但党员政治的水平与活动能力很低，支部不能按时开会，开会时同志不发言”，“党员不能起作用”，“党的组织很薄弱而且涣散”。[①] 这种状况的存在和不断蔓延，给红四军带来十分不利的影响，导致一部分人习惯于旧军队的领导方式，对党对军队的领导不赞成，有怀疑。[②]

与此同时，在苏区的斗争中也同时存在类似的倾向，比如“将最活动的分子（同志）送到红军中去，将不甚活动的放在党与苏维埃中。闽西的党早就有这种倾向，但至今还未有纠正过来。这种倾向的结果，必定削弱了党与苏维埃工作”[③]。为此，中共福建省委曾多次向闽西党组织指出这一倾向，“省委觉得你们多把干部调到红军中去，不自觉的将党和苏维埃的工作看轻了，交给能力比较差的人来负责，这是不好的。因为党是领导一切的，如果不健全党的组织，不加紧党员的教育训练，则党将沉溺于群众中，看不出党的作用，就失了党的意义”[④]。

以毛泽东为代表的共产党人在开辟农村革命根据地时，便十分重

---

① 《中共闽西特委报告——闽西斗争形势和组织状况》（1929年8月28日），载中央档案馆、福建省档案馆编《福建革命历史文件汇集（闽西特委文件）》（1928—1936），1984，第139～140页。

② 江华：《关于红军建设问题的一场争论》，载《党的文献》1989年第5期。

③ 《中共福建省委关于反“三省会剿”问题给闽西党的指示》（1929年8月8日），载中央档案馆、福建省档案馆编《福建革命历史文件汇集（省委文件）》（1929年）下册，1984，第111页。

④ 《中共福建省委给永定县委并转特委前委信》（1929年8月7日），载中央档案馆、福建省档案馆编《福建革命历史文件汇集（省委文件）》（1929年）下册，1984，第89页。

视在新环境中保持共产党先进性，毛泽东在论证开辟农村革命根据地、以农村包围城市的革命道路时，便把“共产党组织的有力量和它的政策的不错误”，即保持共产党的先进性，列为“更是一个要紧的条件”，并敏锐地指出“无产阶级思想领导的问题，是一个非常重要的问题。边界各县的党，几乎完全是农民成分的党，若不给以无产阶级的思想领导，其趋向是会要错误的”。[①] 由此可见，以毛泽东为首的中国共产党人在探索中国革命道路的过程中，明确地认识到当革命的重心转向农村，农民出身的党员占多数时，如何克服非无产阶级的思想，保持党的先进性，是一个需要探索且关系革命成败的重大历史课题。

这种艰辛的探索与中国革命道路的探索如影随形。首先是没有拘泥于共产国际的教条，而是切实地立足于中国国情，紧密地结合斗争的实际。《中共红四军前委给中央的信》明确指出“畏惧农民势力发展，以为将超过工人的领导而不利于革命”，是脱离国情、脱离实际的错误观念。“因为半殖民地中国的革命，只有农民斗争不得工人领导而失败，没有农民斗争发展超过工人势力而不利于革命”。[②] 这是超越于共产国际经验的精辟论断，也是这种探索取得成果的条件。其次，以务实的精神，针对在新的斗争环境中，特别是农民成分党员日益增多的情况下，如何克服各种非无产阶级思想影响的问题，进行有的放矢的研究。于是，为了回答在农民成分党员占绝大多数的情况下，如何加强党的建设，保持党的先进性的问题，红四军党的第九次代表大会(古田会议)，于1929年12月在福建上杭古田召开，通过了党的建设的纲领性文献——古田会议决议。

三、党的建设纲领性文献的诞生

为了解决红四军内部、实际上是在开创农村革命根据地初期所遇到的普遍问题，红四军前委先后在永定湖雷和上杭白砂召开了两次扩

① 毛泽东：《井冈山的斗争》（1928年11月25日），载《毛泽东选集》第1卷，人民出版社，1991，第77页。

② 《中共红四军前委给中央的信》（1929年4月5日），载中共中央文献研究室、中央档案馆编《建党以来重要文献选编》第6册，中央文献出版社，2011，第117页。

大会议。随之于 1929 年 6 月 22 日，在龙岩召开了中共红四军第七次代表大会。在会议中有一部分人强调“军官权威”，喜欢“长官说了算”，认为“党太管事了”，“党代表权力太大”，提出“党不应管理一切”，“党所过问的范围是要限制的”，“党支部只管教育同志”；并主张“司令部对外”，政治部只能“对内”，对军队只能指导不能领导等。对于红四军内部存在的这些倾向，毛泽东忧心忡忡地指出“反对‘党管一切’(如有人说‘党管了太多’、‘权力太集中于前委’)，反对一切工作归支部（认为支部只是教育同志的机关)；反对党员的个人自由限制，要求党员要有相当自由（如说一支枪也要问过党吗）”，已经使红四军“三个最大的组织原则发生动摇”，自三湾改编以来坚持的党对红军绝对领导的原则将受到破坏。

正由于党与军队的关系这一根本问题没有得到很好的解决，导致“政治工作人员与军官常常发生纠纷，恍惚是国民革命军旧习一样”[①]，更严重的是使红四军内的单纯军事观点、流寇思想、极端民主化和军阀主义残余等非无产阶级思想有抬头和蔓延之势，如果任其发展下去，红四军将有可能演变为一般的旧式农民武装。为了解决红四军存在的问题，时任红四军前委书记的陈毅远赴上海，向中共中央详尽汇报了红四军的情况。陈毅到达上海后，在短短的几天内，给中央写了《关于朱毛红军的历史及其状况的报告》《关于朱毛红军党务概况的报告》《关于朱、毛争论问题的报告》。9 月 28 日，中共中央在听取陈毅的汇报后，向红四军前委发出了指示信，史称“九月来信”。九月来信特别强调：“党的一切权力集中于前委指导机关，这是正确的，绝不能动摇。不能机械地引用‘家长制’这个名词来削弱指导机关的权力，来作极端民主化的掩护。前委对于一切问题毫无疑义应先有决定后交下级讨论，绝不能先征求下级同意或者不作决定俟下级发表意见后再定办法，这样不但削弱上级指导机关的权力，而且也不是下级党部的正确生活，这就是极端民主化发展到极度的现象。”同时尖锐地指出：

① 陈毅：《关于朱毛红军党务概况的报告》(1929 年 9 月 1 日)，载中共中央文献研究室、中央档案馆编《建党以来重要文献选编》第 6 册，中央文献出版社，2011，第 471 页。

“红军中右倾思想如取消观念、分家观念、离队观念，与缩小团体倾向，极端民主化，红军脱离生产即不能存在等观念，都非常错误，皆原于同志理论水平低落，党的教育缺乏。这些观念不肃清，于红军前途有极大危险，前委应坚决以斗争的态度来肃清之。”同时，为了加强地方党组织的建设，进一步要求“前委在红军经过区域应与地方党部有密切联络，一切地方政治问题应与地方党部开联席会议决定。如所经地区无党的组织时，前委应尽可能从发动群众斗争中帮助建立地方党部组织”。①

根据中央九月来信的精神，1929 年 12 月 28 日，中国共产党红军第四军第九次代表大会（即古田会议）在上杭古田召开。毛泽东作政治报告，朱德作军事报告，陈毅传达了中央九月来信和中共中央关于反对托洛茨基陈独秀取消派的决定，并作了关于废止肉刑和反对枪毙逃兵的报告。会议认真总结了红四军创建以来党在同各种错误思想、错误倾向作斗争的过程中所积累的丰富经验，统一了思想认识，一致通过了《中国共产党红军第四军第九次代表大会决议案》（即古田会议决议）。

古田会议决议开宗明义地指出：“红军第四军的共产党内存在着各种非无产阶级的思想，这对于执行党的正确路线，妨碍极大。若不彻底纠正，则中国伟大革命斗争给予红军第四军的任务，是必然担负不起来的。四军党内种种不正确思想的来源，自然是由于党的组织基础的最大部分是由农民和其他小资产阶级出身的成分所构成的；但是党的领导机关对于这些不正确的思想缺乏一致的坚决的斗争，缺乏对党员作正确路线的教育，也是使这些不正确思想存在和发展的重要原因。”为此，古田会议围绕着党的思想建设、组织建设、宣传教育、党与军队的关系等方面，对红四军存在的问题进行逐一系统的解决。由于红四军对存在问题的解决，是建立在具体实践经验的基础上的，且

① 《中共中央给红军第四军前委的指示信——关于军阀混战的形势与红军的任务》（1929 年 9 月 28 日），载中共中央文献研究室、中央档案馆编《建党以来重要文献选编》第 6 册，中央文献出版社，2011，第 520～521 页。

在事先经过认真细致的调查研究，所以，不仅提出问题有的放矢，而且分析了问题的表现形式、来源，还提出了操作性很强的具体纠正方法。决议针对“红军党的组织问题现在到了非常之严重的时期，特别是党员的质量之差和组织之松懈，影响到红军的领导与政策之执行非常之大”的状况，提出全面整顿党组织的措施。[①]

四、从思想上建党理论的形成

古田会议解决了红四军党内所存在的种种问题，其贯穿的一条主线就是解决如何将以农民为主要成分的党，建设成为新型的无产阶级政党的问题。

大革命失败后，以毛泽东为代表的中国共产党人把马克思列宁主义与中国革命的实际相结合，将中国革命明确定位于“以农业为主要经济的中国的革命”[②]，即“先有农村红军，后有城市政权，这是中国革命的特征，这是中国经济基础的产物”。这也是一条在马克思主义本本中所没有的全新的革命道路。革命的特征决定了革命斗争要长期在广大的农村展开，革命的队伍要以广大的农民为主体，在此条件下，如何保持党的先进性，是马克思列宁主义建党学说从未遇过的崭新课题。

为此，共产国际曾批评中国共产党重视农民甚于重视工人，担心中国共产党长期在农村会丧失无产阶级的先进性，变成农民党。因此要求中国共产党把工作重心放在城市，片面强调加紧在工人中发展党员，提拔工人出身的党员到领导岗位，以此保持共产党的无产阶级性质。为此，党的六届二中全会通过的《组织问题决议案》决定通过大量发展工人党员来改变农民出身党员占绝大多数的问题，实践中甚至出现了排斥其他社会成分的“绝对工人化”的做法。实际上这完全是一种教条的做法，严重脱离中国革命的实际。党的建设是如此，红军

---

① 《中国共产党红军第四军第九次代表大会决议案》(1929 年 12 月)，载中共中央文献研究室、中央档案馆编《建党以来重要文献选编》第 6 册，中央文献出版社，2011，第 726、735 页。

② 毛泽东：《井冈山的斗争》(1928 年 11 月 25 日)，载《毛泽东选集》第 1 卷，人民出版社，1991，第 79 页。

建设同样如此。正如中共中央给红军第四军前委的指示信中所指出的“红军的来源只有收纳广大的破产农民……决不是幻想目前红军可以吸收广大工人成分来改变红军倾向的”①。

那么应该如何面对这一党的建设中无法回避的问题，如何解决这一必须及时解决的问题，毛泽东在《井冈山的斗争》中就敏锐地指出：“我们感觉无产阶级思想领导的问题，是一个非常重要的问题。……若不给以无产阶级的思想领导，其趋向是会要错误的。”② 在古田会议决议中更进一步明确提出党内种种不正确思想的来源，自然是由于党的组织基础的最大部分是由农民和其他小资产阶级出身的成分所构成的，但不能只强调客观因素，也应从主观上找原因。党的领导机关对于这些不正确思想缺乏一致的坚决的斗争，缺乏对党员正确路线的教育，也是使这些不正确思想存在和发展的重要原因。古田会议决议创造性地提出只有加强政治思想工作，以无产阶级意识消除非无产阶级意识，才能解决农村游击战争条件下红军中存在的各种问题。

纵观古田会议对红四军党内所存在的各种问题的解决，无不从思想教育、政治训练、提高政治水平、肃清错误思想入手。古田会议决议以相当的篇幅，对开展政治思想工作的重要性、内容和方法进行了全面的阐述。决议指出：“红军党内最迫切的问题，要算是教育的问题。为了红军的健全与扩大，为了斗争任务之能够负荷，都要从党内教育做起。不提高党内政治水平，不肃清党内各种偏向，便决然不能健全并扩大红军，更不能负担重大的斗争任务。因此，有计划地进行党内教育，纠正过去之无计划的听其自然的状态，是党的重要任务之一。”同时，具体地规定了党内教育十方面的材料：（1）政治分析；（2）上级指导机关通告的讨论；（3）组织常识；（4）红军党内八个错误思想的纠正；（5）反机会主义及托洛茨基主义反对派问题的讨论；

---

① 《中共中央给红军第四军前委的指示信——关于军阀混战的形势与红军的任务》（1929年9月28日），载中共中央文献研究室、中央档案馆编《建党以来重要文献选编》第6册，中央文献出版社，2011，第517页。

② 毛泽东：《井冈山的斗争》（1928年11月25日），载《毛泽东选集》第1卷，人民出版社，1991，第77页。

(6) 群众工作的策略和技术；(7) 游击区域社会经济的调查研究；(8) 马克思列宁主义的研究；(9) 社会经济科学的研究；(10) 革命的目前阶段和它的前途问题。还说明了除以上十项之中的社会经济科学的研究一项限于干部分子外，其余都适用于一般党员。

除了教育内容外，古田会议决议还提出了十八种教育的方法：(1) 党报；(2) 政治简报；(3) 编辑各种教育同志的小册子；(4) 训练班；(5) 有组织地分配看书；(6) 对不识字的党员读书报；(7) 个别谈话；(8) 批评；(9) 小组会；(10) 支部大会；(11) 支部委、组联席会；(12) 纵队为单位组长以上活动分子大会；(13) 全军支书以上活动分子大会；(14) 纵队为单位党员大会；(15) 纵队为单位各级书记、宣传、组织委员联席会；(16) 全军支队以上书记、宣传、组织委员联席会；(17) 政治讨论会；(18) 适当地分配党员参加实际工作等。①

特别是为使党内政治思想教育真正落到实处，达到预期的效果，决议还阐述了怎样使党员到会有兴趣的问题。首先，分析了党员对开会不到会也没有什么兴趣的原因：决议已经决定但没执行，或向上级请示的事项久得不到答复，因此减少了讨论的兴趣；负责人会前没有做好准备，没有准备议事日程，对问题的内容不了解，问题应怎样解决也没有准备意见；主持人随意中断党员的发言，发言稍有跑题便马上禁止，特别是发言如有出错，不是叫停就是讥笑，造成会议的沉闷气氛；封建式的会场秩序，死板无活气，到会如坐狱。针对上述情况，决议提出了七项关于提高党员开会兴趣的办法：(1) 会议要政治化实际化。(2) 要把会议的政治意义对党员讲明，尤其是新党员和工作不积极的党员。让党员明白一切斗争的问题，都要在会议上集中讨论解决，若不到会或到会不积极发表意见，就是对斗争没有兴趣。凡是对斗争积极的人，一定是积极到会，热心发言。(3) 决议不能太轻率，

① 《中国共产党红军第四军第九次代表大会决议案》(1929 年 12 月)，载中共中央文献研究室、中央档案馆编《建党以来重要文献选编》第 6 册，中央文献出版社，2011，第 741～743 页。

一成决议就要坚决执行。（4）上级机关要尽快答复下级机关的问题，不能拖而不决，影响党员积极性。（5）负责人要事先准备议事日程，议事日程要具体化，对讨论问题的内容和环境要调查清楚，并对于怎样解决要有思路。（6）主持人要有较好的开会技巧，注意引导集中讨论某一个问题。如果出现超出议题且有意义的问题，不但不要去制止，而且要善于抓住新的要点，介绍给大家形成新的议题。只有这样会议才会引起党员的兴趣，问题才能得到真正的解决，会议也才能实现真正的教育作用。（7）废止封建的会场秩序，共产党的会场要反映无产阶级积极活泼爽快的精神。①

面对以农民为主的革命队伍，如何保持党的先进性，保持党的无产阶级性质，古田会议作出历史性的回答，即以无产阶级的思想消除非无产阶级的思想。那么如何以无产阶级的思想消除非无产阶级的思想，古田会议不仅作出回答，即通过加强党的政治思想工作加以解决，而且明确地提出了开展政治思想工作，进行党内政治教育的内容、途径和办法，使之真正落到实处，使之成为消除非无产阶级思想影响的锐利武器，使之成为指引党组织克服困难不断发展壮大的灵魂。

第三节　建党理论在斗争中的实践与丰富

一、党的思想路线初步形成

古田会议决议指出："红军第四军的共产党内存在着各种非无产阶级的思想，这对于执行党的正确路线，妨碍极大。若不彻底纠正，则中国伟大革命斗争给予红军第四军的任务，是必然担负不起来的。"随着古田会议的召开和从思想上建党理论的形成与实践，不仅红四军历史地承担起中国伟大革命斗争给予的任务，而且中国共产党历史地承

① 《中国共产党红军第四军第九次代表大会决议案》（1929 年 12 月），载中共中央文献研究室、中央档案馆编《建党以来重要文献选编》第 6 册，中央文献出版社，2011，第 739 页。

担起领导中国革命沿着开创农村革命根据地的革命道路不断前进的重担。

红四军所开创的建立农村革命根据地的革命道路，是一条全新的革命道路，从思想上建党正是适应于这一革命斗争的需要而产生的建党理论。所以，从思想上建党的理论一方面对于中国革命沿着正确方向前进起着不断纠偏的作用，另一方面，斗争的实践又不断地丰富和发展了党的建党理论。

由于受城市中心论的影响，在红四军进入赣南闽西开辟农村革命根据地之初，全党的认识并不一致，正如毛泽东所指出的，“在对于时局的估量和伴随而来的我们的行动问题上，我们党内有一部分同志还缺少正确的认识”。1929 年中央的二月来信就要求红四军将部队分散开来，以达到避免被敌人消灭的目的，甚至要求毛泽东、朱德离开红军到中央工作。即便是在红四军内部同样也存在“红旗能打多久”疑问，所以，要坚持开辟农村革命根据地的伟大实践，必须从深层次解决思想认识的问题。为此，在古田会议后，毛泽东接连写了两篇著名的文章，即《星星之火，可以燎原》和《反对本本主义》。这两篇文章实际是一个题目的上下篇，同为解决对革命形势的认识问题。

在上篇《星星之火，可以燎原》中，毛泽东阐述了“犯着革命急性病的同志们不切当地看大了革命的主观力量，而看小了反革命力量。这种估量，多半是从主观主义出发。其结果，无疑地是要走上盲动主义的道路。另一方面，如果把革命的主观力量看小了，把反革命力量看大了，这也是一种不切当的估量，又必然要产生另一方面的坏结果”。同时，毛泽东基于对中国国情的深刻认识，认为革命的星星之火距燎原已经不久了，“它是站在海岸遥望海中已经看得见桅杆尖头了的一只航船，它是立于高山之巅远看东方已见光芒四射喷薄欲出的一轮朝日，它是躁动于母腹中的快要成熟了的一个婴儿”。①

而在下篇《反对本本主义》中毛泽东则重点阐述了判断革命形势、

① 毛泽东：《星星之火，可以燎原》（1930 年 1 月 5 日），载《毛泽东选集》第 1 卷，人民出版社，1991，第 97～99、106 页。

认识革命规律的方法：第一，没有调查就没有发言权。他指出“你对那个问题的现实情况和历史情况既然没有调查，不知底里，对于那个问题的发言便一定是瞎说一顿。……许多的同志都成天地闭着眼睛在那里瞎说，这是共产党员的耻辱，岂有共产党员而可以闭着眼睛瞎说一顿的吗?”第二，反对本本主义。他指出：“我们说马克思主义是对的，决不是因为马克思这个人是什么‘先哲’，而是因为他的理论，在我们的实践中，在我们的斗争中，证明了是对的。我们的斗争需要马克思主义。我们欢迎这个理论，丝毫不存什么‘先哲’一类的形式的甚至神秘的念头在里面。”“马克思主义的‘本本’是要学习的，但是必须同我国的实际情况相结合。我们需要‘本本’，但是一定要纠正脱离实际情况的本本主义”。第三，中国革命斗争的胜利要靠中国同志了解中国情况。他指出：“伟大的革命任务的完成不是简单容易的，它全靠无产阶级政党的斗争策略的正确和坚决。倘若无产阶级政党的斗争策略是错误的，或者是动摇犹豫的，那末，革命就非走向暂时的失败不可”。“共产党的正确而不动摇的斗争策略，决不是少数人坐在房子里能够产生的，它是要在群众的斗争过程中才能产生的，这就是说要在实际经验中才能产生。因此，我们需要时时了解社会情况，时时进行实际调查。”①

由此可见，探索符合中国国情的革命道路是一个艰辛的过程，而思想认识则是这一过程中的重要环节。从思想上建党，以无产阶级意识消除非无产党阶级意识，不仅从根本上解决了在农村游击斗争条件下如何加强党的建设，保持党的无产阶级先进性和如何将以农民为主要成分的军队，建设成为无产阶级领导的新型人民军队的时代课题。同时，从思想上建党也为党的思想路线的初步形成创造了条件。古田会议决议提出必须“教育党员用马克思列宁主义的方法去作政治形势的分析和阶级势力的估量，以代替主观主义的分析和估量”；“使党员注意社会经济的调查和研究，由此来决定斗争的策略和工作的方法，

---

① 毛泽东：《反对本本主义》（1930年5月），载《毛泽东选集》第1卷，人民出版社，1991，第109～115页。

使同志们知道离开了实际情况的调查，就要堕入空想和盲动的深坑”。[1]《反对本本主义》进一步强调了马克思主义必须同我国的实际情况相结合，中国革命斗争的胜利要靠中国同志了解中国情况，形成“从斗争中创造新局面的思想路线”。[2] 也正是在这样的思想路线的指导下，得出了中国革命的星星之火可以燎原的结论。这一切充分表明了党的思想路线已经初步形成。

二、党的群众路线的形成

中国共产党是无产阶级的先锋队，代表着最广大人民群众的利益，党的性质决定了其在对人民群众的态度上，与其他政党有着天壤之别；党领导的革命斗争只有从人民的根本利益出发，依靠人民群众的支持，从人民群众中汲取力量，才能不断地向前发展。当革命重心由城市转入农村后，党从农民最根本的利益即土地问题出发，开展了分田分地的土地革命。在红四军进入农村开辟革命根据地之初，由于受各种非无产阶级思想的影响，对此并未形成共识，存在着单纯军事观点、流寇思想等，“以为红军的任务也和白军相仿佛，只是单纯地打仗”，“不愿意做艰苦工作建立根据地，建立人民群众的政权，并由此去扩大政治影响，而只想用流动游击的方法，去扩大政治影响”，“不耐烦和群众在一块作艰苦的斗争，只希望跑到大城市去大吃大喝”。对此毛泽东尖锐地指出：“凡此一切流寇思想的表现，极大地妨碍着红军去执行正确的任务，故肃清流寇思想，实为红军党内思想斗争的一个重要目标。”[3]

为了解决红四军党内存在的诸多问题，1929 年 9 月，中共中央在

---

① 《中国共产党红军第四军第九次代表大会决议案》（1929 年 12 月），载中共中央文献研究室、中央档案馆编《建党以来重要文献选编》第 6 册，中央文献出版社，2011，第 732 页。

② 毛泽东：《反对本本主义》（1930 年 5 月），载《毛泽东选集》第 1 卷，人民出版社，1991，第 116 页。

③ 《中国共产党红军第四军第九次代表大会决议案》（1929 年 12 月），载中共中央文献研究室、中央档案馆编《建党以来重要文献选编》第 6 册，中央文献出版社，2011，第 727、734 页。

给红四军前委的指示信中十分重视群众的观点，第一次提出了“群众路线”：即“关于筹款工作亦要经过群众路线，不要由红军单独去干”；“没收地主豪绅财产是红军给养的主要来源，但一定要经过群众路线，在最短促时间中也要注意这一工作方式的运用”；“红军中废除军饷，只发零用钱与吃饭钱，这是对的。对于需用品可渐次做到由群众路线去找出路，红军自己办固然好，但同时要能由群众供给与募集才能建立红军与群众的更密切关系”。[①] 要求红四军在经过群众未曾发动的地方时，不要只是提出一般的政治口号，应该细心去了解群众日常的生活需要，从群众日常生活斗争引导到政治斗争以至武装斗争。根据中央九月来信的指示精神，古田会议决议进一步规定了红军“除了打仗消灭敌人军事力量之外，还要负担宣传群众、组织群众、武装群众、帮助群众建立革命政权以至于建立共产党的组织等项重大的任务。红军的打仗，不是单纯地为了打仗而打仗，而是为了宣传群众、组织群众、武装群众，并帮助群众建设革命政权才去打仗的，离了对群众的宣传、组织、武装和建设革命政权等项目标，就是失去了打仗的意义，也就是失去了红军存在的意义”。[②]

随着古田会议精神的传达贯彻，以及创建农村革命根据地伟大实践的全面展开，中央九月来信所提出的群众路线得到进一步的贯彻，群众路线的内涵也不断地被充实。主要体现在以下几个方面：

首先，将为人民群众谋利益作为一切工作的出发点。

苏维埃政府是中国共产党局部执政的一种尝试，正如毛泽东指出的“苏维埃是工农劳苦群众自己管理自己生活的机关，是革命战争的组织者与领导者”。苏维埃政府自成立之日起就遵循党的为民宗旨，把人民的利益放在首要的地位。一方面，苏维埃政府广泛地领导广大民

① 《中共中央给红军第四军前委的指示信》（1929年9月28日），载中共中央文献研究室、中央档案馆编《建党以来重要文献选编》第6册，中央文献出版社，2011，第516～519页。

② 《中国共产党红军第四军第九次代表大会决议案》（1929年12月），载中共中央文献研究室、中央档案馆编《建党以来重要文献选编》第6册，中央文献出版社，2011，第727页。

众开展了轰轰烈烈的土地革命，广大苏区迅速出现了“分田分地真忙”的景象。土地革命不仅是推动革命斗争发展的重要步骤，也是使广大民众摆脱剥削压迫，获得梦寐以求的土地的重大举措。另一方面，在苏区的建设中，正如毛泽东在《关心群众生活，注意工作方法》中所指出的，苏维埃政府必须“真心实意地为群众谋利益，解决群众的生产和生活的问题，盐的问题，米的问题，房子的问题，衣的问题，生小孩子的问题，解决群众的一切问题”，要关心群众有没有柴烧，有没有房子住，米价、盐价贵不贵，小孩读书有没有学校，木桥太小会不会跌倒行人、怎么修，生病怎么治疗等等，总之一切关乎人民“群众的生活问题，就一点也不能疏忽，一点也不能看轻”。在革命战争的历史条件下，苏维埃政府既是革命战争的领导者、组织者，也是群众生活的领导者、组织者，只有把群众生活和革命战争有机地结合起来，才能有效地推进革命向前发展。毛泽东曾经严厉地批评了那些不注意群众生活的苏维埃政府，比如“以前有一个时期，汀州市政府只管扩大红军和动员运输队，对于群众生活问题一点不理。汀州市群众的问题是没有柴烧，资本家把盐藏起来没有盐买，有些群众没有房子住，那里缺米，米价又贵。这些是汀州市人民群众的实际问题，十分盼望我们帮助他们去解决。但是汀州市政府一点也不讨论”。而毛泽东在福建才溪乡调查时发现：由于才溪乡苏维埃政府重视经济建设，发展生产，在青年壮年男子成群地出去当红军做工作的情况下，生产依然超过暴动前的百分之十，群众生活的改善率达到百分之百。为此，毛泽东在中华苏维埃共和国第二次代表大会上号召各级苏维埃政府要向中央苏区模范乡才溪乡学习。由于各级苏维埃政权以保障工农民众的权益和利益为宗旨，苏区干部将关心群众生活，为群众谋利益，作为一切工作的出发点，处处关心群众，解决群众的实际问题，使广大民众真切地感觉到苏维埃政府是真正代表民众利益的政府，称赞“共产党真正好，什么事情都替我们想到了”。[①] 斗争实践证明：只有加紧深入

① 毛泽东：《关心群众生活，注意工作方法》（1934 年 1 月 27 日），载《毛泽东选集》第 1 卷，人民出版社，1991，第 136～138 页。

群众之中去，与群众生活打成一片，艰苦地去建立群众工作，特别在斗争中，要表现出党的领导作用，这样，到处的群众是我们的，到处的群众都是很好的群众。

其次，开展调查研究，坚持从群众中来。

党领导的革命斗争是为人民群众的根本利益而奋斗，同时，必须发动广大的人民群众参与到利益斗争中去，因此，一切政策的制订必须从人民群众的实际中来。历来主张没有调查就没有发言权的毛泽东，不仅自己重视社会调查，而且还要求各级党组织、各级苏维埃政府通过认真的调查研究，切实地了解民生问题。他指出：实际政策的决定，一定要根据具体情况，坐在房子里面想象的东西，和看到的粗枝大叶的书面报告上写着的东西，决不是具体情况。倘若根据“想当然”或不合实际的报告来决定政策，那是危险的。特别强调调查必须真正深入群众中去，不能搞形式主义或走马观花，如果“调查的结果就像挂了一篇狗肉账，像乡下人上街听了许多新奇故事，又像站在高山顶上观察人民城郭。这种调查用处不大，不能达到我们的主要目的”。只有认真地进行调查研究，才能制定真正切合实际的方针政策。[①]

1933 年 11 月，为了正确处理好革命战争与经济建设的关系，驳斥诸如“国内战争中经济建设是不可能的”“苏区群众生活没有改良”“群众不愿意当红军，或者说扩大红军便没有人生产”等论调，毛泽东第三次到福建上杭才溪乡调查，问计于民。通过调查研究，毛泽东发现在革命战争条件下，才溪乡人民不仅尽其所能无私地支持革命，而且在劳动力锐减的情况下，发明了许多办法，采取各种互助互帮的方法发展生产，有效地解决了生产生活中的实际困难，使才溪乡不仅在扩红、支前中创第一，而且在发展生产中也创第一，成为中央苏区著名的模范乡，同时，毛泽东通过对革命前后群众的生活必需品物价等的调查对照，得到了“才溪乡在青年壮年男子成群地出去当红军、做工作之后，生产超过了暴动前百分之十。荒田开尽，进到开山，没有

① 毛泽东：《反对本本主义》（1930 年 5 月），载《毛泽东选集》第 1 卷，人民出版社，1991，第 113 页。

一片可耕的土地没有种植，群众生活有很大的改良”的结论，从而以事实证明了在革命战争环境下经济建设是必要的也是可能的。[①]

再次，将人民群众的首创经验及时进行推广。

在革命战争环境下经济建设是必要的也是可能的，而要使这种必要转化成可能，必须充分发挥人民群众的首创精神，这是毛泽东在调查中得出的答案。在革命战争的条件下，面对国民党当局经济封锁以及劳动力锐减造成的生产生活困难，才溪乡苏维埃政府和人民群众发挥了首创精神，发明了许多互助互帮的办法，以促进经济生产的发展。在《才溪乡调查》中，毛泽东详细记录了才溪乡人民在生产生活中所发明的劳动合作社和耕田队、消费合作社、粮食合作社、犁牛合作社等，尤其是才溪乡人民发明的劳动合作社，对于解决苏区普遍存在的劳动力严重不足的问题起到了重要的示范作用，毛泽东特别称赞“现在全苏区实行的‘劳动互助社’，就是发源于此的”，指出这些方式“组织了全乡群众的经济生活，经济上的组织性进到了很高的程度，成为全苏区第一个光荣的模范”。[②]

才溪乡的调查结果，进一步证明了人民群众中所蕴含的强大创造力，才溪乡经验的推广必然焕发巨大的力量，为此，毛泽东号召全苏区几千几百个乡一齐学习才溪乡，造就几千个才溪乡，“使之成为争取全中国胜利的坚强的前进阵地”。《才溪乡调查》作为中华苏维埃第二次全国代表大会的会议材料印发给与会代表。毛泽东在大会上所作的报告中还专门提到：“同志们，送给你们的两个模范乡的小册子，你们大概看到了吧。”并在报告中结合才溪乡的经验，提出了一系列苏区建设和发展的主张。随后，从毛泽东上述报告摘录而成的《我们的经济政策》和《关心群众生活，注意工作方法》等著名篇章，成为辩证处理战争与建设、中心任务与民生问题的重要指导思想。

由此可见，党的一切为了群众，一切依靠群众，从群众中来，到

---

① 毛泽东：《才溪乡调查》（1933 年 11 月），载《毛泽东文集》第 1 卷，人民出版社，1993，第 339～340 页。

② 毛泽东：《才溪乡调查》（1933 年 11 月），载《毛泽东文集》第 1 卷，人民出版社，1993，第 332、340 页。

群众中去的群众路线，伴随着党创建和发展农村革命根据地的伟大实践，在斗争中已日渐形成。正是坚持这一群众路线，使党领导的苏维埃运动风起云涌、席卷大半个中国。

三、苏区干部好作风的铸就

为了将新生的苏维埃政府扼杀在摇篮之中，国民党军队在进行军事进攻的同时，也对苏区实行严密的经济封锁，妄图使苏区“无粒米勺水之接济，无蚍蜉蚊蚁之通报”。在此情况下，食盐成为苏区最为稀缺的物资。1933 年毛泽东到才溪乡进行社会调查时，就专门对民众吃盐的状况进行了解。“暴动前五个人的家庭月吃盐五斤者，今年十一月只吃一斤。不打倒国民党无盐吃！”在困难时期红军部队每人每月只能吃到 3 钱食盐，就连周恩来也曾一度由于长期劳累，加上没有盐吃，致使身体虚弱，浑身无力。所以，有盐同咸、无盐同淡成为党和苏维埃政府与人民同甘共苦的一个重要标志。

早在井冈山时期红军就制订了“三大纪律，八项规定”，进入福建后正式形成了革命军队必须严格遵守的“三大纪律，六项规定”。1928 年 8 月，红四军出击闽中途经漳平时，红军战士到老乡家买粮，漳平县杨美村上埔山老乡苏和不在家。为解红军断粮之急，红军战士称了粮食，留下这样一张字据：“老乡，你不在家，你的米我买了 26 斤，大洋 2 元。大洋在观泗老板手里。红军。”这张珍贵的字据如今成为红军纪律严明、秋毫无犯、与民同甘苦的最好见证。

在艰苦的苏区斗争中，厉行节约、力戒浪费的节省运动在苏区蔚然成风，官兵一致、艰苦朴素、吃苦在前、享受在后，成为党和苏区干部与人民群众同咸同淡的自觉行动。各级政府和各群众团体广泛地开展节省运动，发出了“浪费一文钱实等于革命的罪人”的口号，要求“一切费用都要十二分的节俭，不急用的费用不要用，要用的就要节俭，不要浪费一文钱，滥用一张纸，多点一点油，积少成多，就可以节省一大笔经费”。苏区的机关报《红色中华》发表了《号召苏区革命群众实践六项节省规约》：一是每天节省一个铜板；二是不进馆子不吃小食；三是节省办公费用 30%；四是普遍建立节省箱；五是每伙食单位建立一个菜园；六是残酷地开展向一切浪费的官僚主义者的斗争。

与此同时，苏维埃政府为了保障不被贪污、浪费、腐败所侵蚀，制订了一系列行之有效的严厉制度和措施。闽西第一次工农兵代表大会所通过的《政府工作人员惩办条例》作出明确规定：“有下例行为者撤职：1. 怠工放弃职责者；2. 侵越职权者；3. 行动乖张为群众所厌恶者；4. 违反决议案者。”“有下列行为之一者撤职并剥夺其选举权和被选举权：1. 侵吞公款有据者；2. 受贿有据者；3. 擅发或捏造号令者；4. 把持政权者；5. 借公报私为害他人者。”“有下例行为之一者枪决：1. 侵吞公款至 300 元以上者；3. 受贿至 50 元以上者；2. 将内部秘密报告敌方者；4. 乱烧乱杀者；5. 假借政府名义私打土豪有据者。”

为了防止和扼制党内违反党章、破坏党纪、不遵守党的决议及官僚腐化等现象的发生，各级苏维埃政府均设立了工农检察部和检举委员会，建立起经常的巡视制度，张贴出《怎样检举贪污浪费》的公告，设立了控告局并在群众集中的地点设控告箱，控告箱上写明：苏维埃政府机关和经济机关有违反苏维埃政纲、政策及目前任务，离开工农利益发生贪污、浪费、官僚腐化和消极怠工的现象，苏维埃的公民无论是谁都有权向控告局控告。同时，苏区的各类传播媒体充分发挥舆论监督作用，对官僚主义、贪污腐化、消极怠工和浪费行为等进行无情揭露；对于先进人物、先进事迹进行大力推介和宣传，从而在整个苏区形成了政治清廉、正气弘扬、贪污腐败犹如老鼠过街人人喊打的政治生态。1934 年 9 月中央审计委员会审计了苏维埃政府各类经费开支后，在审计报告中不无自豪地写道：“我们可以夸耀着：只有苏维埃是空前的真正的廉洁政府。”

“苏区干部好作风，自带干粮去办公。穿着草鞋干革命，夜打灯笼访贫农”。这是一首在福建苏区广为流传的民歌，是人民群众对苏区干部作风的最高评价。人民群众以“自带干粮”“穿着草鞋”和“夜打灯笼”的朴素语言，将苏区干部一心为民、深入群众、艰苦奋斗、严格自律的优良作风鲜活地描绘出来，这是苏区干部人民公仆形象和风范的真实写照。在苏区干部好作风的感召下，广大人民群众“如同铁屑之追随于磁石”一样，凝集于党和苏维埃的旗帜下，构筑起党群军民鱼水般的关系，从而形成“什么力量也打不破”的铜墙铁壁。

第四章　苏区白区组织的发展与“左”的影响

在中共中央和中共苏区中央局的领导下，福建地方组织发动广大群众，创建了闽西、闽北、闽南、闽东、闽中等革命根据地或游击区，特别是闽西、闽北和闽西北、闽粤边的一部或大部成为中央苏区的重要组成部分。在苏区成立了福建省委、闽赣省委，发展了党的基层组织，开展了党的建设，在思想上、组织上、作风上都得到巩固和提升，为苏区的巩固和发展发挥了重要作用；白区党组织在国民党白色恐怖的统治下，坚持地下秘密工作，顽强开展党组织建设，密切了党群关系，保持了有生力量。但这一时期党组织的建设也接连受到“左”倾错误的影响，给党的建设和革命事业带来严重影响和损失，苏区几乎全部丧失，白区组织也难以立足，中央红军被迫长征，其教训极其深刻。

第一节　土地革命的发展与党的组织建设的推进

一、古田会议精神在苏区的传达贯彻

古田会议召开后，不仅红四军所属各部队抓紧时间传达贯彻古田会议精神，而且由于古田会议是在闽西苏区召开，古田会议从思想上建党的原则及一系列加强党的建设的措施，对闽西苏区党组织的建设和发展起到了直接的作用。

1930 年 2 月下旬，中共闽西特委召开了第二次扩大会议，会议根据刚刚召开不久的古田会议精神，对组织问题有详细的讨论与检阅，通过了关于组织问题的决议案，系统总结了党的组织建设中的经验和

教训，规定了组织工作的路线，决议案明确指出“各级党部组织上虽有相当的进步，但仍有许多的错误和缺点”。列举了存在的问题，如支部工作建立不起来，指导机关不健全，城市工作没有建立起来，党的组织太松散，纪律形同虚设，不守秘密、不接受批评、上下级关系不好、命令主义盛行、巡视工作没有建立等。尤其是根据古田会议决议中关于怎样使党员到会有兴趣问题的论述，结合支部工作的具体实际，进一步探究“为什么支部会无兴趣”的问题，指出“这是因为同志工作做不通，无工作报告，讨论问题不实际、不切合地方事实的缘故。但又为什么讨论问题不实际，同志工作被人拒绝呢？这就是因为一般同志不明了党是群众的核心，是群众的领导者，党唯一的任务，就是针对群众的要求，因时因地找出工作中心，领导群众为本身利益而奋斗，这样去取得群众的拥护。目前一般同志日渐脱离生产，日渐与群众隔离，不明了群众的痛苦与要求；同时上级通告发下来又不开会讨论，有些连看都不看，只装在干粮袋里做样子。这样支部会自然不懂得什么是眼前实际的工作，而只能照老例讨论些不痛不痒的问题，一般同志更莫名其妙以为党是群众以外的另一东西，因此苏维埃工作就不被党认为是支部会的中心工作了。支部没有找到他的中心工作，一般同志更没有工作中心，而只能向人说些讨厌的老腔调，这样怎不被人拒绝而使同志灰心消极呢？”

决议案在列举支部会存在问题的基础上，根据古田会议精神进一步阐述了出现这些问题的根本原因，即“党为农民意识所支配”，尖锐指出“目前党内农民成分太多，分子复杂，农民意识支配了一切。地方主义、保守观念、封建思想、家庭观念、享乐主义、金钱主义、不拿枪等现象无奇不有”。“闽西党根本是农民党，土地革命后农民生活比较安定，自然比前更不需要革命，再则介绍同志太滥，党内纪律太松，彼此都无工作，互相包庇，这也是支部工作建立不起的原因。”①

① 《中共闽西特委第二次扩大会议关于组织问题决议案》（1930年2月28日），载中共龙岩地委党史资料征集领导小组、龙岩地区行政公署文物管理委员会编《闽西革命史文献资料》第3辑，1982，第115～116页。

为了进一步加强党组织建设，决议案较为系统地规定了党的组织工作方针。首先，鉴于存在“农民党意识支配了一切”的情况。根据古田会议所确定的党员条件，要求坚决地把党内一切消极怠工，不听调动，金钱观念重于党，连续三个月不交党费，三次不到会，以及吸鸦片的分子驱逐出党。同时尽量吸收城市工人、农民贫民及积极分子入党，以改造党的成分。其次，针对党的组织松散，纪律很少有作用的情况，要求进一步严密党的组织。（1）下级要有经常报告和通信，上级经常指示下级工作并要迅速；（2）要使同志自觉地遵守纪律，避免惩办主义和命令主义；（3）保守组织秘密；（4）介绍同志要依照党章及训练材料所规定的手续，不得紊乱越权；（5）各级同志非有介绍信，不得与之发生党内关系。再次，针对各级党组织“不明白自己创造干部的责任，而只望上级派人”的情况，要求通过调积极分子到党的指导机关参加工作，开办专门的训练班、讨论会，以及组织学习培训等方式，加紧培养和创造干部等。同时，决议案还就加紧巡视工作、城市工作、中心区域工作、白色区域工作以及调查统计工作等进行了明确的规定。

显然，中共闽西特委第二次扩大会议通过的关于组织问题决议案，对于古田会议精神在闽西苏区的贯彻有着重要的意义，对于各级党组织进一步加强党的组织建设起到了重要的推动作用。实践证明，农民中的小农意识是根深蒂固的，这种意识容易影响到党内。因此，党组织要在农村中发展党员，并将普通的农民培养成合格的共产党员，既要遵循思想上建党的原则，又要从各方面加强党的组织建设。中共永定县委为了严肃党内生活，专门制定了通俗易懂的《党团训练材料》，对组织建设提出更为具体的要求，比如，做事和行动要得到党的许可，一切言论宣传都要按照党的政策主张，一切重要问题要开会讨论，一切所见所闻的事要向党组织报告，每个同志都要过组织生活等。指出“支部是党的基本组织，教育党员的学校，接近群众的工具，每个党员都要参加支部会议，分配工作。因为一切策略和工作要经过支部，才能执行出来，党员没有支部生活就不会进步，不能了解群众情形，故每个党员就要编入支部过生活。”①

随着古田会议精神的传达和中共闽西特委第二次扩大会议《关于组织问题决议案》的贯彻，闽西苏区党组织在斗争中发展迅速，在数量和质量上都有明显的提升。至1930年6月，中共闽西特委所辖的县一级党委有永定、龙岩、上杭、武平、连城、长汀、平和县委及漳平、宁化、瑞金的党组织。据1930年5月的统计，闽西苏区除县委外，有53个区委、546个支部，19个特支，党员7756人，比2月份的5100人有大幅度的增加，而至7月份党员人数又增至1万人。

二、闽西苏区形成与中共闽粤赣省委成立

在古田会议精神的指导下，经红四军和闽西各级党组织的努力，土地革命得到迅速发展。1930年3月18日，闽西第一次工农兵代表大会召开，选举成立了闽西苏维埃政府，标志着闽西革命根据地正式形成。

中共中央根据六届三中全会决议提出的关于加紧全国各苏区的巩固发展和联系，建立全国苏维埃中心区域，早日召开苏维埃第一次全国代表大会，成立全国苏维埃临时中央政府的任务，于1930年10月，初步将全国主要农村根据地划定为六大块，即中央区——湘鄂赣及赣西南，湘西、鄂西，鄂东北，赣东北，闽粤赣，广西。同年11月，中央政治局拟定的《关于苏维埃区域目前工作计划》中，对上述六大苏区的党组织、苏维埃政府、红军和革命军事委员会的组成及其隶属关系作了具体的规定。其中决定在中央苏区立即设立中共苏区中央局和中央革命军事委员会，以指导全国各苏区的党组织和统一各苏区的军事指挥；在其他各苏区设立省一级的党（特委）政（特区苏维埃政府）军（军事委员会）组织，在特委之下可根据各苏维埃区域的大小和需要设立分委。

① 中共永定县委宣传科：《党团训练材料》（1930年2月28日），载中共龙岩地委党史资料征集领导小组、龙岩地区行政公署文物管理委员会编《闽西革命史文献资料》第3辑，1982，第121页。

于是，为了在闽粤赣建立党的中心领导，成立中共闽粤赣省委和各中心县委，1930 年 10 月，受中央的委派，中央委员邓发和广东省委组织部部长李富春从上海抵达东江大南山，召开闽粤赣边区第一次党代表大会，会议成立了中共闽粤赣特区党委，邓发任书记。与此同时，前往中央苏区担任苏区中央局代理书记的项英途经闽西，召开了闽西特委全体会议，传达了中央关于成立闽粤赣苏维埃特区的决定，并要求马上着手筹备工作。中共闽西特委随即召开闽粤赣三区域苏维埃代表联席会议，成立了闽粤赣特区苏维埃大会筹备委员会。东江地区党代表会议结束后，邓发由东江转赴闽西苏维埃政府所在地龙岩。

12 月初，邓发在龙岩主持召开了闽西苏区党代表会议，出席会议的除了闽西特委委员外，还有当时在闽西的东江苏区领导干部方方、萧向荣、李坚真、李明光、丘宗海等。邓发在会议上再次传达了六届三中全会的决议和党中央关于成立闽粤赣苏区特委、特区苏维埃政府的决议。会议讨论了闽粤赣苏区当前的政治、军事形势，确定了“巩固闽西苏区，与东江苏区打成一片”[①] 的战略方针，并决定于 12 月 7 日召开闽西、赣东南、东江苏维埃代表联席会议，成立闽粤赣特区苏维埃政府筹备委员会。

由邓发主持分别召开的中共东江、闽西苏区代表会议，统称为中共闽粤赣苏区第一次代表会议。会议正式成立了中共闽粤赣苏区特委(亦称为中共闽粤赣边区特委)，暂属中共中央南方局领导，由邓发任特委书记，李明光任组织部部长（后为罗明），郭滴人任宣传部部长(后为李明光)，萧向荣任秘书长，方方任职工委员会书记，李坚真任妇女委员会书记。在闽粤赣苏区特委成立后，原闽西特委机关撤销，闽西苏区各县直属闽粤赣苏区特委领导。

中共闽粤赣苏区第一次代表会议的召开和中共闽粤赣苏区特委的成立，是闽粤赣边区党史上具有重大意义的事件。这次大会在政治上传达贯彻了中共六届三中全会的精神，在组织上执行了中央政治局关于建立闽粤赣苏区特委的计划和决定，统一了闽西南、赣东南苏区党

---

① 张鼎丞：《中国共产党创建闽西革命根据地》，福建人民出版社，1982，第 46 页。

组织、红军、群众组织的领导。下辖东江地区的中共西南分委、中共西北分委和闽西地区的中共永定、杭武、上杭、龙岩、汀连、连城、汀州、长汀、新汀、汀东、武平、宁清归、宁化、清流、归化、新泉、饶和埔等县委和工委，党支部达600余个，党员8000多人。

1931年5月，中共闽粤赣苏区特委根据党中央的指示改称中共闽粤赣省委。12月28日，根据苏区中央局和周恩来的指示，福建苏区党第一次代表大会在汀州召开。大会讨论通过了《福建党第一次代表大会党的建设问题决议草案》和《苏维埃工作决议草案》。《福建党第一次代表大会党的建设问题决议草案》认为，党的组织已相当改造与加强，实际工作得到初步的转变。党内异己分子大部肃清，成分上加强了无产阶级的分子，工农干部有了大量的提拔，指导机关已极少非阶级分子，各级以至于支部生活有了相当的改善和建立。党的影响扩大了，已取得群众对党的深刻信仰，但党的错误与缺点还异常严重：阶级基础非常薄弱，忽视无产阶级领导；没有健全的支部生活；指导机关不健全；缺乏理论教育，忽视干部的特殊训练等。提出福建党建设的中心任务是：强固无产阶级的领导，巩固党的阶级基础，建立支部生活，健全各级委员会，发展党的组织，改正党的生活，创造党的新干部，加紧党的教育训练，严密党的纪律等。①

1932年3月5日，中共闽粤赣省委根据苏区中央局指示精神，在汀州召开闽粤赣省第二次党代表大会，中央局派任弼时到会指导。会议正式产生了中共福建省委，省委执行委员有罗明、郭滴人、李明光、谭震林、李坚真、方方、萧向荣、范乐春、张思垣、张鼎丞、刘晓等；省委常委有罗明、张鼎丞、谭震林、李明光、郭滴人、刘晓等。书记罗明、组织部部长刘晓、宣传部部长李明光、秘书长萧向荣、妇女书记李坚真。

中共闽粤赣苏区特委和中共闽粤赣省委成立后，围绕着党的一切

---

① 《福建党第一次代表大会党的建设问题决议草案》（1931年12月28日），载中央档案馆、福建省档案馆编《福建革命历史文件汇集（省委文件）》（1931—1934），1984，第170～177页。

建设工作“要适应发展革命战争的要求，要积极动员工农群众参加革命战争，在革命斗争中来强大党的组织，巩固党的领导”的方针，进一步在斗争中发展党的组织、加强党的建设。首先是大力发展党的组织。有计划地在木船工人和汀州、上杭及其他城市苦力，以及各地的纸业、烟工和雇农中发展党员，强固党的阶级基础；在新的区域如连城、宁化、武平、上杭等县，通过土地革命吸收工人雇农贫农入党，建立各区乡党的组织；在白色区域如龙岩、平和、大埔以及闽西苏区四周的县区如东江、漳泉、闽北等地，积极通过各种方式发展党的组织，特别是加紧对于刚被敌人攻占的苏区，如坎市、湖雷、金丰、上杭北四区、连城等地，迅速恢复党的组织。其次是大力健全支部工作。为了发挥支部在群众中的核心作用，要求各县区应建立中心支部，特别是注意建立中心城市、中心乡村和重要行业的工人支部。各支部要定期开会讨论工作、分配工作和检查工作，经常了解群众的要求，领导群众解决问题，并“养成在党的策略路线之下的独立工作能力，打破过去一切问题依赖上级解决的习惯”。再次是建立和完善各级委员会的领导。“打破过去的家长制度，由书记秘书个人包办，以及手工业工作方式的恶习；同时建立各部（宣传、组织、总务）各委员会（妇女委员会……），分工进行日常的工作，一切重要问题必须经过会议的形式来解决。”切实执行党内的民主制度，各级委员会均经过党员大会和代表会议产生。厉行巡视制度和报告制度，经常派巡视员进行巡视，传达和推动下级党组织执行党的决议，并进行检查指导，改变过去偏重文字指导的工作作风。最后是加紧党员的教育和培养，着重在实际工作中提高工农干部的工作能力，帮助工农干部提高解决问题的能力。支部中通过组织各种讨论会、研究会、识字班、读报班等，提高党员的政治水平和文化水平；举办各级训练班，培养支部书记，省委负责培养区委县委工作人才，同时还“训练到白区白军和到红军去担任政治工作的人才”。①

① 《闽粤赣苏区党第二次全省大会关于党的建设问题决议》（1932 年 3 月 17 日），载中央档案馆编《闽粤赣革命历史文件汇集》（1932—1933），1985，第 90～94 页。

随着闽粤赣边区统一党组织的成立，其成为直属中共中央的省级机构之一，在党中央统一领导和部署下，闽粤赣地区的党组织得到进一步的发展，党的建设也得到进一步的加强，在苏区的发展和反“围剿”斗争中起到了核心的领导作用。

三、苏区行动委员会的成立及撤销

在李立三“左”倾冒险主义的指导下，1930年7月22日，全国组织会议通过了《目前政治形势与党的组织任务》的决议，提出为实现通过暴动取得一省或数省的首先胜利，必须实行“党员军事化与党的组织军事化”。“党员军事化的意义不仅是每个党员要受军事训练，尤其是生活的军事化。党的组织在武装暴动时，完全要军事化，全党形成一个军营，一切指挥绝对集中，完全以军令行之，下级党部绝对服从上级，党员绝对服从党的命令。各级组织的极端严密，动作灵敏而迅速，严格纪律与行动绝对的一致。因此目前党的组织都要适合此种组织形式，才能在严酷的阶级战争中动员全党争取革命胜利。”① 为此，决定将党与团的组织暂时统一起来，成为一个组织系统，按照各级组织形成，成立行动委员会。支部成立行动干事会行动小组。行动委员会之下设立青年秘书处、妇女委员会、组织和宣传委员会、军事委员会等组织。

根据中央的精神，1930年7月，中共闽西特委召开了中共闽西第二次代表大会，贯彻李立三冒险主义的精神，会议提出闽西党的总任务是：集中一切革命力量，扩大斗争到广东去，首先夺取闽粤桂三省政权，争取全国革命胜利。在这次会议期间，对闽西苏区的党政军领导干部进行了重大的调整，邓子恢被免去中共闽西特委书记及红二十一军政委的职务，调离苏区到福建省委工作，担任省委巡视员赴闽中和闽东地区指导工作。由郭滴人任中共闽西特委书记，张鼎丞任闽西苏维埃政府主席，李任予任红二十一军政委。随后，在中共福建省委

① 《目前政治形势与党的组织任务》（1930年7月22日），载中共中央文献研究室、中央档案馆编《建党以来重要文献选编》第7册，中央文献出版社，2011，第329～330页。

决定遵照中共中央通告精神，把党团省委合并组成行动委员会后，8 月 6 日，福建省总行动委员会成立，随之发出第一号通告，要求各地分别成立行动委员会，闽西、闽北苏区随之将党、团、工会合并为统一的行动委员会。

此次党的组织的任务重大变更是为了服务于一省或数省胜利“左”的战略目标而进行的，所以，在成立行动委员会的同时，“左”的方针随即在苏区全面贯彻执行。闽西行动委员会的成立伴随着红二十一军出击东江。结果红二十一军在兵力和武器准备均处绝对劣势的情况下，贸然进攻东江，屡屡受挫，损失严重，不得不撤回闽西苏区。9 月中旬，在中央巡视员的指导下，召开闽西总行委与红二十一军军委联席会议，在总结东江失利的经验教训时，批评闽西党在斗争的路线和策略上，犯了严重的保守观念的错误，对中央“集中进攻东江”这一政治斗争路线的指示，确实没有详细地了解和执行，“集中进攻东江”这一策略路线的执行，始终是动摇的不坚决的。①

同样，闽北苏区行动委员会的成立，也与攻打大城市赣州联系在一起。1930 年 7 月 27 日，邱泮林到达闽北，召集崇安县委召开扩大会议，传达中共中央关于将闽北、赣东北两块革命根据地合并和调集闽北红军编入红十军攻打大城市的决定，以及中共福建省委关于党、团、工会合并成行动委员会的决定。会议将崇安党、团、工会合并，选举产生了崇安行动委员会，并通过了合并期间的工作方案和紧急措施：立即集中并扩大红军；红军集中后应迅速向外出击，同时向江西方向发展；组织雇农工会，解决雇农迫切要求解决的缺衣少穿及缺乏农具等问题；改造各级苏维埃政府领导班子；深入土地革命。② 崇安行动委员会的成立及一系列的措施，在闽北革命根据地引起了严重的混乱，

① 《二十一军军委书记李伍予报告——二十一军去东江经过及军内情形》（1930 年 9 月 21 日），载中央档案馆、福建省档案馆编《福建革命历史文件汇集（闽西特委文件）》（1928—1936），1984，第 166 页。

② 《倡关于闽北巡视的报告》（1930 年 10 月），载中央档案馆、福建省档案馆编《福建革命历史文件汇集（省委文件）》（1930 年），1984，第 327 页。

其中最为直接的就是“左诗赞事件”的发生。由于闽北红军五十五团副团长左诗赞反对乃至策动五十五团第一连抵制集中红军开赴赣东北的命令，导致闽北红军的分裂，酿成严重的后果。随之，由于闽北红军开赴赣东北编入红十军，国民党军队乘虚而入向闽北根据地后方进攻，致使闽北革命根据地遭到严重的摧残。

总之，将党、团、工会合并为行动委员会，是攻打大城市、实现一省或数省胜利“左”的错误的产物。尽管一开始在地方党组织中就有不同的看法，如福建省委召开二届四次全会讨论党团合并成立行动委员会时，就产生不同的意见，认为合并后不利于团的工作，同时也不同意把闽西苏区划归南方局领导，闽北苏区在传达中央的这一决定时，也产生了激烈的争论，并有不少人不同意将刚刚组建的闽北红军主力红五十五团抽调去攻打大城市；但是最终各苏区党组织还是无条件执行中央的决定，结果所造成的后果自然是严重的，不仅苏区斗争遭挫折、红军遭损失，而且在组织方面也产生了不良的后果，闽西苏区的党员由7月份的1万多人减少至8000多人，而且，在党团组织合并成立行动委员会之后，实际上取消了团的工作，各级团的组织徒具形式。闽西总行委青年委员会5个干部，只有2个坚持工作。团的“组织松懈，纪律几乎破产”，团员有3000多人，经过几次洗刷和调动之后，非但没有发展，有些地方反而减少。①

中共六届三中全会的召开，纠正了立三路线对于中国革命形势的极左估计，停止了组织全国总起义和集中全国红军进攻中心城市的计划，同时也恢复了党、团、工会的独立组织和经常工作。根据六届三中全会的精神，福建省总行委撤销、恢复党团省委后，福建省委发出通告，指示各地撤销行动委员会，恢复各级党团组织，各苏区的党团工会组织也随之恢复。

---

① 《共青团闽西特委报告第一号——目前闽西团的工作任务》（1930年11月15日），载中共龙岩地委党史资料征集领导小组、龙岩地区行政公署文物管理委员会编《闽西革命史文献资料》第4辑，1983，第367页。

第二节　中央苏区的拓展与党组织的发展

一、中共闽赣省委的成立

1932 年 5 月，蒋介石纠集数十万军队，向革命根据地发动第四次“围剿”。在对鄂豫皖、湘鄂西两个苏区的军事“围剿”得手后，于 10 月开始将“围剿”的重点转向中央苏区。面对国民党军队的大举进攻，主力红军采取灵活多变的战术，在反“围剿”斗争中不断拓展苏区。首先采用运动战在南面打击进攻苏区的粤军，以稳定中央革命根据地的南翼，并于 1932 年 12 月成立由叶剑英任总指挥兼政委的东南战线指挥部，组织力量展开一系列战斗以牵制驻福建的国民党十九路军和广东余汉谋部从东南对中央苏区的进犯。在此基础上，红一方面军把作战重点放在闽西北和闽北地区，意在扩展中央苏区东边的广大区域。1932 年 10 月，红一方面军下达了建、黎、泰战役计划，拟出敌不意迅速而同时地消灭建宁、泰宁、黎川的敌人而占领其地域。占领泰宁的兵团，于占领泰宁时即刻拨出一个相当的兵团直趋邵武，沟通崇安红军。建黎泰战役打响后，红一方面军两天之内取得连克建宁、黎川、泰宁三城的北线大捷。攻占建宁之后，红一方面军总司令部进驻建宁。建宁城北的安仁成为周恩来、朱德运筹帷幄指点江山的指挥中心。建黎泰战役胜利结束后，红一方面军派红二十二军乘胜向北线发展，迅速攻占邵武、光泽县城，在邵武城内与向邵光地区挺进的闽北红军胜利会师，随之又一路横扫国民党地方部队，攻占将乐、顺昌、资溪、金溪等地，从而打通了中央苏区与赣东北、闽北苏区的联系。

闽赣边新区在红军的帮助下，迅速恢复和健全了各级党组织，并相继建立红色政权。1933 年 1 月，成立了中共建宁中心县委，书记余泽鸿，组织部部长邱志珍，宣传部部长吴静焘（兼妇委书记），中心县委直接领导建黎泰三县工作，迅速发动群众，深入土地革命，打土豪分田地，掀起生产高潮；普遍建立地方武装，成立了建黎泰独立师和各县独立团、游击队等地方武装；开展扩大红军、筹集资财及拥军优属活动，组织群众支前参战。这些活动有力地支援了红军，也为建立闽赣省打下了基础。

随着各块苏区联系的打通，建黎泰地区的战略位置日趋凸显，成为中央苏区东方战线的重要一翼。中共中央称之为“中央苏区的战略钥匙，是永远不能放弃的”。1933 年 4 月 26 日，中央人民委员会第四十次常委会鉴于闽赣地区地处武夷山脉，进可攻，退可守，西能支援闽西，北与赣东北呼应，在军事上、政治上、地理上均占重要地位，争取这一根据地的巩固与发展，有着重要的战略意义，决议将建、黎、泰、金、资、光、邵、闽北苏区以至信抚两河一带地区划为闽赣省。4 月底，中共闽赣省委宣告成立，顾作霖、邵式平、黄道、刘炳龙、刘帮华任省委常委，萧劲光、方志纯等为省委委员，书记顾作霖，组织部部长黄道，妇女部部长张荷凤，下辖中共闽北分区委、中共资溪中心县委、中共建宁中心县委以及几十个县区委。同年 12 月 1 日，闽赣省第一次工农兵代表大会在建宁召开，正式成立闽赣省苏维埃政府。从此，闽赣省成为中央苏维埃政府所辖的四个省之一，闽北、闽西北的大部地区划归闽赣省，成为中央苏区的重要组成部分，发挥着中央苏区东北战线前哨阵地的作用。

第四次反“围剿”胜利后，1933 年 7 月 1 日，中革军委命令以红三军团的红四师、五师为主，包括福建军区所属的红十九师，组成东方军入闽作战。为了配合东方军作战，还命令闽西红军第三十四师和宁清归分区、闽赣军区部分武装统归东方军指挥，其作战任务是“恢复闽西沦陷的连城、新泉苏区和开辟闽北新苏区”。在东方军入闽征战期间，1933 年 7 月 22 日，中华苏维埃共和国中央政府第四十六次人民委员会指出：东方军的猛烈作战，在清流、宁化、归化、将乐、沙县的 200 多里地区，推翻了反动政权，亟须普遍建立革命政权，决定在宁化境内增设“彭湃县”，并派工作团到清流、宁化、连城等地开展恢复苏维埃政权的工作。8 月 16 日，第四十八次中央人民委员会又决定在上杭增设“代英县”，在宁化增设“泉上县”，并派出工作团到连（城）、清（流）、归（化）、泉（上）等县，以加强苏维埃政权的建设。同时为了加强邵、光、黎闽赣边界地区的领导，在邵武、光泽、黎川三县边界增设了东方、建东、金南等县，成立了相应县委。在东方军解放将乐、沙县县城期间，还成立了中共黄潭边特委。在中央主力红军不断征战的硝烟中，中共闽赣省委及其所辖的党组织得到迅速发展，党员人数逾 4000 人。

中共闽赣省委是中央苏区后期成立的省级机构，同时，闽赣省所辖区域又是反“围剿”斗争最为激烈的区域，所以这一区域党的任务和党的建设方面有其鲜明的特点。1934 年 6 月 12 日，《中共中央给闽赣战委信》中明确指出：革命战争的胜利与苏维埃运动的发展，只有倚靠坚决的共产党的领导。对于加强党的建设提出了更为适合斗争任务的要求：第一，坚强党的领导，必须使共产党真正起到“无产阶级最高的组织的作用”，成为最高的领导机关；第二，坚强党的领导，必须倚靠于布尔什维克的教育和团结干部在党的路线的周围，像一个人一样地为着革命的胜利而奋斗到底；第三，坚强党的领导，必须在群众中有强大核心组织——党的支部。[①] 针对“闽赣所处的环境是同中心苏区不相同，但同白色区域也不相同，这里最高的政权是在我们的手里，但许多地区还存在着刀团匪豪绅地主的统治”的实际情况，党组织不仅采用自上而下的进行公开的争取群众的工作方式，而且采用自下而上的秘密的组织群众的方式来补充。党不仅派出干部到游击队或工作团中去，而且派出能够在乡村中进行秘密工作的、知道在不同条件下领导群众斗争的同志，“取下他们的红军帽子、红军衣服、手枪、皮包皮带、自来水笔之类，完全穿着老百姓的衣服，同老百姓一样到老百姓中去工作”。坚决地依靠当地群众中的积极分子、当地的干部以及党的生产干部开展工作。同时，纠正“往往提出了一些问题，写了一般的决议，在会议上做了一般的讨论，并且有时还通过了计划，以为这样就万事大吉，胜利自行来到”的作风，[②] 加强党的具体领导和实际的组织工作。

---

① 《中共中央给闽赣战委信》（1934 年 6 月 12 日），载福建省三明、建阳档案馆等编《闽赣苏区文件资料选编》，1983，第 190～192 页。

② 《闽赣党目前的中心任务》（1934 年 7 月 26 日），载福建省三明、建阳档案馆等编《闽赣苏区文件资料选编》，1983，第 210～212 页。

但闽赣省党的建设也存在问题。中央曾指出：闽赣党的最高领导机关——闽赣战委等于虚设，省苏、警备司令部、省保卫局各自独立行动，许多重要问题（如战争动员、肃反等）不仅不经过战委决定，而且不通知战委，表明机关负责同志对于党的观念的薄弱。未能建立起集体的领导，结果使各种工作不能互相配合，并且因为脱离了党的领导，产生许多严重的错误。① 中央批评闽赣党在团结干部问题上所采取的非布尔什维克的路线，没有耐心地培养当地干部；没有坚决地去创造生产的支部和群众的党。这些造成党的生活上极不正常的现象，所以在中央红军长征后，闽赣省级机关全部瓦解，这是党建薄弱造成的恶果。

二、公开征收党员运动及其影响

中国共产党是个组织严密纪律严明的政党，中共二大通过的第一个党的章程——《中国共产党章程》，就对党员的条件、入党的程序、组织建设、党的纪律作了明确的规定，并特别指出“凡一个革命的党，若是缺少严密的集权的有纪律的组织与训练，那就只有革命的愿望便不能够有力量去做革命的运动”。② 所以，在党组织的发展过程中对于吸收新党员有一整套严格的程序，尤其是中共六大通过的新党章对于入党的手续有了进一步明确的规定。随着农村革命根据地的创建和发展，在广大的农村建立了较为稳定的政权，党组织从原来的秘密状态逐渐转为公开的状态，但是党中央也要求“在现在苏区党完全公开的环境之下，为要严谨党的组织，防止一切投机分子混入党内，手续须有更严密的规定之必要”。③ 然而，在以王明为首的“左”倾教条主义

① 《中共中央给闽赣战委信》（1934 年 6 月 12 日），载福建省三明、建阳档案馆等编《闽赣苏区文件资料选编》，1983，第 190～191 页。

② 中共中央文献研究室、中央档案馆编《建党以来重要文献选编》第 1 册，中央文献出版社，2011，第 162 页。

③ 《中央局关于苏区新党员入党手续的决议》（1932 年 2 月 11 日），载中共江西省委党史研究室等编《中央革命根据地历史资料文库・党的系统》第 3 辑，中央文献出版社、江西人民出版社，2011，第 2032 页。

取得党中央的领导权后，党的一切组织原则也随之发生了变化。

1931年3月，中共中央《关于发展党的组织决议案》强调指出：目前整个党的组织发展的形势很难真正顺利去准备领导和进行正在成熟着的革命斗争，要求在党的发展上有一个迅速的转变，把群众斗争一切较好的成分无所畏惧地吸收到党的队伍中来。由此，提出“在一切伟大的革命纪念和敌人进攻的关头，要宣传大规模的征收党员运动，号召无产阶级和贫农入党”。[①] 同年4月，中央在对福建工作的决议中，提出要求举行征收党员的运动，两个月内党员人数应由6万人猛增至9万人以上的目标。1932年3月，中共中央发出的《关于红五月运动的决议》中，提出“在红五月中各地党部必须努力发展党的组织，做征收党员的运动”。[②] 根据中央的精神，同年6月，苏区中央局在《发展党和改造党的工作大纲》中进一步指出：省委区委必须定出发展党员的计划，要具体切实而抓紧中心，使计划的执行，能收到实际的效果。7月25日至8月1日的一周内，举行一次公开征收党员运动，党应派代表出席工会雇工会贫农团的会议，报告党的政纲策略及组织并引起讨论，在会议中举行公开征收新的党员。给闽粤赣苏区发展8000名新党员的指标，并将征收党员运动与党组织的发展联系在一起，要求闽粤赣省委必须特别注意西河木船工人和汀州上杭龙岩等城市党的巩固和发展。为着新发展区域的巩固与发展，使闽赣苏区成为一片，积极向北发展，必须努力在武杭永岩去发展党的组织，并且要努力建立饶（平）（平）和（大）埔（武）平蕉（岭）梅（县）以及闽北各县党的秘密组织，并要与闽南党的组织发生密切的关系。[③]

在上述精神的指导下，闽粤赣苏区党员的发展出现了严重的偏差。

---

① 中共中央文献研究室、中央档案馆编《建党以来重要文献选编》第8册，中央文献出版社，2011，第262页。

② 中央档案馆编《中共中央文件选集》第8册，中共中央党校出版社，1991，第180页。

③ 中共苏区中央局：《发展党和改造党的工作大纲》（1932年6月12日），载中共江西省委党史研究室等编《中央革命根据地历史资料文库·党的系统》第3辑，中央文献出版社、江西人民出版社，2011，第2193页。

第一，不同程度上出现了下指标、限任务的现象。1932 年，中共上杭县委就要求 1 月份内发展新党员 1400 人，每两个同志一定要介绍一人以上入党，而且要求先入党的工人、雇农、苦力要占三分之一，劳动妇女要占三分之一。1933 年 3 月 5 日，中共闽粤赣省委要求“在‘三八’节最低限度，要实现省委所规定发展党员数目的三分之一，党内工人成分占三分之一，妇女要半数”的目标。[①]

第二，开展竞赛的方式发展党员。1933 年 3 月，在闽粤赣省临时代表大会上举行的革命竞赛中，上杭、长汀、宁化、汀市、汀东、西河、永定、新泉、武平等签订了竞赛条约，其中重要的一项竞赛内容就是发展新党员，要求发展党员的数量为长汀 2000 人、上杭 1000 人、宁化 1000 人、汀市 200 人、汀东 400 人、西河 150 人、武平 200 人、永定 210 人、新泉 300 人，而且这一目标仅在 3 月 5 日至 4 月 5 日一个月内必须实现。

第三，每逢重大的纪念日，如十月革命纪念日、三八纪念日、五一纪念日等，都集中开展了征收党员运动。1932 年，中共中央要求在十月革命十五周年纪念节“三倍扩大党的组织”，要求各地党组织派人到工厂门口去，趁工人上下班时，举行演讲活动，扩大党的宣传，发展新党员的精神。闽粤赣苏区各级党组织都开展了征收党员运动。1933 年 4 月，苏区中央局又决定在红五月进行广大的征收党员运动，要求在一个月内扩大一倍党员，使女党员增加一倍半以上。对此，苏区中央局还发出《为“五一”节征收党员运动告苏区民众书》，苏区中央局组织部也印发《征收党员五分钟报告大纲》，提出了“凡赞成和拥护共产党的主张愿意加入共产党组织，积极工作，服从共产党决议，坚决领导革命斗争的工农，都可以加入共产党”。[②] 同时苏区中央局组织部所印发的大纲中，注明是分发给党员，“在各种群众会议上报告征收党员”。由此，各级党组织在红五月中纷纷开展了公开征收党员运

---

① 《为发展党与健全支部生活全面斗争》，《福建红旗》1933 年 3 月 5 日。

② 中共苏区中央局组织部：《征收党员五分钟报告大纲》（1933 年 4 月 17 日），载中共江西省委党史研究室等编《中央革命根据地历史资料文库·党的系统》第 4 辑，中央文献出版社、江西人民出版社，2011，第 2642 页。

动。据《红色中华》报道，“伟大的‘五一’劳动纪念节，福建军区在政治部领导下举行。得到了很完满的成功。大会前夜，共产党举行了公开征求党员大会，一声号召，全体红色战士热烈响应和拥护，六百余人就自动加入共产党和共产党青年团”。[①] 随后，中共闽粤赣省委扩大会议通过的组织工作决议，进一步强调要抓住红五月征收党员运动的经验，继续进行征收党员运动，反对认为“群众怕入党”“工人雇农不活动没作用”的机会主义观点。在支部中热烈地动员，使每个党员认识革命的开展。要加强党领导革命的力量，扩大党是目前最基本的任务。提高一般党员的为发展一倍党员而斗争的积极性，真正做到每个党员至少要介绍一个。在群众中扩大党的政治宣传，反对一切不正确的宣传，放胆地向工人、雇农开门，纠正“向中农、贫农、工人、雇农开门是不了解党是无产阶级先锋队”的“左”倾错误。[②] 11 月，闽粤赣省委给各级党委发出指示，提出全省到年底要发展 1 万名党员，其中工人、雇农、苦力成分要占五分之一，妇女占五分之一，而且规定每个县的发展数目，设定扩大党的运动周，举行各区各支部以至各小组分组竞赛[③]等办法。

公开征收党员是由中央发动并不断加码指标的运动，甚至严厉规定“凡是不执行这一工作消极怠工的分子，必须给以严重警告一直到开除党籍为止”。这种以公开征收的方式发展党员的做法严重地违反了党的组织原则和纪律。其实党章对于新党员的入党显然规定了严格的入党手续，即使是在苏区时期也做出明确规定，比如产业工人、手工业工人和雇农入党，须经有两个月以上党龄的党员一人介绍入党，地方须经区委批准，红军须经团总支部批准。贫农入党须经有党龄四个月以上的党员工人介绍，地方经区委批准，红军须经团总支委批准。

---

① 《红色中华》1933 年 5 月 11 日第 75 期。

② 《中共闽粤赣省委扩大会组织工作决议》（1933 年 6 月 12 日），载福建省档案馆、广东省档案馆编《闽粤赣边区革命历史档案汇编》第 1 辑，档案出版社，1987，第 313 页。

③ 《中共闽粤赣省委关于做好苏区各项工作给各级党委的指示》（1933 年 11 月 5 日），载福建省档案馆、广东省档案馆编《闽粤赣边区革命历史档案汇编》第 1 辑，档案出版社，1987，第 405 页。

中农独立劳动者入党，须经有党龄八个月以上的党员工人介绍，地方须经县委批准，红军须经师党委员会批准。知识分子入党须经有一年以上党龄的党员三人介绍，地方须经县委批准，红军须经师党务委员会批准，但在公开征收党员运动愈演愈烈的情况下，这些规定已经荡然无存，形同虚设，甚至出现了摆摊子式动员入党的情况，1932 年 9 月，在中央组织局发布的《征收党员运动》提纲中，就要求各地党组织派人到工厂门口去，趁工人上下班时举行演讲活动，扩大党的宣传，发展新党员。同时，基层党组织在开展党员公开征收时，也出现了“每个穷人应该加入共产党”“加入共产党好打条路”“有介绍信，无论到哪里都有饭吃”的错误口号。这些做法虽然使党员的数量有较大的增加，但却损害了党的组织，抹杀了党的先进性，严重削弱了党的组织力和战斗力。

三、苏维埃运动下各地党组织的发展

在土地革命时期，福建是苏维埃运动最为活跃的省份之一，中央苏区成立之时，闽西苏区即是中央苏区的重要组成部分。随着苏维埃运动的蓬勃发展，福建的闽北、闽南、闽东等地在党的领导下开展了如火如荼的土地革命，开辟了一个又一个的红色区域，这些红色区域虽分属于不同系统的党组织，有的属于中共福建省委领导，有的属于中共厦门中心市委、中共福州市委领导，有的则属于中共赣东北特委领导等，但在不断推进苏维埃运动的大背景下，各地党组织都把开辟农村革命根据地作为推进革命发展的重要手段和内容，领导民众开展土地革命，建立苏区，从而使八闽大地的土地革命此起彼伏地向前发展，对于中央苏区土地革命的发展起到了重要的策应和配合作用。随着中央苏区反“围剿”斗争的开展，以及主力红军在八闽大地的征战，众多的县区被纳入了中央苏区的范围，成为中央苏区的组成部分或与中央苏区保持着密切的联系。

继闽西苏区之后，闽北是较早建立苏维埃政权的区域。中共崇安县委领导农民举行武装暴动之后，于 1930 年 2 月召开县委扩大会议，改选了县委，并建立了 5 个区委。会议明确提出，要加紧发展党团组织

和红军，领导开展游击战争与土地革命。在中共崇安县委的领导下，在崇安东乡及北乡的乡村迅速形成了赤色割据的局面。4 月 12 日，崇安县革命委员会成立，5 月 1 日，选举成立了崇安县苏维埃政府，闽北苏区由此初步形成。闽北红色区域由崇安一县发展到邻近的浦城西乡、建阳北乡以及江西铅山、上饶南部的边界地区。随着斗争的开展和苏区的扩大，自上梅暴动失败以后一度松散的闽北党组织很快得到恢复和发展，至 1930 年 6 月，崇安全县已有党员约 250 人，到 8 月份，“当时统计全县的同志，大约有六七百人，雇农占 15％，贫农 40％，中农 30％，富农（甚至有些商人小地主）10％，工人及知识分子另占 5％”。① 全县建立起 8 个区委，并建立了建阳特支、松溪特支、浦城特支及江西信江南岸地区的党组织。1930 年 7 月，中共中央决定将闽北崇安一带的党组织由中共福建省委属下划归中共赣东北特委领导，随即崇安、建阳、浦城和邵武的党组织划归中共赣东北特委，建瓯、政和、松溪的党组织仍由中共福建省委领导。中共赣东北特委为了加强对闽北的领导，于 1931 年 1 月成立了中共闽北分区委。同年 4 月，红十军进军闽北，横扫闽北境内的国民党军队，奠定了闽北苏维埃和红军胜利发展的基础。② 7 月 11 日，闽北分区第一次工农兵代表大会在崇安坑口召开，成立了闽北分区苏维埃政府，由此，横跨闽赣两省的闽北苏区正式形成。随后，为了打通闽北、赣东北与中央苏区的联系，1932 年 9 月红十军再度入闽，重创国民党军队在闽北的主力，使闽北苏区得到进一步的发展，苏维埃区域扩大到闽赣两省 12 个县的边区，中共闽北分区委辖有中共崇安县委、中共建阳县委、中共广丰县委、中共铅山县委、中共上铅县委、中共江山县委、中共广浦县委、中共光泽县委等。

闽北党组织重视培养和训练干部。早在 1931 年 7 月，闽北分区委就创办了党校，从各县、区选拔有培养前途的优秀青年党员参加学习，

---

① 《倡关于闽北巡视的报告》（1930 年 10 月），载中央档案馆、福建省档案馆编《福建革命历史文件汇集（省委文件）》（1930 年），1984，第 327 页。

② 方志敏：《我从事革命斗争的略述》，人民出版社，1980。

经培训后分配到各县、区担任领导职务，在实际工作中得到锻炼，提高干部的素质。注重选拔工农分子到党的各级机关工作。把思想建设摆在党组织建设的首位，坚持对党员进行政治思想路线教育，克服非无产阶级思想，以《怎样做一个好共产党员》为教材，其中的22条内容都非常有针对性，如对党忠实，服从党的命令，遵守党的纪律，严守党的秘密，牺牲个人，勇敢参加阶级斗争，随时随地地宣传群众，随时随地地组织群众，努力做好党员的一切工作，永不背党等。

闽西南是福建经济发达的地区，是国民党军队重点驻防的区域。同时，闽南又紧挨闽西苏区，也是国民党军队向闽西苏区发动进攻的重要基地，所以闽南地区革命发展状况对闽西苏区有着直接的影响。中共福建省委要求闽南的党组织注意与闽西各县土地革命斗争取得联系，发展闽南革命斗争。1929年8月，红四军第二、三纵队出击闽中，进入永春、大田、德化地区，对于这一地区党组织和革命斗争的发展起到了重要的促进作用。为了加强对漳州地区革命斗争的领导，中共福建省委于1930年冬派陶铸等赴漳州，建立了中共漳州特委，并成立闽南工农游击队第一支队，开展“游击战争，实行土地革命、武装拥护闽西”，牵制国民党军队对闽西苏区的进攻。1932年4月20日，为了打击福建的国民党军队和由广东进犯闽西苏区的粤军，以巩固闽西苏区，红军东路军攻克漳州。东路军入漳后一面筹款，一面发动群众，协助地方党组织恢复发展党团组织和群众团体，成立了闽南工农革命委员会，并于5月间在漳浦县小山城成立了中共漳州中心县委，以统一领导漳属各县党的组织，漳州和石码城区分别建立了党的区委和特别支部。中共漳州中心县委成立后大力发动群众开展游击战争和土地革命，很快在南靖、平和、漳浦三县边界成立了以龙溪、小山城、三坪为中心的靖和浦革命根据地。在东路军攻克漳州的影响下，安南永地区的革命根据地也得到新的发展。1932年11月，中共安溪县委扩改组为中共安溪中心县委，下辖9个党支部，有党员60多人，并加紧开展游击战争，建立革命根据地，努力打通与闽西苏区的联系，很快形成了东起永春湖洋，跨南安诗山、金陶，西达安溪的长坑、官桥，南起同安县岳峰，北至德化县三班，纵横一二百里的红色区域。在这一区域先后建立了安溪县芸溪、黄口、彭区、官桥，南安县诗山、金陶等区委和永春特区委，德化工委，安南同特支等党组织。

闽东虽与中央苏区隔着大片的白色区域，但党组织领导的革命斗争一直十分活跃，早在1929年就成立了中共连江县委和中共福安县委。1931年原闽西苏维埃政府主席邓子恢赴福安和连江巡视，指导当地运用闽西农民运动的经验开展斗争，促进了闽东地区革命运动的发展。至1931年9月，中共福安县委建立了3个区委，20多个支部，党员达280多人，连江特支的党员也发展到20多人；1932年11月，成立了中共福安中心县委。1933年6月，成立了寿宁县革命委员会，8月1日，成立了福安县革命委员会。1933年11月20日，驻守福建的十九路军发动“福建事变”，马立峰、范式人等闽东党组织的骨干被释放回到闽东。闽东党组织利用这一有利时机，大力开展武装斗争和土地革命，于1934年2月，成立了闽东苏维埃政府筹备处，随后，又相继成立了福霞、安德、福安、连罗、福寿、霞鼎6个县苏维埃政府。在此基础上，于1934年6月底成立中共闽东临时特委，并先后建立安德、福霞、霞鼎、福寿、福安、连罗等6个县委和宁德临时县委，寿宁特区委，党员数量发展至2200人以上。1934年8月，中央红军北上抗日先遣队途经闽东，又为闽东党组织的发展注入勃勃生机。

在中央苏区的革命运动蓬勃发展之时，福建各革命根据地的土地革命也如火如荼地开展起来，与中央苏区相互响应，并随着中央苏区的不断拓展，许多的区域也先后纳入了中央苏区的范围。党作为苏维埃运动的领导力量在斗争中得到了迅速的发展，即使到了中央苏区的后期，除了直属中央的中共福建省委、中共闽赣省委外，尚有中共闽北分区委、中共闽粤特委和中共闽东临时特委等区域性的党的领导机构，并在斗争中探索和创造出许多党的建设的经验，对于丰富和发展党的建设理论起到了重要的作用。

比如党的章程明确规定党代表着工农劳苦大众的利益，不谋求自身的特殊的利益。那么在实际中，中共党员应如何处理其中的关系？闽北党组织的主要领导人黄道所撰写的《应该纠正目前党内几种严重错误》一文中，作了通俗浅显的诠释：“我们加入共产党，并不是像从前天主教徒，想倚赖天主教的势力一样，我们是为着无产阶级和劳苦群众的利益来斗争，个人利益应包括在阶级利益里面，如果为着阶级利益不能不牺牲个人利益时，就应该牺牲个人利益，只有这样，革命才能得到胜利，整个阶级才能得到利益，同时整体阶级利益得到了，个人利益也就在这里面，共产党员是无产阶级的领导者，应该比群众更刻苦耐劳。凡是不顾革命，只顾个人利益，只顾个人自由的，就不配做共产党员，共产党员是不应该有这样的思想的。”①

支部是党的组织基础，党的路线方针、政策必须通过支部才能最终得到贯彻执行，所以支部是组织的重要环节，“支部不好，就是党不好，比方没有好的地基和墙脚，也就做不出好的房子来”。为此，基层党组织在实际工作中探索和总结出许多做好支部工作的方法：(1) 要实行“一切工作归支部”的口号，打破过去委员万能的思想。上级党的每一个决议不仅委员本身懂，必须做到支部的每个同志懂，不仅委员去执行，必须动员支部的每个同志去执行，使全体党员人人有工作，个个有学习工作的机会。(2) 支部委员会是领导和督促同志工作的机关，一定要设法加强起来，努力使呆僵的支部活跃起来。(3) 上级的每个决议案每个工作指示，要拿到支部会讨论，在支部会中根据上级决定的方针，斟酌当地实行情况，做出决议案进行执行。(4) 支部里的党内斗争要发动起来，支部会要严格检查支部委员会工作和同志工作，不管是委员或同志只要有不好的表现，就要不顾情面地给予批评，要“纠正过去不肯批评同志顾面子不顾党的小资产阶级观念”。(5) 支部是党的耳目手足，不但要把上级党的决议很好地在群众中执行，而且要了解群众本身的生活要求，尽量设法解除痛苦，并谋群众的利益，使群众更加团结在党周围。(6) 支部是党教育同志的学校，要组织同志由浅入深地讨论革命理论、党的路线和策略，以提高同志的政治水平。(7) 共产党是领导群众斗争的党，支部应站在群众的最前线为劳

---

① 黄道：《应该纠正目前党内几种严重错误》(1932 年 1 月 7 日)，载中共福建省建阳地委党史办、福建省建阳地区档案馆编《闽北党史文献》第 2 集，1984，第 114～115 页。

苦群众利益而斗争，决不容许躲在后面去命令群众。①

土地革命的性质决定了党必须吸收大批的贫苦农民入党，而大多的基层支部成员都是在斗争中成长的农民党员，普遍存在文化水平低，连识字都很少的短板，所以，在实际的工作中如何开好支部会是支部建设的一个难题。因此，基层党组织有针对性地对如何开好支部会进行探索，提出了开好支部会切实可行的种种办法：（1）培养支部自动开会的能力，支部每一次开会支部书记必须预先准备开会讨论的问题和报告的材料，参加会的每个同志也要准备好报告；（2）支部会必须讨论实际问题，每次讨论的问题务必切实具体，要讨论怎么执行、怎么实现、用什么办法实现，在每次开会时讨论问题不要多，主要讨论马上要做的问题，不要东拉西扯浪费时间；（3）支部会上要详细讨论怎样去领导群众，怎样去教育群众，“绝对要禁止只知道说群众这样那样不好，不知怎样去领导群众的错误”；（4）在支部讨论作出决定后，必须做好工作的分配，使每个同志都担任工作，成为党的工作的执行者；（5）在支部会上要开展党内批评，对于犯了错误、工作消极的同志要进行批评，要站在党的立场、党的工作的角度开展批评，“绝对要禁止小资产阶级的不批评以及攻击式的批评”。②

土地革命时期是党的组织路线和党的建设理论形成的重要阶段，各级基层党组织以具体的实践对于党的建设进行了创造性的探索，这对于丰富和发展党的建设理论有着重要的实际意义。

第三节　坚持白区斗争的党组织

一、中共福建省第二次代表大会与组织发展

在农村党组织得到快速发展的同时，城市党组织的发展则相对显

① 萧韶：《怎样做支部工作》（1932年1月7日），载中共福建省建阳地委党史办、福建省建阳地区档案馆编《闽北党史文献》第2集，1984，第117～120页。

② 《怎样去开支部会》（1932年7月1日），载中共福建省建阳地委党史办、福建省建阳地区档案馆编《闽北党史文献》第2集，1984，第170～171页。

得缓慢，而且对组织进行改造的任务还很艰巨。

党中央一直十分重视巩固和发展党的无产阶级基础。1929 年 12 月 2 日，中央为此发出通告，提出上海、天津、武汉、厦门等城市在产业工人中党的组织都有新的发展；产业支部的建立与发展亦有相当增加，各地产业支部生活有相当的改善；党与群众的关系亦比以前进步得多，但党的无产阶级基础还不宽广，支部生活还不健全。因此，党在组织上巩固无产阶级基础，向着产业群众中扩大党的组织是组织上非常中心的任务。闽西等农村的党应认定雇农是党在乡村中的无产阶级基础，党的发展应向着雇农贫农，要特别着重于雇农及手工业工人。① 1930 年 1 月 16 日，党中央对福建党发出指示，认为福建省的组织一定要特别注重在斗争中力求发展，一年来党只是在原有的基础上，新的发展很少，需要纠正这一现象。提出要有征求党员周的办法，特别要注意征求产业工人分子入党，同时要求省委直接兼厦门市委工作，厦门没有设立区委的必要，区委的干部可加入省委各部工作。省委干部应多参加支部，这样既可以切实加强中心工作，又能使省委从实际工作经验中更增进自己对全省的指导力量。② 对于中央指示，福建省委基本接受，但对于一年中新党员发展很少的指责则不予认同。

省委还极为重视党团组织的整顿与发展，提出各地党与团要在反军阀战争工作中，吸收每次斗争的勇敢先进分子入党或入团。“这不但可以扩大党与团的组织，并且这种由斗争中吸收的分子大批加入，将给党与团新的生命，使更能担负福建的革命使命。”③ 要求各地党组织要对各项工作进行讨论，切实分配每个同志的工作，并督促考核其工

① 《中央通告第五十九号——为巩固与发展党的无产阶级基础》（1929 年 12 月 2 日），载中共中央文献研究室、中央档案馆编《建党以来重要文献选编》第 6 册，中央文献出版社，2011，第 662～663 页。

② 《中央给福建省委的信》（1930 年 1 月 16 日），载中共江西省委党史研究室等编《中央革命根据地历史资料文库·党的系统》第 1 册，中央文献出版社、江西人民出版社，2011，第 701 页。

③ 《中共福建省委关于反对军阀战争的行动大纲》（1930 年 1 月 28 日），载中央档案馆、福建省档案馆编《福建革命历史文件汇集（省委文件）》（1930 年），1984，第 61～62 页。

作成绩，利用这一机会整顿旧有的组织。

1930 年 2 月 15 日至 20 日，中共福建省第二次代表大会在厦门召开，党中央派恽代英出席指导。出席会议代表共 22 人，其中工人成分 4 人，农民成分 1 人，其余为知识分子。“代表了全省 6000 多名党员同志奋斗的精神和决心，尤其是代表了全省 2000 多万工农劳苦大众斗争的要求来规定作战的方略。”主要任务是传达党的第六次全国代表大会和六届二中全会的精神，检阅过去工作，特别是估计目前的政治形势，指出福建党的政治路线和各种工作方针。大会认为，一年来最显著的成绩是在党员数量上有相当的增加，在厦门、福州、漳州等主要区域树立了党的基础，党内政治水平得到相当的提高，党与群众关系的建立得到相当的进步，在群众中相当的扩大了党的政治影响。也指出党内尾巴主义、取消主义与清谈主义的倾向还很严重，党的无产阶级基础还很薄弱，城市党的组织还很狭小，不能成为群众斗争中的坚强领导力量。会议确定福建的主要路线是在党的政治口号下加紧发动与扩大士兵群众的斗争，造成全省暴动的形势。会议通过政治、组织、职工、农运、军事工作、苏维埃、宣传等决议。

在党的组织方面，大会认为：党要注意平衡的发展，尤其是在城市工人、乡村雇农贫农中要尽力扩大，要注意从斗争中扩大党的主要路线。除了厦门、福州、漳州外，泉州、莆田、延平、建瓯、崇安与闽西诸城市及闽北各县农村党的组织亦非常重要；党要切实加紧中心支部的工作，上级党部要直接负责指导所在地党的工作。上级党部常委应直接参加所在地中心支部；健全地方党部，切实建立集体指导，但要反对由地方党部包办下级支部工作；厉行巡视制度，以辅助上级机关之指导工作。经常派遣巡视员传达上级党部政治路线、工作路线，并帮助下级党部解决具体问题，搜集群众工作的经验与困难，交上级党部讨论指导；坚决提拔干部，尤其是工农干部，特别是工人干部。坚决执行在斗争与工作中提拔工农干部，特别是工人干部；健全支部生活，切实建立支部在群众中的领导作用；要在群众组织中建立正确的党团工作，以经过群众实现党的决议；要建立党的纪律，反对无原则的纠纷，同时要坚决反对一切右倾取消主义倾向；要切实注意党的秘密工作等。还规定厉行党员军事化，每个党员应先接受工人纠察队、农民自卫队的训练。新党员要以能接受军事化的训练为必要条件。[①]

在恽代英指导下，大会在提拔工农斗争干部方面取得大的进展。选出的新省委由正式委员9人，候补执委5人组成。省委常委5人，罗明为书记。常委中有闽西工人领导苏阿德，贫农领袖雷时标，“均历经斗争”，提拔到省委实际参加工作。此外正式委员还有石码工人陈真，厦门码头工人柯丙，“均积极活动分子”；候补委员闽西参会的戴树兴“颇进步”；女同志何水平作福州职工工作，系武昌军校学生。以上都是工农分子，“决非挂名形式的提拔”。[②]

“大会的一切决议，不（只）是白纸黑字，不（只）是好的文章，他是死难同志和死难工农群众鲜红的血所构造成的经验和教训，这许多经验和教训是我们战胜一切敌人，取得彻底胜利的武器。”[③] 所以大会要求各级党部马上开全体会、扩大会、代表会，将大会的决议精神传达给全体同志，尤其是要传达给工农群众，全体同志应该认识、接受、拥护和执行大会的一切决议。各级党部要依据各地的政治形势，在大会的政治路线之下，决定斗争的路线，布置当地的工作，尤其要坚决地运用和执行大会的一切决议，勇敢地领导工农劳苦群众斗争。中央认为“大会正确地接受了中央二中全会和目前的政治路线，估量了革命形势的开展，指出了统治阶级日益走向崩溃的前途，检阅了过去工作的缺点与教训，确定了全省政权的前途”[④]，对结果是满意的。

会后即分派负责同志到各地巡视，贯彻会议精神。谢汉秋到福州

① 《福建第二次代表大会决议案》（1930年3月1日），载中央档案馆、福建省档案馆编《福建革命历史文件汇集（省委文件）》（1930年），1984，第100～131页。

② 《中央巡视员家霖巡视福建情况报告》（1930年2月23日），载中央档案馆、福建省档案馆编《福建革命历史文件汇集（省委文件）》（1930年），1984，第378页。

③ 《中共福建省委通告第一号——关于第二次全省代表大会的决议和精神》（1930年3月1日），载中央档案馆、福建省档案馆编《福建革命历史文件汇集（省委文件）》（1930年），1984，第95页。

④ 《中央给福建省委信》（1930年3月11日），载中共江西省委党史研究室等编《中央革命根据地历史文库·党的系统》第1册，中央文献出版社、江西人民出版社，2011，第739页。

任省委常委代表；杨适（杨峻德）赴闽北巡视并建立闽北特委；王海萍到莆田巡视并布置莆田工作；派柯丙到漳州巡视，并让从闽西来的戴树兴和蔡协民回闽西经过漳州时参加会议，宣传闽西斗争经验，并商量闽西向漳州发展计划；同时还派人赴闽西和泉属各县巡视。①

为提高干部的政治素质和工作能力，省委于 5 月间分期开办训练班。训练班分两种，一种是工人干部，训练后分配在各城市做职工运动；一种是准备分配到农村中去参加与指导农村斗争。参加干部由各地选送，共有漳属 10 人，泉属 13 人，闽北 7 人。训练时间为 1 周，课程主要有政治问题，宣传组织问题，职工运动，农民运动，军事问题，以及土地、苏维埃政权等。对分配到农村去的干部更注意地方暴动与游击战争等问题。训练的方法采取讨论式，在训练中，还分配各种工作，起草宣言及工作计划等，作为练习。训练结束后，还派去参加一段时间的实际工作，如参加厦门各支部工作或随同省委巡视员到厦门附近各县去巡视，然后再派到各地开展工作。这种办法很有创新，使训练内容与实际相结合，收效更大。

各级党部积极贯彻六届二次会议精神，加快组织发展。4 月间，中央为发展党的组织发出告全党同志书，提出要在组织上积极发展党的组织，扩大党的无产阶级基础。要求在红色五月中，城市党部至少应发展产业支部 1 倍，每个同志至少介绍 1 个工人入党，乡村党部至少应增加雇农党员 1 倍，应努力做到超过这最低限度的标准。福建省委发出通告，要求每个支部都应开展讨论，依照中央的指示制订介绍同志的计划，每个同志至少介绍 1 个工人党员。② 各级党部认真贯彻执行，在发动群众的斗争中，扩大党的政治宣传，健全支部生活，发展党的组织。厦门在码头、印务、马路、人力车、电话工人中都发展了支部的

① 《中共福建省委关于省第二次代表大会给中央的报告》（1930 年 2 月 24 日），载中央档案馆、福建省档案馆编《福建革命历史文件汇集（省委文件）》（1930 年），1984，第 84 页。

② 《中共福建省委通知第六号——关于中央为发展党的组织告全党同志书》（1930 年 4 月 16 日），载中央档案馆、福建省档案馆编《福建革命历史文件汇集（省委文件）》（1930 年），1984，第 180～181 页。

组织；福州在人力车、手锯工人中建立了支部；漳州主要在石码建立一些工人支部，农村支部也有发展；泉州在安海建立了汽车支部，在南安溪尾发展了几个支部；莆田在汽车工人中建立2个支部；闽西在漳平永福等地建立了一些支部。

自第二次代表大会以后，党员得到发展，厦门、泉州扩大最多，漳州、莆田也有相当的发展。到1930年6月，全省总计有工作县份30个，其中市委3个，县委12个（应是13个——作者注），特支1个，正派人去恢复的有3个，有工作暂归各县的有9个，新派人去工作的1个。即厦门、福州、漳州3个市委，闽西、闽北两特委（闽北特委正在成立），崇安、莆田、仙游、泉州、永春、德化、长汀、上杭、武平、连城、龙岩、平和、永定县委，同安特支。党员数在8000人左右，除闽西以外各地有1050～1100人，其中工人占25％（产业工人占10％），农民占60％，知识分子占10％，士兵占5％。如果和闽西的数目合并起来，则工人占10％，农民占75％，知识分子占5％，士兵占10％。全省约有460个支部，其中闽西约300个，闽西之外约160个。党员质量有相当的提高，同志的政治水平也有相当的进步。支部与群众联系确比较从前进步。支部同志比较深入群众，比较了解群众生活，尤其是厦门的支部，相当改变了过去支部不联系群众的弱点。[①]

闽北崇安县的党组织，在1930年2月以前，只有4个区委。2月召开县委扩大会议后，加紧发展党的组织，全县建立5个区委，各处支部比以前增加许多。7月下旬，召开县委扩大会议，到会30余人。会后县委比过去更为健全。据统计，党员大约六七百人，其中雇农占15％，贫农占40％，中农占30％，富农占10％，工人及知识分子占5％。9月，按中央指示，崇安、浦城等地的党组织划归赣东北特委领导。因为干部缺乏是崇安最严重的问题，后来赣东北派饶功美、彭皋与八九名区乡干部到崇安工作，“加强了崇安党的力量”。[②] 随后对区委

① 《中共福建省委关于组织工作向中央的报告》（1930年6月25日），载中共厦门市委党史办主编《厦门革命历史文献资料选编》第3集，1988，第253～262页。

② 《倡关于闽北巡视的报告》（1930年10月），载中央档案馆、福建省档案馆编《福建革命历史文件汇集（省委文件）》（1930年），1984，第337～339页。

进行调整，将原有18个区委合并为8个中心区委，将赣东北派来的干部分配到区委担任领导。同时建立建阳及松溪特支。10月，全县有党团员共1150余人，其中党员占70%。①

总之，福建党组织在党中央的正确领导之下，推动了福建的革命斗争，党在政治上组织上得到相当的进步。厦门、福州、漳州等城市与漳属、泉属、莆属工作相当地建立，党在群众斗争中领导作用相当地加强，特别是闽西和闽北崇安苏区与红军的建立和扩大。②

二、密切党与群众的联系

在中国共产党的建设中，中央一直强调要建立一个“群众党”，所以密切与群众的联系是其应有之义，党员和党组织都应该扎根于群众之中，建立工农群众的牢固基础。党的六大作出党的总路线是争取群众的决定。1929年《中央给红四军前委的指示信》即“九月来信”提出：筹款工作要经过群众路线；没收地主豪绅财产一定要经过群众路线；红军给养及需用品问题也要渐次做到由群众路线去找出路。党的群众路线在文献中得到最早确认。古田会议决议也指出：党的工作要“在党的讨论和决议之后，再经过群众路线去执行”。福建省委也一直很重视这个问题，坚决贯彻中央指示和古田会议决议精神，提出“党的决议，不经过群众路线，而命令苏维埃的同志去执行，这完全是不相信群众的创造性的倾向”。反对“超出群众路线的个人英雄式的领导”，“党向苏维埃拿款，须经过群众的路线在群众中提出通过”，“建立党与群众的正确关系”等等。③ 随后召开的中共福建省第二次代表大会对群众斗争的路线提出正确指示：党必须加强组织力量，领导群众

---

① 《闽崇安徐淮报告》（1930年11月），载中共福建省建阳地委党史办、福建省建阳地区档案馆编《闽北党史文献》第1集，1983，第243页。

② 《中共福建省委紧急常委扩大会政治决议——反对立三路线反对调和主义坚决执行国际和中央最近的指示》（1931年1月21日），载中央档案馆、福建省档案馆编《福建革命历史文件汇集（省委文件）》（1931—1934），1984，第29页。

③ 《中共福建省委给闽西特委及四军前委信——当前政治形势及闽西党的任务》（1930年1月8日），载中央档案馆、福建省档案馆编《福建革命历史文件汇集（省委文件）》（1930年），1984，第10～11页。

的斗争，党在一切斗争中应提高工农群众的阶级意识，使一切斗争都成为群众直接行动，依据群众的要求，公开号召群众起来斗争等。[①] 这些指示的贯彻，使各级党组织对群众斗争的领导与群众建立密切联系收到成效。

中央对于福建党的工作给予了充分肯定，认为福建党在第二次全省代表大会前后到红色五月，“党和群众工作曾得到相当的进步”。同时指出存在的不足，当时对群众日常斗争的忽视与盲动倾向的发展，使党渐渐离开了群众，到了李立三“左”倾冒险错误在福建执行后，“党和群众工作都受到很严重的打击”。提出福建党的工作的转变，决不是机械的，派几个人到什么地方去做工就算完了，而是要经常地领导群众斗争的工作，在斗争中使党的组织巩固起来。必须经常检阅各级党部的工作，考察他们执行的程度，帮助他们的工作。巡视员的责任不是走马观花，而是切实地检阅各地工作并加以指导。福建“应特别注意运用群众的路线，即是说要了解群众的生活，提出群众日常迫切的要求。在宣传上、组织上、在群众斗争中来争取群众”[②] 等。中央指示对福建党建工作给予了有力指导。

1931 年 3 月 1 日，省委第五次扩大会议通过的关于组织问题决议草案中指出：自第二次全省代表大会以后，党的确做到了有相当的成绩。不但厦门、福州、漳州、莆田等处党和群众的组织有了进步，并且扩大到安溪、同安、福安、连江等处，同时恢复了惠安等处的党和群众的组织。对群众斗争领导力量，也加强起来。不过还有很多缺点。党对群众日常斗争的领导，没有很好地注意，党和群众的组织还是很薄弱。受李立三“左”倾错误影响，组织了总行委，“涣散了党，党与群众的联系向后退缩”。纠正李立三“左”倾错误后，“虽然取消了总

① 《中共福建省委通告第一号——关于第二次全省代表大会的决议和精神》（1930 年 3 月 1 日），载中央档案馆、福建省档案馆编《福建革命历史文件汇集（省委文件）》（1930 年），1984，第 91～92 页。

② 《中共中央对福建目前工作决议》（1931 年 4 月 4 日），载中共厦门市委党史办主编《厦门革命历史文献资料选编》第 3 集，1988，第 397 页。

行委，恢复了团和群众的独立系统，但实际上党与群众的联系，仍少进展”。[①] 于是提出党的组织任务：（1）加强无产阶级基础和扩大党的组织。为此必须深入工农群众工作，领导工农群众斗争，在斗争中吸进领导的积极分子到党的队伍里来。（2）巩固和发展党的支部。支部是党的组织基础，是领导群众的核心，所以巩固和发展支部是党最中心的组织任务之一。健全支部生活，使每个支部特别是产业支部能深入群众中工作，经常地去了解群众的迫切要求，有计划地去组织他们，领导他们斗争，从斗争中吸进群众的积极干部到党的队伍中来。（3）健全各地方党部工作。各地方党部，特别是厦门、福州、漳州等处的党，必须切实地了解当地的统治阶级的内容与群众的革命情绪，坚决地去进行群众的工作。（4）教育工作。从实际工作中、斗争中来施行个别的教育；在支部每次会议中应将理论问题与实际问题联系起来讨论；开办训练班。（5）检阅工作。其方法一是开展巡视工作，巡视员应切实检查下级党部的工作，特别要注意巡视重要地方党部和产业支部的工作，在检查工作中应具体指示工作上的优缺点；二是自我批评。（6）提拔干部。从领导群众斗争中去选择勇敢积极的分子，吸进到某种委员会来参加指导工作。（7）实行党的纪律。党的纪律是保障整个政治路线一致执行的利器。必须反对家长制度，反对极端民主化，施行民主集中制。（8）发行工作。（9）秘密的工作与建立机关。秘密工作的主要意义在于深入群众，取得对广大群众的领导与严密党的组织，在工作中必须群众化、社会化。[②] 而且强调秘密工作绝对不是关着门不做工作，而是恰恰相反，党组织应在群众中公开活动来领导斗争。

因为省委委员有的调往外省工作，有的被捕，有的病逝，原有人数缺少一半以上，为了有利于工作的开展，省委第五次扩大会议补充

① 《中共福建省委第五次扩大会议关于组织问题决议草案》（1931 年 3 月 1 日），载中央档案馆、福建省档案馆编《福建革命历史文件汇集（省委文件）》（1931—1934），1984，第 110～111 页。

② 《中共福建省委第五次扩大会议关于组织问题决议草案》（1931 年 3 月 1 日），载中央档案馆、福建省档案馆编《福建革命历史文件汇集（省委文件）》（1931—1934），1984，第 111～116 页。

了4名省委委员，即张竹荣（农民，到东南亚做过工）、粘文华（工人，厦门市委书记）、李金发（手工工人，漳属特委委员）、翁景红（店员，团省委委员）。省委增加工人、农民出身的委员，也有利于加强与群众的联系，做好群众工作。

为了加强党与群众的联系，省委针对莆田、仙游党组织不注意秘密工作，使工作受大损失与牺牲许多干部的问题，发出指示，要求纠正同志因斗争失败而逃避或拼命的不正确倾向，使同志有艰苦的工作精神，很耐心地一点一滴地去聚集力量，建立党的基础。要建立党的无产阶级基础，吸收工人、雇农、贫农入党，坚决地把富农洗刷出去。扩大与严密党的组织，比较重要的区域要派人去发展党的组织。要健全支部生活，使支部成为党内教育同志的场所，与在群众中起核心作用。① 对党在厦门、福州等城市的工作提出：首先要在交通市政和重要企业的工人中发展党员，建立和巩固党的支部。同时在市郊农村中建立党的支部，特别要在雇农贫农中发展党的组织。要在群众的日常斗争中去发展和巩固党的支部，厦门、福州两市委应直接领导支部的工作。市委常委轮流参加各支部，经常召集支部书记联席会；应积极提拔工人干部，支部干事会及市委都要勇敢地在实际工作中提拔工人同志，担任指导工作；党与工会及各种团体应建立正确的关系。要使党员职业化，“到群众中去”，省委和各地方党部都要有系统有计划地派同志到工厂和作坊去作工。要运用在城市和农村的已有力量接近工人群众。②

这期间，福建省委和福州市委在重视福州、厦门、漳州等中心城市工作的同时，特别重视农村工作的发展。省委派邓子恢以省委巡视员身份，到莆田巡视工作，帮助建立莆属特委，领导莆田、仙游、惠

① 《中共福建省委关于莆仙目前的形势与今后工作方针》（1931年2月26日），载中央档案馆、福建省档案馆编《福建革命历史文件汇集（省委文件）》（1931—1934），1984，第83页。

② 《中共福建省委第五次执委扩大会对厦门、福州等重要城市工作决议》（1931年2月28日），载中央档案馆、福建省档案馆编《福建革命历史文件汇集（省委文件）》（1931—1934），1984，第86～87页。

安县委。随后，邓子恢到福州巡视，帮助福州市委对福安县委进行改组。1931年4月间，他又到闽东的福安、连江等地巡视，在福安发展党的组织，建立了中共福安溪柄区委会，同时传授闽西斗争经验，指导党组织提高领导开展农民运动和游击战争的水平。福州市委除几个负责人外，其他同志都到工厂中去做工，深入支部，或派到各地巡视帮助工作，以更好地接近群众。市委把农村工作的重点转移到闽东、闽中，多次派员到闽东发展党和群众的基层组织。1931年春，市委先后派姜敢、郭滴人到连江巡视，并在镜路举办党员训练班。这期间，福州地区的党组织以福州为中心向外辐射，在十几个县建立和发展了党组织，基本形成一个以福州为中心，包括闽东、闽中十几个县份的组织网络。

为加强士兵群众工作，提出每连成立支部，每排成立小组，同志力求质量健全。吸收党员必须看对方有无政治觉悟而决定入党条件，绝不可凭借感情结合。支部与小组要建立经常工作。每个同志和整个支部在群众组织中切实实现党的任务与支部的决定。地方党部要经常讨论军中组织与领导斗争的策略，实际去指导军中党的工作。①

经过工作，在各地的白军中建立了关系。福州在马尾长门炮台发展1个同志；漳州在张贞部队派进3个同志，成立1个支部，加上发展的共6个同志；泉属在陈国辉部队中派入同志当兵甚至排长；莆田、仙游在海军陆战队第二旅第四团两个连中有支部，每连有10多个同志。②后来，在福州的教导团中也成立了两个支部，同志8人，海军的练兵营有两个同志，警察方面亦有几个同志。③

① 《中共福建省委第五次执委扩大会关于士兵工作决议草案》（1931年2月28日），载中央档案馆、福建省档案馆编《福建革命历史文件汇集（省委文件）》（1931—1934），1984，第106～107页。

② 《中共福建省委军委关于军事工作给中央军委与南办的报告》（1931年3月6日），载中央档案馆、福建省档案馆编《福建革命历史文件汇集（省委文件）》（1931—1934），1984，第121～123页。

③ 《中共福建省委关于福建各地工作情况向中央的报告》（1931年6月1日），载中央档案馆、福建省档案馆编《福建革命历史文件汇集（省委文件）》（1931—1934），1984，第165～166页。

虽然城市党组织发展有所停滞，但农村党组织发展却有较大进展。至福州、厦门中心市委成立前，漳州工作得到发展，有同志60余人。莆田有党员30人，6个支部；仙游有党员20人，5个支部。特别是福安工作有很大的发展，党员2月来由80人增至181人，支部由20个增至42个，有4个区委及3个有工作的区。据县委报告，党员90%是贫农。[①] 未成立县委但已开始建立工作的县份有连江（党员20人）、永泰（党员13人）、屏南（党员5人），其他地方如寿宁、顺昌、福清、古田、沙县都已派有同志去开展工作。这些都使党与群众的联系更加密切，也促进了党组织的发展。

三、中共福州、厦门中心市委的成立

由于一些省、市委组织遭受破坏，也为了强固基层组织的坚实基础，1929年上半年，党中央曾有计划地取消和停止一些省委的活动，决定其所属中心县委直属党中央领导。

1931年3月25日，设在鼓浪屿的中共福建省委宣传部和秘书处同时被破坏，省委组织部部长兼秘书长杨适，宣传部代部长李国珍，厦门市委常委、宣传部部长郑玉德，以及秘书处工作人员梁惠贞等8人先后被捕。后来李国珍、梁惠贞、郑玉德与此前被捕的厦门市委常委兼组织部部长林树根被害于厦门禾山，杨适被押往南京后在狱中牺牲，造成“福建党空前的损失”[②]。

省委机关被破坏后，省委代理书记王海萍立即部署应急措施，当日即通知各机关戒严应付，并由团省委代为通知各地组织，由省互济会电告济总党团急转中央。3月27日向中央写报告和给罗明写信，通过交通送出，并决定党团两省委及省互济会都迁至福州。3月30日，

① 《中央巡视员仲云关于福州中心市委工作情况的报告》（1931年7月15日），载中央档案馆、福建省档案馆编《福建革命历史文件汇集（省委文件）》（1931—1934），1984，第297页。

② 《中共福建省委致中央信——省委机关被破坏，决定省委机关迁福州》（1931年3月27日），载中央档案馆、福建省档案馆编《福建革命历史文件汇集（省委文件）》（1931—1934），1984，第133页。

王海萍和省互济会党团书记黄剑津取道莆田往上海，向中央报告事件经过，请求中央指示和帮助。

为继续省委的工作，由省委军委书记蔡协民、军委秘书曾志、团省委书记董云阁建立省委临时组织，代行省委职权，以蔡协民为书记负责召集，同时去信闽西，调省委委员张作容、戴树兴到厦以恢复省委组织。将厦门市委书记粘文华调往泉州工作，由许依华继任厦门市委书记。省委迁到福州后，在福州成立省委办公会，由王海萍、蔡协民、邓子恢等组成，处理省委日常工作。另派陶铸到厦门设立省委驻厦门办事处，负责巡视厦门及邻县的工作。福州市由黄孝敏专门负责。

省委遭受破坏后，对省委组织要不要恢复的问题产生了分歧，当时存在两种意见：一种意见主张组织厦门与福州两个中心市委，漳、泉各地归厦门市委领导，闽东、闽北与莆田归福州市委领导；另一种意见主张省委仍要存在，但要尽量减少空架子的机关，得力干部要分配各地去加强对各地工作的实际领导。讨论结果，大部分同志不同意前一个意见，认为如果省委取消，对于各地工作的联系不好，更助长一般同志的失败情绪等。[①] 中央巡视员认为：福建党经过这一损失后，工作竟成为一蹶不振的状态。当时党的领导差不多等于瓦解，只得等中央派人来解决工作，不能在困难中挣扎出来恢复与创造新的工作。[②]当时福州市委给中央的报告也反映了一般同志的情绪，一种是在艰苦工作中到处碰钉子，工作做不起来，发生拼命的情绪；一种是工作开展不起来，加以环境险恶，发生灰心丧气，对革命绝望的观念；一种是慢性病的神气，得过且过的等待思想。[③] 鉴于此种情况，中央原拟派罗永治和邓鹤鸣等来闽重组福建省委，但因交通受阻未能到职。5 月 27

---

① 《中共福建省委给中央信——关于保留省委或取消省委另组厦门、福州两个中心市委的提议》（1931 年 5 月 6 日），载中央档案馆、福建省档案馆编《福建革命历史文件汇集（省委文件）》（1931—1934），1984，第 162 页。

② 《中央巡视员仲云关于福州中心市委工作情况的报告》（1931 年 7 月 15 日），载中央档案馆、福建省档案馆编《福建革命历史文件汇集（省委文件）》（1931—1934），1984，第 298 页。

③ 《中共福州市委给中央的报告》（1931 年 7 月 24 日），载中央档案馆、福建省档案馆编《福建革命历史文件汇集（福州市委文件）》（1927—1932），1984，第 81～82 页。

日，中央决定暂不恢复福建省委机构，而改为成立福州、厦门两个中心市委，福州中心市委领导福州、闽东、闽北党的工作；厦门中心市委领导闽南、泉属及莆田党的工作。

7 月，在中共中央巡视员姚仲云的指导下，先后成立福州、厦门两个中心市委，均直属中共中央领导。福州中心市委主要成员有：蔡协民、陈仁材、黄孝敏、邓子恢、陈可英等，蔡协民任福州中心市委书记①；厦门中心市委主要成员有：王海萍、罗春雷、许依华、董云阁、陶铸、李金发、曾志等，王海萍任厦门中心市委书记。② 据统计，两市委所属党组织共有党员 560 多人。③

此前的 1931 年 5 月，中央制订《中央巡视条例》，对巡视员的条件、基本任务和工作方法等作出规定，使巡视工作进一步制度化。此后中央多次派出巡视员到福建，加强了对福建工作的全面巡视，中央巡视员对福州、厦门中心市委的党建工作进行了有力指导，提出要改造市委机关，新的市委要将过去留在机关内的大批同志全部分配各地或派到工厂中去工作；要经常将秘密工作的检阅列入议事日程；建立巡视制度及对外县工作的布置，建立经常对外县的巡视制度，执行中央所颁布的巡视条例，没有巡视员去的地方要经常建立通讯关系；建立支部生活和巩固党的纪律；建立市委的集体指导；改造党的组织成分。特别是针对福州组织涣散问题，提出要将所有同志编入支部，各支部要建立独立的支部生活。④

---

① 《中央巡视员仲云关于福州中心市委工作情况的报告》（1931 年 7 月 15 日），载中央档案馆、福建省档案馆编《福建革命历史文件汇集（省委文件）》（1931—1934），1984，第 299 页。

② 《中共厦门中心市委给中央报告——市委组织情况及工人的斗争》（1931 年 7 月 31 日），载中央档案馆、福建省档案馆编《福建革命历史文件汇集（厦门市委文件）》（1929—1932）上册，1984，第 56 页。

③ 据《中央巡视员巡视福建情况报告》（1931 年 8 月 3 日）统计，载中央档案馆、福建省档案馆编《福建革命历史文件汇集（省委文件）》（1931—1934），1984，第 305～307 页。

④ 《中央巡视员仲云关于福州中心市委工作情况的报告》（1931 年 7 月 15 日），载中央档案馆、福建省档案馆编《福建革命历史文件汇集（省委文件）》（1931—1934），1984，第 301～302 页。

福州中心市委成立后，市委与基层党组织的关系极为密切。为建立锯木工人支部的工作，将负责宣传的常委（黄孝敏）编入这个支部，“以推动其他同志”。蔡协民则负责市委的军委工作，兼做巡视员。此外，邓子恢经常到闽东巡视，陈仁材经常参加锯木和人力车支部，被指定专门负责建立人力车支部的工作，黄孝敏经常参加茶工支部。

省委遭受破坏后，干部缺乏的困难更加突出，特别是因为福建方言庞杂，形成严重的地域隔阂，使得组织上不能将各区有“色彩”的下层干部互相调动工作。有的因为不懂当地方言，不能接近群众，从而影响了工作的开展，干部指导作用不能得到较好发挥，而且工人干部一个也没有。对此，新的中心市委成立后，对怎样注意培养出当地的干部特别是工人干部的问题，曾再三提出，以引起同志们的注意。

但当时福建党组织确实存在某些弱点。福州有 30 个党员，却没有 1 个正式支部。许多同志今天加进党，明天退出党。开除同志不是经过地方党部的决定，只凭个人的口头宣布。这种现象在福州非常普遍。“这种组织上的涣散是党的领导不起作用最大的原因。”① 党的成分如福州、连江、永泰、泉州等还有不少的富农、绅士，以至民团团董分子混在里头。如连江 20 个同志中有 18 个是小学教员，都是乡村中的小绅士，因此都反对做农民运动，“觉得如果太无界限的与这些农民的人来往未免太损‘绅士’们的架子了”。福安县委因为想拉拢 1 个民团团董，想用扩大县委的名义介绍来负责县委，后来未成功。“由此可见福建党的组织成分之复杂，所以什么离奇古怪的事都有。”② 福州中心市委成立后，才把茶工、手车夫、警察支部建立起来，其余的仍由市委个别联系，没有成立支部。厦门市委工作较为实际，两个月中创造了汽水厂、印刷、厦门港街道 3 个新支部，党员 13 人，其中 11 人是新发展

---

① 《中央巡视员仲云关于福州中心市委工作情况的报告》（1931 年 7 月 15 日），载中央档案馆、福建省档案馆编《福建革命历史文件汇集（省委文件）》（1931—1934），1984，第 301～302 页。

② 《中央巡视员巡视福建情况报告》（1931 年 8 月 3 日），载中央档案馆、福建省档案馆编《福建革命历史文件汇集（省委文件）》（1931—1934），1984，第 307 页。

的，“斗争情绪很好，对于能分配的工作亦肯负责去做”。[①] 但旧的同志情绪很消沉。

于是，党中央加强了对两中心市委的领导。1931 年 9 月，中央指示厦门、福州中心市委：在组织工作上一是要在主要产业和其他重要工人群众中创造新支部；二是巩固支部的工作，要督促介绍两三个新同志成立新的支部，已成立的支部要加紧领导训练，建立支部生活和工作；三是建立模范支部；四是加紧外县组织的发展；五是继续执行缩小上层机关，党到群众中去的决定，负领导责任的同志应尽可能做到职业化社会化，减少机关的工作人员。

中共福建省委和福州、厦门中心市委都十分注重发展外县组织工作。到 9 月，所辖外县党组织包括：福安县委有党员 280 多人，成立 20 多个支部，组织 3 个区委；连江特支有党员 20 多人；莆田县委有党员 30 多人，5 个支部；仙游县委有党员 20 多人，4 个支部；建瓯县委有党员 10 多人，3 个支部；永泰县委有党员 19 人，2 个支部。同时派人到古田、福清恢复工作。[②] 还先后派人到惠安恢复党的组织，重建惠安县委，开展革命活动。至 1931 年底，惠安县发展党员 100 多人。这期间福州中心市委还积极筹建闽北交通站，曾派一位魏姓同志到崇安，一方面要他去与入闽的赣东北红军建立交通关系，一方面建立沿闽江上游的交通站。另外派两名同志到顺昌找联系；派姜敢回到沙县，建立沿途的关系，打通由沙县至建宁、泰宁的交通线。

1932 年 1 月间，中央巡视员通过对福州的巡视，认为中心市委领导非常糟，还提出右倾机会主义的口号，于是感到要转变工作路线，加紧发动党内反右倾斗争，便主持召集积极分子会议，通过了检阅过去工作、改组市委的决议，撤销市委书记蔡协民和常委陈仁材的职务，蔡协民调离福州，另调厦门中心市委书记陶铸继任福州中心市委书记。经过改组和调整，厦门中心市委常委“政治领导较强”；福州中心市委

① 《中央巡视员巡视福建情况报告》（1931 年 8 月 3 日），载中央档案馆、福建省档案馆编《福建革命历史文件汇集（省委文件）》（1931—1934），1984，第 317 页。

② 《陈冷材关于福建报告》（1931 年 9 月 24 日），载中共福建省建阳地委党史办、福建省建阳地区档案馆编《闽北党史文献》第 2 集，1984，第 83 页。

3 名负责同志“精神都很好，政治认识也比较强”。[①]

但考虑到两个中心市委都不健全，“闽南与闽北的工作甚形隔膜，没有很好的联系，取得彼此工作上的配合”，加上“干部的分开，削弱全省工作与政治上的集体指导”，工作上注意到这一方面，则另一方面又忽视的状况，厦门中心市委向中央建议恢复福建省委的组织，可先成立临时省委，等各地工作比较有基础时，再召集第三次全省代表大会产生正式省委。[②] 中央巡视员姚仲云认为“全省斗争的领导尤须要一个更强有力的指导机关”。两中心市委都向他提出恢复临时省委的建议。姚仲云也“觉得恢复临时省委现在是有这个必要的”[③]，或至少要召集两个市委的联席会议，以交换工作经验。

福州中心市委还注重加强在党员中的宣传工作。陆续创办了《工农报》《怎样干》《新生活》《火星》等报刊，加强对党的方针政策的宣传，提高党员的政治素质。

福州中心市委先后领导福州市党组织，莆田、仙游、福安、建瓯、永泰县委，连江、古田、寿宁、罗源特支，福安、连江、莆田中心县委，福清、宁德县委，福（安）（宁）德、福（安）寿（宁）、福（鼎）霞（浦）边委等；厦门中心市委存在 5 年时间，先后领导的外县党组织有中共闽南特委、漳州县（市）委、漳州中心县委、永春县委、安南永临时县委、安溪县委、安溪中心县委、惠安县委、泉州特支、晋南县委、南安县委、南同边特委、南同边区委、莆田中心县委等。

中共福州、厦门中心市委的成立，使基层党组织的领导力量得到很大加强。

① 《中央巡视员巡视福建报告》（1932 年 3 月 26 日），载中央档案馆、福建省档案馆编《福建革命历史文件汇集（省委文件）》（1931—1934），1984，第 354 页。

② 《中共厦门中心市委给中央报告——建议恢复福建省委组织》（1931 年 12 月 18 日，载中央档案馆、福建省档案馆编《福建革命历史文件汇集（闽西特委文件）》（1928—1936），1984，第 95～96 页。

③ 《中央巡视员巡视福建报告》（1932 年 3 月 26 日），载中央档案馆、福建省档案馆编《福建革命历史文件汇集（省委文件）》（1931—1934），1984，第 358 页。

四、在白色恐怖中强固组织

因为党组织处于国民党的统治区，这为党组织的发展和巩固提出了更加艰难的课题，随时都面临着危险，必须保持组织的秘密工作状态。

省委机关被破坏的影响波及福州，致使福州党组织基础受到削弱，支部差不多都瓦解了，全市仅剩下5个党员支部，党的外围组织互济会只有20多人，反帝大同盟也仅五六十人，共青团员仅8人。[①] 厦门中心市委的工作，在成立后3个月期间“没有多大进步”，“市委同志间工作意见又不能一致”，“厦门支部和同志亦是减少。工厂支部一个也没有了”，“漳属各县地方党只有缩小，无新的发展”。[②]

根据福建党组织的这种状况，中共中央多次来信指示两中心市委：必须对于党的队伍有一个彻底改造，在红五月中必须完成两市委及其直属支部的改造，尽力提拔干部，洗刷一切消极怠工与阶级的异己分子；对于发展组织的任务，必须向工人和贫农们开门，在红五月中要坚决地执行“增加一位党员，每个同志介绍一个新党员”的战斗任务，加紧巩固和例行几个主要企业中的支部；对于外县的领导要立刻转变你们过去那种不可容忍的隔膜的状况，每个市委至少必须有两个经常的巡视员。[③] 中央派出巡视员到福建，帮助厦门、福州两市党组织开展整顿和建设，检查市委和各部门的工作。厦门中心市委首先对各地领导机关进行改造，改组了惠安县委、泉州和官桥特支，加强安溪、莆田、漳州党部的领导，并对地方党部负责同志进行审查。同时对党员进行重新登记，所有不能工作、观念不好的都不予登记。重新登记后，

---

① 《陈冷材关于福建报告》（1931年9月24日），载中共福建省建阳地委党史办、福建省建阳地区档案馆编《闽北党史文献》第2集，1984，第83～84页。

② 《中央巡视员仲云给中央报告——厦门市委工作情况》（1931年11月5日），载中央档案馆、福建省档案馆编《福建革命历史文件汇集（省委文件）》（1931—1934），1984，第329页。

③ 《中央致厦门福州两中心市委的信》（1932年4月16日），载中共厦门市委党史办主编《厦门革命历史文献资料选编》第4集，1988，第256页。

“同志们的精神亦来一个新的紧张和兴奋，影响甚好”。厦门、福州两市至1932年3月间，共有党员约290人，工人约52人以上，学生约57人以上，农民占多数，士兵占小部分。[①] 为了健全各支部的生活，厦门中心市委还规定每周的支部工作大纲，要求支部依照每周的工作计划，切实分配同志执行，展开竞赛，每月举行检阅，考核各支部的工作成绩。

为发展外县工作，福建党组织坚持派遣巡视员制度。先后派王海萍、陶铸、邓子恢到漳属巡视，加强漳属一带工作的指导；先后派许依华、许包野等到惠安、安溪、泉州巡视，帮助改组惠安县委，健全泉州特支，整理支部；派李南金前往永春解决问题并帮助工作；自1931年7月至1932年9月，厦门团省委和中心市委先后派出练文澜、董云阁、曾志、许包野等到莆田巡视和指导工作。根据巡视报告，厦门中心市委指示莆田县委立即纠正过去关门主义的错误，尽量向工农开门，发展党和青年团的组织。

这期间，毛泽东率领中央红军东路军攻克漳州，并分兵发动群众，为漳州党组织的发展提供了有利条件。漳州成立县委，漳州、石码各成立一区委，漳州新发展5个支部，石码成立一特支。[②] 随后成立了中共漳州中心县委，充实领导班子，健全漳州、石码、海澄、南乡、北乡、西乡等区委和漳浦、南靖等地党组织。

福州中心市委于1932年4月派何文成回福清整顿恢复党团组织。7月成立中共福清特支，何文成为书记，下辖龙田、海口、北郭3个支部。不久，莆田中心县委也与渔溪特支恢复了组织联系，特支下辖4个支部。

厦门、福州分设两个中心市委后，地处两个中心城市之间的莆田、仙游两县委的领导归属成为两个中心市委争论不休的问题。为解决此问题，中共福州中心市委书记陶铸特地赴厦同厦门中心市委领导人商

① 《中央巡视员巡视福建报告》（1932年3月26日），载中央档案馆、福建省档案馆编《福建革命历史文件汇集（省委文件）》（1931—1934），1984，第355～356页。

② 《中央巡视员仲云给中央信——关于漳州工作和红军情形的报告》（1932年5月21日），载中共厦门市委党史办主编《厦门革命历史文献资料选编》第4集，1988，第281页。

量，达成“在指导关系厦门同样与莆田可建立一个很好的关系，组织上则归福州市委绝对负责”的共识。但问题没有完全解决，不论是厦门、福州两个中心市委之间还是厦门的党、团领导机关之间，看法都不尽一致，使得处于多头领导下的莆仙两县委无所适从。这种状况对两县党组织建设产生影响。为改变这种局面，1932 年 9 月莆仙党组织关系重返福州后，福州中心市委决定组成莆田中心县委，以统一领导三县党的工作。

白区地下党组织所处环境非常恶劣，随时都有被破坏的危险。1932 年 5 月厦门中心市委遭受严重破坏，市委书记王海萍和常委董云阁先后被捕牺牲。为此，在中央巡视员的帮助下，召开党团联席会议及紧急会议，恢复市委领导机关，决定许依华、陈少尧、罗克王、吕金泉、杨道平为执委。

福建省委、厦门中心市委相继遭受破坏，引起了福建各级党组织的警惕。厦门中心市委分析其原因，认为是因对秘密工作十分放松，对严密党的组织问题“完全不注意”，对负责同志的秘密工作也十分不注意，提出“非加倍努力于秘密工作和注意秘密党的组织”。[①] 为此市委作出关于严密党的组织的决议，要求全体同志十倍地注意这一问题，进行详细检查，使领导机关和干部注意这项工作，与负责同志的右倾悲观、怠工、消极、动摇倾向作斗争，转变过去党的无政府状态的自由主义，改组各地领导机关，取消涣散的没有作用的挂名支部，淘汰坏同志，对违反纪律的给予处分，对党员进行重新登记，加紧注意秘密工作等。[②] 于是，在技术上缩小机关的范围，裁减工作人员，在使干部得到职业和社会掩护的同时，从 7 月份开始注意对各地领导机关的改造和支部改选，对没有作用的同志与挂名的支部进行解散，重新建立，

① 《中共厦门中心市委给中央的报告——市委大破坏的原因和严密党组织的问题》（1932 年 7 月 23 日），载中央档案馆、福建省档案馆编《福建革命历史文件汇集（厦门市委文件）》（1929—1932）上册，1984，第 16 页。

② 《中共厦门市委关于严密党的组织的决议》（1932 年 7 月 23 日），载中央档案馆编、福建省档案馆编《福建革命历史文件汇集（厦门市委文件）》（1929—1932）上册，1984，第 28～29 页。

着重于海员、印务、罐头、人力车、码头、马路等几个中心支部。加强对干部特别是负责同志的审查，对表现不好的同志进行斗争和教育，对没有希望的实行淘汰。[①]

这期间，厦门中心市委对中央的指导也提出意见，认为中央在组织上没帮助解决，中央对中心市委的报告和信件，“不指示也不回答”，在工作上怎样恢复，市委完全得不到中央的指示，干部问题也没有解决，要求派巡视员还是“无声无影”。“中央系放弃了福建白色区域的工作。”[②] 特别是认为福州党团“已成为闹意气与无原则的纠纷了，党团已隔膜了”。于是要求中央马上派巡视员到福州、厦门来帮助解决问题，并再次提出成立省委的必要性。

福州中心市委极为重视组织的发展。原来全福州市只有 6 个支部，其中 2 个工人支部，党员 28 人，知识分子占多数。接到中央关于纪念十月革命的号召后，中心市委决定要在广州起义纪念日前完成发展 3 倍党员的目标。于是不断在群众中加强宣传，扩大党的政治影响，改造反帝大同盟和互济会党团，加强对党团的领导，打破过去的关门主义现象，提高支部同志的积极性和创造性，提拔在工作中涌现的积极分子到领导机关和到外县的领导岗位。这样，在完成发展 14 名新党员的基础上，再次进行发动，提出号召方法与努力方向，通过召集活动分子会议，组织突击队，开展支部结对竞赛，开办支部书记训练班和去外县干部高级训练班等办法，甚至分配任务，最后又发展了 90 名党员，其中 80％为工人，创造了汽车、南华、电灯、钟表厂、木匠、南门兜、东街、后潭、坞尾、沪屿、汤门、横街支部。[③] 有许多支部和个别党员

---

① 《中共厦门中心市委给中央的信——关于市委破坏前后的工作情形》（1932 年 6 月 22 日），载中共厦门市委党史办主编《厦门革命历史文献资料选编》第 4 集，1988，第 333 页。

② 《中共厦门中心市委关于“八一”工作及军事、组织、预算等问题向中央的报告》（1932 年 8 月 4 日），载中央档案馆、福建省档案馆编《福建革命历史文件汇集（厦门市委文件）》（1932 年）下册，1984，第 79 页。

③ 《中共福州中心市委给中央的报告——十月革命号召小结》（1932 年 12 月 28 日），载中央档案馆、福建省档案馆编《福建革命历史文件汇集（福州市委文件）》（1927—1932），1984，第 217～218 页。

完成了发展3倍党员的任务，甚至超额完成任务。文化、人力车支部书记发展5个，大木支部1个人发展8人入党。支部也得到扩大，原来没有超过5人的支部，发展后超过5人的支部不少，有的支部达到19人。创造了13个新的支部。全福州总共有党员115人，其中工人占80%，农民和其他占20%。[①]

但实践证明，这种突击式、分配任务的发展党员办法是欠妥的，它不是在斗争中来扩大党的组织，产生发展不平衡，有些重要产业没有支部，有的支部没有行动，有些号召结束之后支部生活与活动出现停顿。对于新同志的教育和训练非常缺乏，有许多新同志没有举行入党仪式，个别谈话的工作也做得非常不充分。对新党员审查与考察不够，甚至有国民党侦探混入，造成同志被捕，新支部遭受破坏。可想而知，“这一成绩是没有充分把它巩固和开展”，难免产生消极因素，造成党员有的放弃工作回家，有的消极被开除的结果。

鉴于此种情况，中央巡视员在指导中提出：立即将支部巩固起来，健全各支部的生活，适当地分配每个同志的工作，加紧训练新同志，尤其是在实际工作中来训练。会议中讨论的一切文件和日常工人斗争，学习总结这次号召经验教训，猛烈的扩大党的组织，尤其是向重要产业开门，转变过去空心支部的现象，每个支部应有广大群众的包围，使得支部活跃起来。市委立即彻底转变过去官僚主义的领导工作方式，与一切官僚主义和机会主义作无情的斗争。[②]

福州中心市委于1932年11月受到破坏后，市委立即采取应对措施，转移市委机关，将身份已暴露的同志调往外县工作，中心市委书记陶铸亦离开福州到外县巡视，这客观上有利于农村工作和组织的发展。

在当时的环境下，福州地区党组织虽然“获得相当的扩大和整理”，但组织发展还是存在一定的困难和问题，主要是组织数量削减，

① 《萧××巡视福州报告》（1933年1月15日），载中央档案馆、福建省档案馆编《福建革命历史文件汇集（省委文件）》（1931—1934），1984，第384～385页。

② 《萧××巡视福州报告》（1933年1月15日），载中央档案馆、福建省档案馆编《福建革命历史文件汇集（省委文件）》（1931—1934），1984，第399～400页。

“没有很好的对同志的教育训练，提起同志的积极性创造性，组织上表现出极严重的流动现象”。“重要县委领导的薄弱与支部生活的不健全”，“党内斗争的不深入与对同志教育的缺乏”①；支部“几乎全部工作是挂名的，没有丝毫的日常工作，支部同志完全没有支部生活”② 等。

针对此种状况，市委转变领导方式，对支部的领导更加具体化，与支部建立密切关系，市委每次会议都要讨论支部的问题，开始走向面向支部和企业的道路，经常检查支部工作，而且召集支部联席会来检查工作和具体决定工作方法。后来又提出在对支部工作的转变上，要加强政治上的领导，健全支部生活，征收党员要克服一切自由主义的浪漫的倾向，在支部教育方面要组织各种问题的讨论会，去提高同志的政治水平。③

福州地区党组织经过整顿工作后，情况有所改善。到 1933 年 4 月，中心市委领导之下党员有约 500 人，在福州的直属基层支部 12 个，党员人数 80 多人。虽然数量减少，但全市支部比以前更加巩固且中心部门有新的发展。同时中心市委还辖有外县组织 55 个，包括莆田、建瓯、福安 3 个中心县委，连江、仙游两个县委，永泰、罗源、松溪、政和、宁德、寿宁、建阳 7 个特支和长乐、福清、霞浦 3 个支部，以及新建立的古田和沙县的工作关系。④ 福州在支部改造中有些转变，大多数支部周围有群众的组织，福高支部领导了几次校内的斗争，人力车支部在斗争中比较能起领导作用。几个工人支部的书记在工作领导上有很大

---

① 《陶铸关于福州的工作报告》（1933 年 5 月 1 日），载中央档案馆、福建省档案馆编《福建革命历史文件汇集（福州市委文件）》（1933—1934），1985，第 70～71 页。

② 《中共福州中心市委检查职工、反帝与支部工作的总结——在本市工作讨论会的结论》（1933 年 7 月 18 日），载中央档案馆、福建省档案馆编《福建革命历史文件汇集（福州市委文件）》（1933—1934），1985，第 96 页。

③ 《中共福州中心市委检查职工、反帝与支部工作的总结——在本市工作讨论会的结论》（1933 年 7 月 18 日），载中央档案馆、福建省档案馆编《福建革命历史文件汇集（福州市委文件）》（1933—1934），1985，第 98～99 页。

④ 《陶铸关于福州的工作报告》（1933 年 5 月 1 日），载中央档案馆、福建省档案馆编《福建革命历史文件汇集（福州市委文件）》（1933—1934），1985，第 70 页。

的进步。莆田“有些支部比较好些，能够相当在群众中起领导作用”。仙游有10个支部，共有40多个同志，成分多数是贫农，有6个支部比较能够在群众中起领导作用及积极性。[①] 莆田有12个支部，60个同志，有6个支部能起领导群众的作用。

与此同时，在中央巡视员指导下，厦门中心市委于1932年12月中旬召开会议，对半年来党的工作进行总结检讨，作出政治报告，许包野传达了中央检查厦门工作决议。会议认为市委工作比较活跃，党的支部组织得到健全。外县方面，主要是漳州的组织情形比较健全，成立了中心县委，支部共有10多个，同志约70人；安溪党团支部有20多个，同志120多人。但中央认为厦门中心市委最主要的是政治的错误，如取消主义，关门主义，富农路线，工作抓不住中心等。中心市委对支部的工作做得不好，市委不了解支部的生活，对支部的领导不具体，支部脱离群众，没有讨论具体的问题，没有很好地教育支部的同志，不能使支部发挥核心的作用。在干部问题上，没有艰苦耐劳地从实际工作中去训练和提拔干部，只空喊着提拔干部。指出要纠正过去领导支部工作的方针，市委和支部发生很密切的关系，深刻了解支部同志，和他们共同解决每一个小的问题，倾听和采纳他们的意见，充分地加紧教育，勇敢地提拔干部，使支部真正成为群众的核心，在群众中起核心作用。为此要克服不去教育同志的官僚主义领导，加强在实际工作中对同志的教育和训练。[②] 针对存在问题，提出主要的任务是巩固组织，扩大组织，抓住职工的中心部门来发展组织，建立支部，改变领导方式，从斗争中来发展组织。

到1933年11月，厦门岛内党支部增加到12个，共有92名党员。外县方面，除漳州、安溪、同安外，有惠安特支10多个同志，晋南特

---

① 《于洁关于莆田、仙游、福清三县情况的报告》（1933年9月19日），载中央档案馆、福建省档案馆编《福建革命历史文件汇集（福州市委文件）》（1933—1934），1985，第124页。

② 《中共厦门中心市委会议记录》（1932年12月17日），载中共厦门市委党史办主编《厦门革命历史文献资料选编》第5集，1989，第305页。

支 10 多个同志，泉州特支 7 个同志。[①] 漳州中心县委所属党组织由 5 个区委，27 个支部，158 名党员发展到 8 个区委，56 个支部，335 名党员。[②] 提拔干部的问题也得到转变。原来厦门提拔干部很不充分，方法呆板，总以为只有训练班才能训练出干部来，后来觉得不对，提拔干部，只要找到积极勇敢有阶级意识，最好是工人成分，经过讨论之后，考察其可做某种工作干部的对象，立即提拔起来，参加某种委员会或新组成某种委员会，详细与其讨论，分配以具体的工作，经常一起解决困难和问题。这样从实际工作当中，可以使其得到工作经验，经过一个时期之后，便能自动发挥其工作能力，便成为干部。5 月以后，厦门提拔了大批的新干部，有工会的工作委员会 4 人，反帝党团 3 人，互济会党团 2 人，还有宣传部 1 人，发行部 4 人。如此，不仅厦门本地干部缺乏的问题得到缓解，而且能够调配部分干部帮助外地。

但由于长期处于白区环境，缺乏较系统的思想教育，加上受当地封建思想影响，部分党员特别是负责人中表现出个人英雄主义和自由主义等非无产阶级思想，给党的建设带来严重危害。如 1932 年冬至 1934 年间，福州中心市委所属的福安中心县委，发生当地干部排挤外来干部，中心县委委员、西区区委书记施霖和詹建忠等闹无原则纠纷，并且反对和脱离中心县委，另立组织的分裂行为，从而“不仅影响了党内团结，而且妨碍了党的发展”[③]。1932 年冬全县有 4 个区委 1 个特支。到 1933 年 6 月，福安、宁德、寿宁三县只有同志 100 多人。[④] 为此，闽东特委决定开除施霖的党籍。但情况仍未改善，“党的组织万分松懈，没有党的生活，不了解党的任务”，“同志不信任组织，不懂得

① 《中共厦门中心市委给中央的工作总报告》（1933 年 11 月 9 日），载中共厦门市委党史办主编《厦门革命历史文献资料选编》第 6 集，1989，第 232 页。

② 《厦门市委巡视员老黄关于漳州中心县委工作的报告》（1933 年 11 月 9 日），载中共厦门市委党史办主编《厦门革命历史文献资料选编》第 6 集，1989，第 242～243 页。

③ 邵式平等：《闽浙皖赣（赣东北）党史》，载中共福建省委党史研究室等编《闽浙皖赣革命根据地》下册，中共党史出版社，1991，第 32 页。

④ 《中共福州中心市委书记陈之枢给中央的报告——关于福州的政治、经济、组织工作情况》（1933 年 6 月 19 日），载中央档案馆、福建省档案馆编《福建革命历史文件汇集（福州市委文件）》（1933—1934），1985，第 90～91 页。

团体，只信任个人”。[①] 使本来“是闽东最有历史最健全的党”，“到了非常严重的地步，极端民主化与极端自由主义及土匪化的到了可惊的地步了！”[②] “福安党真正严重，可以说没有党的组织与生活，一片的土匪的现象”，“福安党如再不改造，福安共产党就要消灭了”。[③]

五、福建事变后的组织发展

福建党组织分成两个中心市委领导，还是对工作和组织发展产生了不利影响。一方面是干部本来就缺乏，使两者都难以健全，力量分散，另一方面也影响了工作联系和对各地的指导。因此福州、厦门中心市委曾多次向中央提出恢复福建省委的建议，或者要求中央加强对福建党的领导，派一特派员来福建，这样使两市委“两方面工作意见和经验能互相应用着，而且不会使福建党形成一天一地，两不相关的现象才能消灭”[④]。在 1933 年 11 月发生福建事变的有利形势下，党中央曾考虑重建中共福建省委，并于 1934 年 1 月派李平（即罗明）到厦门、福州，分别和中心市委领导人商议筹建省委等问题，提出了中共福建临时省委的组成人员名单并经中央批准。但因事变很快失败，党中央急召罗明回苏区，且两个中心市委均遭受破坏，建立省委的努力未能成功。

福建事变期间，在厦门中心市委领导下，党的组织先后恢复并得到新的发展。到 1934 年 1 月共有码头、鼓浪屿码头、马路、木业、店员、小贩、禾山等支部，党员 90 余人。外县有漳州县委区委 4 个，支

---

① 《符镭关于福州地区情况报告》（1933 年 10 月 30 日），载中央档案馆、福建省档案馆编《福建革命历史文件汇集（福州市委文件）》（1933—1934），1985，第 134 页。

② 《中共福安中心县委决议——目前闽东的形势与党的任务》（1933 年 12 月 3 日），载中央档案馆、福建省档案馆编《福建革命历史文件汇集（各县委文件）》（1932—1934），第 232 页。

③ 《中共福建临时省委对福安中心县委的指示》（1934 年 2 月 3 日），载中央档案馆、福建省档案馆编《福建革命历史文件汇集（省委文件）》（1931—1934），1984，第 225 页。

④ 《中共福州中心市委关于厦门、福州党团组织领导问题的报告》（1933 年 8 月 10 日），载中央档案馆、福建省档案馆编《福建革命历史文件汇集（福州市委文件）》（1933—1934），1985，第 105 页。

部党员百余人。安溪县委区委 5 个，支部党员约 100 余人，以及同安县委、晋南、泉州、惠安三个特支及金门支部党员共计 105 人。[①]

可党组织的形势不容乐观。厦门党组织“存在着很严重的弱点”，支部不健全，对党员的教育很少工作，没有积极提拔干部训练干部。县委和区委领导机关不健全，党的纪律很松懈。福州中心市委领导下的支部“最严重现象，是流动性”，支部党员有半年以上党龄的“只有 25％”，也造成“干部方面非常的缺乏”。[②]“找不出一个比较健全的支部”。中心市委原有执委 7 人，被捕 4 人，剩下 3 人，其中 1 人到中央未回，1 人在外县，只 1 人在福州，任组织部部长兼书记，市委机关经常只有二三人，根本无法派出人员到外地巡视，所以“有半年市委没有派巡视员到各县去了”，并且市委与各县委的关系也是非常不密切的，有的地方（如建瓯、莆田）连续断绝两三个月的关系。[③]支部从 12 个减少到剩下 4 个。干部恐慌，主要的工作找不到相当的负责人。外县向福州市委要，市委向中央要，要不到也就算了，完全不想方法去提拔新干部。这些都影响了对各地党组织的领导。

厦门中心市委根据李平的意见，作出决定：在厦门、漳州、安溪等地举行征收党员运动，发展党的组织；建立支部，在厦门几个重要工业中建立与扩大支部的组织；在厦门和外县的中心支部开办活动训练班，在中心区委开办训练支书干事训练班，对党员进行教育工作；整顿党的纪律，加强秘密工作等。[④]福州中心市委对党支部进行整顿并彻底纠正支部没有工作的严重现象，并决定举行“一二八”征收党员

---

① 《李平关于福建事变情况的综合报告》（1934 年 1 月 22 日），载中央档案馆、福建省档案馆编《福建革命历史文件汇集（省委文件）》（1931—1934），1984，第 206～207 页。

② 《中共福州中心市委书记给中央的报告——福州地区形势和斗争情况》（1933 年 9 月 19 日），载中央档案馆、福建省档案馆编《福建革命历史文件汇集（福州市委文件）》（1933—1934），1985，第 128 页。

③ 《中共福州中心市委符镭关于福州工作情况给中央的报告》（1933 年 12 月 4 日），载中央档案馆、福建省档案馆编《福建革命历史文件汇集（福州市委文件）》（1933—1934），1985，第 182、190～191 页。

④ 《李平关于福建事变情况的综合报告》（1934 年 1 月 22 日），载中央档案馆、福建省档案馆编《福建革命历史文件汇集（省委文件）》（1931—1934），1984，第 210～211 页。

运动，计划发展1倍党员，保证60%是工人。经过工作，厦门在红五月共发展40余名新党员。到1934年6月，厦门党组织由18个支部扩大到26个支部和1个工作委员会，总计有151名党员。①

1934年1月，中共福清县委成立，何文成任书记。7月，何文成被捕，福州中心市委巡视员刘突军接任福清县委书记。8月中旬，黄孝敏、刘突军等在福清西区角楼召开干部会议，决定把福清县委升建为中心县委，会议推举黄孝敏为中心县委书记，刘突军、余长钺、陈金来等为委员。

福建事变失败后，国民党强化了对福建的法西斯统治，当时闽中驻榕宪兵四团推行“自新、自首”政策，极力破坏和瓦解城市地下党组织，形势更加严峻。1934年4月上旬，中共福州中心市委设在福州台江区洋中亭的交通站被国民党破获，福州中心市委正在开会时遭围捕，市委书记陈之枢及宣传部部长等10多人被捕后，一些叛徒不仅登报发表反共声明，产生极坏影响，而且出卖革命同志，使福州一大批共产党人和革命群众被捕入狱，白色恐怖笼罩福建特别是闽中大地。叛徒们还把魔爪伸向厦门、莆（田）仙（游）等地。共青团福建省委原书记、福州中心市委秘书长周剑心叛变后潜入厦门破坏党团组织，致使同志和群众8人被捕。叛徒练文澜也带国民党宪兵特务到莆田破坏设在涵江镇的中共莆田中心县委机关。练文澜被捕前曾多次到莆田巡视工作，对莆仙两县党团组织情况非常熟悉，所以两县党组织遭受灭顶之灾，中共莆田中心县委、仙游县委及莆仙两县的共青团组织相继被破坏，党的主要干部陶耐存、傅韵簧、江家茂、关庆霖、王德华等被捕，而且成为可耻的叛徒，带宪兵和特务到处诱捕革命同志，给党组织带来极大危险。在短时间内，共有31人被捕。全省各县党的组织，包括福安、建瓯中心县委，莆田、仙游、宁德等县委，松溪、福清等支部均停止了活动。

---

① 《中共厦门市委红五月工作总结与六月的工作计划》（1934年6月），载中央档案馆、福建省档案馆编《福建革命历史文件汇集（厦门中心市委文件）》（1933—1935），1984，第315页。

但党组织的斗争并没有停止，不少共产党员表现出崇高的革命气节。莆田中心县委委员邱荣泉在叛徒陶耐存带国民党宪兵围捕并胁迫他自首时，愤起怒骂并与其搏斗，终因体弱呕血牺牲。为保护组织免受破坏，莆田县委在潘涛（陈如舫）的领导下，转移到沿海农村坚持斗争，在一些基点村组织"打狗团"，开展反叛徒斗争，取得很好效果，叛徒的破坏活动受到遏制。5 月下旬，中共福州市委常委王于洁和妻子苏华从福州摆脱追捕，回到莆田与潘涛取得联系，挑起领导莆田党组织的重担。王于洁专门召开县委会议，并在会上作《全党提高警惕，加强打狗团工作》的讲话，要求各级党团组织进行一次全面内查，对于不可靠分子，经上级党委批准，一律清除出党，以肃清内奸的破坏活动，同时对全体党员进行一次加强党性的教育，要求党员遵守党的纪律，坚持革命气节，"做到即使是被捕了也不能叛变"。① 经过内查和教育，提高了党员干部的认识，使党组织更加巩固。

通过打叛肃奸斗争和进行思想整顿，党的队伍更加纯洁，莆田的革命形势有了根本好转。新的形势要求重新健全莆田党团中心县委，9 月经王于洁提议，莆田党团负责干部在莆田灵川西厝蔡先镳家召开联席会议，决定重建莆田中心县委，王于洁当选为中心县委书记，潘涛、郑金照、林阿郎、陈建新、黄国璋为委员。此时莆田中心县委在与上级党组织失去联系的情况下，独立自主地坚持革命斗争。

为了粉碎国民党东方战线的进攻，中共临时中央在六届五中全会期间，决定将厦门中心市委领导下的漳州中心县委与福建省委所领导的饶和埔县委，及东江特委所领导下的潮澄饶县委合并组成闽粤边特委，直接归中央领导。1934 年 5 月初，中共闽粤边区临时特委成立，由黄会聪、何鸣、吴亚鲁负责。8 月，中共闽粤边区第一次代表大会在平和县邦寮山召开，正式成立中共闽粤边区特别委员会，书记黄会聪。会后特委便与中央苏区和上海临时中央失去联系，在困难状况下独立地开展革命斗争，领导党组织建设。仅当年下半年，靖和浦党组织就

---

① 蒋维锬主编《中共闽中地方史（新民主主义革命时期）》，中央文献出版社，1999，第 156 页。

发展了三倍的党员，建立了模范支部。[①]

六、“左”倾错误对白区党组织的影响

中国共产党早期由于理论准备不足，而且党员队伍以知识分子和农民占大多数，存在深厚的小资产阶级意识，容易产生“左”的思想。再加上共产国际“第三时期”理论[②]的影响，使中共历史上多次出现“左”倾错误，对中国革命造成重大损失。福建党组织也深受“左”倾错误的影响，在革命斗争和党的建设方面都受到严重损害。

1930 年夏，在中国革命形势刚有好转时，“左”倾急性病又在党内发展起来。6 月，中央政治局会议通过了由李立三起草的《目前政治任务的决议》(即《新的革命高潮与一省或几省首先胜利》)，表明李立三“左”倾冒险错误在中共中央取得了统治地位。同时，中央政治局作出全国党、团组织合并建立行动委员会的决定。这样不仅“使一切经常工作陷于停顿”，而且“在反‘右倾’的口号下错误地打击了党内不同意他的主张的干部，因而又发展了党内的宗派主义”。[③]

在李立三“左”倾冒险错误影响下，中央不适当地提出“飞行集会”“总同盟罢工”“举行城市武装暴动”等方针策略，加上党组织正从半公开向地下的转变过程中，在组织上和工作方法上都不够严密和健全，忽视党的秘密工作的有关规定，因而导致党组织遭受不应有的损失。1930 年 5 月 13 日，设在鼓浪屿的福建省委铅印处被国民党当局

---

① 《中共靖和浦县委第五次扩大会议的决议》(1935 年 6 月 5 日)，载福建省档案馆等编《福建军事斗争史料选编 (1934.10—1938.2)》，第 15 页。

② “第三时期”理论是 1928 年 7 月共产国际第六次代表大会提出的关于时代和共产国际任务的理论。认为第一次世界大战之后，资本主义总危机和国际工人运动经过了三个不同的历史时期：第一个时期即资本主义体系发生最尖锐的危机和无产阶级进行直接革命发动的时期，第二个时期是资本主义体系逐渐形成局部稳定的时期，第三个时期是资本主义总危机增长，其基本矛盾迅速加剧，必然导致帝国主义战争，导致大规模的阶级冲突，导致殖民地反对帝国主义，掀起革命新高潮的时期。实践证明这是一种“左”倾冒险主义的理论。

③ 《关于若干历史问题的决议》(1945 年 4 月 20 日中国共产党第六届中央委员会扩大的第七次全体会议通过)，载《毛泽东选集》第 3 卷，人民出版社，1991，第 960 页。

破坏，4 人被捕。七八月间，厦门团省委机关被破坏，3 名团省委负责人被捕。

为了执行中央党团合并的决定，福建省委于 8 月召开第四次全体会议。会上对组织的改变产生长时间的争论，争论的焦点是有无妨碍团的工作，大部分的观点是“一定会妨碍青年团的工作，会减弱党的政治讨论”[①]。经过多次争论后，认为虽有少部分的缺点，但这一组织不是永久的。结论认为适应目前斗争的需要，党团省委合并组织行动委员会集中指导斗争，无疑的是必要而正确的。[②] 于是会议作出了接受中央关于组织行动委员会的决定，将省党、团领导机构和部分下属组织先后合并组成福建省行动委员会。罗明为书记，罗明、谢汉秋、李国珍（桢）、王海萍、曾宗乾、苏阿德、董云阁、翁振华为常委。

同时各市、县也相应改变组织，设立行动委员会。为加强各级党部团部和配合各处斗争起见，总行委决定组织漳属、泉属二特别行委来领导漳州、泉州各县党团工作。派庄重、苏阿德到泉州巡视，成立泉属特行委；派陈元皋到漳属负责漳属特行委；派罗明到福州巡视，合并福州党团组织，成立福州行动委员会。

李立三“左”倾冒险错误在福建也得到贯彻，而且产生了严重后果。“立三路线模糊了群众对党的认识，削弱了党在群众中的威信；削弱了党和团，削弱了群众的组织，同时妨害了党的‘民主化’；助长了党左倾和右倾的危险。在福建也相同的受到了这样的损害。”[③] 党团组织合并组成总行委后，“把他变成党的组织……以致助长了取消团的倾向，事实上取消了团的系统，放松了青年的特殊工作，同时又妨害了

---

① 《中共福建省委紧急常委扩大会政治决议——反对立三路线反对调和主义坚决执行国际和中央最近的指示》（1931 年 1 月 21 日），载中央档案馆、福建省档案馆编《福建革命历史文件汇集（省委文件）》（1931—1934），1984，第 32 页。

② 《中共福建省委给中央的报告——关于党团合并成立总行委及名单》（1930 年 8 月 15 日），载中央档案馆、福建省档案馆编《福建革命历史文件汇集（省委文件）》（1930 年），1984，第 305 页。

③ 《中共福建省委紧急常委扩大会政治决议——反对立三路线反对调和主义坚决执行国际和中央最近的指示》（1931 年 1 月 21 日），载中央档案馆、福建省档案馆编《福建革命历史文件汇集（省委文件）》（1931—1934），1984，第 26 页。

群众日常的独立工作，这是组织上的一种错误。”① 省行委成立后，将中心工作放在准备暴动上，喊出过高的斗争口号，组织示威活动。1930年7月25日，省委与厦门市委发动厦门工人、贫民、学生举行反军阀战争与拥护全国苏维埃代表大会的示威，遭到镇压，总指挥曾才炎等4人牺牲，5人被捕，4人受伤。还有惠安暴动时，陈琨和营长曾来弼壮烈牺牲，领导人兰飞鹤被俘后遭杀害。“莆田党对于秘密工作非常忽视，以致机关屡次被敌人破获，与工作同志受无谓的牺牲，使工作上受重大的损失。”② 这种不顾客观条件的盲动错误，不仅无端地暴露了党团员身份，使不少干部被捕牺牲，而且“党与群众联系和党在群众中的威信受到很大的削弱”③，对福建党组织的建设产生严重消极影响。

李立三“左”倾错误的纠正，是到9月下旬党的六届三中全会上。全会对李立三“左”倾冒险的错误进行了批评，停止了组织全国总起义和集中全国红军进攻中心城市的计划，恢复了共产党、共青团、工会的独立组织和日常工作。至11月，福建省委才接到中央有关决议，并根据中央精神，发出第二号通告，要求各地方党组织立即取消行动委员会，恢复党和团各原有组织系统，但一些错误影响并未随着行动委员会的取消而根本消除。有的党团划分没有得到执行，有的不肯从积极方面去扩大党和团的组织，有的不肯勇敢去提拔新的干部，反而借口党的干部少不肯将团的干部归还给团，甚至有许多团员做了党的工作以后，自己也表示不愿意回团。以至省委再次通告，严格要求各地党部应立即取消党团各级行委，坚决从头至尾划分党团的组织，迅

① 《中共福建省委通告——关于划分党团取消各级行委》（1930年11月24日），载中共厦门市委党史办主编《厦门革命历史文献资料选编》第3集，1988，第332页。

② 《中共福建省委关于莆仙目前的形势与今后工作方针》（1931年2月26日），载中央档案馆、福建省档案馆编《福建革命历史文件汇集（省委文件）》（1931—1934），1984，第76页。

③ 《中共福建省委第五次执委扩大会对厦门、福州等重要城市工作决议》（1931年2月28日），载中央档案馆、福建省档案馆编《福建革命历史文件汇集（省委文件）》（1931—1934），1984，第85～86页。

速将划分情况报告省委，如不坚决执行，将受组织的制裁。[①] 1930 年 11 月，福州党团组织发动纪念广州暴动三周年的示威游行，遭到国民党当局的镇压，李光、何文成、叶光焕等党团员被捕，李光壮烈牺牲，这就是“李光事件”。此事件给福州党组织造成损失。

对于李立三“左”倾冒险错误，福建党组织也进行了抵制和斗争，在示威问题、行委问题、闽西的扩大问题上都有过争论。如前面提到的对成立总行动委员会就有不同意见。在执行中央决定过程中，福建省委认为福建工人运动还正在恢复，并未达到直接革命的形势，不宜搞城市武装起义等。还有闽西党组织领导人不同意中央关于闽西红军再次向东江发展的指令等。1931 年 1 月 21 日，省委召开紧急的常委扩大会议，接受共产国际和中央紧急通告的指示，作出反对李立三“左”倾冒险错误的决议。提出必须加强党的阶级基础，吸收广大的进步的工人入党，特别是产业工人；要改造党，提拔新的干部；提高党的政治水平；集中火力建立和巩固党的支部，特别是厦门、福州的工人支部；整顿党的纪律，严密党的组织，加紧秘密工作等。[②] 鉴于党内发生“左”的错误主要原因是缺乏对马克思列宁主义的了解，为提高党员的政治水平和工作能力，省委十分重视教育工作，采取的办法是从实际工作中、斗争经验中施行个别教育，组织小组召开有系统的学习会议，在支部会议中将理论问题与实际问题联系起来讨论，开办训练班等，使每个党员能够自觉地去学习工作经验与革命理论，经常阅读党的刊物和党报，对不识字的同志还指定负责人专门帮助。

党的六届三中全会后，由于共产国际的直接干涉，在批判李立三“左”倾冒险错误的同时，中共党内又产生了“左”倾教条主义的严重错误。1931 年 1 月，中共六届四中全会在上海召开，此后以王明为代

① 《中共福建省委通告——关于划分党团取消各级行委》（1930 年 11 月 24 日），载中共厦门市委党史办主编《厦门革命历史文献资料选编》第 3 集，1988，第 332～333 页。

② 《中共福建省委紧急常委扩大会政治决议——反对立三路线反对调和主义坚决执行国际和中央最近的指示》（1931 年 1 月 21 日），载中央档案馆、福建省档案馆编《福建革命历史文件汇集（省委文件）》（1931—1934），1984，第 44～45 页。

表的“左”倾教条主义错误在党内占据统治地位，直接影响到福建党组织的发展。2 月初，省委常委扩大会议通过了《中共福建省委对四中全会与党内斗争问题决议案》，号召一致拥护四中全会，提出一系列“左”的政策和做法。但“左”倾中央认为福建省委与各级党部还保留着立三路线的方式和方法，转变还只限于省委与各地上层机关的决议，“福建党的现状还是很严重：党不能发动群众的日常斗争”；党员 600 多人，工人成分很少，党员和支部散漫、流动，呈支离破碎的状态；地方党部一般的不健全，而且还没有很好地重新建立起来，特别是福州弱到极点，同安、安溪陷于停顿，惠安还没有恢复。提出福建党要“在斗争中使党的组织巩固起来”，建立与巩固支部；整顿漳属党的工作，把同安、安溪、连江等县委改为特支，并整顿起来，恢复惠安党组织；举行征收党员的运动，在两个月内党员应由 600 人增至 900 人以上，城市工人应占 30%，其中产业工人占一半。① 有的指示从原则上看也没错，但有些要求过高，特别是硬性规定党员发展数目和成分比率，都是难以做到的。

由于“左”的错误影响，党的机关和干部逐渐暴露，而且秘密工作不好，未能采取有效的防范措施加以补救。省委机关被破坏后，许多同志难以安身。尤其是当时有许多为布置暴动从各地抽调来的干部，有些未分配，有的分配到各地的因找不到联系，或因色彩关系不能立足，或找不到职业，纷纷跑回厦门。省委在经济困难之下，既无法安置他们住旅馆，又无路费让其到能去的地方，在白色恐怖之下，既要防范敌人的袭击，保全机关的安稳，又要设法保护外来同志的安全，成为“一件最难应付的问题”。② 特别是因为机关破坏、市委同志被捕，使厦门“码头、店员、马路以至教员几个支部都已瓦解”；漳州汽车工

① 《中共中央对福建目前工作决议（闽三六号）》（1931 年 4 月 4 日），载中共厦门市委党史办主编《厦门革命历史文献资料选编》第 3 集，1988，第 391～395 页。

② 《中共福建省委给中央信——省委被破坏后的工作情况》（1931 年 4 月 5 日），载中央档案馆、福建省档案馆编《福建革命历史文件汇集（省委文件）》（1931—1934），1984，第 153～154 页。

人支部与店员支部“已塌台，还没有恢复”；莆田、仙游“被捕去同志几个”。[①]

莆田总行委的澳柄和莆属特委的外坑反“围剿”相继失利后，许多勇于斗争、在群众中享有威信的早期共产党员如陈兆芳、吴承斌、黄琬、张如琦、陈天章、韩水藩、徐元昌、汤军等先后牺牲，一批外来的领导干部如邓子恢、张威、杨伟等又调离，剩下的党员干部则有相当一部分因游击战争失败，根据地遭摧残，而产生悲观失望情绪，革命意志消沉。总之，“因领导路线之错误，斗争失败了，党的组织亦随之削弱”。据1931年8月统计，莆田全县只剩6个支部，30个党员。受莆田县委直接帮助的仙游县委也只有5个支部，20个党员。[②]

此时，中央指示厦门、福州两中心市委，提出要加紧和深入两条路线的斗争，着重地打击一切对于目前形势估计不足的右倾机会主义，坚决反对队伍中的腐朽的自由主义，要在思想上开展反对社会民主党及其他一切反动派别的斗争。[③] 由于受“左”的影响，党内正常的意见分歧和争议被压制，而且着重于个人责任的追究，产生过火的批评，实行无情打击。1932年7月后，中共厦门中心市委在闽南党内发动了一场所谓反对“蔡协民路线”的运动。蔡协民曾任福建省委秘书长、军委书记、福州中心市委书记。在福州中心市委书记任内，他根据福州党的组织基础还很薄弱、敌我力量悬殊等情况，没有执行“总同盟罢工”指示，不同意肃“社会民主党”搞扩大化，所以被认为政治思想“过右”，“观念上有许多不正确”，被撤销职务。蔡协民调漳州工作前，漳州党组织受到很大削弱。1932年3月间，因共青团福建省委委员苏文波被捕叛变，造成漳州县、区委领导人和“石码、漳州城内及

① 《中共福建省委关于福建各地工作情况向中央的报告》（1931年6月1日），载中央档案馆、福建省档案馆编《福建革命历史文件汇集（省委文件）》（1931—1934），1984，第165页。

② 《中央巡视员仲云关于福州中心市委工作情况的报告》（1931年7月15日），载中央档案馆、福建省档案馆编《福建革命历史文件汇集（省委文件）》（1931—1934），1984，第297页。

③ 《中央致厦门福州两中心市委的信》（1932年4月16日），载中共厦门市委党史办主编《厦门革命历史文献资料选编》第4集，1988，第255页。

南乡”的党员、干部，一次就被捕 70 多人，[①] 亡命厦门二三十人，党的群众组织几乎遭到毁灭性的破坏。加上游击根据地也遭受严重摧残，党的基础被削弱，干部缺乏。4 月中央红军东路军攻占漳州，蔡协民调任漳州中心县委书记，5 月担任闽南红三团总指挥。因为战略方针失误红三团遭受惨重损失。新市委没有从执行“左”倾冒险主义政策方面寻找原因、吸取教训，反而认定原市委贯彻执行的是一条“右倾机会主义路线”，说它不注意严密党的组织，常委中好几个骨干“有社党嫌疑”。指责原市委书记王海萍“采取放任的自由主义和调和主义”，以至在王海萍的“调和主义”领导和市委的“机会主义的路线之下，党都建立在动摇的党员上面”，“右倾同志还留在党内，叛党分子向党进攻”，[②] 而漳州县委“在政治上的估计，完全是彻底的右倾机会主义”，“在政治上完全采取保守主义，逃跑的上山主义”。[③] 据此提出首先要“发动党内斗争，举行党内斗争运动”。于是在党内开展了反对“蔡协民路线”的斗争。厦门中心市委指责蔡协民及曾志与“极右倾机会主义”表现同样的倾向[④]，“企图以‘左’倾的错误来掩盖他们右倾的错误”，“不是个别的错误和偶然的，而是一贯的右倾机会主义路线的错误”，“大有社党嫌疑”。对此虽然蔡协民、曾志进行了辩解，但结果蔡协民被撤销中心县委书记职务及一切工作，两人分别受到留党察看 3 个月和 1 个月的处分。[⑤] 后来曾志调福州中心市委工作时组织上撤销了对

① 《中共厦门中心市委给中央的报告——苏文波叛变的情况》（1932 年 3 月 28 日），载中央档案馆、福建省档案馆编《福建革命历史文件汇集（厦门市委文件）》（1929—1932）上册，1984，第 149 页。

② 《中共厦门中心市委给中央的报告——市委大破坏的原因和严密党组织的问题》（1932 年 7 月 23 日），载中央档案馆、福建省档案馆编《福建革命历史文件汇集（厦门市委文件）》（1932 年）下册，1984，第 24 页。

③ 《中共厦门市委关于漳州斗争的失败经过和工作的布置》（1932 年 7 月 23 日），载中共厦门市委党史办主编《厦门革命历史文献资料选编》第 5 集，1989，第 31 页。

④ 《中共厦门中心市委关于漳州等地工作情况报告》（1932 年 6 月 19 日），载中共厦门市委党史办主编《厦门革命历史文献资料选编》第 4 集，1988，第 307 页。

⑤ 《中共厦门中心市委关于蔡协民在漳州工作错误的处分决定》（1932 年 11 月 28 日），载中共厦门市委党史办主编《厦门革命历史文献资料选编》第 5 集，1989，第 237～241 页。

她的处分，但蔡协民却被中央认定为“社会民主党”，停止组织关系，因生活无着靠做苦工度日，最后被敌抓捕英勇牺牲。[①]

同时，一些同志的正确意见也受到错误指责和批评，“形成这个同志有嫌疑，那个同志有嫌疑的现象”，甚至认为“市委委员，大多是有问题的”[②]，怀疑一切。结果对干部实行惩办主义，先是对中心市委和各县十几名负责干部进行制裁，分别给予留党察看、撤销职务、书面警告并调换工作等纪律处分。[③] 有的干部因为“有社党嫌疑”受到开除党籍的处分。随后又以右倾机会主义的名义，开除了罗春雷、曾隆生、邓乃元等人的党籍。因为对老干部的怀疑，加上一味要求工人成分，使市委委员都是新提拔的工人同志，“政治上与工作力量较弱”，使工作难以开展。这场斗争持续时间达两年之久，对闽南地方和红军游击队中的党组织产生了很大的负面影响。后来厦门中心市委会议对一些做法也进行了反思，如在自己的队伍中间，自己怀疑起来；对同志没有采取教育，而以惩办来处分同志，同志错误不用教育方式来说服，却用武装监视的方法；认为漳州工作的失败，不是蔡协民一个人的事情，而是“市委应担负很大的责任”；市委组织的九一八飞行集会，“把所在的党团同志，尤其是干部都集中在一块共同去盲动”，致使市委书记许依华被捕；还有把 11 个支部弄到只剩下 1 个半。[④] 可见当时市委还是有较为清醒的估计的。

1932 年 10 月 5 日，中共中央致信福州中心市委，要求开展大量吸收先进工农分子入党，开展征收党员的运动。市委遵照中央指示，在

---

① 曾志：《一个革命的幸存者——曾志回忆实录》（上），广东人民出版社，1999，第 145～149 页。

② 《中共厦门中心市委给中央的信——关于参加市委干部的成分与历史》（1932 年 7 月 23 日），载中共厦门市委党史办主编《厦门革命历史文献资料选编》第 5 集，1989，第 49 页。

③ 《中共厦门（中心）市委决议第二号——纪律问题》（1932 年 7 月 23 日），载中共厦门市委党史办主编《厦门革命历史文献资料选编》第 5 集，1989，第 37～42 页。

④ 《中共厦门中心市委会议记录》（1932 年 12 月 17 日），载中共厦门市委党史办主编《厦门革命历史文献资料选编》第 5 集，1989，第 314～315 页。

发展党员和党的组织工作中采取冒险主义的公开路线，大量发展新党员。在党的组织问题上忽略了质量，不是在长期艰苦斗争环境中教育、培养和考验工农群众中的优秀分子，等待条件成熟再吸收入党；而是时常在某一纪念日到来之际，开展“号召党员”活动，硬性规定发展一倍或数倍党员的具体指标。11 月，在纪念十月社会主义革命胜利十五周年和纪念广州暴动五周年的“号召党员”活动中，提出发展党员人数增加 3 倍的计划，并且硬性规定数量，如指定团发展党员 15 人，互济会 15 人，反帝同盟 30 人；还要求在 1 个月内莆田、连江发展 3 倍，福安发展 5 倍党员等，于是采取大力动员，组成突击队等办法来发展组织。此种做法也埋下了隐患，被国民党密探混入文化支部，致使支部书记被捕，造成新建立起来的 3 个支部很快塌台，福州的党团组织以及反帝大同盟、互济会等外围组织都受到不同程度的破坏，10 多名党员被捕。① 这种做法完全违背秘密原则，结果只能适得其反，降低了党的素质，影响了党的纯洁性和战斗力。

“左”的影响还体现在对于各地组织的评价方面。在对于工作的要求方面急于求成，对于存在问题往往过分指责、批评。例如：认为厦门党组织“十分之六是表现右倾”②；指责漳州党“不仅组织上是犯了浓厚的富农路线，党的组织非常没有严密与复杂。不但组织内面有很多的富农、土匪、流氓与反革命分子的混进，而且甚至县委所领导下面的各区委领导机关内，都有很多的富农、流氓分子参加与把持”③。要求漳州中心县委在“全党开展两条战线的斗争，无情的打击一切机

① 《中共福州中心市委给中央的报告》（1932 年 12 月 28 日），载中央档案馆、福建省档案馆编《福建革命历史文件汇集（福州市委文件）》（1927—1932），1984，第 220～221 页。

② 《中共厦门中心市委关于漳州等地工作情况报告》（1932 年 6 月 19 日），载中央档案馆、福建省档案馆编《福建革命历史文件汇集（厦门市委文件）》（1929—1932）上册，1984，第 220 页。

③ 《厦门市委巡视员老黄关于漳州中心县委工作的报告》（1933 年 11 月 9 日），载中央档案馆、福建省档案馆编《福建革命历史文件汇集（厦门中心市委文件）》（1933—1935），1984，第 159 页。

会主义、官僚主义与对于机会主义的腐朽的自由主义、关门主义”[1]。莆田县委报告称：“到今天还不能成为真正的共产党，连农民党的名词还够不上。”提出“再造莆田党”的口号。[2] 这种错误的估计，必然给党的工作和建设造成危害。

在党的组织工作中也存在着严重缺点。首先是未在党的影响扩大中和群众斗争中去发展党员和扩大、建立支部。在厦门市工会300多会员中和100多名团员中，党员很少。市委不抓紧通过支部来动员群众、组织群众、领导群众斗争，使支部不能在群众中去起领导作用，而健全支部生活。其次是对党员的教育很少，没有积极提拔干部、训练干部。县委和区委领导机关不健全，党的纪律很松懈，忽视秘密工作。党与群众组织的关系时常发生不正确现象，如用党的命令改变群众团体，安溪县委把拥苏委员会改为互济会等。[3]

厦门中心市委也不顾主观力量的薄弱与严重的白色恐怖形势，经常组织毫无胜利希望的公开斗争与群众集会。在1934年11月组织的纪念十月革命的示威集会上，国民党当局在当晚就逮捕了40余人，并破坏了厦门中心市委文库，3箱党的重要文件及100多份党员登记表全被搜走。于是国民党出动军警进行大搜捕，先后被捕的有市委干部4人、党员10多人、团员六七人、革命互济会会员40多人，其中不少是负责干部。[4] 这次大破坏给厦门中心市委党组织带来空前劫难，岛内基层党组织从被破坏前的17个支部、90多名党员锐减为1个区委、9个支部，党员仅剩30多人，且半数支部不健全，几乎无支部生活。厦门中心市委只剩3人，团市委也仅剩2人，团员只剩30多人。正如刘少奇指出：

---

① 《中共厦门中心市委给漳州中心县委指示信——过去工作中的机会主义错误与目前工作任务》（1934年3月30日），载中央档案馆、福建省档案馆编《福建革命历史文件汇集（厦门中心市委文件）》（1933—1935），1984，第251页。

② 《中共福建临时省委对莆田县委的指示》（1934年2月6日），载中央档案馆、福建省档案馆编《福建革命历史文件汇集（省委文件）》（1931—1934），1984，第242页。

③ 《李平关于福建事变情况的综合报告》（1934年1月22日），载中央档案馆、福建省档案馆编《福建革命历史文件汇集（省委文件）》（1931—1934），1984，第207页。

④ 《中共厦门中心市委报告——当前工作和厦门破坏情况》（1935年1月17日），载中共厦门市委党史办主编《厦门革命历史文献资料选编》第7集，1989，第207～208页。

在白区城市指导群众斗争，却完全违反保存与爱惜自己的力量，避免被敌人各个击破，避免在不利条件下与敌人作战等原则，不设法保护、爱惜领导干部和群众，不管在什么条件下，只要是纪念节就同敌人作战，以致纪念节在过去几乎成了我党冒险主义“教徒”的“礼拜日”。[①]冒险主义的教训十分深刻。

福州、厦门两个中心市委受破坏后，福建的白区党组织元气大伤，尤其是随着中央苏区的丧失，福建党的白区组织几乎全部损失殆尽。实践证明，党的建设对党组织的发展，对党的革命事业影响极大。

第四节 “左”倾错误对苏区党的建设的影响

一、肃反扩大化对苏区党组织的削弱

由于受“左”倾错误的影响，“残酷斗争，无情打击”成为党内斗争的方针，用对敌斗争的方式来解决党内矛盾，并将之与肃反结合起来，致使肃反扩大化的错误日益发展，愈演愈烈，严重地削弱了苏区党组织的力量。

1930年8月14日发布的《中国共产党对目前时局宣言》指出：“社会民主党在中国组成的意义，就是将西欧一切改良主义的欺骗搬运到中国来，反对领导中国革命的共产党，反对中国的苏维埃革命。企图在中国革命的大风暴中，挽救中国豪绅资产阶级的命运。”[②]错误地认为中国已有了社会民主党，它是反对中国共产党、反对中国革命的反革命组织。1931年初，红新十二军召开纪念国际共产主义的先驱李卜克内西、卢森堡、列宁大会，在场的几位战士呼喊了“社会民主党万岁”等口号，闽西苏维埃遂将喊口号的人当作反革命逮捕，由此牵连到该团政委林梅汀以及江桂华、张德宗等人。

---

① 《刘少奇选集》（上），人民出版社，1981，第25～26页。

② 《中国共产党对目前时局宣言》（1930年8月14日），载中央档案馆编《中共中央文件选集》第6册，中共中央党校出版社，1989，第258页。

1931 年 2 月 27 日，中共闽粤赣边区特委第一次扩大会错误地肯定了闽粤赣党的代表大会以来破获了所谓“社会民主党”的胜利，强调要运用群众的力量消灭所谓的“反动政治派别的组织和活动”。3 月 1 日，在永定虎冈召开了“闽西工农兵审判反革命社会民主党分子代表大会”，大会设立以闽西肃反委员会主席林一株为主审的“革命法庭”，对林梅汀等 34 名“社会民主党分子”进行公审和判决。大会宣布了对“社会民主党分子”的惩办原则：出身是地主、富农、流氓、动摇的小资产阶级社会地位高的，判以死刑；负社会民主党重大责任的处以死刑；潜藏在我们革命的指导机关内（如在中共闽粤赣特委，中国共产主义青年团特委，闽西苏维埃政府或在红军内的）处以死刑。3 月 2 日下午，林梅汀等 17 名所谓的“主犯”被判死刑，当场处决。

1931 年 4 月 4 日，中共中央对中共闽粤赣特委发出了指示信，指出：“敌人积极从各方面来向苏区红军进攻——普遍的白色恐怖积极的打入到党的组织内和红军中来从事破坏（闽西的所谓社会民主党，江西的 AB 团以及其他地方的改组派等等），从蒋介石到傅柏翠都是有整个的联系和计划的”，必须“肃清内部的——红军中政府中党部中的一切反革命分子，站在阶级立场上以最严厉的手段来镇压”。[①] 按照中央指示信的精神，中共闽粤赣边区特委立即作出《关于彻底肃清社会民主党、AB 团的决议》，号召各地要“以肃反为一切工作的中心”，限令在两个月内肃清社会民主党。从此，肃反代替了一切工作，各地以捕人最多，处决人最快的为最坚决。[②] 肃反机关及其主要负责人林一株等凌驾于各级党政组织之上，既无各级党组织的领导，更无广大群众的监督，“竟成了超过党超过政权的独裁机关”，粗暴地践踏了刚刚建立起来的苏维埃法制。一些道德品质恶劣的人，为达到个人卑鄙的目的，

---

① 《中央给闽粤赣特委信——闽粤赣目前形式和任务》（1931 年 4 月 4 日），载中共中央文献研究室、中央档案馆编《建党以来重要文献选编》第 8 册，中央文献出版社，2011，第 324～325 页。

② 《中共苏区中央局致闽粤赣省委并转省代表大会的信》（1932 年 2 月 19 日），载中共江西省委党史研究室等编《中央革命根据地历史资料文库·党的系统》第 3 辑，中央文献出版社、江西人民出版社，2011，第 2071 页。

趁机挟嫌报复，诬告陷害，打击面越来越宽，犯有执行李立三“左”倾错误的或因执行不通而采取怀疑态度消极的，或出身地富家庭的，统在被肃之列，而贫下中农干部则多为参加什么“十毫子运动”“食烟大同盟”“姑娘姐妹团”“找爱团”“膳食委员会”等所谓社会民主党外围组织遭逮捕。

肃反的扩大化在闽西苏区造成了风声鹤唳、人人自危的严重局面，引起了苏区干部的强烈不满和怀疑，纷纷向中央反映情况。1931 年 11 月 7 日，江西瑞金召开全国工农兵代表大会。会上，闽西的代表郭滴人、张鼎丞向毛泽东和苏区中央局汇报了闽西的工作，特别是闽西肃反中的错误做法。毛泽东严肃地指出：“这样搞，不要敌人打，我们自己就会垮台。”[①] 决定立即停止肃清“社会民主党”运动，还给了 5000 多元作为善后救济费。闽西代表回来后，立即传达毛泽东的指示，才开始制止了闽西这场错误的“肃反”。

闽西苏区的肃清社会民主党运动虽然最终被制止了，但却给苏区的革命斗争特别是组织建设造成了严重的后果。闽西苏维埃政府 35 名执委被肃过半，政府主席张鼎丞、闽粤赣临时省委组织部部长罗明也被怀疑。新红十二军连以上干部半数以上被肃，一批闽西苏区的创始人，许多优秀党员、群众领袖，以及坚决革命的共产党员和积极分子，被打成社会民主党分子横遭逮捕错杀，从而导致党团组织和政权机构的涣散，干部严重缺乏，削弱了党组织的战斗力，降低了党和苏维埃政府在群众中的威信，使闽西苏区党的建设及其他工作受到严重的损害。在国民党军队和反动民团的加紧进攻下，闽西苏区原来的 48 个区锐减为 22 个区。

闽北的“肃 AB 团、改组派”运动，从 1932 年 7 月始至 1934 年 10 月止，历时两年有余。1932 年 9 月中旬，红十军第二次入闽后，在赣东北省委的压力下，闽北分区委也开展“肃 AB 团、改组派”运动，设在大安街的分区各机关开始逮捕人，“抓走来自赣东北的闽北兵工厂修

---

① 鲁坚、沈国祥：《他心里总是不忘人民》，载《张鼎丞传》编纂委员会编《回忆张鼎丞》，福建人民出版社，1991，第 86 页。

械所3位师傅和军委会会计科科长等人”。10月15日，闽北分区苏维埃裁判部在大安召开审判大会，处死30多名所谓的“AB团”和“改组派”，此后，从闽北分区到各县苏、乡苏层层下“通知”，发“训令”，定“计划”，开展肃反斗争。

1933年5月，中共铅山县召开各区干部大会，会议期间，一部分干部到县委抢菜吃，被作为“改组派”的活动，导致70余人遭关押。在肃反扩大化中，闽北革命根据地的创始人徐元福、陈耿被错杀，致闽北苏区党组织元气大伤。

1933年8月8日，闽南工农红军三团政治部发出《为破获王奕修、洪振隆搞反革命阴谋告闽南工农劳苦群众书》，提出“万恶的国民党利用一切的反革命派别：社会民主党、AB团、第三党、改组派和流氓土匪分子混入我们的革命队伍和收买一般的阶级异己的动摇分子，组织反革命的团体，准备来破坏我们的组织和行动……”闽南苏区的肃反从部队发展到地方，先后错杀了红军干部战士和党员群众数百人，其中县团级干部1人，区营级干部10多人，而且酿成了漳州的五区事件，造成漳州党组织有14个支部，128名党员与党失去联系，[①] 给党和革命事业造成不可弥补的损失。

二、反“罗明路线”与“左”倾错误在组织建设中的贯彻

根据毛泽东的指示，即福建应加紧开展广泛的地方游击战争，配合主力红军的运动战，以便主力红军能够集中优势兵力选择敌人的弱点，实行各个击破，消灭敌人的有生力量，粉碎敌人的“围剿”，应在上杭、永定、龙岩老区开展游击战争，牵制和打击驻漳州和广东的国民党军队的进攻。时任中共福建（闽粤赣）省委代理书记的罗明一方面加紧开展杭永岩地区的游击战争，另一方面与新泉县委书记杨文仲向省委反映斗争的实际情况和提出粉碎敌人“围剿”的工作意见。

① 《厦门市委巡视员老黄关于漳州中心县委工作的报告》（1933年11月9日），载中央档案馆、福建省档案馆编《福建革命历史文件汇集（厦门中心市委文件）》（1933—1935），1984，第162页。

罗明、杨文仲所提出的意见充分反映了毛泽东军事思想的基本原则和实事求是的思想方法，是符合当时的斗争实际的，但却遭到“左”倾教条主义者的无情打击。1933年2月15日，苏区中央局作出关于闽粤赣省委的决定，认为省委是处在一种非常严重的状态之中，省委内一小部分同志已形成了以罗明为首的机会主义路线。决定立刻撤销罗明省委代理书记及驻杭永岩全权代表工作，并“在党内立刻开展反对以罗明同志为代表的机会主义路线的斗争”，同时，还决定要严厉打击对这一路线采取腐朽的自由主义态度的省委。[①] 2月20日，少共苏区中央局也作出决定，开展反“罗明路线”斗争，并给“罗明路线”戴上了“反国际反中央反党”的帽子。于是一场声势浩大的反“罗明路线”斗争，就在福建苏区迅猛开展起来。[②]

反“罗明路线”的斗争首先在省级机关开展，中共福建省委于2月24日召开省临时代表会议，开展反“罗明路线”的斗争，罗明按中央的决定在会上作了检查。然后自上而下，由内而外，全面铺开，一直到每一个党支部。在这一斗争中，往往采取对待敌人的办法来对待同志和处理党内斗争，实行“残酷斗争”“无情打击”，结果搞得人人自危。

当时参加反“罗明路线”斗争的同志，不少人并不真正了解下面的具体情况，省委派李明光、黄宜章、张思垣等到前线去，当他们了解情况后，反倒同情起所谓的“罗明路线”。有的随便应付了事，有的抵制了这一斗争。省委常委、宣传部部长兼军区政治部代主任李明光不愿在连城前线开展这场斗争，后在“左”倾教条主义者的压制下，在同敌人硬拼硬打中英勇献出了自己的生命。

在这场反“罗明路线”的斗争中，临时中央的负责人还实行了宗

---

① 《中共苏区中央局关于闽粤赣省委的决定》（1933年2月15日），载中共中央文献研究室、中央档案馆编《建党以来重要文献选编》第10册，中央文献出版社，2011，第101～102页。

② 《少共苏区中央局关于开展反罗明路线斗争的决定》（1933年2月20日），载中共中央文献研究室、中央档案馆编《建党以来重要文献选编》第10册，中央文献出版社，2011，第128～129页。

派主义的组织路线，打击和撤换了一大批各级党、政、军领导干部。在“加紧深入开展反罗明路线斗争”的口号下，福建省比较高级和比较老的干部几乎都不能幸免。例如，福建省委常委、军区政治委员谭震林被指责为“企图保留一部分机会主义武装，在某一时机上来向党进攻”的机会主义者，于是1933年6月在省委扩大会议和省军区党代表大会上受批判，并被撤销了军区的一切职务。张鼎丞则由于不同意反“罗明路线”而被扣上“一贯的机会主义、官僚主义的”帽子，被撤销了省苏维埃政府主席的职务。省委常委郭滴人被认为是“罗明路线”的拥护者，先被调到省委宣传部、省军区宣传部，后被调到基层带领几十人修筑工事，又被调到军区当勤务员的教员。省委常委、组织部部长刘晓和团省委书记陈荣被指责为“腐朽的自由主义和调和主义者”而受批判。省土地部部长范乐春，省军事部部长游端轩，军区的杨海如、霍步青，长汀县委书记李坚真，上杭中心县委书记方方，都被调离了原职，另行分配工作。其他县区的领导干部，也不断受到批斗、撤职，如永定县委的罗禄山、关坤林，武平县委书记陈玉梅，汀东县委的陈玉珍、熊丁洲等都遭到打击，并被撤销了领导职务。

在这种情况下，1933年6月的闽粤赣省委扩大会议及通过的《组织工作决议》和10月的中共福建省第三次代表大会及其报告，都认为自从党临时代表会开展反“罗明路线”的斗争后，保证了党内意志的一致，党的领导方式开始转变，党的组织有了相当的发展，扩大党员6000多人，吸收大批工人入党，党的组织更加扩大巩固与强化了，党员的积极性提高，工作能力政治水平也有进步，党的领导作用加强等。虽然提出了要扩大党与巩固党的组织，转变党的领导方式，健全支部生活，培养工农干部，加强党内教育，发展自我批评精神等，但在“左”的影响下，这些都是难以做到的。

除了闽西外，闽赣省在1933年5月，也加紧建黎泰苏区的反“罗明路线”斗争。5月14日至20日，在中共闽赣省委的直接领导下，召开了中共建宁中心县委扩大会议，开展反“罗明路线”的斗争，会议认为“建宁中心县委成立后（1月中）到3月中，在余泽鸿同志的领导之下，执行了机会主义的罗明路线”，会议“彻底揭发了建黎泰党内罗明路线的根源和实质，揭发了余泽鸿同志所领导的中心县委的机会主义错误”。会后，便撤销余泽鸿的中心县委书记职务，取消中共建宁中心县委，成立建（宁）、黎（川）、泰（宁）三县党的新领导机关。同时在红军部队中开展了反对以闽赣军区司令员（后任红七军团政委）萧劲光为代表的“罗明路线”的斗争，萧劲光受到残酷斗争和不公正对待，最后被撤销了职务，受到组织处分。接着，反“罗明路线”的斗争波及闽赣边区的闽北，斗争的矛头首先对准闽北军分区代理司令员邹琦，因他曾根据自己多年在白区工作的经验，提出了“耕者有其田”“巩固地向前发展”等口号，闽赣省委给他扣上“右倾机会主义错误”的帽子，将邹琦连同分区委书记萧韶一起撤职。闽北军分区司令员薛子正也因犯了“罗明路线的错误”而调走。闽北苏区的不少县相继召开联席会，开展对“罗明路线”的批判。

苏区反“罗明路线”的斗争，还影响到白区党组织，福州中心市委领导下的闽东的福安、连江及闽中的莆田等地也受到波及。福建临时省委[①]指责福安中心县委个别负责同志是“对党估计悲观失望的罗明路线”[②]，“闽东党存在的严重现象都是由于县委有了这种罗明路线的意识与估计所致”，要求福安党组织要迅速改正和克服所犯的“罗明路线”的错误。与此同时，临时省委批评连江县委“没有在斗争中来扩大党，扩大和巩固党对群众的领导”等错误，是由于县委书记练文澜“机会主义和官僚主义领导的影响所造成”，其错误“和罗明路线一样是不相信群众的力量，不相信党的力量，害怕敌人进攻的悲观失望的退却逃跑的右倾机会主义”。临时省委认为连江县委和全党，一定要坚决反对练文澜的“罗明路线”和官僚主义，彻底转变连江党的工作。临时省委要求立即撤销练文澜的县委书记职务，并提拔工农干部到县委。[③] 这些

---

① 此时福建临时省委并未正式成立，只是福州中心市委所用的名义。

② 《中共福建临时省委致福安中心县委信——坚决纠正立三路线，巩固和发展党》（1934 年 3 月 19 日），载中央档案馆、福建省档案馆编《福建革命历史文件汇集（省委文件）》（1931—1934），1984，第 272 页。

③ 《中共福建临时省委致连江县委信》（1934 年 1 月 30 日），载中央档案馆、福建省档案馆编《福建革命历史文件汇集（省委文件）》（1931—1934），1984，第 221 页。

错误的斗争遭受到当地党组织的抵制。

这场首先在福建发动的极其错误的党内斗争，实际上是反对以毛泽东为代表的正确主张，排斥和迫害了大批坚持毛泽东正确思想的干部，给革命事业造成了极大的危害。

正是因为“左”的影响，造成党的建设的严重削弱，广大立场坚定、联系群众的干部受到打击，而且造成与群众的隔阂，形成严重的教条主义和宗派主义，这些对于苏区的反“围剿”斗争产生负面影响。在国民党军的大举进攻面前，其最终造成苏区的丧失，中央机关和主力红军被迫长征，福建党组织和红军游击队转入游击战争时期。

第五章　三年游击战争时期党的建设

在艰险的游击战争环境下，党组织和红军游击队指战员既要与国民党“清剿”部队作殊死的斗争，又要与恶劣的生存条件抗争，在国民党进行“三分军事、七分政治”的高压态势面前，党组织的建设遇到空前的困难。但广大党员干部和红军游击队指战员进行了适合斗争形势的转变，强化组织建设，加强政治思想工作，紧紧依靠群众，建立了与人民群众的鱼水关系和血肉联系，最终坚持了艰苦卓绝的三年游击战争并取得胜利，实现了整编北上抗日疆场的夙愿。

第一节　革命低潮时期党面临的严峻挑战

一、苏区沦陷后党组织面临的不利局面

在第五次反“围剿”失利，主力红军被迫实行战略大转移后，国民党军队开始对各苏区实行全面“清剿”，国民党投入了在闽的30多万陆军和地方保安部队，“就像洪水一样，几乎淹没了整个根据地”[①]。在国民党军队的大举进攻之下，失去主力红军依托的福建各革命根据地先后沦入敌手。1934年11月29日，中央苏区的最后一个县城宁化为国民党军占领。闽北、闽东、闽南各革命根据地也不断被压缩，至1935年初，闽北苏区仅剩下崇安大安周围的狭小地区，中共闽东临时特委和闽东苏维埃政府也被迫从福安的柏柱洋撤出。

国民党军队进攻苏区得手后，进而将对革命的一切仇恨全部发泄

① 《叶飞回忆录》上册，解放军出版社，2014，第45页。

到苏区人民身上，采取惨无人道的手段进行阶级报复，大肆屠杀共产党人和革命群众，制造了一桩桩惨案，造成一个个“无人村”“血流村”“寡妇村”等。特别是对于苏区党组织和红军游击队的主要领导人和积极参加革命斗争的群众，以更为残忍的手段进行迫害。中共闽东临时特委书记詹如柏、闽东苏维埃政府主席马立峰被捕后，狠毒的敌人用钢针刺进他们的胸口，后割下他们的头挂在大街上。连城县苏维埃政府主席沈邦翰被活活砍成22块，其妻也被脱光衣服浇上汽油活活烧死。良福村女游击队员陈凤英被捕后，敌人将其两个乳房用铁丝穿过，牵着游街，后又将她破腹惨杀。在国民党反动派的阶级报复和反攻倒算下，各苏区变成“无不焚之屋，无不伐之树，无不杀之鸡犬，无遗留之壮丁，闾阎不见炊烟，田野但闻鬼哭”的地狱。

在苏区陷落后，福建各地党组织所面临的不仅是数十倍于己的国民党军队的大举进攻，而且，在极其艰难的条件下党的建设方面存在着诸多不利因素的影响。首先，“左”倾错误的影响仍未消除，由于苏区时期在政治上实行“左”的肃反政策等，严重削弱了革命力量，极大地挫伤了广大干部群众的积极性，“造成了党内的恐惧心理和社会的不安现象，造成了党群之间、上下之间、红军与人民之间严重脱节的现象”①。其次，由于苏区的陷落，苏区各级的党组织遭到严重的破坏，大批党员干部被捕被杀，党员人数锐减，所存下来的党组织战斗力也受到严重的削弱，有不少党员与组织失去联系，有些党员因此动摇党的信念甚至走上叛变革命的道路，使党的力量受到极为严重的削弱。再次，由于在阶级政策上实行从肉体上消灭地主，并且实行侵犯中农利益的过火政策，引起群众特别是中农群众的不安，加上苏区陷落后，国民党反动派“实行所谓‘剿抚兼施’的威吓与欺骗政策，强迫民众组织保甲与民团”，从而使党的群众基础受到严重破坏。

在此急转直下的形势下，中共中央为了统一领导坚持在南方开展游击战争的党组织和红军游击队，决定在原中央苏区设立中共中央分局，由项英、陈毅、贺昌、瞿秋白、邓子恢、张鼎丞、谭震林、梁柏

---

① 张鼎丞：《中国共产党创建闽西革命根据地》，福建人民出版社，1982，第63页。

台、陈潭秋、毛泽覃、汪金祥、李才莲组成，项英任书记，并相应成立了中华苏维埃共和国中央政府办事处，由陈毅为主任，还成立了中央军区，由项英任司令员兼政委。中共中央给中央分局的任务是：保卫中央苏区，保卫土地革命的胜利果实，在中央苏区及其周围进行游击战争，使侵占中央苏区的敌人无法稳定其统治，并准备配合红军主力，在有利条件下进行反攻。

然而，在1935年初，中央分局、中央军区、中央办事处等被国民党军队围困在狭小的雩都仁凤山地区，实际上已无法对分散于中央苏区各地的党组织和武装实行统一的领导，对于原直属中央或属白区党组织领导的中共闽粤边特委、闽北分区委及闽中、安南永地区党组织的领导，更是鞭长莫及。于是，福建各地的党组织和红军游击队从此便开始了独立自主开展反“清剿”斗争的艰难历程。

1935年3月，国民党宋希濂部第三十六师及闽赣两省的保安团，依仗其优势兵力和强固工事不断向四都推进，福建省委、军区机关陷入了国民党的重重包围之中，部队仅剩下五六百人。在此情况下，福建省委决定实施从长汀西南边境的腊口西分水坳突围计划，由万永诚、龙腾云率一部向武平方向突围，毛泽覃率一部向瑞金方向突围，吴必先率一部向长汀方向突围。4月10日，万永诚等百余人在腊口以南的梅子坝山区，被国民党第八师陶峙岳部包围，苦战了一昼夜，龙腾云及大部分指战员壮烈牺牲，万永诚突围时被捕，后被杀害于江西瑞金。毛泽覃所率的一部，在瑞金黄善口附近遭到国民党第二十四师的袭击，也大部牺牲。吴必先率领的一部突围到长汀濯田鸡冠峰被国民党第三十六师围捕，后被杀害于江西九江。至此，中共福建省委、省苏维埃政府及军区全部瓦解。

1934年12月，中共闽赣省委、省苏维埃政府、军区及所属部队从宁化城撤出后，先后迁驻泉上、枫溪、安远等地。为了适应新的形势，1935年1月，省委、省苏召开紧急会议，将省委、省苏、省工会机关人员整编为省委工作团。3月，当闽赣省委转移到将乐境内时，才收到中央关于“闽赣要独立自主地坚持斗争，从今以后，中央不能用电报同你们联系了”的电示，当即省委、军区召开会议对所属部队约500人进行了传达。会后，部队又辗转于顺昌、南平、沙县、将乐、归化、清流、永安之间。此时，国民党军队的包围圈日益缩小，部队的处境已十分艰难。

随着斗争形势的不断恶化，闽赣军区司令员宋清泉、政治部主任彭祜、参谋长胥江汉等人，对革命斗争开始产生悲观失望的情绪，并排挤和摆脱省委领导，掌握了闽赣省的实际权力，造成了“枪指挥党”的局面。他们于1935年4月将部队带往闽中、闽南地区，在途中将余下的600多人改编为闽赣新编第一团。5月上旬，中共闽赣省机关和新编第一团退至尤溪、永泰、德化、仙游交界的紫山，遂被仙游、德化的民团所包围。在此危急关头，省委在紫山召开有指导员、党团书记以上干部40多人参加的党团扩大会议，研究下一步的对策。会上，省委书记钟循仁主张将部队转向闽西坚持斗争，但遭到宋清泉、彭祜、胥江汉等人的坚决反对，会议未作出任何决议。5月8日，宋清泉、彭祜、胥江汉等便秘密将部队分两批拉下紫山，与在仙游的国民党第四区行政督察专员公署接头，叛变投敌，600名武装为国民党第九师全部缴枪收押。省委书记钟循仁和省苏主席杨道明获悉后，率少数游击队员突围。中共闽赣省委、省苏、军区及革命武装全部瓦解。

至此，原直属于中共中央的两个省委——中共福建省委、中共闽赣省委全部瓦解，中共闽粤边特委尚在苦苦坚持，其他区域性的基层党组织，如中共闽北分区委、中共闽东临时特委等，均处于与上级党组织失去联系，独自为战的状态。各级党组织不成系统的现象严重存在，县委缺乏集中领导，各支部不健全，党的支部“限在非常狭隘的地区，支部生活未建立，党员很少活动，不敢向新党员开门，有些地方党员与非党员分不清（如代英），党的公开干部非常缺乏，特别是巩固党的组织不注意，秘密工作太差，致党常常受到破坏，党员牺牲跑散（如龙岩），甚至指导机关被破坏（如永定县区机关都破坏），妨碍整个工作与影响到群众情绪的低落”①。闽东虽然成立了临时特委，领

① 《闽西南军政委员会关于目前新的形势与新的任务决议》（1936年1月5日），载福建省档案馆、广东省档案馆编《闽粤赣边区革命历史档案汇编》第2辑，档案出版社，1987，第13页。

导着下属各县委，但是“政治水平非常低落，最严重的，就是上级领导机关没有坚决执行党内教育，因此，下级党部没有把握解决一切问题”①。不仅特委本身没有成为健全的领导机关，县委至区委也没有能够切实负起责任。于是，在国民党军队不断“清剿”之下，中共福建党的组织陷入了极度的危机。

二、适应斗争形势转变党的组织形式

1935年1月16日至17日，中共中央在遵义召开政治局扩大会议，结束了“左”倾教条主义在党中央的统治，选举毛泽东为中央政治局常委，实际上确立了毛泽东在党中央的领导地位。会议通过的《中共中央关于反对敌人五次“围剿”的总结的决议》，不仅对主力红军的战略目标作了明确的部署，而且对南方的革命斗争也做了相应的安排。1935年2月，被敌人围困在雩都仁凤山的中央分局，接到遵义会议后中共中央发来的两个电文。电文根据遵义会议的最新精神，对南方苏区今后的斗争作出重要指示，指出“广泛的发展游击战争是党目前最中心的任务之一”②，特别是强调应迅速改变组织形式和斗争方式，使之与游击战争的环境相适应。

中共中央在遵义会议后关于南方游击战争的重要指示，对于南方党组织迅速纠正“左”的影响，实行战略转变，具有重要的指导意义。接到中共中央的指示电后，中央分局立即将所剩部队和领导人员分成九路向外突围，要求各路带着中央的指示精神，分散到不同地区去领导和开展游击战争。

1935年1月，中共闽北分区委在大安召开紧急会议，作出撤出苏区依托武夷山区坚持游击战争的决定。在党的组织方式方面也作出相应的调整，即撤出公开干部，建立秘密的党组织和交通联络网，实行

---

① 《中共闽东特委关于闽东形势及党的组织情况的报告》（1934年11月18日），载中央档案馆、福建省档案馆编《福建革命历史文件汇集（福州市委文件）》（1933—1934），1985，第267页。

② 《中共中央关于反对敌人五次“围剿”的总结的决议》，载中共中央文献研究室、中央档案馆编《建党以来重要文献选编》第12册，中央文献出版社，2011，第65页。

“白皮红心”，继续领导群众斗争；同时为适应游击战争的形势，要求县苏维埃政府主席和县委书记分别兼任团（营）长和政委，随县独立团（营）活动；区苏维埃政府主席和区委书记分别兼任游击队长和政委，随区游击队行动。2月，中共闽北分区委收到遵义会议后中共中央书记处关于转变组织方式和斗争方式，开展游击战争的电报指示。根据中央的指示精神，结合撤出苏区后出现的一系列问题，中共闽北分区委进一步作出关于转变组织形式和斗争策略的决定，即在策略上采取统一领导、分散活动，加强游击战争的方针；在组织领导上实行党政军一体化的体制。随后，中共闽北分区委即对党政军群混合而又庞大的队伍进行全面的整顿。首先，对原来适应于苏区斗争需要而成立的分区委各机关进行精简，尽量压缩非战斗人员，撤销重叠的机构，使领导机关成为精干的战斗体。其次，为了改变部队组织松散，“各自为战，战斗频繁，战斗行动军区很难统一掌握，加之环境艰苦，部队中脱队现象时有发生”[①] 的状况，以实现统一领导，增强战斗力，有计划地打击敌人，中共闽北分区委将所辖部队集中在长涧源进行整编，并重建闽北独立师，大量压缩机关非战斗人员，充实到独立师。1935年2月以后，又相继成立了游击司令部和指挥部，县、区苏维埃主席，县、区委书记分别担任游击队司令和政委。经过整顿和整编，中共闽北分区委机关和红军游击队实现了组织形式的转变，为游击战争的开展奠定了重要的组织基础。

为了领导闽西的游击战争，中央分局成员张鼎丞从江西返回闽西，在永定赤寨与中共永定县委及率先深入到敌后开展游击战争的红八团、红九团取得联系。由于红八团、红九团处于与中央军委失去联系，各自为战的状态，为了统一领导，决定成立适应新斗争形势的闽西军政委员会，张鼎丞、范乐春、郭义为、廖海涛、丘金声、丘织云、朱森、罗忠毅、赖荣传、吴胜、谢育才、方方、魏金水、伍洪祥等为委员，张鼎丞任主席。与此同时，陈潭秋、谭震林率领红二十四师的一个营约500多人，按照中央分局的决定，突破重围前往闽粤边开展游击战

① 陈仁洪：《从闽北到皖南》，福建人民出版社，1985，第51页。

争，并向当地党组织和红军游击队传达遵义会议精神和中央分局的部署。1935年2月21日，与红二十四师失去联系的邓子恢、瞿秋白、何叔衡等，也在福建省委保卫队的护送下，由长汀四都向永定方向转移。在途中瞿秋白、何叔衡因遭敌军袭击被捕牺牲，陈潭秋、邓子恢、谭震林辗转到达永定的大阜山，与张鼎丞及红八团、红九团会师。

陈潭秋、邓子恢、谭震林等率领部队的到来不仅为闽西的游击战争增添了党的骨干力量，而且，带来了遵义会议后中共中央新的指示精神和中央分局的决定。1935年4月10日，闽西南各地党政军领导人的联席会议召开。会议认为闽西南地处三省边界，境内崇山峻岭，有利于坚持游击战争，同时有经过长期革命斗争影响的人民群众的支持，有张鼎丞、邓子恢等一批与群众有血肉联系的干部，各地红军游击队又有长期的游击战争经验。所以，只要能紧密依靠群众，采取正确的战略战术，游击战争一定能够坚持下去。会议决定以开展广泛的、灵活的、群众性的游击战争作为游击战争的战略方针。为了统一领导闽西南地区的游击战争，会议决定在闽西军政委员会的基础上，扩大成立闽西南军政委员会，选举张鼎丞为主席，邓子恢、谭震林为副主席，邓子恢兼任财政部部长和民运部部长，谭震林兼任军事部部长，郭义为任党务部部长，方方为政治部主任，朱森任参谋长，同时还决定成立永定、永东、上杭、龙岩4个县委，分由范钦洪、马发贤、廖海涛、魏金水为县委书记，从而形成闽西南地区游击战争新的领导核心。

在反“清剿”斗争初期，福建各地的党组织根据斗争形势的变化，在实行战略转变的同时，对于党的组织形式也进行了相应的转变。这种转变主要围绕着游击战争开展的需要而展开：第一，将苏区时期公开的党组织撤出苏区，建立党的秘密组织；第二，大量压缩非战斗人员，将干部充实到红军游击队中去；第三，由党的主要领导人兼任各级红军游击队的政委，以加强党对革命武装的领导；第四，建立党政军一体的统一组织，减少机构的重叠，实行适应于游击战争需要的一元化领导，增强领导机关的机动性。

三、各游击区反叛徒斗争的开展

国民党在进行军事“清剿”的同时，采取“军事政治力量双方并进”的策略，利用种种手段实行政治瓦解，以图达到彻底消灭游击区的党组织和红军游击队的目的。

1935 年初，国民党福建党部、省政府等联合成立了所谓“共产党人自首审查委员会”，并制定出《受理共产党人自首法》，规定“自首之共产党人检举其他共产党人犯罪事实，因而查获人犯及反动文件或其他证据物品者，得免除刑一部或全部之执行”，“共产党人一罪既发别首未发余罪者，得减所首余罪之刑 1/3 或 1/2”，“共产党人如并举其他同党之犯罪事实，因而查获重要人犯或其他重要证据物品者，得缓刑或移送反省院”等条例，企图以此瓦解共产党人的革命斗志。

国民党福建当局还于 1935 年 4 月在福州设立了反省院，对被捕的共产党人进行强制性的政治思想灌输，企图毒化其思想，诱骗其自首变节，并创办了《福建反省院期刊》，刊登发表种种所谓的悔过书，广为散发。同时，在各地设立了“自新事务所”，安插所谓的“投诚自新人员”，“用各种极其残酷毒辣的办法，强迫、利用这些人来破坏我们党组织、交通站、接头处、采购站等”。

国民党当局还针对共产党和红军游击队在群众中有着深刻影响和广泛基础的情况，制定了所谓《推行各县政治实施程序》，每攻陷一地便进行所谓的召集流亡、安抚难民、自新登记、组织“铲共铁血团”、新生活运动会等，对广大群众展开全面的政治攻势，特别是对为苏维埃做过事，入过工会、农会等党领导的群众组织的成员，都要强迫办理所谓的“自新”手续，企图动摇和收买革命队伍内的动摇分子，瓦解革命队伍，削弱革命力量。

国民党当局这一系列政治瓦解政策，在特定的历史条件下，收到了一些军事进攻所达不到的效果。“由于敌情紧张，斗争困难，党和红军中有个别意志薄弱、思想糊涂、立场不坚定的人以及阶级异己分子被敌人引诱出去”[①]，叛变革命、危害革命。于是，反革命的气焰一度十分嚣张，叛徒的活动一度也十分猖獗，特别是各游击区党组织和红

① 张鼎丞、邓子恢、谭震林：《闽西三年游击战争》，载中共福建省委党史资料征集编写委员会编《福建党史资料》第 3 辑，1984，第 49 页。

军游击队的个别主要领导干部叛变革命后，具有更大的破坏性。闽西南军政委员会参谋长朱森，在敌人凶恶的“清剿”面前，吓破了胆，怕死动摇而走上了可耻的背叛革命的道路。他充任国民党“游击纵队司令”后，带领一个团的国民党军在龙岩、永定、武平一带“搜剿”红军游击队，四处招摇撞骗，并用残酷毒辣的手段屠杀共产党员和革命群众，危害极大。1935 年 3 月，闽北军分区司令员李德胜在反“清剿”斗争最为困难之际，叛变革命，向国民党驻军投降，并在国民党的指使下，用种种手段企图诱骗红军游击队下山加以围歼。中共闽东特委的鼎平办事处书记谢作霖，福寿独立营政委方耿等，在斗争形势紧张之时，动摇信念，叛变革命。安南永地区由于游击队内相继出现叛徒，使游击队不断遭到国民党军队的包围和追击，红二支队政委李剑光也遭叛徒的暗杀。这一切使各游击区本已十分困难的处境，变得更加严峻，给党组织和红军游击队的生存和斗争带来严重的威胁。

在这种情况下，打击叛徒内奸的破坏活动，纯洁革命队伍，消除因叛徒活动而导致的思想混乱、组织涣散，制止不利于革命的颓势蔓延，振奋革命斗志，击退国民党的政治攻势，已显得刻不容缓。于是，福建各游击区党组织在极为困难的形势下，采取有力措施在内部开展旨在稳定革命队伍的反叛徒斗争。

中共闽粤边特委提出要以提高全党同志的政治水平与阶级警觉性，严守铁的纪律的精神，来扫除一切暗藏在党内的不良分子和内奸，来巩固并壮大我们党的组织。在党内开展提高党员的警觉性，严肃党的组织纪律性，谨防异己分子混入党内的教育；在部队中则开展检举运动，建立定时的以班为单位的检查会议。中共闽北分区委针对因李德胜叛变在党内军内引起的混乱，从加强政治思想教育入手，在党内军内开展了一次反叛徒的斗争。分区委书记黄道向党员作了题为《反叛徒，提高革命信心，坚持革命斗争》的报告，指出李德胜叛变虽然使革命蒙受了损失，但是清除了叛徒，却使革命队伍更加纯洁。为了进一步振奋部队的革命斗志，深入开展反叛徒斗争，黄道还亲自创作了一首《骂叛徒李德胜歌》，在部队中广为传唱。闽中党组织为了纯洁革命队伍，抓住典型，召开了揭露内奸林景坤的会议，特委书记王于洁在会上作了《全党提高警惕，加强打狗团工作》的讲话，要求各级党组织都要进行一次严格的审查，对于不可靠分子，报上级党组织批准，一律清除出党。进而“以林景坤叛党为例子，进行一次加强党性的教育。教育党员要守纪律，要符合党员条件，要忠于党，做到即使被捕了也不能叛变”。

为了揭穿国民党的政治瓦解阴谋，揭露叛徒的丑恶嘴脸，游击区党组织加强了反叛徒斗争的舆论宣传。闽西游击区的各级党组织连续发表了张鼎丞、范钦洪、刘永生、范乐春等《为驳斥叛徒江利发等的信告永定群众书》《永定县苏维埃政府布告为号召民众就地枪决反革命首要分子范寅子等11人事》《杭代县军政委员会告杭代被反革命压迫欺骗回去自新自首分子书》等，形成强大的舆论攻势，反击了国民党的欺骗宣传，振奋了群众的斗志，震慑了叛徒。

同时，各游击区党组织也针锋相对采取有力措施，“对那些动摇企图投敌的分子及敌人奸细……及时采取紧急处置，不应让一个叛徒及敌人奸细逃跑出去”[①]。而对于那些助敌为虐的叛徒，各游击区党组织纷纷发布通告，宣布判处死刑，并以班排为单位组成灵活机动的“打狗队”，专门伏击那些罪大恶极的叛徒。当时，闽西、闽北、闽中党组织便先后组织了“打狗队”，清除了一批叛徒。

反叛徒斗争的普遍开展，有力地惩罚了叛徒和内奸，制止了敌人的肆虐，保护了革命力量，稳定了革命队伍，有力地配合了反“清剿”斗争。由于在反叛徒斗争中，采取分别对待的政策，即“注意捕杀反革命首领与主要叛徒，对那些不积极反革命的叛徒与自首分子不应采取捕杀政策，而应该发动群众起来反对他，并采取分化政策，促成他们内部分裂，对主要叛徒也不应无条件的没收全家，被叛徒指证、强迫去自首而又不破坏党及群众工作的党员，不应视为自首分子，应向

---

① 《闽西南军政委员会关于目前新的形势与新的任务决议》（1936年1月5日），载福建省档案馆、广东省档案馆编《闽粤赣边区革命历史档案汇编》第2辑，档案出版社，1987，第14页。

他们解释，免他恐慌，并设法争取他们再来革命"①，从而有效地粉碎了国民党的"政治瓦解政策"。

第二节　艰难困苦中铸就血肉党群关系

一、党群关系面临的严峻考验

国民党在进行军事"清剿"的过程中，"感觉到飞机轰炸，机枪扫射，这种血腥手段是不能使苏区群众有什么恐慌与动摇"，反而使苏区人民群众更"坚决斗争、增加阶级仇恨"时，便企图采取"移民并村""保甲连坐制度"等强制性的手段来控制民众，进而将党组织和红军游击队与人民群众人为地隔离开来。

为此，国民党南昌行营颁布《移民垦殖办法草案》，以垦殖荒地为名将苏区群众强迫迁往白区而加以控制。随后，各地的国民党当局纷纷制定和颁布各种的"移民并村"办法和大纲。国民党闽赣边区军事当局拟定了《闽赣所属各县移民并村办法大纲》，闽浙赣皖边区主任公署颁布了《闽浙赣皖边区主任公署所属各县移民并村办法大纲》。蒋介石也电令福建省政府主席陈仪，"爰为统一办法起见，遵照钧会南昌行营颁布移民垦殖要旨，并参酌闽赣省边区所订办法，拟定所属各县移民并村办法大纲，俟奉核准即行，通饬遵照办理，以期便利民众而安地方"。于是，国民党福建当局制订了《杜绝福建匪祸计划》，把"移民并村，将之山岭偏僻处二三家之小村，并入三四家大村"列为"清剿"办法中之首条。

与此同时，为了加强对人民群众的控制，国民党还推行保甲连坐制度，作为其实行法西斯统治的基层政治制度。1934 年底，国民党福建省政府在原有保甲制度的基础上，发布了《福建省实施各县保甲办

① 《闽西南军政委员会关于目前新的形势与新的任务决议》（1936 年 1 月 5 日），载福建省档案馆、广东省档案馆编《闽粤赣边区革命历史档案汇编》第 2 辑，档案出版社，1987，第 14 页。

法》，要求各县按“本办法规定整理各项，限二十四年底（1935 年底）止全部完毕，不得延缓，如各县中有某区，或某区之某地方因‘匪’障碍尚未整查完成者，县长负责督同会军限期肃清，一面加紧编组保甲，并将情形呈县政府暨该区行政督察专员察夺……不得借口匪患未清，全部停顿”[①]。1935 年 7 月 9 日，国民党军事委员会行营发布了《编查保甲户口总动员办法》，同月又发布了《修正剿匪区内各县编查保甲户口条例》，进一步强调了实行保甲制度，不仅要在“剿匪区”内限期编组保甲，清查户口，而且要求将一切自卫组织改编为保甲，使保甲制度渗透到各个角落，形成严密的控制网络。在编组保甲的基础上，国民党还普遍推行连坐法，规定“知匪不报者杀”，“借匪粮食者杀”，“通报消息者杀”，“窝匪者杀”等，并“一家通匪，十家连坐”，实行惨无人道的白色恐怖。

国民党“抽干塘水抓鱼”政策的实行，一度将群众与红军游击队隔离开来，使党组织与人民群众的联系更加困难，同时，由于王明“左”倾教条主义在苏区实行一系列“左”的方针政策，错杀和打击一大批干部和群众，在群众中留下了阴影。而在革命低潮时期一些动摇分子叛变革命后，助纣为虐，带着反动武装残害与红军游击队有联系的群众，严重地伤害了群众。这给在新的历史条件下，恢复和建立党群军民的密切关系，带来了很大的困难。

在反“清剿”斗争的初期，各游击区党组织和红军游击队也一度对于群众在国民党军队的高压政策下所产生的一些低落消极情绪，以及群众被迫违心地做出一些诸如“自新”的事，缺乏必要的理解，仍然存在着要求“群众作无希望的斗争，因而使群众在对敌斗争中长期陷于左右为难，进退失据的境地”，甚至把“群众对待敌人某些不得已的应付行动”[②] 看成“是做了国民党法西斯蒂的应声虫”，是“认贼作

① 参见《闽赣浙皖省边区清剿总指挥部清剿工作经过详报》。

② 张鼎丞、邓子恢、谭震林：《闽西三年游击战争》，载中共福建省委党史资料征集编写委员会编《福建党史资料》第 3 辑，1984，第 46 页。

父”的行为。[①] 这种做法错误地低估了广大人民群众的觉悟，没有设身处地去理解群众的难处，不仅给党群军民关系的恢复带来更大的困难，而且客观上却是把群众往敌人方面推，正中了国民党企图离间和瓦解党群军民关系的阴谋。

同时，在一个时期内，有些红军游击队“有一个共同缺点，就是部队活动多，群众发动少，不善于做群众工作，不善于组织群众利用合法的斗争”[②]。而有些地区的党组织还存在着“对群众的斗争情绪估计不足，认为没有红军的到来，群众是不敢起来斗争的。因之，没有刻苦忍耐的去组织群众，领导群众的日常斗争”[③] 的倾向。既没有去武装群众，向外开展游击战争与坚壁清野来对付敌人，又没有去加强领导，解决群众日常困难，结果，“造成有受过我们领导的群众都脱离我们”[④]。

在各地党组织和红军游击队相继实行了战略转变，转入游击战争后，特别是打出外线开辟新区时，党群、军民关系又面临新的问题。一方面，红军游击队在新区人生地不熟，甚至语言不通，做群众工作十分困难。另一方面，白区群众由于长期以来受国民党的反动统治和地主武装、大刀会、反动道会的控制，不敢与红军游击队接触，甚至受反动宣传的欺骗，盲目地跟随反动武装与红军游击队作对。在这种情况下，党组织和红军游击队普遍“对发动新区群众的勇气不够，信心不足，没有很快和当地群众结合起来”[⑤]，从而产生了依靠军事来恢

---

① 黄会聪：《新的形势与新的策略下右倾机会主义的动摇》（1935 年 10 月 5 日），载福建省档案馆、广东省档案馆编《闽粤赣边区革命历史档案汇编》第 1 辑，档案出版社，1987，第 419 页。

② 张鼎丞、邓子恢、谭震林：《闽西三年游击战争》，载中共福建省委党史资料征集编写委员会编《福建党史资料》第 3 辑，1984，第 52 页。

③ 《中共靖和浦县委第五次扩大会议的决议》（1935 年 6 月 5 日），载福建省档案馆等编《福建军事斗争史料选编（1934.10—1938.2）》，第 16 页。

④ 《中共闽粤边区特委给饶和埔县委的指示信》（1935 年 12 月 15 日），载福建省档案馆、广东省档案馆编《闽粤赣边区革命历史档案汇编》第 1 辑，档案出版社，1987，第 433 页。

⑤ 饶守坤：《闽东北的游击战火》，载中共建阳地委党史办公室、福建省建阳地区文化局编《战斗在闽北》，1983，第 219 页。

复苏区的观点，故而放松了艰苦的组织工作。另外，对群众情绪估计不足，产生不相信群众的关门主义①，结果给开辟新区工作带来了巨大困难。闽北红军游击队在建松政地区开辟新区时，由于群众工作没有及时开展，在两个月之内转遍了五峰山到白云山之间的大小村庄，根本看不到群众的面。想宿营和休息一下，村子里却空空荡荡，想吃饭买不到粮食，想走路找不到向导。整个进军和遭遇战中，有近百名伤员，没有人抬，也没处安置，弄得部队风餐露宿，疲惫不堪，别说站住脚，甚至连生存都受到威胁。闽西的红九团由于“缺乏群众工作，缺乏根据地思想，所以军事上虽然获得了不少胜利，但始终不能建立游击基点，长期在无群众工作基础地区孤军作战”，结果至 1935 年 11 月间，被敌人追击达 11 天之久，“由于得不到群众的支援，一连三天部队没有吃饭，没有睡觉，终于粮尽弹缺，人困马乏，而在永定之湖雷一带被敌人击溃，损伤过半”。②

二、坚定地执行党的群众路线

面对严峻的形势，福建各游击区党组织和红军游击队及时总结经验教训，努力纠正群众工作中的失误，制定适应斗争实际的群众路线和群众工作方法，从各方面加强党的群众工作，恢复党、红军游击队与人民群众的血肉联系。

1935 年 4 月，闽西南军政委员会在实行策略转变，制订新的方针时，便把游击战争的群众性作为重点的内容，要求“游击战争不限于部队的军事活动，要协同地方党去领导群众斗争，使群众利用合法的斗争转到非法斗争，从和平斗争转到武装斗争，从游击小组的秘密活动转到游击队的公开活动，这样来多方面牵制敌人，打击敌人，配合

① 《闽西南军政委员会关于一年来工作的检阅和目前形势与任务》（1936 年 3 月），载福建省档案馆、广东省档案馆编《闽粤赣边区革命历史档案汇编》第 2 辑，档案出版社，1987，第 94 页。

② 张鼎丞、邓子恢、谭震林：《闽西三年游击战争》，载中共福建省委党史资料征集编写委员会编《福建党史资料》第 3 辑，1984，第 56 页。

部队作战，并且使部队逐渐发展壮大”[①]。中共闽粤特委针对党内存在的错误估计群众的革命热情，对群众悲观失望的思想，要求各级党组织，纠正错误认识，“更积极的领导群众的斗争，组织群众的力量”，“更广大的开展群众游击战争，创造新的游击区和苏区，彻底粉碎敌人的‘清剿’”[②]。

执行打出外线，开辟新区任务的各红军游击队，在斗争实际中也切身感受到“没有群众支持的滋味，整个部队像人掉进荆棘丛里，四面受刺，却坐不来，苦恼极了”，从而迅速改变了只注重军事斗争的流寇思想。针对新区群众特点，采取有针对性的群众工作方法，进行耐心的说服、宣传和发动工作。挺进到建松政边区开辟新游击根据地的闽北红军游击队，针对群众没有发动起来，开辟新区的工作处处受阻的情况，着手改变工作方法，将部队分散到各村庄去对群众进行宣传说服工作，从个别的交谈到集体的宣传，使白区的群众了解红军游击队的性质和党的各项政策。群众工作很快收到了明显的效果，逃到山上的群众陆续回到村庄，红军游击队进入村庄时，群众也不逃避。对于一些仍然躲在山里的群众，红军游击队就让宣传员向山上喊话，进行劝说工作。红军游击队进村时，严格遵守群众纪律，对群众的东西秋毫无犯，用了群众的米盐则照价给钱，并帮助群众收稻子、喂猪喂鸡等，以实际行动来影响教育群众。有一次，闽西的红八团经过龙岩的狮子村，村里的群众不明真相全跑光了，慌忙中把一个三四岁的小孩丢下，小孩抓住楼梯的栏杆，眼看就要从三四米高的楼上跌落下来，团长丘金声飞跃上楼救了小孩，还用炒米糊喂他，并派两个战士留下照顾小孩。当战士把孩子交还给其父母时，他们激动得热泪盈眶，并说：“你们是哪路来的军队？俺盘古开天头一回见到这么好的兵啊！”红军游击队救小孩的事迹传开了，当红八团第二次进村时，群众就不

① 张鼎丞、邓子恢、谭震林：《闽西三年游击战争》，载中共福建省委党史资料征集编写委员会编《福建党史资料》第 3 辑，1984，第 52～53 页。

② 少其：《以广泛的游击战争粉碎敌人的“清剿”》（1935 年 10 月 25 日），载福建省档案馆、广东省档案馆编《闽粤赣边区革命历史档案汇编》第 1 辑，档案出版社，1987，第 429 页。

跑了；第三次进村，群众就拉战士到家中，热情地欢迎和慰劳红军游击队。同时，为了保护人民群众的生命财产，红军游击队总是毫不犹豫地牺牲一切。有一次红八团的两名侦查员在执行任务时，因叛徒出卖而被追捕，躲进了东坑村的接头户家里，凶恶的敌人强迫村里数十名群众交出红军侦查员，群众宁死保护红军侦查员。当敌人要用火焚烧群众的房子时，侦查员挺身而出，保护了群众的财产。红军游击队就是这样以实际行动赢得了群众的心，从而粉碎了国民党军队离间党群军民关系的阴谋。

针对国民党的“自新”政策，游击区党组织在特定的历史条件下，纠正了以前笼统地把群众的被迫“自新”视为“反水”的做法，采取灵活的措施，不仅允许群众在不得已时集体“自新”，而且还同意群众中没有暴露身份的党员，在敌人强迫“自新”时，可以和群众一起签名，使群众在敌人的高压下，顺利地渡过难关，这样“既保护了群众的利益，又密切了党员与革命群众的联系”，从而使国民党企图利用“自新”政策来分化党群军民关系的阴谋不攻自破。

游击区党组织和红军游击队针锋相对地采取一系列有力的措施，把国民党设在党、红军游击队与人民群众之间的层层障碍一一排除掉，从而消除了群众的种种疑虑，消除了国民党的欺骗宣传所带来的种种不良影响，使党组织和红军游击队与人民群众打成一片，休戚与共，使人民群众更加坚定地支持党组织和红军游击队，从而使党群军民关系在血与火的斗争中得到了恢复和发展。

在此基础上，各游击区党组织和红军游击队进一步加强对群众斗争的领导，把反“清剿”斗争与群众的斗争有机地结合起来。闽西南军政委员会要求“各部队必须彻底了解，没有艰苦的群众工作，没有广大群众的争取，没有群众武装斗争的配合，没有不断的新区域的创造，要保存我们的有生力量，要使部队巩固与扩大”是不可能的。[①] 并

① 《闽西南军政委员会关于闽西南红色部队政治工作的检查和指示》（1936 年），载福建省档案馆、广东省档案馆编《闽粤赣边区革命历史档案汇编》第 2 辑，档案出版社，1987，第 263 页。

在发布的《闽西南军政委员会关于闽西南红色部队政治工作的检查和指示》中，着重对加强各部队的群众工作提出了明确的要求，要求部队必须把群众工作提到政治的最高点去抓，要号召全体指战员来学习和进行群众工作，使每个指战员成为武装宣传员和组织员，不放松一分钟一秒钟，不放松一个地方一个群众来进行群众工作；必须把党的每一个宣传鼓动的口号，与国民党反动派的每一个欺骗宣传联系起来，并结合关于对群众宣传的方式与技术，在部队中充分解释与讨论，然后向群众广泛地宣传；部队每到一个地方必须事先调查当地群众的痛苦和要求，定出群众工作最中心的口号，即是最能发动群众，最适合当地情形的口号、布告、标语、传单。为此，每个部队除了号召全体指战员进行群众工作外，还必须在每个伙食单位按照各人个性能力，组织喊话队、散发队和调查队等，并在连队成立地方工作组，专门负责开展群众工作；特别要求指战员应以实际行动去争取群众，正确执行党的阶级路线和群众路线，部队的一举一动都必须给群众好的影响，“任何违犯工农的利益与脱离群众的现象，均须与之作无情的斗争。”①

中共闽东特委在执行波浪式向外发展新区的方针时，有效地采取了部队行动和群众工作相结合的方式，部队每到一个新区，便先由地方干部有针对性地向贫雇农进行宣传和发动工作，培养一批贫雇农骨干，通过他们再去发动更广大的群众。当部队第二次到这一新区时，则在原有的基础上，成立群众组织，发展群众入党，建立党支部乃至区委，并着手组织群众武装，“再由他们波浪式地向外发展，建立小块根据地”②。这样，将红军游击队原来由于游击战争流动性大，不利于开展深入的群众工作的因素，转变为有利的因素。各游击区党组织和红军游击队正是这样根据斗争的实际情况，实行一套行之有效的群众工作方法，使“红军部队实际上是一支武装政治工作队，部队流动性

① 《闽西南军政委员会关于闽西南红色部队政治工作的检查和指示》（1936 年），载福建省档案馆、广东省档案馆编《闽粤赣边区革命历史档案汇编》第 2 辑，档案出版社，1987，第 263～264 页。

② 范式人：《回忆闽东党的斗争史》，载中共福建省委党史资料征集编写委员会编《福建党史资料》第 3 辑，1984，第 116 页。

大，接触群众多，因而党的政策通过他们得以影响广大地区”[①]。

在实际斗争中，党组织和红军游击队不仅尊重群众的要求和情绪，而且“处处从群众的利益出发，事事从群众的安危着想”。每打一仗首先考虑既能打击敌人，又能保护群众的利益，决不贪图多杀几个敌人，或多缴几支枪，而损害群众的利益。红八团在消灭白土的民团时，为了使群众不受牵连，而把民团引到离村子三四里远的外围打。在打土豪分粮谷的斗争中，红军游击队总是先把土豪地主抓起来，然后再发动群众去分粮，从而既解决了群众生活上的困难，又不使群众遭反动派的报复。活动于下科岭一带的红军游击队见当地被国民党洗劫后，已是一片废墟，哀鸿遍野，人民群众的生活陷入极度的困难，主动克服困难，省吃俭用，节省下一些钱发给受难的群众，解决了群众的燃眉之急。闽西南军政委员会为了帮助群众度过春荒，特指示所属部队，在党领导群众开展斗争的同时，要“在可能条件下，给据点周围群众以经济上的帮助”，借款给群众去购买春耕所需的各种物资，并禁止红军游击队屠杀耕牛，还把土豪劣绅那里夺来的耕牛，送给群众用以春耕生产。[②]

由于游击区党组织和红军游击队坚决贯彻执行党的群众路线，并在斗争实践中总结出一整套与当地斗争条件相适应的群众工作方法，使党群军民关系经受住极为严峻的考验，克服了种种主客观的不利因素，从而使党群军民的血肉关系在新的条件下得到新的升华。游击区党组织和红军游击队在群众工作方面所积累的经验，也大大地丰富了党的群众路线。

三、党群的血肉关系经受住血与火的洗礼

苏区沦陷后，虽然革命斗争的历史条件发生了变化，但党与群众的利益仍然是一致的。“群众主要要求是避免敌军烧杀迫害，抵抗敌人

---

① 张鼎丞、邓子恢、谭震林：《闽西三年游击战争》，载中共福建省委党史资料征集编写委员会编《福建党史资料》第 3 辑，1984，第 56 页。

② 《闽西南军政委员会关于春荒斗争的决定》（1936 年 2 月 5 日），载福建省档案馆、广东省档案馆编《闽粤赣边区革命历史档案汇编》第 2 辑，档案出版社，1987，第 49 页。

苛捐杂税，保持土地不被收回，这正需要游击战争和群众合法斗争相结合。这就是我党和农民群众的共同要求，也就是游击战争之所以能够成为群众性的政治基础。”① 正由于如此，尽管国民党采取了种种瓦解和破坏党群军民关系的高压手段，但无法动摇人民群众参加和支持革命的信念，相反更激起了广大人民群众的阶级仇恨，更加贴近党和红军游击队，以鲜血和生命来维系艰难困苦条件下形成的党群军民关系。当时在闽西群众中传唱的“生也红来死也红，唔怕敌人逞狂凶；生要活在红旗下，死也跟着毛泽东”的山歌，就充分体现了人民群众对革命信念的忠贞不渝。也正是广大群众的无私支持，才使党组织和红军游击队能在艰难条件下，如鱼得水，渡过种种难关。

在国民党的焦土政策和经济封锁政策之下，党、红军游击队与人民群众都面临着衣食住等最基本生存问题。尽管人民群众过着“吃野菜，睡草堆，住在山后山沟搭的草寮子里”的困苦生活，然而为了支援党和红军游击队，人民群众总是毫不犹豫地奉献出一切。为了不使红军游击队挨饿缺盐，人民群众总是把自己少得可怜的粮食和食盐无私地送给红军游击队。闽北红军游击队到老根据地竹鸡笼时，当地因饥寒交迫而面黄肌瘦、面无人色的群众，仍然把自己舍不得吃的番薯送给红军游击队。即使是将被移民并村，面临着无房无田，生活更为困难的群众，仍惦记着红军游击队缺粮缺盐的困难，而在临行前暗暗在原居住地留下粮食和食盐，并把藏放的地点通知红军游击队。

为了打破国民党的经济封锁，广大人民群众千方百计发明了串担装盐、双层粪桶装米、大蒲包装饭等几十种巧妙办法，以对付国民党的检查，接济红军游击队。闽东的畲族群众“上山劳动时，特地把大米饭捏成一团，埋到小麻袋的甘薯米饭中，而后，背上挂着柴刀，肩上扛着尖担，担上吊着几圈捆柴用的藤条乔装砍柴，瞒过敌人岗哨，把饭送上山去。有的把饭装到炭篓底，乔装上山担炭。有的把饭藏到扁篓底，乔装上山讨猪菜。有的把粮食埋到草木灰里，乔装上山追肥。

---

① 张鼎丞、邓子恢、谭震林：《闽西三年游击战争》，载中共福建省委党史资料征集编写委员会编《福建党史资料》第3辑，1984，第50页。

办法很多。千方百计地把粮食送上山去，给战士们吃。”有的群众怕红军游击队在山上挨冻，特意把新买、新做的衣服、鞋子等穿上山，然后脱下来送给红军游击队。

在艰难的游击战争中，红军游击队的大多伤病员主要靠群众的掩护和照料。为了使红军游击队伤病员尽快痊愈，群众总是尽其所有，甚至以生命来保护伤员的安全。福鼎县斗门畲村群众雷能鹤尽管家中一贫如洗，经常断粮断炊，但他仍主动承担护理两名红军伤病员达一年之久。为了使伤病员吃上饭，他先后将 6 岁的女儿和 3 岁的儿子忍痛卖掉，然后买回粮食。为了保护伤病员，他未满周岁的儿子也在一次搜查中被敌人用刺刀捅死，但他忍着悲痛，一如既往地护理着伤病员。红军游击队连长郑贵卿受伤在闽西狗门塘村后的山寮里养伤，当时村里只剩下简家煌、简家珠、简家本弟兄三家。他们主动承担起护理伤员的工作，天天轮流送饭送药，还把仅有的一只用来生蛋换盐的母鸡杀了，炖汤给伤员补养身体，而自己却常常有一顿没一顿地忍饥挨饿。中共闽东特委领导人曾志在福安岗面山中养病，一天，敌人对岗面山进行大搜山，一位抱着孩子避入山林的畲族妇女，见敌人已经逼近，而曾志却因病动弹不得，毅然把孩子丢在路旁的草丛里，一口气把曾志背到深山中，直到脱离危险。在配合红军游击队的反“清剿”斗争中，人民群众总是千方百计地用特有的斗争方式来粉碎敌人的种种阴谋。

敌人强迫群众修炮楼站岗，对此，群众非但不按敌人的要求在红军游击队出现时敲锣打鼓，相反在红军游击队已走远了才鸣锣示警，甚至在夜里没任何情况时也敲锣打鼓以扰乱敌人，弄得敌人不得安宁。而当红军游击队进村时，群众则主动在村头村尾站岗放哨，一发现敌人来袭击，便发出“牛吃麦子啦”“老鹰来啦”之类的示警暗号，一个接一个地喊起来将暗号传给在村里的红军游击队，等大股敌人进村时，红军游击队早已无影无踪。如果是一小股敌人，红军游击队便在群众的配合下予以消灭。

广大群众还以种种方式来为红军游击队送情报，以配合红军游击队的行动。有的群众用暗语编成山歌对着山头唱，向红军游击队通报敌情；有的群众则在秘密联络处摆上大大小小的石头，大的代表 10，小的代表 1，夜里红军游击队的侦察员只要把石头数一数，便可以准确地了解敌人分布的虚实。而在游击根据地周围“几十里范围内，都有群众的观察哨，一有敌情，群众的秘密哨便一山传一山，一卡递一卡地互相呼应，及时传报”，使红军游击队在最短的时间内了解敌情，捕捉战机，神出鬼没地打击敌人。正是在群众的有力支持下，红军游击队的“情报工作做得十分出色，敌人出发的时间、人数、路线都弄得一清二楚”，使游击战争得以灵活地展开，取得了一个个以少胜多的战斗胜利。

国民党企图用“连坐法”和“十条禁令”的残酷手段来镇压和阻止群众与红军游击队联系，但是，面对敌人的残酷镇压，人民群众却说：“你们可以把我们杀死，但我们不能让红军游击队饿死。”人民群众不畏强暴，不屈不挠地支持和保护红军游击队，奋不顾身地保护革命的火种。国民党为了割断群众与红军游击队的联系，在村庄的周围设下树障，并在树上挂了响铃，只要响铃一响，便用机枪射击。龙岩白土的群众为了给红军游击队送粮送盐，总是冒着生命危险从树障下爬出去。尽管有不少群众不慎碰上挂在树上的响铃，而被敌人乱枪打死打伤，可广大群众还是前仆后继，毫不动摇。永定岐岭山下的接头户卢春兰，早晨被敌人强迫“发誓”不再支持红军游击队，可晚上她又悄悄地把米菜油盐送上山去，直至最后被杀害。毛桃坑有位老大爷在给红军游击队送粮食途中被敌人杀害后，老大娘和儿媳妇化悲痛为力量，继续为红军游击队送粮送菜。龙岩白土有一个年轻姑娘，在传递情报途中被民团抓去，敌人用尽酷刑进行逼供，后来用刀一块块割她身上的肉，并用通条捅她的下身，但她仍然宁死不屈，不说半字，直至牺牲。福安南山村年仅 16 岁的畲族少年雷石祥，敌人逼他带路去搜捕红军游击队，他把敌人引上绝路后，自己纵身跳入潭中，结果被敌人乱枪打死。福鼎后坪田头畲族村的钟二妹，为了保守红军游击队的秘密，眼睁睁地看着丈夫被敌人用鞭子活活打死，房子被烧成灰烬，直到第三天才回去把亲人的尸体掩埋。

广大群众付出了巨大的牺牲，但仍像保护自己的眼珠一样保护党和红军游击队，“保证了我军衣、食、住、行的一切需要，保证我军的生存发展”。正由于有广大群众作为反“清剿”斗争的坚实后盾，从而改变了敌强我弱、敌众我寡的状态，使国民党貌似强大的军队陷入了草木皆兵的群众性游击战争之中而不能自拔，最终不得不哀号道：“要消灭共产党游击队，除非杀尽老百姓，烧尽山林。”然而，人民群众是杀不尽的，人民群众的革命斗争是镇压不下去的，正如烧不尽的山林一样，“野火烧不尽，春风吹又生”。

第三节　党在艰苦卓绝斗争中不断发展

一、从思想教育入手增强党员的理想信念

环境的恶劣，斗争的艰苦卓绝，形势的千变万化构成了三年游击战争时期的斗争特点，游击区党组织和红军游击队要在这样的历史条件下坚持斗争，在斗争中求生存图发展，不仅要有正确的方针政策，灵活多变的战略战术，更需要有坚定的精神支柱和斗争信念。为此，游击区党组织在反“清剿”斗争中，不断加强政治思想工作，使之成为战胜一切艰难困苦的有力武器。

由于斗争环境极其恶劣，一度在部分党员和红军游击队指战员中流露出“悲观失望、抱怨丧气的情绪与倾向”，有的还出现“恐慌怕死，与不能刻苦的工作”的现象。[①] 更为严重的是，由于敌人疯狂的进攻，残酷的屠杀，以及瓦解政策，欺骗宣传，在一个时期内一些动摇分子脱党、叛变革命的现象不断出现。为此，各游击区党组织坚持把加强政治思想工作作为反“清剿”斗争的重要工作来抓，并把排除悲观失望的消极情绪，坚定斗争的信念作为政治思想工作的首要任务。中共闽粤边特委于 1935 年 10 月 5 日，便向各级党组织提出“猛烈的在

① 黄会聪：《新的形势与新的策略下右倾机会主义的动摇》（1935 年 10 月 5 日），载福建省档案馆、广东省档案馆编《闽粤赣边区革命历史档案汇编》第 1 辑，档案出版社，1987，第 417～418 页。

全党开展反对机会主义的两条战线斗争，克服一切动摇，克服机会主义的自由主义，这是顺利的完成中央与特委所给予我们的一切战斗任务的前提"，"在思想上和实际上进行真正的两条战线斗争，集中火力反对主要的右倾危险，把两条战线斗争变成党的指导和行动的基础，这是闽粤边区党彻底实行工作转变与开展的主要前提"。[①] 中共闽东特委也于 1934 年 12 月提出了"应该最严厉的打击一切惊慌失措退却逃跑的观点"。

在反"清剿"斗争初期，各游击区还普遍开展了旨在加强党的政治思想工作，消除在敌人进攻面前惊慌失措、对革命失去信心的党内斗争。中共闽粤边特委采取了六项措施；第一，要求立即将这一斗争开展到全体党员中去，在斗争过程中，检查每一个同志的思想，检查每一件具体的工作；第二，必须紧密联系到争取群众的方式，联系到研究每一次群众斗争，每一次组织和鼓动群众工作，从而来检查在策略上、口号上、斗争方式上以及组织上的正确与否；第三，要把政治思想工作和实际斗争联系起来，把具有坚定信念、积极工作、与群众有密切联系的党员引进各级党组织中来，并对战斗力差的党组织加以改造；第四，在反对机会主义的斗争中，把党的路线、方针、政策向广大党员群众作充分的解释工作，对于一般的党员个别的倾向和错误，尽量作教育和说服工作；第五，对于少数顽固的机会主义分子，拒绝承认错误，不服从党的决议，要坚决采取组织的措施予以消除；第六，必须同时反对一切"左"的空谈者。

尽管在反"清剿"斗争初期，福建各游击区党组织所开展的党内反右倾机会主义的斗争仍具有一定"左"的因素，但在当时的历史条件下，其作为政治思想工作的一种方式，对于消除党内悲观失望情绪，稳定队伍和增强斗争信念，无疑起到了重要的作用。

随着斗争形势的日趋严峻，游击区党组织面临的困难亦日益严重。

---

① 黄会聪：《新的形势与新的策略下右倾机会主义的动摇》（1935 年 10 月 5 日），载福建省档案馆、广东省档案馆编《闽粤赣边区革命历史档案汇编》第 1 辑，档案出版社，1987，第 425～427 页。

于是，便把政治思想工作与解决斗争的实际困难有机地结合起来，以激发广大党员解决困难、克服困难和战胜困难的革命斗志。

在这种情况下，党员干部不仅以身作则，与战士同甘苦，而且，主动开展形式多样的政治思想工作，以鼓舞战士们克服困难的信心。当时，闽北游击区流行着这样一首歌："顶风冒雨走山间，单衣单裤御风寒；吃着野菜饮清泉，睡着大地盖青天；生活虽苦心欢乐，共产主义在明天。"① 闽北红军医院没有粮食，便发动战士上山挖山粉草根，并开展挖山粉革命竞赛，寓政治教育于解决困难的实际之中。明光独立营的一个广昌籍炊事班长和两个炊事员与队伍失去联系后，三个人只剩下一根火柴，他们正是靠那根火柴烧下火堆，埋起火种，以野菜山果过了一个多月，最终找到了部队。红九团对这种克服困难坚持斗争的事迹，及时予以表扬和推广，并编成山歌："广昌佬，真正好！个半月，全靠什么来活命？——竹笋，苦菜和野草。我们一心要革命，要温饱，胜利的红旗，永远飘扬永不倒。"② 红九团的通讯员陈胜辉大腿受伤，伤口腐烂，但他坚持行军没有掉队。他的事迹也被编成山歌，以鼓励战友："陈胜辉，带花在大腿，皮肿肉烂又生虫，天天行军不掉队，无西药，就用白开水，苦菜贴上去，杀菌生肌气力伟，工农的子弟，什么困难都能粉碎。"正是由于游击区和红军游击队将形式多样的政治思想工作做到实处，坚定了广大党员群众的信念，增强了克服困难的斗志，使党组织和红军游击队在极为困难的条件下，团结一心克服困难，朝着共同的方向艰苦奋斗。闽北红军游击队的一名小战士，由于饥寒交迫，口溅白沫、两眼泛白，临牺牲仍坚信革命一定能胜利，并要求连长转告他父母："他（们）的儿子没有给红军丢脸。"③ 战斗在闽北毛阳山上的闽北红军游击队一个班，遭到300多敌人的围攻，经过殊死搏斗，打死敌人五六十个后，他们毅然跳下绝崖深潭，当场有两

① 陈仁洪：《从闽北到皖南》，福建人民出版社，1985，第87页。

② 方方：《三年游击战争》，载中共福建省委党史资料征集编写委员会编《福建党史资料》第2辑，1983，第120页。

③ 宣金堂：《火种》，载中共建阳地委党史办公室、福建省建阳地区文化局编《战斗在闽北》，1983，第262页。

名战士牺牲，其余也都摔断手脚，[①] 谱写了一曲惊天地、泣鬼神的赞歌。

即使是在如此艰难困苦的情况下，游击区党组织仍十分重视加强广大党员群众的理论学习，“用马克思列宁主义的革命理论去充实干部”，以革命的道理去武装广大党员群众的头脑。中共闽粤边特委向各级党组织提出：要反对党内一般干部借口实际工作太多，而对于理论采取不可容忍的态度，要求各地党要普遍地建立政治讨论会，来提高各同志的政治水平。[②] 1936 年 5 月 4 日中共闽粤边区特委在给独立营的指示信中，要求独立营的主要指挥者“必须具有艰苦卓绝的精神，与百折不挠的坚决，在学习上、意志上，尤应为全体指战员的模范。因此，你们不仅是在工作上来考验自己，而且要多学习各种军事的、政治的理论，把理论充足自己的头脑，在工作上才不感到多的困难”[③]。在理论政治学习中，各游击区党组织的领导人都起着带头作用，当时，闽西南军政委员会能看到的马列主义书籍只有一本《列宁主义》，张鼎丞、邓子恢、谭震林轮流反复阅读，“书皮磨破了，他们就用纸张补起来；书页缺损了，邓子恢就补上白纸，用毛笔，一个字一个字添写”，并联系中国的革命实际，深入浅出地向党员讲解。[④] 中共闽北分区区委书记黄道给党员群众讲哲学、政治经济学，讲中国历史、十月革命，并勉励大家要努力学习。他还编了一本字帖，用笔工工整整地写上，供战士们临摹，以提高战士的文化水平。

在艰难困苦的游击战争中，福建各游击区党组织和红军游击队不仅没有为强大的敌人所消灭，没有为巨大的困难所压垮，而且在斗争中不

---

① 张人远：《在毛阳山上——游击生活片断》，载中共建阳地委党史办公室、福建省建阳地区文化局编《战斗在闽北》，1983，第 255～260 页。

② 黄会聪：《提拔新的干部是党目前的战斗任务》（1936 年 2 月 5 日），载福建省档案馆、广东省档案馆编《闽粤赣边区革命历史档案汇编》第 2 辑，档案出版社，1987，第 43 页。

③ 《中共闽粤边区特委给独立营的指示信》（1936 年 5 月 4 日），载福建省档案馆、广东省档案馆编《闽粤赣边区革命历史档案汇编》第 2 辑，档案出版社，1987，第132 页。

④ 陈茂辉：《共擎南方一角天》，载中共中央党史研究室编《红军长征纪实丛书·南方三年游击战争卷》第 1 册，中共党史出版社，2016，第 536 页。

断发展壮大，“这些成绩的获得，与党在部队中领导的加强和政治工作的进步是不可分离的”[①]，游击区党组织在斗争中所创造出的一整套行之有效的政治思想工作的方法，为党政治思想工作积累了极为宝贵的经验。

二、恢复基层党组织，加强党的组织建设

在反“围剿”斗争后期，由于战事空前紧张，一度把党的建设冲淡了，为了适应“左”倾军事冒险主义的正规战和消耗战，党的基层组织很大程度上失去其领导作用。中共闽赣省委从一味强调党的“支部要起游击小组的作用”，逐渐发展为“枪指挥党”的局面，使党的核心领导作用遭到严重的削弱。所以，在反“清剿”斗争初期，游击区党的组织建设十分不健全，党的领导核心作用未能充分发挥，党组织“远远的落在客观环境的后面，党的组织力量的削弱，是到了惊人的地步”[②]。

各游击区党组织在反“清剿”斗争的实践中，很快认识到：“加紧扩大与巩固党的组织，是争取游击战争与土地革命胜利的先决条件。”[③]有的放矢地加强组织建设。

针对基层党的组织被严重破坏，组织松散，党员数量少，未能充分发挥作用的情况，各游击区党组织着手进行恢复和健全党的基层组织，扩大发展党员的工作。闽西南军政委员会提出了六项任务：(1) 在斗争中和实际工作中大批吸收新的坚决勇敢的积极分子来扩大党的组织，特别是吸收工人雇农加强党的无产阶级基础，同时，要大胆地向知识分子开门。（2）建立生产支部，建立大乡村与城市支部，恢复旧的组织，健全支部生活，一切工作一切斗争都要在支部中讨论，使支部成为群众斗争、群众生活的核心，创造模范支部，创造有独立领导能力的支部。(3) 百倍注意巩固党的组织，审慎吸收党员，严防

---

① 温含贞：《红三支队的政治工作》（1936 年 11 月 5 日），载福建省档案馆、广东省档案馆编《闽粤赣边区革命历史档案汇编》第 2 辑，档案出版社，1987，第 217 页。

② 《中共靖和浦县委第五次扩大会议的决议》（1935 年 6 月 5 日），载福建省档案馆等编《福建军事斗争史料选编（1934.10—1938.2）》，第 25 页。

③ 《中共靖和浦县委第五次扩大会议的决议》（1935 年 6 月 5 日），载福建省档案馆等编《福建军事斗争史料选编（1934.10—1938.2）》，第 25 页。

投机分子特别是敌人侦探混进组织中来；改善秘密工作，提高党的纪律，克服党员中一切浪漫现象与太平现象；号召党员与群众来保护党的组织，特别是保护党指导机关的安全。（4）要注意培养党的干部，特别是培养公开活动的干部。（5）县区委至少要有三人经常开会，检查和讨论整个工作，以保证党的集中领导。（6）青年团的工作应迅速恢复起来，各级军政委员会必须立刻增设青年部，指定专人负责团的工作，各地团的支部应与党分开，党应帮助青年团独立地开展工作。① 1935 年 6 月 5 日，在中共靖和浦县委第五次扩大会议通过的决议中，对于加强党的建设，发挥党的作用，也提出了十分具体的要求，“要求全党必须以最大的限度注意到发展和巩固党的组织，坚决的在斗争中，吸收积极的觉悟的工人雇农贫农入党。每个工作团，每个党的支部，必须规定自己的发展党的计划，创造新的支部”。要求发展党员应与举行流动训练和教育新党员、提高党员的马列主义水平的工作配合起来进行，发展党的组织要与反叛徒斗争、检举内奸、提高全体党员的政治水平和阶级警惕性、严守铁的纪律等巩固党的组织的措施结合起来。同时，要求改变党的领导方式，在批评与自我批评的精神下，剖析每个不正确的领导方式，以教育全党，并坚决地同包办支部甚至取消支部的观念和方式作无情的斗争。要相信支部的力量，发挥支部的积极性，养成支部独立工作的能力。②

随着反“清剿”斗争的不断扩展，各游击区十分注意将恢复和发展党的组织与开展斗争有机结合起来，中共靖和浦县委把“扩大党与群众的组织，建立党与群众在大社中的组织基础”，作为春荒斗争中的重要任务之一。③ 闽西南军政委员会也努力在各种群众斗争中，“建立

---

① 《闽西南军政委员会关于目前新的形势与新的任务决议》（1936 年 1 月 5 日），载福建省档案馆、广东省档案馆编《闽粤赣边区革命历史档案汇编》第 2 辑，档案出版社，1987，第 13～14 页。

② 《中共靖和浦县委第五次扩大会议的决议》（1935 年 6 月 5 日），载福建省档案馆等编《福建军事斗争史料选编（1934.10—1938.2）》，第 25～26 页。

③ 《中共靖和浦县委半年来的工作总结及春荒工作的决定》（1936 年 2 月 1 日），载福建省档案馆等编《福建军事斗争史料选编（1934.10—1938.2）》，第 92 页。

支部的领导作用”[①]。于是，各地党组织得到迅速的恢复和发展，党员人数也逐渐增加。闽西南军政委员会一成立，便及时成立了永定、永东、上杭、龙岩4个县委，并着手恢复党的组织系统，使“县以下有区委，许多乡村有支部”[②]。中共闽东特委于1936年上半年建立了霞鼎中心县委，福霞、霞鼎、安福、霞鼎泰、安德、福寿、福鼎、鼎平、周敦等县委。仅宁屏古、福寿、霞鼎三个地区就建立了260多个支部，发展党员1000多人。闽粤边的中共靖和浦县委至1935年6月，“党的组织方面也发展了三倍的党员，及模范支部的建立”[③]，也有了新的进展。

与此同时，各游击区党组织也努力加强党对革命武装的领导。针对红军游击队中“虽然各连均有一些党的组织，但党的日常生活是没有，不能在各连中起核心作用”[④]的情况，各游击区党组织相继采取措施，加强党对红军游击队的领导，在红军游击队中广泛地建立党团支部，并要求“在支部会中必须及时的检查党团员的落后现象，在作战、行军、日常勤务、自动遵守纪律、学习精神、卫生六个标准上，党团员都应是群众的模范”[⑤]。

在广泛地恢复和发展党的组织的基础上，各游击区党组织便开始着手加强党的内部建设，以充分发挥党组织的战斗堡垒和党员的先锋模范作用。从组织上、政治上、思想上严格要求党员，要求“各级党部应设法建立新同志训练班来给一般新同志以初步的党员常识”。要求对于支部工作也须彻底地转变，纠正对支部包办代替与放任的领导方

---

① 《闽西南军政委员会关于春荒斗争的决议》（1936年2月5日），载福建省档案馆、广东省档案馆编《闽粤赣边区革命历史档案汇编》第2辑，档案出版社，1987，第50页。

② 张鼎丞、邓子恢、谭震林：《闽西三年游击战争》，载中共福建省委党史资料征集编写委员会编《福建党史资料》第3辑，1984，第60页。

③ 《中共靖和浦县委第五次扩大会议的决议》（1935年6月5日），载福建省档案馆等编《福建军事斗争史料选编（1934.10—1938.2）》，第15页。

④ 《中共闽东特委关于红军组织情况的报告》（1934年12月14日），载中央档案馆、福建省档案馆编《福建革命历史文件汇集（福州市委文件）》（1933—1934），1985，第275页。

⑤ 《中共闽粤边特委给云和诏县委的指示信》（1936年1月6日），载福建省档案馆、广东省档案馆编《闽粤赣边区革命历史档案汇编》第2辑，档案出版社，1987，第25页。

式，要站在教育与帮助的立场，经常检查和领导支部工作，帮助解决困难，并启发党员的积极性，使每个支部都能独立工作，每个党员都在斗争中起核心作用。同时，“为要使支部生活的健全，各县委、区委应训练一批的支部巡视员，专门来巡视各支部的工作，而加强对支部的领导”。这一系列行之有效的措施，使基层党组织的战斗力和党员的先锋模范作用日益提高，使“大部分的支部是能够在群众中起领导作用，尤其是在反对筑炮堡、开公路及抗捐抗税的斗争中，充分的表现出我们支部同志的顽强与坚决，他们已成为党在农村中领导农民的可靠骨干”[①]。

与此同时，各游击区党组织也十分重视抓党员的质量和培养党员干部的工作，强调对于那些坚持错误观点，或右手通过决议，左手推翻决议，不愿学习锻炼，不受指挥教育的干部，应在党内进行严肃的批评和斗争；并在工作中、斗争中培养大批新的干部，大胆地将忠实于党的路线而能冲破困难的新干部提拔起来，以代替那些破坏党的决议，消极抵抗党的决议的干部。张鼎丞还专门撰写了《我们要怎样准备布尔什维克的干部开展新的斗争局面》一文，指出“没有布尔什维克的坚强干部去坚决执行党的决议，去领导每个同志与广大群众，则成绩与胜利是不能自流来到的!”[②] 同时特别注重干部的地方化，所谓干部地方化是强调要使用本地干部，及改造外来干部使之地方化。[③] 一方面是大力提拔熟悉情况、与群众联系紧密的本地干部，提出“要创造能深入群众，了解群众，和群众打成一片的干部”[④]。另一方面是使

---

① 黄会聪：《闽粤边区党一年来工作的总结及今后的任务》（1936 年 6 月），载福建省档案馆、广东省档案馆编《闽粤赣边区革命历史档案汇编》第 2 辑，档案出版社，1987，第 421～422 页。

② 张鼎丞：《我们要怎样准备布尔什维克的干部开展新的斗争局面》（1937 年 2 月），载福建省档案馆、广东省档案馆编《闽粤赣边区革命历史档案汇编》第 2 辑，档案出版社，1987，第 292 页。

③ 方方：《三年游击战争》，载中共福建省委党史资料征集编写委员会编《福建党史资料》第 2 辑，1983，第 148 页。

④ 《闽西南军政委员会关于闽西南目前政治斗争形势和党的任务决议》（1937 年 2 月 28 日），载福建省档案馆、广东省档案馆编《闽粤赣边区革命历史档案汇编》第 2 辑，档案出版社，1987，第 290 页。

外来干部地方化，做到“外地干部要虚心向本地干部学习，热爱工作地人民的生活习惯，和他们打成一片，决心把工作地看成自己的家乡”①。干部地方化，有利于实现战略转变，制定正确的方针政策；有利于紧密地联系群众，与群众打成一片，建立密切关系；有利于增进干部之间的团结，形成坚强的领导集体，这对福建三年游击战争的胜利坚持发挥了重要作用。②

同时，在红军游击队的给养和经费状况好转的情况下，游击区党组织及时地提出了廉政建设问题，扼制贪污浪费的苗头。闽西南军政委员会严肃指出贪污浪费行为，严重地腐蚀党的肌体，影响党的形象。要求大力开展反贪污浪费的斗争，经常检查各部队各县区党政机关财政收入支付账目，要求一切开支必须经过上级批准。在检查中一发现贪污浪费分子，小则指出其错误，大则按贪污浪费的错误在党内进行不留情的斗争，在报纸上公布其错误，按照苏维埃中央政府惩办贪污浪费的条例进行制裁。要求“在开展反贪污浪费的斗争中，使各部队全体指战员及各级党政机关全体工作人员自动自觉的廉洁的爱护抗日救国斗争经费的每一文钱”③。

正如中共闽粤边特委于 1936 年 1 月 6 日给云和诏县委的指示信中所指出的：“在每个斗争中，你们都不能忘记的，就是扩大与巩固党的组织，有计划的去发展党团员与建立党团支部的组织。”④ 这样，在艰难困苦的游击战争时期，福建各游击区党组织始终把党的建设放在重要位置，使曾遭受严重破坏的各级党组织得到恢复，并不断巩固、发展。同时，在艰难的斗争环境和严格的组织纪律中，磨炼出一大批信

---

① 方方：《三年游击战争》，载中共福建省委党史资料征集编写委员会编《福建党史资料》第 2 辑，1983，第 148 页。

② 王盛泽：《干部地方化与南方三年游击战争的胜利坚持》，《中共党史研究》2010 年第 3 期。

③ 张鼎丞：《必须粉碎机会主义与游击主义，才能顺利执行新策略来开展财政经济战线上胜利的斗争》（1937 年 1 月 30 日），载福建省档案馆、广东省档案馆编《闽粤赣边区革命历史档案汇编》第 2 辑，档案出版社，1987，第 271 页。

④ 《中共闽粤边特委给云和诏县委的指示信》（1936 年 1 月 6 日），载福建省档案馆、广东省档案馆编《闽粤赣边区革命历史档案汇编》第 2 辑，档案出版社，1987，第 29 页。

念坚定，斗争经验丰富的党员干部，从而为游击战争的开展提供了组织和干部的保障。

三、中共闽浙边、闽赣省委的成立

随着游击战争局面的打开和基层党组织的恢复和发展，为了谋求各游击区间的联系和配合，创造更有利于反“清剿”斗争的条件，各游击区党组织进行了寻求联合组建党的统一领导机构的尝试和实践。

1935 年 10 月 5 日，由刘英、粟裕率领的挺进师主力与闽东独立师会师于福建寿宁和浙江泰顺交界的郑家坑，随即召开了联席会议，在会上，双方认为：国民党已经组建了“闽赣浙皖四省边区剿共总指挥部”，统一指挥四省边区的部队进行“清剿”，红军游击队也应形成统一的力量以对付敌人。为了改变红军游击队各自为战的不利局面，增强反“清剿”斗争的力量，应该把浙西南、闽东、闽北三个游击区统一起来，恢复中共闽浙赣省委，以统一领导和部署反“清剿”斗争。于是，在与闽北取得联系之前，决定先成立中共闽浙边临时省委，由刘英、粟裕、许信焜、叶飞、阮英平、范式人等组成，刘英任书记，粟裕任组织部部长，叶飞任宣传部部长兼团省委书记。鉴于浙西南游击根据地的困难处境，叶飞主动提出将中共闽东特委在福鼎、平阳交界处的鼎平办事处所辖区域划归浙西南，以作为临时省委和挺进师的根据地，并把闽东独立师鼎平独立团配属给挺进师，从而扩大了浙西南游击根据地的范围，增强了挺进师的战斗力量。

随后，根据建立中共闽浙赣省委的初衷，中共闽浙边临时省委致信中共闽北分区委，通报了中共闽浙边临时省委成立和组织情况，指出“关于闽北、闽东、浙西南的斗争，我们深深的感觉缺乏中心主要的总领导机关，以致领导上、工作上、行动上往往不能求得更有利的配合，如果长此下去，对闽浙边的整个工作实属不利，尤其在目前这样艰苦复杂的斗争环境中，加之各地党业已与中央分局及闽浙赣省委失去联系，若不迅速地建立总的领导机关，则对今后整个斗争实属不利”[①]。因

① 中共浙江省委党史研究室：《中共浙江党史》第 1 卷，中共党史出版社，2002，第 293～294 页。

此，建议成立中共闽浙赣临时省委，包括闽北、闽东、浙西南，并建议闽北应积极地与浙西南及闽东打通联系，而闽东也积极向西北发展，争取与浙西南和松、政、建、屏的游击区域打成一片，以求得行动上的一致配合。随后，中共闽浙边临时省委派叶飞携带临时省委致中共闽北分区委的信前往闽北联系，并找到了黄道。黄道对于闽北、闽东、浙西南三块游击区打通联系，相互配合的建议表示赞同，但对于马上成立中共闽浙赣省委之事，认为时机尚未成熟，决定暂不加入临时省委。叶飞得到黄道的确切答复后返回闽东，并于11月7日在寿宁、泰顺交界处的白柯湾与刘英、粟裕再次举行联席会议，由叶飞传达了黄道的意见。鉴于闽北方面不参加临时省委，会议决定充实省委，增补黄富武、洪家云、刘达云、方志富、许旺等为省委委员。同时，成立了闽浙边临时省军区，粟裕为司令员、刘英为政委，挺进师和鼎平独立团编为闽浙独立第一师，闽东独立师编为闽浙独立第二师。中共闽浙边临时省委的成立，对于加强闽浙边党的领导，加强闽东游击区与浙西南游击区之间的联系和配合，开展广泛的游击战争，粉碎敌人对闽浙边的“清剿”计划，创造了有利的条件。

中共闽浙边临时省委成立后，为了寻求广泛的联系，争取闽北、闽东、浙西南三块游击区的联合，成立统一的中共闽浙赣省委，指派叶飞率部负责打通与闽北游击区的联系。于是中共闽东特委一方面通过各种渠道打听闽北红军游击队的消息，另一方面，派出闽东独立师第二纵队积极向与闽北交界的寿宁、周宁、屏南一线发展，为两块游击区的会合创造条件。而闽北党组织在崇安黄龙岩会议上便确定了打通与闽东游击区联系的计划，在红军游击队分三路打出外线时，就派独立师师长黄立贵和军分区政治部主任曾镜冰率一个团的兵力，向松溪、政和、建瓯、屏南、古田一带活动，执行中共中央“要闽北队伍注意和闽东叶飞同志的游击队取得联系”① 的任务。黄立贵、曾镜冰率部一路直下建瓯迪口、玉山、东峰、川石等乡镇。经双方努力于1936

① 曾镜冰：《对闽北革命斗争的回忆》，载中共福建省委党史资料征集编写委员会编《福建党史资料》第3辑，1984，第251页。

年2月实现了洞宫山胜利会师。

1936年4月，闽北、闽东游击区党组织领导人黄道、叶飞、吴先喜、曾镜冰等参加的联席会议，着重商讨闽北、闽东、浙西南三块游击区联合的问题，双方一致认为在与党中央失去联系，而闽赣浙皖几省的国民党军队又采取统一部署的情况下，既要坚持独立分散的游击战术，又要有统一的斗争部署，只有这样才能更有力地打击敌人，粉碎国民党军队的“清剿”。会上叶飞转达了中共闽浙边临时省委关于联合成立中共闽浙赣临时省委，并请黄道出任书记，以统一领导闽北、闽东、浙西南游击战争的意见。黄道也认为“当前远离中央领导，几个地方统一领导是有利于革命斗争的”，但鉴于中共闽浙边临时省委当前内部存在分歧，“闽浙赣临时省委也就无法成立”，即使是成立了也无法达到统一领导共同对敌的目的，[①] 故而，要求中共闽浙边临时省委先行解决内部的问题。正由于如此，在这次联席会议上没有达成成立中共闽浙赣临时省委的初衷，只是就成立中共闽赣省委统一闽北、闽东两块游击根据地的领导问题，取得一致意见，并在干部上作了交换。

1936年6月，为了适应闽赣边区游击战争的新形势，黄道等在崇安岚谷根据洞宫山仰头村会议的决议，宣布成立了中共闽赣省委，由黄道任书记，曾镜冰任组织部部长，常委有黄立贵、吴先喜、王助，执委有汪林兴、曾昭铭，并成立了省军区、省革委会、肃反委员会、省工联等组织。接着，中共闽赣省委决定将闽北地区划分为闽北、闽中、抚东、闽东北四个分区，分别成立分区委和军分区。

四、斗争形势的发展与党组织的发展壮大

随着形势的发展，国民党军队对各游击区的围困封锁已日趋被打破。为此，游击区党组织进一步确立了新的发展方向，即“只有猛烈的向外开展与抓紧大乡的工作，才能使斗争开展和争取斗争的胜利”，批评了那种“不敢进一步的向那人烟稠密的大乡推进”，“不坚决不勇敢的把工作的中心移到人烟稠密的大乡去”，“不了解以新的群众力量

---

① 《叶飞回忆录》上册，解放军出版社，2014，第53页。

来兴奋那些久斗的群众，才能使斗争的胜利与持久”的倾向。及时改变以往“死守在人口稀少与高山僻地打圈子”的状态，以原游击根据地为中心，采取各种方式，不断向外辐射，特别是加强对群众集中、有军事意义的大乡镇的工作，使游击区从山区不断向大乡镇扩展。这一斗争策略的转变，进一步突破了长期以来国民党军队的围困和封锁，大大扩展了党组织的政治影响。

华北危机爆发后，为了反对日本帝国主义的入侵，在中国共产党“停止内战，一致抗日”的号召下，全国兴起了声势浩大的抗日救亡斗争热潮。在此新形势下，福建各游击区党组织在努力探索新的斗争方针的同时，进一步拓宽党的建设的思路，以适应新的斗争形势。

在建立抗日民族统一战线的总策略之下，形势和任务要求各级党组织不仅要在反“清剿”斗争中，发挥骨干和领导的作用，而且要利用抗日统一战线的形势，进一步加强党的建设，扩大党的群众基础，使党在抗日民族统一战线中发挥核心领导作用。为此，各游击区党组织积极采取措施，使党组织建设适应新的要求。在结合新任务的基础上指出了党的建设突出表现出两方面问题：一是如何克服关门思想，使党组织在更为广泛的阶层发展，以适应建立统一战线的需要；二是如何冲破游击区的界限，努力向广大白区发展党的组织，进而扩大党的影响。为了解决这两个问题，游击区党组织先后提出了新的目标和任务，一方面严肃地批判了各级党组织存在的关门主义思想，指出“死守老同志，不是从斗争中去吸引斗争坚决分子入党，不大胆去吸引新同志”①，是造成党组织“远远的落后在游击战争的开展与群众斗争情绪的后面”的重要原因。要求“坚决的打开党的门户，勇敢地在农民斗争与反日救亡的运动中吸收一般勇敢忠实的工农与革命的学生知识分子到党中来，尤其是要用最大的努力在工农群众中建立党的支部”。根据这一精神，中共靖和浦县委提出在1936年秋收斗争的3个月中，要保证完成与发展1000名新党员，建立100个新支部，并争取在

① 《龙岩县军政委员会四、五两个月的工作检查与今后的突出工作计划》（1936年6月4日），载福建省档案馆等编《福建军事斗争史料选编（1934.10—1938.2）》，第208页。

红军和义勇军中使党团员占50%的目标。[①] 另一方面，针对“党的白区区委领导系统没有建立，没有找到更多的能公开活动的群众领袖，只依靠自己几个不能公开的工作团同志去活动，使党的活动范围极端缩小，组织发展困难”[②] 的状况，要求努力开阔视野，向大乡镇、城市以及国民党军队、壮丁队中发展党的组织。

于是，在抗日民族统一战线旗帜之下，党组织得到迅速发展。闽西地区杭代县党的支部于1936年上半年扩大了6倍，党员数量扩大了3倍以上；而各县的支部平均都扩大2倍左右，党员平均扩大1倍以上，新的区委增加1倍以上。而且这些支部，极大多数是在反动统治区域公开活动的，并在大乡村与城市发展起来，有不少支部建立了支部生活，能起群众的核心作用，能领导斗争。[③]

中共闽粤边特委所属的党组织，仅在1936年6月至1937年6月的一年中，便重建了150多个党支部，发展新党员1000多人。至1937年七七事变止，中共闽粤边特委下辖有潮澄饶、云和诏、平和、漳浦等县委及漳州、厦门工委。闽西南军政委员会在龙岩、岩连宁、岩永靖、杭代、永定、永和靖、永埔等地建立了军政委员会，并辖有龙岩中心县委，永定、永埔、汀瑞等县委和汀连工委。中共闽赣省委下辖有闽北特委、闽中特委、抚东特委和闽东北特委，共有崇安、建阳、资光贵、金资贵、资溪、贵南、建松政、建瓯等县委和中心县委。中共闽东特委则辖有霞鼎、周墩、福寿、罗古宁、寿泰景庆等中心县委和宁德、周墩、政屏等县委。中共闽中工委辖有莆田、福清等县委和晋南工委、惠安特支等。这些党组织分布于福建的东西南北中，“威信巩固地在工农阶级中建立起来，而且在各阶级中表现了共产党是真正为国

① 黄会聪：《闽粤边区党一年来工作的总结及今后的任务》（1936年6月），载福建省档案馆、广东省档案馆编《闽粤赣边区革命历史档案汇编》第2辑，档案出版社，1987，第433页。

② 《闽西军政委员会关于一年来工作的检阅和目前形势与任务》（1936年3月），载福建省档案馆、广东省档案馆编《闽粤赣边区革命历史档案汇编》第2辑，档案出版社，1987，第94页。

③ 张鼎丞：《日益成熟的反攻形势》（1936年7月），载福建省档案馆、广东省档案馆编《闽粤赣边区革命历史档案汇编》第2辑，档案出版社，1987，第190页。

为民，不怕牺牲，不怕困难，百折不挠，千挫不屈，英勇善战”[①] 的党，是福建革命斗争坚实的战斗堡垒。

正是有这具有顽强生命力的党组织的坚强领导，有具有旺盛战斗力的革命武装的浴血奋战和广大群众的无私支援，革命的烈火不仅没有被扑灭，反而在福建的东南西北中开辟了一个又一个稳固的游击根据地，在闽西南有杭永岩、岩南漳、饶和埔、永和埔、岩靖和游击根据地；在闽粤边有靖和浦、云和诏、潮澄饶游击根据地；在闽北有建松政、邵顺建、资光贵游击根据地；在闽东有鼎霞、宁屏古、福寿、鼎平游击根据地；在闽中有常太兴太、罗汉里游击根据地。革命的烈火在这些地区熊熊燃烧，革命的旗帜在这些地区高举不倒，成为“今后南方革命运动的战略支点”[②]。

---

① 《闽西南军政委员会关于闽西南目前政治斗争形势和党的任务决议》（1937 年 2 月 28 日），载福建省档案馆、广东省档案馆编《闽粤赣边区革命历史档案汇编》第 2 辑，档案出版社，1987，第 281～282 页。

② 《中共中央书记处关于南方各游击区工作方针的指示》（1937 年 10 月 1 日），载中共中央文献研究室、中央档案馆编《建党以来重要文献选编》第 14 册，中央文献出版社，2011，第 560 页。

第六章　在民族解放战争中蓄积组织力量

抗日战争时期党不但领导全国人民取得了抗日战争的辉煌胜利，而且党的自身建设也取得了巨大进步，这一时期是中共组织力量由弱转强，成为全国性大党的关键时期。处于国民党统治区的福建党组织与其他处于国民党统治区的中共组织一样经历了恢复建立、大量发展和整理巩固这几个主要发展阶段。进入抗日战争相持阶段后，随着国民党顽固派反共浪潮的兴起，福建党组织除了在思想政治上加强自身学习和教育外，坚决贯彻南方局关于“隐蔽精干、长期埋伏、积蓄力量、以待时机”的十六字方针，采取包括改变组织形式、撤退隐蔽干部等一系列措施保存党组织，从而使其成为在艰险的环境中顽强地保持了南方战略支点的核心力量。

第一节　全民族抗战初期福建党组织的恢复和发展

一、全民族抗战初期的党组织状况

经过三年艰苦卓绝游击战争的中共福建组织，在实现国共和谈合作抗日后，转入全民族抗战时期。

全民族抗战前，福建的党组织分别有中共闽粤边区特委、闽西南军政委员会、中共闽赣省委、中共闽东特委及中共闽中特委。至 1937 年 6 月，中共闽粤边区特委下辖 4 个县委、16 个区委、245 个支部，共有党员 1250 人；闽西南军政委员会下辖的县委及县军政委有 8 个，区委 60 个，支部 400 个，党员人数有 3000 人[1]；1937 年 7 月，中共闽赣省委下辖 4 个特委、19 个中心县委、28 个区委、60 个支部，党员达 1334 人[2]；到 1938 年 1 月底，中共闽东特委下辖 4 个中心县委、14 个县委及 1 个中心区委，党员约 2200 人[3]；到 1937 年，中共闽中特委下辖中心县委 3 个、区委 4 个、支部 16 个，党员 90 人[4]。

全民族抗战爆发后，1937 年 12 月，中共中央政治局会议就提出“党应该从苏区（与红军）转向全国，争取党在全国的公开地位”，“特别在南方各地更要恢复与发展党的组织”，“大量吸收积极分子入党”，必须“考查老党员与旧组织”，并“吸收新党员，建立新组织，着重建立地方党部与支部”。“因为南方各游（击）区在卢沟桥事变前还是处在非常困难环境，所以当时无论任何游（击）区的党都是经常保持困难状态，党的组织经常被摧残，所以党的组织是比较散漫的，只有比较小的基本地区的党（是）比较好的。但党员并不十分多，而党员是能起作用（的）。当时党的领导是建筑在书记个人身上……统一战线的建立，各地区党现在由山内大大地向外发展。在这两个月当中，（党组织的）新发展是有大的进展。特别是各地四军通讯处成立，找关系（的）人非常多，情形亦复杂……各地党组织非常散漫。有许多只有同志，没有成立支部，有些地方只有很多支部、小组，没有区委。支部生活还是比较弱……”[5] 在福建，各地党组织结合部队整编扩军，发展

---

① 《闽西南军政委代表方方给中央的报告》（1937 年 6 月），载福建省档案馆、广东省档案馆编《闽粤赣边区革命历史档案汇编》（第 2 辑），档案出版社，1987，第 415 页。

② 中共福建省委组织部等编《中国共产党福建省组织史资料（1926.2—1987.12）》，福建人民出版社，1992，第 232 页。

③ 中共福建省委组织部等编《中国共产党福建省组织史资料（1926.2—1987.12）》，福建人民出版社，1992，第 250 页。注：党组织数取 1935 年底数。当时党员数无法统计，上述 2200 名系据《中共闽东特委及各县组织情况的报告》（1934 年 12 月 16 日）。

④ 《福建报告——莆田地区的环境与党的组织情况》（1939 年），转引自中共福建省委组织部等编《中国共产党福建省组织史资料（1926.2—1987.12）》，福建人民出版社，1992，第 255 页。

⑤ 《中共中央东南分局关于两个月来工作情况和目前工作意见给长江局并转中共中央的报告》（1938 年 3 月 25 日），载《中共中央东南局》下册，中共党史出版社，2006，第 551～552 页。

了一些党员，并经过审查恢复了一批过去失掉联系或从国民党监狱放出来的党员的党籍。

福建各游击区红军游击队整编为新四军第二、三支队北上抗日后，福建党组织所处的政治军事形势发生了重大改变，“二支队在三月上旬开走后，环境日见恶化……（当局）严令限期调走队伍（原来国共谈判中，国民党福建省政府同意各游击区留置的一些队伍）……否则进行勒办，地方上个别豪绅地主，开始向农民进攻，后追新四军家属……”[①] 尤其是“顽我军事力量对比，已起了新的不利于我的变化”[②]。由于十年内战中国民党的疯狂“围剿”与残酷镇压，加上中共党内连续受到“左”倾错误的干扰与影响，党的元气大伤，至抗战初期仍未完全恢复，许多地区的党组织非常弱小，有的县区甚至尚无党的组织；新四军北上时，一大批党的县、区、乡领导干部参加新四军北上抗日，地方各级党组织的领导力量大大削弱了，许多地区由于干部仓促调走，又没有及时调配新干部去接替，造成该地区的党组织因失去上级领导而处于涣散状态，处在偏僻地区的党员失去联系，党员数量锐减。如闽浙赣地区在 1938 年 3 月间共有 23 个县市有党的组织，党员约 1200 多人。其中闽北、闽东党员各 600 多人（部队中的党员均不在内），“几乎全数都在游击区中，只有福安城中有十几个同志”。从当时党员成分看，农民占 91%，手工业者占 7%，知识分子占 2%；从男女党员比例看，男的占 98%，女的占 2%[③]；闽粤赣边区在 1937 年 10 月份时边区党员有 5000 多人，到 1938 年 6 月锐减为 3440 多人（这其中还包括四五月份新发展的党员数）。党员人数显然与当时边区所担负的抗战总任务不适应，因此，大量发展党员，恢复与扩大各级党组织，就成为抗战初期福建党的建设迫切而重要的任务。

---

① 方方：《中共闽西南特委工作状况报告》（1939 年 12 月 16 日），载中共厦门市委党史办主编《厦门革命历史文献资料选编》第 8 集，1992，第 331～332 页。

② 曾镜冰：《福建工作报告》（1946 年 4 月），载福建省档案馆、中共福建省委党史征委会闽浙赣办公室编《闽浙赣党史文件资料选编》（上），福建人民出版社，1987，第 313 页。

③ 缪慈潮、顾铭主编《范式人传》，中共党史出版社，2002，第 119 页。

为了适应抗战新形势，保持南方战略支点，使各地党组织能够更好地担负起全民族抗战的领导作用，尽快把南方各游击区域党的工作向抗日民族统一战线的新政策转变，1937 年 8 月 1 日，中共中央发出《关于南方各游击区域工作的指示》，确定以“实现党的新政策开展统一战线工作，保存与扩大革命的支持点”作为抗战时期南方各游击区的战略任务，并明确指出：“南方各游击区，是今后南方革命运动的战略支点，这些战略支点是十年血战的结果，应该十分重视他们。”而国民党则处心积虑要拔去这些战略支点，在西安事变后，他们用屠杀的方法，在和谈时期，又利用抗日名义，采用“收编”和“调虎离山”的办法，在新四军整编北上后，施行“溶共”“反共”阴谋手段。因而，如何保持和巩固战略支点，便成为展开南方各省党的全部工作的关键。为此，中共中央指出要“普遍建立党的秘密组织”。同年 12 月，中共中央政治局会议又提出“特别在南方各地更要恢复与发展党的组织”。在 1938 年 2 月 27 日至 3 月 1 日的中共中央政治局会议上，毛泽东、张闻天又主张大力发展党的力量，大力开展民众运动，创造各个地区的根据地。[①]

为了实现这一目标，中共中央加强了国民党统治区党的组织工作的领导力量，于 1937 年 8 月决定在南京成立长江沿岸委员会，具体负责恢复、重建南方各省党组织的工作。12 月南京失守后，中共中央政治局又决定在武汉设立中共中央长江局，全面领导长江以南国民党统治区和部分沦陷区党组织的工作；同时，撤销原苏区中央分局，在南昌设中共中央长江局东南分局，领导江西、浙江、福建等地党的工作。据此，中共中央长江局成立后，立即抓紧了恢复和建立党组织的工作。

在闽浙赣边区，部队下山集结整编时，根据中央的“独立自主靠山扎”的方针，陈毅对闽浙赣边区党组织就提出了“部队要大部出动，但要留枪、留人、留干部，像割韭菜一样要留根”，“最可靠的是不要离开山”[②]。在这

---

① 《张闻天选集》，人民出版社，1985，第 159～160 页。

② 陈毅：《关于华中党和新四军的工作》（1945 年 5 月 1 日），载《中国抗日战争军事史料丛书·新四军·文献》第 13 册，解放军出版社，2016，第 194 页。

期间，闽浙赣特委还收到了中共中央东南分局致闽浙赣特委的指示信，在关于党的组织形式方面，指示信提出“应该以建立和健全支部为中心。县委人员不必过多，应该分散到区委和分区委方面”，组织“应该绝对秘密”，“人员可以分散及住宿在山蓬内，同时可应用随东随西行迹无定的游击战争的工作方式”，必须“大胆提拔新的干部”，“加紧对干部进行统一战线的教育”，学会“运用统一战线的策略”，正确处理公开工作与秘密工作的关系，“彻底纠正过去老一套的工作方式”。①

红军游击队整编时期，为了集中力量，扩大与整训部队，“党的领导机关公开，党的干部公开”，部队北上后，面对国民党的“溶共”“反共”手段，根据党中央和东南分局的指示精神，结合边区的斗争实际，中共闽浙赣特委确定当前党的工作“基本上应实行退却，把公开的党，迅速转入秘密，以避免打击……公开武装必须掩蔽，以便自卫……党必须依靠广大乡村与农民，以便争取生存”②。提出了“宁驻山头，不驻福州”的口号，制定了“扎根山区，面向城市”的工作方针。同时，中共闽浙赣特委发出了《给各县委火急指示》，要求“各县工作须全部转入秘密。县区脱离了生产的干部应尽可能的参加生产，用群众的面目进行着自己的政治活动，不可能时，必须谨慎地住山蓬，实行‘日伏夜出’的活动方式，并加强秘密交通工作……坚持靠山，加强党支部领导……各县区干部警觉性要特别高……驻地须秘密稳固，安全没有保证的地方，不要派下级干部去，以求得保存干部”③。与此同时，采取了一系列紧急措施：一是在新四军整编开赴前线的同一天，就把闽浙赣特委机关从铅山石塘镇迁回崇安县坑口乡村头村，扎根于群众基础厚实的基本地区；二是在部队整编北上时，在崇安老苏区和

---

① 《东南分局关于目前形势与当前工作致闽浙赣特委指示信》（1938 年 2 月 13 日），载福建省档案馆等编《福建军事斗争史料选编（1934.10—1938.2）》，第 674 页。

② 《福建党九年斗争总结（草案）》（1947 年 1 月 15 日），载福建省档案馆、中共福建省委党史征委会闽浙赣办公室编《闽浙赣党史文件资料选编》（上），福建人民出版社，1987，第 371 页。

③ 中共闽浙赣特委《给各县委火急指示》（1938 年 4 月 23 日），转引自中共福建省委党史研究室：《中共福建地方史（新民主主义革命时期）》（下），中央文献出版社，1993，第 944 页。

建松政地区留下自卫武装；三是“红”干部迅速撤退，党的组织迅速转入地下；四是设立秘密交通网。

在闽粤赣边区，早在部队下山整编时，中共闽西南潮梅特委就召开执委会议，对恢复老支点工作作了部署。首先恢复和巩固闽西南游击区的老支点，加强党的思想和组织建设，提拔大批新干部并加强培训教育，在老支点建立坚强的党的领导核心，以成为抗战的支点，后又明确提出了“巩固老支点，建立新支点”的方针，确保闽西南这一南方重要战略支点的巩固和发展。同时适时地改变武装组织形式，把老支点保留下来的少量自卫武装改编为壮丁队，以合法斗争形式，加强了支点武装力量，仅漳浦、平和、云霄等县老支点，就先后建立了14个壮丁队，约1000余人；龙岩、永定等地还在壮丁队的基础上，建立了党直接领导的武装基干队。这些武装在保卫党的领导机关的安全和保护群众利益的斗争中发挥了很大作用。

二、闽粤赣边省委及福建省委的成立

根据党中央关于抗日救亡形势与民主共和国的决议和中共南方临时工作委员会给闽粤边特委的指示信的精神，闽西南军政委员会与国民党地方当局和驻军进行谈判，经过曲折的斗争，终于达成了停止内战、一致抗日的协定。随之，对外暂时停止使用闽西南军政委员会名称，改用中共闽西南特委名义。1937年9月下旬，闽西南军政委员会派赴延安向党中央汇报工作的方方回到闽西。为了总结三年游击战争和国共和谈的经验教训，更好地传达贯彻党中央的指示和抗日民族统一战线政策，制定边区党在抗日战争时期的行动方针及其任务，中共闽粤赣边区临时代表会议于10月9日至15日在龙岩白沙南卓村召开，出席会议的有来自闽西、闽粤边（闽南）、潮梅等地区党组织和红军游击队代表26人，代表边区的5000多名党员。厦门、漳州两市和闽赣边及赣南党组织因环境关系，未能派代表出席。

会议总结了闽粤赣边区党与红军游击队三年游击战争和国共和谈的经验教训，通过了《中共闽粤赣边省临时代表会总结报告大纲》。在党的建设方面，重视干部的培养，并从发展党员、工作作风、宣传教育、党员的自我教育等方面提出了要求："加强我们党的领导力量：1. 注意斗争中吸收大批工农分子及进步小资产阶级知识分子入党。对过去失联络党员及自首自新分子应有审慎的考查与分别处理。新党员入党手续应坚决举行，以防止敌人间谍及投敌分子混进党来。2. 建立布尔什维克的工作作风，审慎估计事情，坚决执行决议，具体帮助下级解决困难，反对包办代替、削弱下层的不良作风。3. 坚决提拔长期艰苦奋斗的干部，反对收容来历不明分子来代替艰苦创造干部，要使新干部学习老干部的经验，老干部又能跟新干部一样的紧张工作。要经常注意干部的政治、工作、生活的各种表现，教育每个干部为党为阶级奋斗到底。4. 要在可能中开展党的民主化，一切策略路线给予同志以充分讨论，以更大耐心去说服不同意见，反对包办制度，另方面反对极端民主。5. 建立有系统的宣传教育工作，教育每个党员了解目前革命的性质，了解党十年来总路线的正确，了解如何去转变革命；另方面继续不断的宣传日寇的企图及其罪恶、抗战中我们胜利条件，揭示我党数年来一贯主张与目前不断主张，击破汉奸托派的理论，以多种方式去实现这些工作。6. 必须和看不见目前形势中我们运用新的工作方式更有利我们工作的开展，而仍拘泥于过去方式的左倾关门主义作斗争。同时和只注意拉拢上层而放弃下层基本群众工作及怀疑党过去路线的正确的右倾机会主义者作斗争。7. 发展自我批评，加强党内教育，团结一致为党的决定的每一条文工作，以消灭敌人的造谣、分化狡计。"①

会议遵照党中央的组织决定，撤销闽西南军政委员会，成立中共闽粤赣边省委员会，作为边区党的最高领导机构，以统一领导边区党、政、军工作。除中央指定的省委委员名单外，会议还选举出坚决执行党的路线、有长期斗争经验和密切联系群众的干部为省委委员。省委委员有张鼎丞、邓子恢、谭震林、方方、谢育才、罗忠毅(以上5人为常委)、魏金水、吴作球、何浚、廖海涛、范乐春、王集

① 《中共闽粤赣边省临时代表会总结报告大纲》(1937年10月12日)，载福建省档案馆等编《福建军事斗争史料选编(1934.10—1938.2)》，第621～622页。

成、伍洪祥、张思垣、温仰春、黄火星、范钦洪等17人。由张鼎丞任书记，方方为组织部部长，邓子恢为宣传部部长，谭震林为军事部部长。省委下辖3个特委，即闽粤边特委（厦门市工委和漳州市工委划归管理），韩江特委（暂称韩江工委，汕头市工委划归韩江工委管理，12月，南临委决定撤销中共韩江工委，将原属其领导的广东潮梅地区党组织划归闽粤赣边省委领导），赣南特委（已同汀瑞中心县委建立联系）。闽西地区的龙岩、永定、长汀、连城等县县委，则直属省委领导①。在1937年12月前，闽粤赣边省委隶属于南临委；1938年1月后，划归长江局领导。②

会议决定编辑出版省委机关报《前驱》，该报于1937年11月15日创刊，社长为钟骞。其创刊词中提出的目标是“本刊愿意和一切人们探讨真理，创造‘公理’，这个‘公理’，是为着求得抗战的胜利，求得中华民族的彻底解放这一个目标”③。

闽粤赣边区党的临时代表会议，是边区党组织在全国抗战爆发后召开的一次十分重要的会议，使边区党组织和红军正确地和适时地实现了由国内战争向抗日民族解放战争的战略转变，闽粤赣边省委的成立，对加强边区党组织和抗日救亡运动的统一领导，坚持和巩固南方的战略支点都发挥了重要作用。

闽粤赣边省委成立后，在着手进行新四军第二支队的整编工作期间，为了使干部对新的形势、新的环境、新的任务和新的工作方式有正确的了解认识，连续举办了3次党员干部训练班，每次平均30人，由张鼎丞、邓子恢、谭震林、方方、王集成等人分别讲授中国革命基本问题、党的建设、抗日民族统一战线、群众工作及游击战争与军队政

---

① 同年10月下旬，中共闽中工委派黄国璋赴香港向中共南临委汇报闽中国共和谈情况时，南临委为领导方便，决定闽中工委划归闽粤赣边省委领导，并指定由黄国璋任闽中工委书记。

② 《闽西南报告——政治情况、群众工作、党的组织工作》（1938年5月），转引自中共福建省委组织部等编《中国共产党福建省组织史资料（1926.2—1987.12）》，福建人民出版社，1992，第285页。

③ 《前驱》报发刊词（1937年11月15日），载中央档案馆、广东省档案馆编《广东革命历史文件汇集报刊资料选刊》下册，1991，第304页。

治工作等问题。同时根据客观形势的需要，组织省委领导成员参加时事研究组和列宁主义研究组学习，还出版了党内教育刊物《党的生活》。这些举措对领导干部基础理论和政治认识水平的提高，起了一定的作用。

1938年2月22日，闽粤赣边省委在龙岩白土龙泉召开执委扩大会，会议根据长江局1937年12月23日作出的关于“东南地方党不称省委应称特委”的决定，将中共闽粤赣边省委改称为中共闽西南特委，仍为省级机构，隶属中共中央东南分局领导[①]。由于新四军北上，因而对领导成员作了调整，由方方、谢育才、李碧山、范乐春、魏金水5人为特委常委，方方任书记，谢育才任副书记兼组织部部长，李碧山任宣传部部长，范乐春任妇女部部长，伍洪祥任青年部部长。1938年6月，按长江局指示，中共闽西南特委改称为中共闽西南潮梅特委。在党的六届六中全会决定撤销长江局后，闽西南潮梅特委改由南方局领导。[②]

这期间，闽粤赣边党组织根据会议确定的战斗任务，抽调干部组成工作团，分赴边区各地支点，传达贯彻会议精神，恢复和发展党的各级组织，大力扩充队伍，巩固和扩大抗日民族统一战线。到1938年6月，边区各地党组织和党员人数都有所增加，党组织包括潮汕中心县委（下辖汕头市委、潮普惠县委、潮澄饶县委、揭阳工委），党员300余人；梅县中心县委（下辖大埔县委、梅县县委、松口市委、武平县委，兴宁、蕉岭只有一些接头），党员约400人；漳州中心县委（下辖平和县委、漳浦县委、云和诏特区、漳州工委、厦门工委），党员600多人；泉州中心县委（下辖莆田、惠安、晋江县委，同安只有一些关系），党员40余人；汀州工委，党员三四十人；连城工委（连南、新泉），党员五六十人；特委直属下有龙岩县委，党员1100多人，永杭县委，党员500余人，永和靖县委，党员400余人。[③] 由上可知，当时闽

① 见《中共中央东南分局关于两个月来工作情况和目前工作意见给长江局并转中共中央的报告》（1938年3月25日）。1938年5月以后，该特委改属长江局直接领导。

② 《闽西南报告第五号》（1939年3月3日），转引自中共福建省委组织部等编《中国共产党福建省组织史资料（1926.2—1987.12）》，福建人民出版社，1992，第285页。

③ 《中共闽西南特委报告》（1938年6月），载福建省档案馆、广东省档案馆编《闽粤赣边区革命历史档案汇编》第3辑，档案出版社，1988，第162页。

西南潮梅特委所辖区域合计23个县有党组织，党员3440人①。至1938年8月至1939年1月间，各地党组织和党员人数继续发展：有漳州中心县委及所属漳浦、平和、云和诏3个县委及漳州市委；有潮汕中心县委及辖属普宁县委，揭阳县委，潮安、澄海、潮阳等三县的中心区及南山特区，惠来特支；有梅县中心县委及直辖梅县各区，及蕉岭一个区委，武平一个区委，兴宁一个区委。特委直属县委有龙岩、永定、大埔、瑞金等5个县委及有汀州市委、龙岩市委、连南特区。共有490个支部，党员5398名。②

1939年底，闽西南潮梅特委全区先后建立了35个县、2个市的党的领导机构，包括广东的13个县、1个市，江西的3个县，闽南闽西南的19个县、1个市。其中，中心县委7个，县委14个、县工委1个、中心区委4个、个别关系5县。中心县委分别为龙岩中心县委（下辖岩连宁县委、新泉县委、岩南漳工委）、永定中心县委（下辖上杭县委、岩永靖中心区委、永和靖中心区委）、漳州中心县委（下辖漳和浦县委、云和诏县委、饶和靖县委）、潮普惠中心县委（下辖揭阳县委、惠来县委、潮阳县委、丰顺中心区委）、汀瑞中心县委（下辖汀州县委、瑞金县委）、梅县中心县委〔下辖兴宁县委、武平（县）区委、蕉岭（县）区委〕及潮汕中心县委（潮揭县委、澄海中心区委）；直属市委3个，分别为龙岩市委、漳州市委和汀州市委；另有直属县委1个，即大埔县委。③经各级党组织的努力，共建立495个党支部，党员人数合计8287人。④

---

① 1937年10月边区党员有5000多人，到1938年6月锐减为3440人。原因有三：一是有相当一部分党员参加新四军第二支队北上抗日去了；二是由于许多党员干部走后，在偏僻地区的党员失去联系，一时难于统计；三是经过初步整理，也放弃了一些条件较差的党员。

② 《谢育才在中共闽西南潮梅特委第五次执委会上关于组织工作报告》（1939年1月23日），载福建省档案馆、广东省档案馆编《闽粤赣边区革命历史档案汇编》第3辑，档案出版社，1988，第304页。

③ 《中共广东省委及闽粤赣特委所属行政区划与党的组织系统统计》（1939年11月），载福建省档案馆、广东省档案馆编《闽粤赣边区革命历史档案汇编》第4辑，档案出版社，1987，第79～80页。

④ 参见《中共闽西南特委工作报告》（1939年12月16日）。另据《闽粤赣特委》（1939年10月），当时闽西南潮梅特委党员为7187人。

经过前期的整理与发展后，到1940年10月，闽西南潮梅特委所辖的党组织中有工作县份的达22个、市委1个，其中已成立中心县委2个，县委9个，区委40多个，党员约6000人。县委和中心县委分别为龙岩县委〔有东肖、黄坊、西山、东陈、小池、山马、岩东、岩西北(包括岩连汀宁边)、连南（新泉一带)、汀州等区委，党员共约1300人〕、永定县委（有湖雷、金砂、丰稔、金丰、坎市、芦州等区委，党员600多人)、闽南中心县委〔有漳浦县委、平和县委、云和诏县委，10多个区工委，党员900多人（漳州支部失联系）〕、大埔县委（有埔北、高陂、百侯3个区委，坪砂、三河、埔中、陂中、侯中、侨中4个总支，党员400多人)、梅县县委〔有兴宁、松源、武平3个区委，1个学委（管各中学总支)，在城、南口、松口、丙村四个总支，蕉岭、梅南2个支部，党员500多人（原为1000人，清洗及未整理的300多人，调离及转移的100多人）〕、潮揭丰中心县委〔有鹤采（潮六区)、河婆、汤坑、新圩、曲溪5个区委，1个学委，棉湖、归仁2个总支，党员约600多人〕、潮澄饶县委（有5个区委、饶平总支，党员500多人)、潮普惠县委（有6个区委，党员600多人)。①

从1938年2月至1940年11月，中共闽西南潮梅特委书记先后为方方（1938年2月至1940年9月)、谢育才（1940年9月至11月)，副书记谢育才（1938年2月至1940年9月)，常委有方方、谢育才、李碧山、范乐春、魏金水，组织部部长谢育才，宣传部部长先后为李碧山、姚铎，妇女部部长范乐春，青年部部长先后为伍洪祥、李碧山。1939年3月至1940年11月，中共闽西南潮梅特别委员会闽西南分委员会书记先后为谢育才、范东春、张昭娣（女)。

这一时期，中共福建地方组织，除了中共闽粤赣边省委（中共闽西南潮梅特委）外，并行的还有闽浙赣边区的中共福建省委。

在红军游击队整编北上的过程中，根据长江局关于党组织的设置

---

①《中共闽西南特委现有组织分布情况》（1940年10月10日)，载福建省档案馆、广东省档案馆编《闽粤赣边区革命历史档案汇编》第4辑，档案出版社，1987，第168～169页。另注，因本文主要论述福建省党的组织情况，故非福建省的简略带过。

问题的指示暨“东南地方党不称省委应称特委”的决定，1937 年 12 月，闽赣省委改称闽浙赣特委，曾镜冰任书记，汪林兴任组织部部长，王助任宣传部部长兼新四军驻福州办事处主任。黄道调任中共中央东南分局宣传部部长兼新四军驻南昌办事处主任。闽浙赣特委下辖邵（武）光（泽）顺（阳）、建（瓯）松（溪）政（和）、上饶及金（溪）资（溪）贵（溪）等 4 个中心县委和邵武、光泽、顺昌、建阳、政和、松溪、建瓯、崇安、铅山、上饶、广丰、资溪、贵溪等 13 个县委。闽东部队改编成新四军第三支队第六团由叶飞率领北上后，范式人接替叶飞担任中共闽东特委书记留在闽东工作。特委组织部部长由范式人兼任，王助任宣传部部长兼统战部部长，江涛任工运部部长。特委下辖宁德、政（和）寿（宁）庆（元）2 个中心县委和宁德、周墩、福安、政（和）屏（南）等 4 个县委。

根据新的形势发展的需要，中共中央长江局、东南分局对福建的党组织进行了较大的调整和合并。1938 年 5 月，东南分局决定改变按原有游击区建立党组织的形式，将各边区党组织分别按行政区划归各省，“闽北和闽东合组省委”[①]。5 月下旬，范式人到南昌，接受新调整的福建省委组建任务，并同中共中央长江局委员兼东南分局书记项英及东南分局委员黄道等研究了省委有关人选。6 月初，范式人返回崇安县坑口乡村头村，向曾镜冰汇报了长江局与东南分局的决定。据此，闽浙赣特委和闽东特委合并组建中共福建省委。6 月初中共福建省委在崇安县坑口乡正式成立。[②] 后经东南分局同意，原属闽西南潮梅特委领导的闽中工委也划归福建省委领导。8 月，省委召开扩大会议，宣布省委组成名单和工作部门任职。省委书记由曾镜冰担任，组织部部长涂振坤（未到任，1939 年 3 月复派薛尚实担任，一个月后调离），宣传兼统战部部长王助，民运部部长汪林兴，军事部部长范式人，俞雅鹿、左丰美（左洪米）、苏华、郭文焕（郭培文）为省委委员，同时决定撤

① 《项英关于东南党组织及工作情况致中共中央信》（1938 年 5 月 13 日），载《中共中央东南局》下册，中共党史出版社，2006，第 571 页。

② 缪慈潮、顾铭主编《范式人传》，中共党史出版社，2002，第 93～94 页。

销闽中工委，将其改建为莆田、福清、泉州3个中心县委；在福州、南平新建的中共福州工委和南平特别支部，都直属省委领导。10月，省委将建松政中心县委改为特委，南平特支改为南平工委。至此，福建省委共领导闽北、闽东、建松政3个特委，福州、南平2个工委，莆田、福清、泉州3个中心县委和特委下辖的2个中心县委和14个县委，共550个基层党支部。

这期间，福建省委所属各党组织的状况如下：闽北特委是原闽浙赣特委将赣东北地区党划归江西后而改建的，由省委民运部部长汪林兴兼任特委书记，省委委员俞雅鹿任副书记，领导崇安、浦城、建瓯3个县委和邵（武）光（泽）顺（阳）中心县委（下辖邵武、光泽、顺阳[①]3个县委）；闽东特委由省委委员郭文焕任特委书记，从新四军调回的戴炳辉任副书记，领导宁德中心县委（下辖宁德、周墩2个县委），福安、政（和）屏（南）、罗源3个县委和连江特别支部；建松政特委，书记游火明（1939年3月左丰美接任），领导政和、松溪2个县委，建瓯县工委及浦南、水吉2个特区委；直属省委领导的莆田、福清、泉州3个中心县委和福州、南平2个工委，分别由苏华、陈金来、李刚和李铁、陈公生担任书记。

1938年10月，武汉失守时，中共中央已决定撤销长江局，成立中原局和南方局。11月东南分局改为东南局，福建省委归属东南局领导。1939年3月27日，南昌沦陷前夕，东南局决定撤销赣东北特委，又将赣东地区党组织划归福建省委领导。至此，福建省委所属党组织活动范围扩展到福建的41个县（市）和5个特区，江西的12个县及浙江的2个县，但党的活动的中心区域，仍是在这些县（市）的农村基本地区。

全民族抗战初期，中共闽西南潮梅特委和中共福建省委在不太长的时间里，就使福建各地党的组织得到了恢复和发展，使组织工作实现了新形势下的转变，从而在全民族抗战的发动和相持阶段发挥了坚强柱石作用。

---

① 顺阳，即现在的顺昌、建阳。

三、发展壮大党的力量

面对全民族抗战爆发后新的斗争形势，党的组织需要足够强大才能担负起巩固与扩大抗日民族统一战线以彻底打败日本侵略者的艰巨任务。“事实上证明，党员多的地方，统一战线亦开展；党的（组织）薄弱（的）地方，统一战线亦是薄弱的。”① 为此，1938 年 3 月 15 日，中共中央发出了关于大量发展党员的决议，指出“目前党的组织力量，还远落在党的政治影响之后，甚至许多重要的地区，尚无党的组织，或非常狭小，因此大量的十百倍的发展党员，成为党目前迫切与严重的任务”②。

根据中央决议精神，中共中央东南分局于 4 月 2 日给中共闽浙边临时省委及各特委发出了“猛烈发展党组织”的指示信，指出各地发展党的工作存在的十个缺点后，责成省委、特委“坚决克服和纠正阻碍发展党的倾向与错误，发挥过去发展党许多好的经验来帮助党得着迅速的猛烈的发展”，具体要求各地“规定一个四、五两月内应发展党员数目，原则上是要就现有的党员数目，发展新党员三分之二以上”。为了实现这个目标，指示提出了发展对象，“要大胆地、积极地发展新党员，不应限于过去的老区域，而主要是向大暇特别是城市及一切没有组织的地方，将一切工农群众积极分子和抗敌救亡中、青年运动中先进分子吸收到党里来”，“发展党应坚决向工人、雇农开门。对他们，（要）把一切积极分子吸收到党内来，只要经过一两个同志介绍，支部会通过，就可以入党。一切手工工人及贫农和革命的知识分子、学生、抗日的革命官兵，亦是我们发展党的对象，应大胆地吸收他们（其）中最先进分子到党内来”；同时，提出了发展新党员的标准“征收的新党员资格最低条件应该是：不只赞成抗日和统一战线，而且能接受党

① 《中共中央东南分局关于猛烈发展党组织给中共闽浙边临时省委及各特委的指示信》（1938 年 4 月 2 日），载《中共中央东南局》下册，中共党史出版社，2006，第 558～559 页。

② 《中共中央关于大量发展党员的决议》（1938 年 3 月 15 日），载中共中央文献研究室、中央档案馆编《建党以来重要文献选编》第 15 册，中央文献出版社，2011，第 186 页。

的主张，服从党的领导。按照中央规定的，手工工人及贫农是一个月候补期，其他成分三个月到六个月候补期，然后经过工作上考查属实好（的），才转为正式党员”；而对于新党员的教育方面“各地党应该有计划给新同志初步的训练。比如：保守党（的）秘密，怎样做一个好的党员，遵守党的纪律，积极为党工作，担负发展新党员，等等。（还要）进一步给他理论的教育”；在如何发展新党员的问题上，指示又从政治动员、干部培养及支部作用等方面作出了一系列明确的规定，除了阐明从政治思想上动员发展党员的必要性以外，还提出了不能只限于工作团及县委少数人去发展党员的做法，“要使党迅速发展，必须动员全党特别是依靠支部的努力，使发展党员成为支部工作重要任务，成为每一个党（组织）的中心工作之一。支部内经常分配每一个党员具体地找对象谈话和在支部内经常讨论每个同志所担负发展党的工作，帮助同志工作，解决困难，求得每个同志超过自己所担负（的）发展党的任务。”此外，“提拔新干部是猛烈发展党的必须条件。（对）提拔新干部的条件：一是对党忠实，积极为党工作的，而且是在工作中考验过的；二（是）同群众有联系，（他）一贯地站在群众利益上努力”，“教育老干部是开展统一战线与发展党的重要条件之一。……（可）用轮流短期训练和利用讨论研究工作的方式来（进行）干部教育，使每个老干部都能了解党的政策……达到整个工作（的）开展”①。

福建各地党组织遵照上述指示，趁着新形势猛烈地扩大党。中共闽西南特委提出“在红五月连原有发展到一万党员”② 的计划。发展的方向，“着重指出应向工人知识分子大量发展”，但并不是“放弃农民……发展工人知识分子正是为着加强农民的领导与开展工作”。“由外向内的发展并不是放弃由内向外的工作，而是相互配合的，抓住今天的比较薄弱与重要性，故着重指出由外向内”，“发展党时，不但应

① 《中共中央东南分局关于猛烈发展党组织给中共闽浙边临时省委及各特委的指示信》（1938 年 4 月 2 日），载《中共中央东南局》下册，中共党史出版社，2006，第 558～560 页。

② 《中共闽西南特委报告》（1938 年 6 月），载福建省档案馆、广东省档案馆编《闽粤赣边区革命历史档案汇编》第 3 辑，档案出版社，1988，第 162 页。

注意对象能同意党今天的战略路线，而且还应该信仰共产主义，不但要为民族而努力，还要为无产阶级而奋斗”。同时明确了在干部问题上的几个方面：新干部与老干部问题，提拔新干部并不是不要老干部，而是说新形势的关系，单靠老干部是不够的；但要加紧对老干部的教育，对不愿了解与学习党的策略、摆老架子、消极怠工腐化的老干部应重新调回支部去教育；加强新干部的教育。[①]

工作步骤一般是从老区首先抓起，逐步扩展到新区。许多地方开始时多运用留在地方工作或因伤残病弱退伍散回各地的党员种子，就地生根，遍地开花，发展党的组织。这些经过长期斗争考验的老红军、老党员，通过在本村组织秘密农会、开展保田斗争等实际考察，先恢复一批因战争中断联系的老党员的组织关系，组成临时党组织，然后培养发展在斗争中涌现出来的积极分子入党，组建扩大党组织。如龙岩县山马、小池、岩东等区委领导人，参加红军集中点编后，都回到本地，在原地区发展党员，恢复组建了区委和基层党支部；在党和群众基础较好，已经建立区委的东肖、西山、东陈等地，由于区委的积极活动，党的队伍发展更快，东肖区的党员由几十人增至100多人，建立了21个支部。东陈、西山两区还深入城区发展党员，分别建立了鞋业工人支部和泥木业工人支部。[②] 到1938年6月，中共闽西南潮梅特委所辖区域共有党员3440多人，特委直属下有龙岩县委的党员1100多人，永杭县委的党员500余人，永和靖县委的党员400余人[③]；到八九月份，特委下辖的闽西、闽南的党员数量就差不多发展到4000左右[④]。从1938年8月至1939年1月间，各地党组织和党员人数继续发展，有漳州、潮汕及梅县等3个中心县委及特委直属的龙岩、永定、大埔、瑞

---

① 《闽西南特委第二次执委扩大会方方同志的报告》（1938年6月），载中共厦门市委党史办主编《厦门革命历史文献资料选编》第8集，1992，第259～260页。

② 中共福建省委党史研究室：《中共福建地方史（新民主主义革命时期）》（下），中央文献出版社，1993，第952页。

③ 《中共闽西南特委报告》（1938年6月），载福建省档案馆、广东省档案馆编《闽粤赣边区革命历史档案汇编》第3辑，档案出版社，1988，第162页。

④ 《中共闽西南特委报告（第三号）》（1938年11月20日），载福建省档案馆、广东省档案馆编《闽粤赣边区革命历史档案汇编》第3辑，档案出版社，1988，第232页。

金等 5 个县委等，共有 490 个支部，党员 5398 名。[①] 而中共永定县委在整顿、恢复三年游击战争时期遭受破坏的党组织的同时，县委领导成员分头深入基层，大力培养发展新党员，特别注重发展在抗日救亡运动中涌现出来的积极分子，到 1939 年上半年，永定全县党员发展到 900 人，建立 9 个区委、168 个支部。[②]

1939 年底，闽西南潮梅特委全区先后建立了 35 个县、2 个市的党的领导机构，经各级党组织的努力，共建立 495 个党支部，党员人数分别为：漳州中心县委 918 人，男 905 人，女 13 人；潮普惠揭中心县委 2449 人，男 1743 人，女 706 人；潮汕中心县委 1200 人；梅县中心县委 1120 人；大埔县委 700 人；龙岩县委 1300 人；永定县委 600 人，合计 8287 人。[③]

在福建省委管辖的闽北、闽东、闽中等地，党员发展的方向，主要仍是放在农村，一般以基本地区为中心向外发展。1938 年 3 月份，《中共中央东南分局关于两个月来工作情况和目前工作意见给长江局并转中共中央的报告》提出当前的工作中心任务：（1）整理各地党的组织，建立党的工作、生活，大大发展党的组织，由山地扩大到城市和平原大埂；（2）利用一切方法加紧干部教育，大量提拔新干部，成为开展工作的基本条件；（3）利用一切可能去开展统一战线，打破目前江西、福建的沉闷局面，这需要彻底转变一切工作方式；（4）利用一切公开合法的名义深入群众，求得大大开展抗日的民众运动与武装群众（工作）等；（5）在目前主客观条件不可能出版刊物（的情况下），尽量设法推销《新华》《群众》《解放》来扩大党的宣传和影响；（6）特别注意铁路、汽车、船夫等工作（人）运动，大量吸收工人中积极分子入党，同时要吸收救亡运动中青年先进分子到党内来，以便开展

---

① 《谢育才在中共闽西南潮梅特委第五次执委会上关于组织工作报告》（1939 年 1 月 23 日），载福建省档案馆、广东省档案馆编《闽粤赣边区革命历史档案汇编》第 3 辑，档案出版社，1988，第 304 页。

② 中共福建省委党史研究室：《中共福建地方史（新民主主义革命时期）》（下），中央文献出版社，1993，第 952 页。

③ 《中共闽西南特委工作报告》（1939 年 12 月 16 日）。另据《闽粤赣特委》（1939 年 10 月），当时闽西南潮梅特委党员为 7187 人。

统一战线和城市工作。①

福建省委机关设于崇安县村头村，这里长期是闽北革命的重要基地。崇安县委加强这一带的组织建设，以坑口为中心健全了坑口、岚谷、浆溪、程墩、大浑5个区委，并建立长涧源、车盆坑两个直属党支部，形成了拱卫省委机关的战斗堡垒。后又在北部和西部基本地区迅速发展党员，健全基层党组织，掩护省委的活动，同时加强建阳、顺昌、邵武交界老地区的组织建设，重点建立了建阳书坊、顺昌高阳、邵武上坪、火家岭等地的党组织，健全了基层组织班子，与崇安基本地区连接成片，为省委的活动提供了回旋地盘。这一阶段闽北的党员人数发展到3000多人。

1938年春，中共闽浙赣特委将特委机关干部和工作人员相继派往闽赣交界的基本地区恢复发展党的组织。特委青年部部长左丰美被派回铅山梵林寺村后，很快就恢复了老家的党组织，发展了一批党员。资光贵中心县委派蔡诗山返回光泽后，亦恢复建立了光泽县委，并在桥亭、上史源等基本地区内发展了100多个党员，随后又逐步向外发展。当年10月，已任军事部部长的左丰美兼任建松政特委书记，被派往组织建设薄弱的建松政地区。特委从老地区入手，重点在政和东平、凤池、西表、山溪、苏地、界溪以及松溪、浦城南部等地发展党员，建立基层党的组织，健全了特委、县委（特区委）和基层支部三层组织机构。至1939年6月，建松政地区党员发展到1500人。

闽中工委在"泉州事件"后，结合农运工作和抗日救亡活动来发展党员。莆田中心县委在广泛发动农民参加农会的斗争中，相机在土地革命时期莆永边老苏区的宁里、凤落以及莆仙边的常太等地发展一批新党员，在莆田的平原、山区和沿海农会中吸收大量农会骨干加入党组织，发展了100多个新党员。泉州中心县委则通过抗日救亡活动到农村发展党组织，先后在土地革命时期的老游击区安（溪）南（安）

① 《中共中央东南分局关于两个月来工作情况和目前工作意见给长江局并转中共中央的报告》（1938年3月25日），载《中共中央东南局》下册，中共党史出版社，2006，第552～553页。

永（泰）德（化）和晋（江）南（安）联系失联的党员，新发展了一批农民骨干入党，健全了基层组织。

除了农村基本地区大量发展党员外，福建省委在城市的党组织也得到了一定的发展。1938 年党的组织得到很大的发展，特别是克服了内战时期不要城市小资产阶级的错误。在王助同志与范式人同志领导下，在黄峰、庄征、黄宸禹、郭耘等同志执行下，建立起联系城市小资产阶级群众的党的组织，因而也加强了乡村党的组织，使福建党产生了一支新的力量。[①] 这一阶段城市党组织发展方向主要放在沿海县份和闽江流域。福州工委成立后，在福州抗日救亡团体内迅速将一大批进步青年吸收入党，并将党的活动扩展到市郊、闽侯和连江等地，随后一部分新发展的党员又内迁到闽江流域和闽北、闽西北等地工作，在此基础上成立了直属省委的南平特支，专门负责闽江流域党的工作。发展了福州双虹小学、南平剑津中学、流芳小学、洋口英华中学、闽清天儒中学以及建阳、建瓯等地城镇和学校的党支部，并在国民党第二专署警察局、陆军第十三兵员补训处、南平县政府和铁工厂、华南女子文理学院、国货公司以及南平、建阳、邵武等地汽车工人中秘密发展党员，建立了单纯联系的党组织。1939 年 6 月，新四军驻福州办事处迁往南平改称为南平留守处，进一步推动了闽江流域党组织的发展，1939 年 11 月，大田党组织归属闽江工委领导，并建立了大田县委。至此，闽江工委成为省委城市工作的具体指挥中心。此外，泉州的城市党组织在厦门沦陷后也得到迅速发展。泉州中心县委在晋江、培元、晦鸣、养正、南星、集美等中学均发展了一批新党员，以此为基础开展城市工作和抗日救亡运动。

由于各级党组织的重视，福建各地党员队伍发展较快。中共闽西南潮梅特委所辖党组织，至 1939 年 5 月，共有党员 7000 余名。[②] 在福

---

① 《福建党九年斗争总结》（草案）（1947 年 1 月 15 日），载福建省档案馆、中共福建省委党史征委会闽浙赣办公室编《闽浙赣党史文件资料选编》（上），福建人民出版社，1987，第 373 页。

② 《中共闽西南特委报告（第六号）》（1939 年 5 月 20 日），载福建省档案馆、广东省档案馆编《闽粤赣边区革命历史档案汇编》第 3 辑，档案出版社，1988，第 363 页。

建省委所辖的区域，截至1939年7月，已发展党员至6096名，抗战后新发展的党员占75%。其中，农民占88.8%，工人占7.3%，知识分子占3.9%。[①] 以上合计党员达1.3万多名，其中福建省境内党员约1万名，比新四军北上时福建境内党员总数增长4倍。

福建各地党员大发展的情况基本是健康的，一般都执行了积极慎重的方针，中共闽西南潮梅特委既要求各地“十百倍发展党”，又强调“最大提高警惕性，防止奸细的混进”，特别提醒各地发展时要按党章办事，“不但应注意对象能同意党今天的战略路线，而且还应该信仰共产主义，不但要为民族而努力，还要为无产阶级而奋斗”；“发展与整理应同时并进，不应分开与片面进行”；整理的办法，要从工作和斗争上检查，“从说服与教育来纠正错误”，对党员的处分要恰如其分，要严格按党的纪律办事；“对其他党派分子入党问题，应先叫他脱离原有组织，否则只与维持友谊态度”；对失去联系的同志，应尽量使用他们的长处，从工作上考验后，才恢复他的关系。[②] 闽北、闽东党组织坚持按照中共中央东南分局提出的“细心考查，大胆发展”的要求，一般均经过秘密的慎重的考察才发展。

总之，当时大量发展党员，对于福建的革命斗争，其意义是深远的。经过后来的斗争实践的检验，这段时间发展的党员，大多数是能站在斗争的前列，艰苦奋斗，并在恶劣环境中经得住考验的。

第二节　从思想政治组织上巩固党

一、贯彻党的六届六中全会精神

1938年9月29日至11月6日，中国共产党在延安召开扩大的第六届中央委员会第六次全体会议。全会通过了《中共中央扩大的六中

---

① 《与福建范式人同志谈话记录》（1941年8月20日），转引自中共福建省委党史研究室：《中共福建地方史（新民主主义革命时期）》（下），中共文献出版社，1993，第953页。

② 《闽西南特委第二次执委扩大会方方同志的报告》（1938年6月），载中共厦门市委党史办主编《厦门革命历史文献资料选编》第8集，1992，第250、260页。

全会政治决议案》，批准了以毛泽东为核心的中央政治局的路线。会议批判了党内在统一战线问题上的关门主义和投降主义的偏向，着重批判了“一切经过统一战线”“一切服从统一战线”的错误主张，确定要不断巩固和扩大抗日民族统一战线，用长期合作来支持长期战争，同时，坚持统一战线中的独立自主原则。重申了中国革命在民族战争的条件下继续走乡村包围城市的道路。全会强调全党必须努力学习马列主义理论，加强党的建设，巩固党的团结统一。这次会议基本上克服了党内以王明为代表的右倾错误，统一了全党的步调，为实现党对抗日战争的领导进行了全面的战略规划，推动了各项工作的迅速发展，因而“六中全会是决定中国之命运的”①。

中共闽西南潮梅特委于1938年12月间就接到《中共中央扩大的六中全会政治决议案》，当即于12月23日和28日先后发出《特委对中央扩大的六中全会决议的决定》《特委根据六中全会决议检讨自身工作》两个文件，对扩大的六中全会的决议表示完全接受，同时，还责成闽粤边各级党组织，根据中央决议及特委指示，结合本身实际，具体讨论，深刻理解，扩大宣传并努力实现之。随后，特委又从当地书局得到毛泽东的《论新阶段》一书。

为了传达贯彻六中全会的决议和毛泽东在六中全会上所作的政治报告，总结、部署闽粤赣边区党组织的各项工作，中共闽西南潮梅特委于1939年1月21日至25日，在龙岩县白土乡后田村召开第五次执委扩大会议，出席会议的有特委全体执委和潮汕、梅县、漳州3个中心县委及闽西各县委、大埔县委的主要领导干部共36人。会上，特委书记方方作了题为《为实现中共扩大的六中全会全部决议而奋斗》的政治报告，特委宣传部部长姚铎作了关于国共长期合作问题的报告，特委副书记兼组织部部长谢育才作了关于组织工作的报告。会议通过了《中共闽西南潮梅特委第五次执委会决议》。

① 《毛泽东有关遵义会议的部分论述》，载中共中央文献研究室编《文献和研究》（1985年汇编本），人民出版社，1986，第17页。中共中央文献研究室编《毛泽东在七大的报告和讲话集》，中央文献出版社，1995，第231页。

这次会议正确地分析了广州失守后闽粤边的政治形势，提出闽西南与潮梅党组织的中心任务是“抓紧时机布置抗日游击战争及组织群众参战”，以配合全国对日作战。会议对开展抗日游击战争的有利条件和不利因素作了客观分析，指出必须“纠正对游击战争发展前途之不正确的左右倾向”[1]。

会议根据六中全会政治决议案中关于“国共长期合作”的指导方略，指出抗日战争的长期性决定了国共合作的长期性，认为“只有扩大和巩固抗日民族统一战线才能支持长期抗战，也只有扩大和巩固抗日民族统一战线，坚持抗战，坚持持久战，才能够加强长期合作的条件”。会议指出，为了有利国共长期合作，必须“尊重合作中各党派的独立性，帮助他们的进步与发展，采取善意的批评，发扬合作的民主精神”，同时，应该坚持保证共产党本身在政治上组织上的独立性。会议强调对国民党制造的无理摩擦，“必须以严正的态度对付之”，但“应注意善意的为着巩固扩大统一战线”。[2]

会议还着重研究了党的思想建设和组织建设问题，认为统一战线愈扩大、发展，新的问题和新任务会愈多愈复杂，在政治上、组织上巩固党的工作愈为重要。为此，会议要求各地党组织要维护党纪，加强教育，保持党的独立自主性，提高领导能力，要求全闽粤边共产党员都要以身作则，廉洁奉公，吃苦耐劳，实事求是。会议表扬中共梅县松源区委和南口支部的出色工作成绩，号召各县开展党的工作竞赛，努力创造出像松源、南口这样的模范区委、支部。

总之，由于中共闽西南潮梅特委敏锐地意识到中共六中全会的极端重要性，因而贯彻得十分及时认真。会议对照六中全会政治决议案，

---

① 中央1938年10月23日指示，见《方方在中共闽西南潮梅特委第五次执委会上的政治报告——为实现中共扩大的六中全会全部决议而奋斗》（1939年1月22日），载福建省档案馆、广东省档案馆编《闽粤赣边区革命历史档案汇编》第3辑，档案出版社，1988，第273页。

② 《中共闽西南潮梅特委第五次执委会关于国共长期合作问题的报告》（1939年1月23日），载福建省档案馆、广东省档案馆编《闽粤赣边区革命历史档案汇编》第3辑，档案出版社，1988，第315页。

"集中于一切工作的检讨及具体实际工作方法的讨论，各地工作经验的交换"，对于某些党组织在执行政治路线时的摇摆不坚定，对于某些党员干部官僚主义的工作作风，特别是腐化行为，都展开了批评与自我批评；对于各项工作的典型模范也都给予表扬通报，因此，会议开得热烈紧张严肃，为新四军北上后"未曾有过的会议"①。由于当时特委还未得到毛泽东批判王明右倾错误的总结报告，即《统一战线中的独立自主问题》，因此，会议也就没能深入检查和清除王明右倾错误对闽粤赣边区党的影响。

闽浙赣边区贯彻党的六届六中全会精神比闽粤赣边稍晚。1939 年 2 月至 4 月间，周恩来代表中共中央向新四军传达六中全会精神，确定新四军的战略方针，并视察东南一些省的党的工作。4 月初，他向包括福建省委常委兼军事部部长范式人在内的东南局及浙赣闽三省的负责人，简要地传达了党的六届六中全会精神，强调共产党员不论在国民党政府机关还是在群众团体中工作，都要埋头苦干，同友党、友军和其他党外人士合作共事，争取团结更多的人。② 周恩来还单独会见了范式人，听取了有关福建省委工作情况汇报，指示福建省委"要做好两手准备，要注意争取合法地位去推动抗战，不要给国民党顽固派以口实和抓辫子"。③

为了传达贯彻党的六届六中全会和周恩来对东南各省工作的指示精神，以及福建省委接收到的毛泽东关于统一战线策略指示的报告，并选举出席党的七大的代表，中共福建省委于 1939 年 7 月 22 日至 27 日，在崇安县坑口乡村头村禄村洋召开了辖区党员代表大会，出席会议的有来自闽北、闽东、闽中、建（瓯）松（溪）政（和）、金（溪）资（溪）贵（溪）及上饶等地代表 19 人，代表闽浙赣边区 6096 名党

---

① 《中共闽西南特委报告（第四号）》（1939 年 1 月 30 日），载福建省档案馆、广东省档案馆编《闽粤赣边区革命历史档案汇编》第 3 辑，档案出版社，1988，第 333 页。

② 中共中央文献研究室编《周恩来年谱（1898—1949）》下卷，中央文献出版社，2007，第 446 页。

③ 《林强访问范式人同志记录》，1984 年 9 月 10 日于崇安。参见缪慈潮、顾铭主编《范式人传》，中共党史出版社，2002，第 103 页。

员。会上，中共中央东南局青委书记陈丕显作了《当前形势和任务》的报告，省委书记曾镜冰作了《一年来省委工作总结和今后任务》的报告。会议按照六中全会和毛泽东、周恩来及东南局的指示，正确分析与把握了当时的政治形势，确定了一系列正确的方针和措施。会议要求各级党组织“争取时局好转，加强党风教育”，做好应付突然事变的准备。代表们围绕六中全会精神及上述两个报告展开学习和讨论，提高思想认识，着重研究如何从思想上组织上准备自己，以对付各种大小事变和各种意料之外的袭击。这次会议对闽浙赣边区党组织的巩固发展起到了重要作用。

在省党代会上，选举产生了新的省委成员，书记曾镜冰，常委范式人、王助、左丰美、汪林兴，委员郭文焕、苏华、俞雅鹿、戴炳辉，候补委员陈金来、赵涌。省委工作部门任职人员也作了一些调整，范式人任组织部部长，王助任宣传兼统战部部长，左丰美任军事部部长，汪林兴任民运部部长，王文波、赵涌分别任青年部正、副部长，何素清任妇女部部长。并推选出席七大代表 7 名：范式人（代表团主任）、聂显书、毛彪、陈振芳（程序）、方子明（方言）、彭莲玉（因故未去）、郭伊克（郭沉毅，因故未去），后增补徐莲娇、许威。同年 11 月，代表团从崇安动身，历经一年多的长途跋涉，于 1940 年 12 月 16 日抵达延安。

这次党代会是福建省委在抗日战争进入相持阶段后召开的一次极其重要的会议。会议认真贯彻了党的六届六中全会精神，正确分析与把握了当时的政治形势，从思想组织方面采取了相应措施。

二、加强党内学习和教育

福建各地党组织在贯彻党的六届六中全会精神时，都把学习马列主义和中国革命理论作为党员干部特别是党员领导干部的一项重要任务提出来。中共闽西南潮梅特委热烈响应毛泽东关于学习竞赛的号召，要求“党内负责教育责任的同志，应抓紧领导同志的号召和下层同志的要求，而特别注意有系统的教育与学习的工作"①，并决定开办一个约 20 人、主要由县一级干部参加的高级干部研究班。同时，特委准备帮各中心县委办区一级干部训练班，并且为各县委提供材料，由各县委负责办支部及党员训练班。②

这场学习运动很快在福建各地自上而下地展开，主要面向广大干部，重点放在党内。1939 年 2 月下旬，闽西南潮梅特委的高级干部研究班正式开学，到年底，特委共办了 4 次训练班，培训县区主干约 150 人。两次期间各为 1 个月，两次期间各为半个月，学科为党的建设、政治问题、统一战线、游击技术、群众工作。龙岩、永定还分别由特委主持开办军事干部训练班，人数各为 15 人，时间为半个月。各县也随之普遍开办区支短期训练班，对新党员进行党建知识和形势教育。永定开过 2 次，闽南开过 2 次。③ 龙岩县委到 1939 年 7 月共办了 3 期支部干部训练班，每期 10 天至半个月，其中有一期专门训练学生党员和积极分子，以便加强在知识分子中的建党工作，并在新、老党员中加强党的组织纪律教育。开展反对游击主义的残余和腐败现象的思想斗争。永定县委领导成员范乐春、伍洪祥、马发贤、马永昌等还分头深入到湖雷、西溪、下洋等地，帮助乡村开办党训班，轮训支委以上党员干部，并亲自给党训班作学习辅导报告。许多基层党支部也自行开办党训班，训练新党员。永定县委在各主要基点村先后开办了 10 多期党训班，参加培训的党员干部达 150 多人。

从 1939 年 9 月开始，福建省委也先后在崇安县村头村禄村洋举办了 4 期训练班。参加第一期学习的不仅有土地革命战争时期的红军干部，还有一批从福州、南平、永安及赣东北等地撤退到省委驻地的知

---

① 《方方在中共闽西南潮梅特委第五次执委会上的政治报告——为实现中共扩大的六中全会全部决议而奋斗》（1939 年 1 月 22 日），载福建省档案馆、广东省档案馆编《闽粤赣边区革命历史档案汇编》第 3 辑，档案出版社，1988，第 277 页。

② 《中共闽西南特委报告（第四号）》（1939 年 1 月 30 日），载福建省档案馆、广东省档案馆编《闽粤赣边区革命历史档案汇编》第 3 辑，档案出版社，1988，第 336 页。

③ 《中共闽西南特委工作状况报告》（1939 年 12 月 16 日），载福建省档案馆、广东省档案馆编《闽粤赣边区革命历史档案汇编》第 4 辑，档案出版社，1987，第 93 页。

识分子干部。1940 年 1 月举办第二期，主要是召集闽中地区的领导干部参加学习。同年 7 月开办第三期，正式定名为武夷干校，由省委书记曾镜冰兼任校长，省委宣传部部长王助任副校长。人数由前两期的二三十人，增加到上百人。学习时间由十来天延长到一个多月，并组建了马列主义研究班，由卢懋榘负责。参加这期学习的主要是来自福州、赣东北等地的党员骨干和青年学生。同年底又举办了第四期，但仅开了个头，由于形势紧张而提前结束。

在此期间，福建省委各地党组织也都举办了各种形式的读书班、轮训班，以提高党员干部马列主义水平。1939 年下半年，闽江工委连续举办了两期党员骨干训练班，在第二期训练班上，还请路经南平的中共中央东南局青委书记陈丕显给学员作关于当前政治形势的报告。1939 年 12 月，泉州中心县委在南安岭兜养正中学举办了为期半个月的党员骨干训练班。1940 年 1 月，建松政特委在松（溪）浦（城）水（吉）边界的仙山岗举办了一期流动训练班，对特委机关干部和基层支部成员普遍进行了一次轮训。在这之后，闽南特委也在莆田、永泰交界的宁里村深山中开办抗日干部训练班，先后培训干部 200 多人，学习结束后，分别派回各地开展抗日宣传工作。

这一时期的学习运动，主要学习党的六届六中全会精神，但不同的学习对象内容则有所不同。在中共闽西南潮梅特委办的高级干部研究班上，主要学习研究政治形势、抗日民族统一战线、群众运动、党的建设、抗日游击战争及三民主义等，随着学习的深入，后来特委又提出更高的要求，即必须进行系统的学习，由了解中国革命运动的发展到目前抗战形势及建国的前途，了解列宁主义的各个问题（如民族问题、农民问题、战略策略问题……）。① 在福建省委第一期训练班上，由于学员主要是省委机关干部，水准较高，除由省委书记曾镜冰作关于抗战形势和党的策略方针的报告外，还请留苏归来的顾惠生（顾风）讲授马克思主义哲学原理和社会发展史。对于以工农干部和区支骨干

① 《中共闽西南特委关于目前政治形势特点报告大纲》（1938 年 7 月 30 日），载中共厦门市委党史办主编《厦门革命历史文献资料选编》第 8 集，1992，第 319 页。

为主的训练班，各地主要组织学习党在抗日战争时期的方针政策及阶级斗争、统一战线、中国革命运动简史等。

为了配合这场大规模的学习运动，给广大党员、干部和党外积极分子提供更多学习材料，闽西南潮梅特委和福建省委一方面号召各级党组织和党员干部订阅党的机关刊物，如《解放》《群众》《新华日报》等，另一方面大量翻印党中央有关文件和毛泽东等人的著作、讲话。这些学习材料下发后，各级党组织发动党内外认真地讨论研究，有些著作如《论持久战》《论新阶段》《中国革命运动史》《抗日游击战争》等，则定为党员干部的必读书目。有些文化水准较高的党员干部还进而自学《列宁主义问题》《共产主义运动中的“左”派幼稚病》《联共（布）党史简明教程》等经典著作。

福建各地开展的这场学习运动，一般都注重于理论联系实际。特别着重于马列主义的革命精神与方法的教育，着重于以实际问题说明马列主义的原理。在学习方式上，强调自学与辅导相结合；在讲授方法上，注意由浅入深，由少到多，由近（中国）到远（外国），由具体到抽象。闽西南潮梅特委所办的高级研究班开学之前，特委即确定各负责同志担任学习指导者，开始收集材料，准备大纲。一开学便分发给学员，然后由学员去看书，再展开讨论，最后才由指导者帮助做出结论，这个方式，既可杜绝茫无头绪的乱碰，又可启发每个人的自学精神，同时经过讨论，又可反映每个问题的倾向与得出正确的结论，特别是联系到本身实际工作的执行上来。福建省委举办的训练班还十分注意解决党员干部思想上存在的倾向性问题。如针对工农干部对知识分子存在恐惧和排斥的不正确思想，就在训练班上反复强调党的知识分子政策，提出了“工农干部知识化，知识分子工农化”的要求，既消除了片面看法，又增进了工农干部同知识分子的团结。

为了活跃训练班的生活，提高学习效果，在福建省委举办的武夷干校里，省委书记曾镜冰还亲自谱写《武夷颂》《生活在武夷》等一批充满战斗激情的歌曲，在学员中传唱，特别是《武夷颂》成为干校的校歌，鼓舞了大家的学习热情和夺取革命胜利的决心。

自 1939 年到 1940 年开展的学习运动，是福建党组织建立以来规模最大、持续时间最长、效果最好的一次党内系统的马克思主义教育运动。它对福建各级党组织的思想建设和广大党员干部的马列主义理论水平、政策水平的提高，都起到了重要作用，并为随后开展的整风运动打下了很好的思想基础。当然，在这期间也产生了一些失误。突出的反映在“肃托”斗争上。在第二期训练班上，福建省委片面理解中央关于扩大铲除托匪汉奸运动的决定和东南分局为反托匪给各特委的指示精神，在“肃托”斗争中，把十几名来自斗争第一线的思想较为活跃的党员，错误地打成“破坏抗日民族统一战线”的“托匪集团”，实行处决。其中有泉州中心县委书记邓贡直，省委派在南平警察局从事秘密工作的干部黄尔义和闽南特委机关干部杨长庚等，以及后来处决的省委候补委员、福清县委书记陈金来。这场错误给福建党的工作，特别是闽中地区的工作，造成了很大损失。

产生这一严重错误，有其客观的历史原因，也有省委自身的主观原因。客观上，主要受共产国际的影响。主观上的原因，主要是福建省委领导人对党中央关于肃托反奸的指示缺乏正确的理解，对托派缺乏正确的认识，凭主观臆断，并采取了“逼供信”的手段，加上“省委5个常委分开住，集体领导不能很好执行”，“巡视制未很好的建立，因此不能作深入下层的检查”,[①] 对于陈金来等人的所谓托派问题，只凭个别领导人的报告，就轻率地决定了，“未在省委会讨论过”[②]。这也暴露了当时福建省委组织建设上的问题，同时违背了中共扩大的六中全会关于各级党部工作规则与纪律的决定。教训是极其深刻的。

三、在整理中巩固发展

福建党组织在1938年红五月迅猛发展后，出现了队伍成分复杂、组织不很巩固等现象，特别是在征收新党员工作中存在严重缺陷。有些地方党组织为追求新党员的数目，便进行所谓发展党的突击运动，

① 缪慈潮、顾铭主编《范式人传》，中共党史出版社，2002，第122页。

② 曾镜冰：《十二年中的主要问题报告》（1956年6月11日），转引自中共福建省委党史研究室：《中共福建地方史（新民主主义革命时期）》（下），中央文献出版社，1993，第971页。

把一些在当时只有一般的抗日要求，还缺乏共产主义觉悟的人也吸收进党；在一些地区存在拉夫现象，于是一些投机分子、异己分子以及奸细乘机混了进来，影响了党的纯洁和战斗力。此外，较为普遍的是“对知识分子的估价不够”[①]，发展党员较少，而且“工人成分在党内还是很不够”，“闽西南大部分工作是在农村，而未在城市中积极开展，沿海是战争的最前线，然而工作更为落后”[②]。“干部政策的关门主义的错误。随着战争扩大与工作的开展，干部是常感缺乏的，就是现在各级组织的领导机关，经常除书记外，组织、宣传上是不完全的。各地也有保守干部、自私干部的观点”。再加上“几年游击战争中，是处在流动不健全状态，地方党的支部生活大部没有建立的，教育训练的工作做的很不够的，又因部队集中，大部地方干部调集出动后，有很多地区与我们失联系的，干部的减少也使工作遭受减缩和限制，因此数量是不能确实了解，党内的生活与教育也不能普遍进行”，“游击战争时代党内是混进了一些腐化、投机、要钱不要命、借公营私、无钱不做工作的分子；在游击战争停止，生活更为固定与刻苦的今天，这些人的真面目与原形暴露无遗，而须重新健全整理与清洗”，“部队开拔后……一般未深刻认识抗战与统一战线之意义与单纯注意眼前利益的一般农民群众和同志中却是生长了悲观失望情绪，形成开展工作的阻力，一些地区还有其他一些党派和来历不明的分子混进来”。[③]

福建省委所属区域，在大工厂中，党组织几乎没有什么基础；在80所中学中，仅10所有党支部，5所大学仅3所有党员。

鉴于各地党的组织猛烈发展中存在的问题，在学习贯彻六中全会过程中，福建各地党组织还认真抓了党组织的整顿和巩固工作。

---

① 《闽西南特委第二次执委扩大会方方同志的报告》（1938年6月），载中共厦门市委党史办主编《厦门革命历史文献资料选编》第8集，1992，第246页。

② 《方方在中共闽西南潮梅特委第五次执委会上的政治报告——为实现中共扩大的六中全会全部决议而奋斗》（1939年1月22日），载福建省档案馆、广东省档案馆编《闽粤赣边区革命历史档案汇编》第3辑，档案出版社，1988，第276页。

③ 《谢育才在中共闽西南潮梅特委第五次执委会上关于组织工作报告》（1939年1月23日），载福建省档案馆、广东省档案馆编《闽粤赣边区革命历史档案汇编》第3辑，档案出版社，1988，第305页。

中共闽西南潮梅特委在其所领导的区域较早开始了这项工作，重点“偏重在闽西与闽南”。1938 年 8 月，闽西南潮梅特委第四次执委会上就提出了整理组织的问题。“发展与整理应同时并进，不应分开与片面进行。整理的办法不仅是和平的表面的，而应该深入地从工作上斗争上来检举，从说服与教育来纠正错误，不随便执行纪律，也不放弃铁的纪律”；“对其他党派分子入党问题，应先叫他脱离原有组织，否则只与维持友谊态度”；对失联系的，应尽量使用他们的长处，从工作上考验后，才恢复他的关系。[①] 特别是对党员的审查工作。一般自下而上，先从党支部开始，集中党员进行思想检查，反对各种不良倾向，并且结合当前的工作紧密进行。“一切整理工作是从支部以至小组着手的，不是简单地写指示填表，而是集中干部从小组支部中检查，作个别谈话与深入了解他们的具体环境，支部的领导情形及不能开展的原因而逐渐整理”，“也只有经过这样，才能使支部同志从消沉的情绪中转变过来，从了解他们的过去困难与今后任务出发，逐渐说服和帮助他们克服弱点，推动他们积极起来干抗敌救亡工作”。“这次整理是从反各种不良倾向中整理起来的，如龙岩东陈区开展反区委书记的贪污腐化，以斗争提高了各支（部）的热情；闽南之漳浦平和之各支都从开展无钱不做工作的思想斗争中取得工作的转变；以及永定党的整理和进步是从反区书支书的腐化、两面派分子，提高了支部的热情，激发了勇气，才实现以后动员全支部砍柴义卖，全支部帮人做工以制棉背心的伟大运动；永定、漳浦各地的党，热烈的捐募棉衣，帮助政府维持治安的成绩，亦是从整理过程中收获的”。同时总结支部工作，改善支部的领导方式，严密党的支部组织，清洗各种坏分子。提出了创造支部生活的模范标准：每星期能开会；每月党员按期自动缴费；每个党员报告工作；会每月有工作总结；会议生活很好；1 个月内由 5 人发展到 13 人；支部能完成民先工作计划；支部能在群众中起领导的核心作用，并能教育新党员；支部领导本乡群众组织自卫团 40 余人；能

① 《闽西南特委第二次执委扩大会方方同志的报告》（1938 年 6 月），载中共厦门市委党史办主编《厦门革命历史文献资料选编》第 8 集，1992，第 260 页。

与友党共同进行工作等 10 条。[①] 对党员进行重新登记，每个党员必须履行缴费、工作、工作报告的纪律，同时，每个新党员入党必须认真执行入党手续。各地经过一番整理，普遍健全了组织，面貌由之更新。如为加强武平县象洞的工作，在该区区委重建以后，梅县中心县委指派陈仲平为武平特派员前往象洞，协助区委整理和发展党组织，到 1938 年底，已整理建立了 8 个支部，党员 120 多人。[②] 到 1939 年 1 月召开中共闽西南潮梅特委第五次执委会时，“闽西南的组织已整理了最大部分，只还有永定十余支部、岩东、平和之山内、汀瑞等一些尚未整理”。经过整理，改变了“过去特委或县委都受过某些对上级做假报告的两面派分子的欺瞒，因此党员的数目是不甚了解的，今天整理后，可说数量上很大减少，再经过新的发展，才有现在的数目。但是整理后，组织是健全的，质量是加强了。今天支部已有了自己的经常的生活，在群众中在抗战动员工作上已经起了某些程度的核心作用”。“整理克服了干部的虚报的作风和两面派精神”，“去除了要钱不要命、无钱不做工作的腐化分子”，“坚定了干部工作的信心，提高了支部的情绪”，“把各级组织严密的建立系统”。[③]

同时，闽西南潮梅特委对照党的六中全会精神，认真检查了前 3 个月组织整理工作中的问题和所出现的偏差，比如有些基层支部在整理组织时，缺乏实际检查与教育，胡乱开除党员。如平和某支部 20 余人，整理后只剩 9 人；金丰某支部 11 人仅留 2 人。因而存在“以整理为中心去开展党”“把最大力量集中在整理组织上，发展方面是做得很少”的现象。[④] 为

① 《谢育才在中共闽西南潮梅特委第五次执委会上关于组织工作报告》(1939 年 1 月 23 日)，载福建省档案馆、广东省档案馆编《闽粤赣边区革命历史档案汇编》第 3 辑，档案出版社，1988，第 309 页。

② 闽粤赣边区党史编审领导小组：《中共闽粤赣边区史》，中共党史出版社，1999，第 378 页。

③ 《谢育才在中共闽西南潮梅特委第五次执委会上关于组织工作报告》(1939 年 1 月 23 日)，载福建省档案馆、广东省档案馆编《闽粤赣边区革命历史档案汇编》第 3 辑，档案出版社，1988，第 306 页。

④ 《谢育才在中共闽西南潮梅特委第五次执委会上关于组织工作报告》(1939 年 1 月 23 日)，载福建省档案馆、广东省档案馆编《闽粤赣边区革命历史档案汇编》第 3 辑，档案出版社，1988，第 307 页。

此，特委除了对这些问题予以严厉批评外，还及时提出了“以发展为中心而继续整理”的口号，要求各地一面继续“猛烈扩大党”，特别要注意从“有战略意义的基点、交通线，工人、渔民”中发展党员，争取“五一”前完成发展党员1万名的计划①；一面继续进行组织整理工作，从政治上思想上生活上考查每一个党员，扫除腐化分子，对落后的党员予以说服教育，促其转变，最后仍不觉悟的，则“执行组织纪律制裁”②。从而使党组织的发展与整顿工作走上健康的轨道。这样，至1939年7月，“龙岩、永定的党经过这个月的继续整理和改善，是在巩固发展着，上杭庐丰有六个支部的发展，岩西北党的工作恢复，适中工作的开始恢复”。“建立支部工作，此时期内可以说是获得了极大的成绩。永定除金丰个别支部，龙岩除了湖邦及东肖之个别支部不能或没有会议生活外，极大多数的支部有建立起了支部会议生活、支干会工作、小组工作。永定现已有十余支部能独立开会、计划工作和有工作报告。龙岩之东陈、西山及东肖之大多数支部都能按期开会和有工作报告。”③ 同时，针对在整理工作中“赤干部的调走，坏分子的撤职开除”“党的组织是零乱了”的情况，党组织“工作上迅速建立健全领导系统，由中心县到区到总支部各地的领导系统都建立好。主要部门为组织、宣传、青年、妇女各部，也已按级建立有专人负责”，“对某些地方的大批清洗的补救，将其中一些纯洁分子，吸引为同情者建立同情小组”。④

抗日战争进入相持阶段后，以蒋介石为代表的国民党亲英、美派集团，表现出很大的妥协倒退倾向。由于日本的诱降和英、美对日本

---

①《中共闽西南特委报告（第四号）》（1939年1月30日），载福建省档案馆、广东省档案馆编《闽粤赣边区革命历史档案汇编》第3辑，档案出版社，1988，第333页。

②《中共闽西南特委报告（第五号）》（1939年3月8日），载福建省档案馆、广东省档案馆编《闽粤赣边区革命历史档案汇编》第3辑，档案出版社，1988，第345页。

③《中共闽西南特委报告（第七号）》（1939年7月20日），载福建省档案馆、广东省档案馆编《闽粤赣边区革命历史档案汇编》第3辑，档案出版社，1988，第395页。

④《中共闽西南特委关于闽西南政治经济状况与工作概况向南方局的报告》（1940年9月8日），载福建省档案馆、广东省档案馆编《闽粤赣边区革命历史档案汇编》第4辑，档案出版社，1987，第161页。

的侵略采取绥靖主义政策，也由于国民党对共产党领导的人民武装力量的发展壮大的畏惧，蒋介石集团的反共倾向明显增长。1939 年 1 月召开的国民党五届五中全会，制定了“溶共”“反共”“限共”方针，国共关系出现逆转，国民党统治区中共组织发展的外部环境开始恶化，因此在思想上、政治上、组织上巩固党，成为极其重要的任务。这样，继 1939 年 5 月 26 日中共中央书记处专门下发《关于在国民党统治区保存党员干部的指示》后，南方局于 6 月 29 日下发《秘密工作条例》，反复强调各地党的组织要“从半公开的形式转到基本是秘密（地下党）的形式”[①]。8 月 25 日，中央政治局作出了《关于巩固党的决定》，确定以整理、紧缩、严密和巩固党的组织工作为今后一定时期的中心任务，决定一般应停止发展党员。

在闽西南地区，随着形势更加恶化，反共摩擦日趋严重，闽西南潮梅特委早在 1939 年 7 月 30 日就制定了紧急任务，要求全党转入地下；清洗屡教不改的动摇自私自利分子，以严密组织，巩固纪律。一般是县区委负责人对各支部的每个党员进行排队，逐个审查，从家庭成分、入党动机、入党后表现等方面进行具体分析，确定保留或淘汰。对党性较强、坚定可靠、符合党员条件、能坚持长期斗争的党员，则编入新的支部或小组照常过组织生活；对少数混进党内的敌对分子、异己分子、投机分子和有严重问题的分子坚决清除；对革命动摇不定、长期不参加党的活动和不合党员条件的，则予以放弃，或说服其退党，或作为同情分子对待；对奸细分子，则开除出党，并指定专人监视、侦察，防其破坏党的行动。通过审查整顿，把部分投机分子和自首叛变过的分子清除出去，把因偶然的机会混到党内来的不知道共产主义与共产党为何物的分子退出去，使广大党员干部普遍受到了阶级的、党的教育，加深了对政治形势和中国革命发展规律的认识，基本弄清了各级领导干部的政治历史，纯洁了党的组织，提高了党的战斗力。在整理过程中也发现，对于党员发展对象缺少较长时间的考察与教育，

① 南方局党史资料征集小组编《南方局党史资料大事记》，重庆出版社，1986，第 64 页。

没有把对象提高到党员的水平，反而减低了党的水平去吸收对象，而且不重视党员成分的重要性，导致党员数量虽然增加但党员质量上是脆弱的。同时，在整顿过程中，由于各级党组织对于党员的政治生命的重视不够，加上缺乏经验，工作方法比较简单、粗糙，区别对待不够，采取了大批清除的怕负责任的办法，或则不作深入考察，仅仅看党员的书面报告和填表，代替艰难的整理工作，或则把整理工作与群众工作机械地分开，自己关起门来整理。这样对不少出身好，只是能力较差，本来可以留在党内教育提高的党员也放弃了，造成了某些地区放弃的面过大。如潮汕地区的党员从原有的四五千人约减少近一半，龙岩的党员由1600名减至1200名，个别地方甚至出现整个乡村或整个学校支部被解散或放弃的现象。这是组织整顿工作出现的一些矫枉过正的情况。

1940年1月，闽西南特委发出了《关于加强巩固组织工作的指示》，强调在整理组织过程中，应该改进“大批清除”或“关起门来整理”的错误做法，切实注意：一是要善于根据具体的环境、任务、地位、时间、特点去了解分析考察每一个干部、党员及党部，不要片面地以某项工作的完成与否来断定某个党部、党员的积极或消极，不要抽象地以主观拟好的尺度去对待任何一个党部、党员，而不注意具体的客观条件，就随便给予组织上的结论；二是要善于从阶级意识、日常生活、特性典型、待人接物去观察、了解每个干部党员，不只看党员出身，而不看他本身的实际表现，不要只满足于个别党员的口头上仇视敌对阶级，而不注意其日常的处世待人。要从党员对于无产阶级、贫苦群众的关心程度来判断其阶级意识；观察党员的日常生活是否朴素、勤俭，个性是否刚毅、无私等，以此来认识与了解党员。通过这些措施，保证了整理工作的正确进行。到1940年10月，整个闽西南潮梅地区的党员总数从1939年12月的8087名下降为近6000名[①]，其中闽西、闽南党员约2800名，包括龙岩县委约1300人、永定县委约600

① 《闽西南特委现有组织分布情况》（1940年10月10日），载福建省档案馆、广东省档案馆编《闽粤赣边区革命历史档案汇编》第4辑，档案出版社，1987，第168～169页。

人、闽南中心县委 900 多人（漳州支部失去联系）。

与此同时，中共福建省委在猛烈发展党员之后，也确定以巩固发展为任务，并决定先在福安、福清进行组织整顿工作和加强教育工作，"但执行的并不很好"。接到中央巩固党的指示后，便进一步开展这一工作，"中心是加强教育，审查干部，清洗组织"①，方法上采取自上而下，逐级进行，分发表格，实行登记。清洗对象是自首分子、地主富农分子、贪污腐化分子、动摇分子等。整个整顿巩固工作，正如东南局向中央报告中所肯定的，"闽党未经过拉夫突击之过程，故在巩固党与严密组织上较便利一些"②，但通过整顿审查也发现许多问题，如不少地方发展农民入党时，"社会关系方面的考查不大认真，入党手续、候补期平常没有，入党（仪）式也不举行"。③ 光泽县发展 400 名党员，多数由县委书记一人决定。④ 在组织处理方面，经过审查，"闽江洗刷十四人"，"闽东北四六人"，其中有一两个是打进特委机关的奸细，有 4 个是暗藏特务，有 7 个是自首分子，还有一些是堕落分子，⑤"托派与各特务系统，以美人计、苦肉计等法混入党内已破获一部"。总之，福建省委领导各级组织所进行的组织整顿与审干工作，取得了很大成效，进一步纯洁了党的队伍，巩固了党的组织，提高了党的战斗力。至 1940 年 11 月，"福建党员共计 5000 数百人，分布 50 余县，有 6 特委 3 中心县委"；"党员分布崇安中心县 1100，上饶中心 600，邵武中心县 700，建瓯、松溪、政和特委 1100，闽东特委 900，以宁德为中心闽南

---

① 《与福建范式人同志谈话记录》（1941 年 8 月 20 日），转引自中共福建省委党史研究室：《中共福建地方史（新民主主义革命时期）》（下），中央文献出版社，1993，第 973～974 页。

② 《福建党组织状况》（1940 年 11 月），载《中共中央东南局》下卷，中共党史出版社，2006，第 891 页。

③ 《与福建范式人同志谈话记录》（1941 年 8 月 20 日），转引自中共福建省委党史研究室：《中共福建地方史（新民主主义革命时期）》（下），中央文献出版社，1993，第 973～974 页。

④ 范式人：《关于福建党有些干部发生问题情况的报告》（1940 年 4 月 19 日），转引自中共福建省委党史研究室：《中共福建地方史（新民主主义革命时期）》（下），中央文献出版社，1993，第 973～974 页。

⑤ 《闽省组织工作报告》，1942 年 2 月 6 日由中原局转报中央。

特委200，以福清为中心××特委700，以顺、溪资、溪为中心×江特委170，以安平、永安为中心的并之90党员数量散布在农村”；“5个大学，30个中学有工作，10个以上学校有支部，其他只有个别同志，公共汽车有2个支部20同志，数百人的管造厂有一支部，几个印刷厂有支部，联合铁工厂有个别关系”。[①] 这支队伍经受了严峻的斗争考验和锻炼，成为闽浙赣边区抗日反顽斗争的中流砥柱和核心力量。

第三节　在隐蔽状态下保存党组织

一、贯彻“隐蔽精干”方针

抗日战争进入相持阶段后，日本侵略者在继续坚持灭亡中国的总方针下，对其侵华的战略和策略作了一些调整。把对国民党政府以军事进攻为主、政治诱降为辅的方针，转变为以政治诱降为主、以军事打击为辅的方针。伴随着日本侵华政策的变化，国民党蒋介石集团的反共和对日妥协的倾向明显增长，尤其是在1940年后，国民党顽固派的反共浪潮不断高涨，福建全省各地反共事件和反共摩擦日益严重。

随着反共逆流的高涨与时局的急速变化，中国共产党在国民党统治区内的工作必须有一个重大的转变，以适应秘密工作的需要。早在国民党顽固派掀起第一次反共高潮时，毛泽东在《中国革命和中国共产党》一文中就明确提出：“在敌人长期占领的反动的黑暗的城市和反动的黑暗的农村中进行共产党的宣传工作和组织工作，不能采取急性病的冒险主义的方针，必须采取荫蔽精干、积蓄力量、以待时机的方针”。1940年5月4日，毛泽东为中共中央起草给东南局的《放手发展抗日力量，抵抗反共顽固派的进攻》指示中指出：“在国民党统治区域的方针，则和战争区域、敌后区域不同。在那里，是荫蔽精干，长期埋伏，积蓄力量，以待时机，反对急性和暴露。”“充分地准备应付可

---

① 《福建党组织状况》（1940年11月），载《中共中央东南局》下卷，中共党史出版社，2006，第891页。

能发生的任何地方性和全国性的突然事变”。[①] 这就要求国民党统治区的各级党组织的工作重点必须迅速从大量发展党员、开展群众性抗日救亡运动转变为巩固党的组织，贯彻隐蔽精干方针上来，党的工作转入地下，扎根于工人、农民、学生、教员中间。毛泽东及中共中央的一系列指示，对福建党组织在新形势、新环境下工作起了重要的指导作用。

1939 年 7 月 30 日，中共闽西南潮梅特委给所属党组织发出《关于目前政治形势特点报告大纲》，根据闽粤边区面临的严峻形势，提出了当前组织上五项紧急任务：（1）全党组织转入地下，一切组织工作以秘密为第一，一切工作以群众面目出现，巩固扩大党的组织，加强各级党的领导力量；（2）彻底转变工作作风，不张扬突出，多埋头做下层工作，支持并参加友党一切救亡运动，避免独树一帜，以减少摩擦；（3）加强党内教育，特别是党的建设、中国革命运动史及统一战线等基本教育，增强阶级警惕性；（4）巩固党内团结，反对无原则的斗争；（5）开展两条战线的斗争，保证工作的顺利转变。为了适应当时环境，闽西南潮梅特委还制定了“党员秘密工作条例”与“领导机关秘密工作条例”作为党的重要法规之一。

闽南党组织分析了当地形势，意识到“摩擦将增加且可能被乘机袭击”[②]，故决定在各县组织武装班，加紧军事训练，作好武装自卫准备，同时，转变工作方式，将党的组织转入地下，干部隐入群众中，冲出顽固派的包围圈，开辟新的支点。中共漳州中心县委还派县委常委分赴各县以加强对反逆流斗争的领导。

为了传达贯彻中央的重要方针、指示，并选举出席党的七大代表，闽西南潮梅特委于 1939 年 11 月初在梅县松源召开了第六次执委扩大会议。贯彻中央关于精干组织，隐蔽力量的方针。出席会议的有特委全体执委，以及闽西、闽南、潮汕、梅县等地党组织代表和特委青委委员共 20 多人。会上方方作了政治报告和工作检查，谢育才作了关于整

---

① 《毛泽东选集》第 2 卷，人民出版社，1991，第 636、756～757 页。

② 《中共闽西南特委报告（第八号）》（1939 年 9 月 1 日），载福建省档案馆、广东省档案馆编《闽粤赣边区革命历史档案汇编》第 4 辑，档案出版社，1987，第 67 页。

顿巩固组织的报告。会议提出了自上而下审查干部，调整充实各级领导，集中力量巩固党的组织。① 会议最后选举了出席党的七大的代表，即：方方、伍洪祥、苏惠、王维、谢南石、叶剑英、边章伍等。

中共闽西南潮梅特委书记方方等出席党的七大的代表，于 1939 年 12 月从梅县启程赴延安，途中方方转赴重庆出席南方局会议。期间方方听取了中央关于国民党统治区工作方针的传达，会议在讨论闽粤赣边区党的工作时，南方局强调要抓紧审查干部，巩固组织；叶剑英还以形象的比喻对方方说："要充分准备下雨"，"要打伞"，意即要警惕顽固派的进攻，注意隐蔽精干，做好应付突然事变的准备。

1940 年 1 月，方方重返梅县特委机关驻地，立即向特委常委姚铎、李碧山等传达中央和南方局的指示。同时，特委又发出了关于加强巩固组织工作的指示，在总结整理组织中获得的成绩、存在的缺点后，提出改进办法，特别是要求：一是要善于从历史、历史发展规律的必然性来教育全党；二是善于选择时间、中心与日常要求的解决，进而建立党在群众间的基础；三是爱护同情者，火力向着恶坏分子；四是要依靠广大党员；五是建立健全组织系统；六是建立职业化群众性的领导机关，培养为群众所爱戴信任的领导干部。②

中共闽西南潮梅特委的上述两项指示，基本上体现了中共中央和南方局关于"隐蔽精干"和"应付突然事变"的指示精神，同时使当时正在进行的整党审干工作与隐蔽精干工作更加顺利健康地进行。特委在此前所进行的党员整理以及对加强巩固组织工作的指示的贯彻，强化了党员干部的教育，提高了对形势的认识，在精神上建立了准备应付突然事变的警惕性和英勇气概。开展了针对同志和干部之间的各种倾向如个人英雄主义、自由主义和政治上麻木不仁的斗争，提高了党的纪律，提高了领导上的警惕性。

---

① 方方：《中共闽西南特委工作状况报告》（1939 年 12 月 16 日），载中共厦门市委党史办主编《厦门革命历史文献资料选编》第 8 集，1992，第 353 页。

② 《中共闽西南特委关于加强巩固组织工作的指示》（1940 年 1 月），载福建省档案馆、广东省档案馆编《闽粤赣边区革命历史档案汇编》第 4 辑，档案出版社，1987，第 105～108 页。

为了贯彻中共中央关于党在国民党统治区的方针策略的指示，准备应付可能发生的突然事变，福建省委于1940年1月在崇安县坑口乡岭头山上召开扩大会议，着重讨论了应付突然事变的措施，决定加强自卫武装，实行隐蔽斗争，进行审干和整顿组织。会后，省委领导成员分赴各地进行了紧急传达贯彻。同年4月根据中共中央有关指示精神，结合闽浙赣边区的实际情况，福建省委给辖区各级党委发出了关于新形势与抗日统一战线的新任务的紧急指示，对建立基本武装、群众武装、内线武装问题和隐蔽组织、巩固党及斗争的领导问题也都提出了具体要求。① 福建省委的这一指示，比较全面地贯彻了这一时期党在国民党统治区的方针政策，也切合当时闽浙赣边区斗争实际，卓有成效地指导了1940年该区域的合法斗争、武装自卫斗争以及应付突然事变的准备工作。当年夏秋，中共中央东南局召集浙江、福建两个省委及皖南、浙西、赣东北3个特委领导人，在安徽省泾县云岭新四军军部召开紧急会议，福建省委书记曾镜冰参加了会议。会上，东南局领导分析了华中、华东地区日益严峻的形势，传达了中央关于反对国民党顽固派第二次反共高潮和实行隐蔽精干的指示，部署东南局北撤后东南各省国民党统治区的工作，指示福建省委要“背靠山头，面向群众”，开展反顽自卫斗争；尽快撤退城市红干部；开展审干工作。②

二、党员干部的撤退和隐蔽

中共中央关于党在国民党统治区实行隐蔽精干方针提出后，随着国民党顽固派反共活动日渐加剧，中央“估计到最困难最危险最黑暗的可能性，并把这种情况当作一切布置的出发点”③，于是，多次指示

---

① 《中共福建省委关于新形势与抗日统一战线的新任务》（1940年4月），载中共厦门市委党史办主编《厦门革命历史文献资料选编》第8集，1992，第374～375页。

② 《中共中央东南局》上册，中共党史出版社，2006，第340～341页。

③ 《毛泽东关于目前世界形势的估计及对国民党可能进攻的对策给周恩来的电报》（1940年10月25日），载中共中央文献研究室、中央档案馆编《建党以来重要文献选编》第17册，中央文献出版社，2011，第613页。

各级党组织，认真转变斗争策略，隐蔽、撤退党的干部。1940年4月1日，中央在关于成都抢米事件经过的通报中强调“须立即根据保存干部蓄积力量的原则，采取必要的办法缩小机关，调动和隐蔽干部……以避免损失”。指示对于国民党统治区党的领导机关的保密、审干和撤退红干部等问题作了重申。①

根据中共中央的指示和南方局的具体部署，中共闽西南潮梅特委和各中心县委及县、区委在审查党员干部工作基本结束后，即撤退和调动了在救亡运动中暴露了的党员干部，把他们转移疏散到安全地区，大多数在特委所辖地区范围内调整，“一部分过赤学生干部（和）地方干部约二十余人，则送新四军”②。同时，对各中心县委和县、区委主要领导干部相应进行调整，特别是对闽西和潮梅地区之间干部进行交流和调整。中共闽西南潮梅特委发展新党员时，潮梅地区从知识分子中发展党员较多，闽西南则绝大多数是从农民中发展的。为了适应新形势的需要，以及改善各级党的领导班子构成状况，闽西南潮梅特委把潮梅的部分知识分子干部调到闽西南，把闽西南的部分工农老干部调到潮梅。潮梅地区“过赤而可做下层工作有前途的知识分子约十二三人，调到（龙）岩、永（定）、闽南的县委负责宣传教育青年等各项工作”③。如将梅县中心县委组织部部长梁集祥和梅（县）蕉（岭）武（平）边委组织部副部长王立潮调到永定县委任职；潮（阳）普（宁）惠（来）中心县委原宣传部部长余永端调到闽西，在特委党校任职；梅县中心县委陈仲平调到漳州中心县委任青年部部长；漳州中心县委书记何浚调往广东；闽西的武平象洞区委书记谢毕真则到梅县松源区委任职。这样，干部异地交流调整，既有利于隐蔽精干，又有利于工

① 《中央关于成都抢米事件经过的通报》（1940年4月1日），载中央档案馆编《中共中央文件选集》第12册，中共中央党校出版社，1991，第351页。

② 《中共闽西南特委关于闽西南政治经济状况与工作概况向南方局的报告》（1940年9月8日），载福建省档案馆、广东省档案馆编《闽粤赣边区革命历史档案汇编》第4辑，档案出版社，1987，第161页。

③ 《中共闽西南特委关于闽西南政治经济状况与工作概况向南方局的报告》（1940年9月8日），载福建省档案馆、广东省档案馆编《闽粤赣边区革命历史档案汇编》第4辑，档案出版社，1987，第161页。

作开展。

隐蔽撤退干部，相对来说，龙岩等地行动得较慢，自1939年秋冬至翌年夏秋之间，由于龙岩县委集中全力发动群众开展保田斗争，对于中央关于隐蔽精干的方针未能及时进行认真研究并作出相应部署，对国民党顽固派可能发动的大规模军事进攻缺乏足够的思想准备，对在保田斗争中暴露了的一大批党员干部，没有及时采取隐蔽撤退的安全措施，因此，在国民党顽固派发动突然袭击时，遭受了不应有的损失。后来，由于形势的进一步逆转，“永安、龙岩等地的党和武装相继上山”[①]。闽西特委采取建立生产基地的办法，就地隐蔽了一批干部，龙岩、永定、岩西北留在内线的干部建立起二三十个生产基地，参加生产的干部上百人；同时采取向外布点放线的形式，组织部分县区干部疏散外出，实行分散隐蔽，一般以三两人为一组，有的利用社会关系打入国民党管教养卫系统，以合法职业为掩护，有的则经商或打工，求得生存和隐蔽，这样组织才得以保存。

为了应付日益恶化的局势，中共漳州中心县委及所属各县、区委，于1940年春就将机关人员及基干队全部撤进山里，一面审查干部，整顿组织，一面疏散人员和隐蔽生产。有60多名党员干部先后离开基点，分散到各地找公开职业作掩护。留在山里的党员干部、武装人员及其家属，则分散在深山密林里开荒种地或伐木、搞编织。在1939年春创办的漳浦下布生产基地的基础上，又在云和诏边的乌山，诏安的进水，平和的山内、松湖、金京洋、内过溪、欧寮，漳浦的龙岭，南靖的西坑、狮头山等地建立了垦殖基地。闽西事变后，国民党闽南“剿共”指挥部调集反共武装，分路对平和、（南）靖（平）和（漳）浦、云（霄）（平）和诏（安）等县基点发动军事进攻，实行经济封锁和移民并村，使闽南各重要基点村受到严重摧残。为了保存党的骨干和党组织，中共闽南特委按照中共南方工作委员会（简称南委）的指示，实

① 《方方同志谈闽西革命斗争历史的几个问题》（1956年5月30日），转引自中共福建省委党史研究室：《中共福建地方史（新民主主义革命时期）》（下），中央文献出版社，1993，第997页。

行埋藏生产、积蓄力量的方针，选择隐蔽安全地点，建立生产基地，基干队的武装也分散安排到各生产单位，既参加生产，又担负保卫任务。在生产基地里，各级干部与群众朝夕相处，打成一片，一手拿锄，一手拿枪，开展生产自救，许多党的干部在处境十分艰难的情况下，仍坚持领导支点群众斗争，保护群众利益。支点群众更是一心向党，在自己生活艰难甚至被移民并村的情况下，仍一如既往，冒着被捕杀的危险帮助党的干部渡过难关。与此同时，指派一部分得力的干部到安溪、永春、南安、德化、华安等地建立党的组织，开辟了以安溪龙门为中心的安（溪）南（安）同（安）边区工作。

在国民党第三战区长官司令部控制的中心区域——赣东北、闽北等地，中共地方组织面临的威胁更大。国民党地方军政当局一方面依照国民党省党部第十次执委会制定的“以组织对组织，宣传对宣传之策略”，从城市抗日救亡团体下手，逮捕已暴露的或半公开的共产党员，仅军统闽北站就开列了300多位“异党分子嫌疑”名单，并由当局发出通缉令；另一方面，直接派武装力量“游击搜剿”城乡党的组织。

为了保护暴露身份的干部，1939年秋冬，中共福建省委将活动在赣东北的“国民政府军事委员会政治部抗日宣传第二队”“上饶宣慰团”以及上饶妇女指导处内的一批秘密党员，撤往崇安村头省委机关。1940年春，赣东北形势日趋紧张，中共赣东工委遭受破坏，福建省委又派孙竹云、张翼等分头前往上饶、贵溪等地，将尚留在当地国民党政府和救亡团体中的一批色彩明显的红干部也撤回崇安基本地区。

1940年5月，接到中央《关于坚决撤退红干部与坚决执行精干隐蔽政策的指示》后，福建省委加紧撤退红干部工作，先后将闽江工委书记陈公生、工委委员黄宸禹、王一平及主办《现代青年》的卢懋榘等人，从南平、永安调往崇安村头省委机关。同年秋天，由于形势进一步恶化，又从泉州、长乐、沙县、南平、永安等地撤退了辜仲钊、赵涌、蔡翔云、张羽、孟秀涛（孟起）等一大批城市干部，加强省委机关和闽北农村基本地区工作，舒诚、何素清、蒋伯铭等一批党员干部调往新四军工作。1940年底迁驻南平的新四军办事处撤销，办事处人员全部撤往省委机关。

由于福建党组织在皖南事变发生以前，已采取一些有效措施贯彻党的隐蔽精干方针，这就使皖南事变突然发生时，各级党组织在思想上、组织上和工作上已有所准备，从而大大减少了损失。实践证明，福建省委制定的“武装的组织的隐蔽精干”策略，是创造性地贯彻执行党在国民党统治区隐蔽精干方针的结果，也是正确运用“武装退却”战略思想的结果。

三、在改变组织形式中保存党组织

1941 年春，国民党顽固派制造了震惊中外的皖南事变，掀起了第二次反共高潮。皖南事变后，国民党顽固派又制造了震惊八闽的闽西事变。同年 9 月，闽西特委机关驻地又受顽军省保安十一团的袭击，闽西特委书记王涛壮烈牺牲。同时国民党顽固派还推行所谓的“自新自首”政策，采取政治胁迫手段，限令共产党员与农会骨干登记“自新”，并在龙岩设立“政宣工作团”和“自新招待所”，开办“自新训练班”。接着又采取“硬软兼施的并且以软为主”的手段，提出“不用公开登报自新自首，只要回来向乡公所报告一下或见一见某人就算完事”，并利用一切亲友关系想办法“说服”，以各个击破，分化瓦解。“说服”不成，则“采取极端残酷手段来弄到你家散人亡”①。面对国民党顽固派的威胁利诱，大多数共产党员表现了坚贞不屈的革命气节，但也有一部分人被迫“自新”，少数人动摇变节，甚至叛变、堕落，成为反共走卒，因此，闽西基层党组织和交通站遭破坏的事件屡有发生。面对国民党顽固派的军事围攻和政治诱骗，中共闽西特委采取各种紧急应变措施，坚持反顽自卫，以克服闽西事变后出现的严重局面。为了粉碎顽固派政治瓦解的阴谋，中共闽西特委于 1941 年 11 月 10 日，向各县区发出《关于应付奸顽瓦解我们的新方案的指示》，要求各级党组织加强对广大党员和群众的阶级教育、气节教育，揭穿顽固派旧阴

---

① 《中共闽西特委关于应付奸顽瓦解我们的新方策的指示》（1941 年 11 月 10 日），载福建省档案馆、广东省档案馆编《闽粤赣边区革命历史档案汇编》第 4 辑，档案出版社，1987，第 186～189 页。

谋新花样，巩固革命队伍。

1942 年，闽西南地区形势也是十分严峻，特别是发生了南委事件[①]后，斗争更加复杂，党的工作更加艰难。南委事件发生后，周恩来感到“南委及闽西、潮梅地方党，尤其是方方，仍处在严重威胁中”，于是指示：要一切以安全为第一，防止事件的继续扩大；割断与放弃有色彩突出暴露地区组织；坚决撤退暴露（的）干部，停止组织活动，特别（是）支部；每个党员实行勤业、勤学、勤交朋友三任务。……南委根据南方局的上述指示精神，结合闽粤边区的实际，作了具体部署，决定在闽西南老苏区、老游击区保留特委、县委，改设特派员制；县以下组织暂时停止活动，赤色干部与特委分开几个地方集中学习，以武装保卫；知识分子向汀州、漳州各地输出，去找职业（如教书）或读书交友了解情况；能在支点公开安插的干部应勤于职业，以群众面目出现。南委书记方方特别强调指出：撤退并非溃退，不能“卷土而走”；党组织停止活动后，要留根子，即观察员，以便了解党员的表现，为将来恢复组织活动时做准备；撤退党员干部时，要对下属做好安置工作。此外，方方还指定李碧山为南委联络员，负责与南方局和闽西、闽南、潮梅地区联系。至 1942 年 10 月底，南方局和南委的紧急应变措施及具体部署已基本传达到闽粤边区各级党组织，此后，党在闽西、闽南的斗争进入了抗日战争时期最艰苦的岁月。

在闽西南地区，原任闽粤边委[②]书记的朱曼平改任特派员，受命到

---

① 1942 年 5 月，中共南方工作委员会组织部部长郭潜被捕叛变，南委机关及所辖江西、粤北省委、广西省工委和几个主要交通站相继遭受严重破坏，史称“南委事件”。

② 1942 年 2 月，中共南方工作委员会根据革命斗争的需要，决定成立中共闽粤边委员会，统一领导闽西、闽南地区党组织，并将原由南委直属的闽西、闽南两个特委划归闽粤边委员会领导。6 月，南委机关因郭潜叛变而遭国民党顽固派破坏，根据南方局指示，闽粤边委及其所属闽西、闽南特委和县以上党组织均改为特派员制；区以下基层组织暂时停止活动。此后，闽粤边委虽然同上级党组织暂时中断联系，但仍继续领导所属党组织坚持抗日斗争。1943 年 10 月，闽粤边委成立武装经济工作队及闽西分队。抗日战争胜利后，闽粤边委同上级党组织恢复联系，归南方局直接领导。1942 年 2 月至 1945 年 11 月，担任中共闽粤边委员会常委的有朱曼平、张昭娣、魏金水、李碧山，书记朱曼平（1942 年 6 月至 1945 年 11 月为特派员），副书记张昭娣（1942 年 6 月至 1945 年 11 月为副特派员）。

永定黄鳝蜞，向闽西特委传达了上级有关应变精神。根据南委的意见，闽西特委及所属的龙岩、永定、岩西北 3 个县委仍然保留，改设特派员制，魏金水为特委特派员，陈卜人为特委副特派员兼龙岩县委特派员，张昭娣为闽粤边委副特派员兼永定县委特派员，吴作球为岩西北县委特派员。在闽南，南委事件发生后，闽南特委采取了各种措施贯彻南方局和南委的指示，行委及所属各县委均改为特派员制，卢叨为特委特派员，钟骞、郑敦、莫丁贵为副特派员，并以各种形式隐蔽和保存党的干部。在安溪龙门镇，采取“停止发展党员但不散伙，实行长期隐蔽”的办法，不仅保存了党的组织和骨干，而且通过打入国民党机构，以合法职业掩护秘密工作，为后来党组织的恢复发展打下了坚实的基础。

由于顽军大规模“进剿”革命支点和残酷的政治策反与经济封锁，各游击区进入了抗日战争时期最为艰苦的岁月。在险恶复杂的形势和艰难困苦的条件下，本着对党无限忠诚和对革命的坚定信念，实行隐蔽生产和疏散人员的政策，各级党组织克服了重重困难，战胜了饥饿和疾病的折磨，终于在农村及其他各条战线上扎下了根。各级党组织还积极进行生产自救，尽可能地开荒种地，伐木烧炭，采藤编筐，维持自身的生存。闽粤边委和闽西特委领导人朱曼平、魏金水、张昭娣等，深入闽西南山区，一面组织生产，一面坚持领导武装斗争。闽南特委副特派员钟骞患有严重肺病，但仍然坚持每日编一只篮子以表达自己减轻组织负担的一片心意。总之，南委事件后，闽西、闽南党组织坚决贯彻南方局和南委有关应变指示精神，采取了一系列卓有成效的紧急措施，对于防止事态的扩大和保存革命力量起了重要作用。在各次破坏事件被捕的党员中，除了极少数叛变外，大多数立场坚定，保持了革命气节，表现了共产党人的崇高品质，有力地保护了党的组织。虽然有些地方一度在传达贯彻南方局指示时，将“停止活动”误为“解散组织”，使一些同志失掉了组织关系，影响了党的建设，但更多的是“解而不散”，积极隐蔽，因而，仍然保存了党的力量。与此同时，党员干部坚持走群众路线，与周围群众亲密相处，同甘共苦，就是在最困难的时候，都没有忘记自己是共产党员，没有忘记缴纳党费；

更没有忘记党的工作，经常白天参加生产劳动，晚上深入群众家中访贫问苦，做抗日救亡的宣传工作，并帮助群众耕田插秧、砍柴烧炭、运木盖房等，取得了群众的信任，因此也得到群众的大力帮助和支持。在国民党保安团搞移民并村，企图困死闽南特委特派员卢叨等人时，当地人民群众自动送粮、送衣服上山，帮助党组织克服困难，渡过难关。党组织之所以能在如此险恶的环境中生存下来，“首先应归功于农民群众的支持，党和武装能够和群众密切在一起”。

在闽浙赣边区，1941 年 1 月皖南事变后，国民党顽固派连续发动了大规模“清剿”，妄图摧垮中共福建省委机关及其自卫武装。国民党军大举进攻福建省委所在地崇安、建松政地区和闽东地区，许多党组织领导人惨遭杀害。革命队伍内部也出现了一些动摇变节分子，党领导的游击队处境十分艰难。在这紧要关头，中共福建省委收到了华中局转来的中共中央书记处 1941 年 7 月 7 日的重要指示，指示中要求福建省委要坚决执行中央历次指示的精简短小与积蓄力量及隐蔽政策的指示，应坚决而且迅速的撤退红干部，撤退的方向是沦陷区、军队民团土匪中、基本地区、新四军活动区域，还应着重地派遣到沦陷区军队中与基本地区去工作。华中局也指示福建省委要武装实行隐蔽精干，如隐蔽不了就转移，转移不了就打，如打不了或转移不了还是隐蔽，并指出：只要你们不被顽军消灭就是对无产阶级事业建立了不可磨灭的功勋①。在此前后，省委依照中央和华中局指示，执行隐蔽精干政策，将机关转移，撤退了红的党员干部；在闽江决定暂停两个月党的会议和生活，同时进行社会上层统一战线活动。在老地区组织上坚持据点，缩短阵线，并以一部分力量转移与开辟新地区，掩护秘密与公开工作；另一方面进行政治攻势，特别是日军侵占福州后，“大部武装干部及红的干部到沿海开展抗日游击战争，游击队及抗日政权暂不以党的名义出现，但必须争取及巩固党的领导”。结果取得较大成绩：组

---

① 曾镜冰：《十二年中的主要问题报告》（1956 年 6 月 11 日），转引自中共福建省委党史研究室：《中共福建地方史（新民主主义革命时期）》（下），中央文献出版社，1993，第 1032～1033 页。

织上保持了各地组织基本力量，政治上得到社会上极大同情。组成游击队约400人枪，曾消灭维持会数处，长乐琅尾港伏击战击毙日军中岛中佐；刘润世任长乐县县长，建立平潭东洛、西洛等据点，掀起了海上游击战争；党内开展了思想斗争，打击了党与群众中的个别变节分子，团结了自己，巩固了党的组织，扩大了党的政治影响。①

1942年2月5日，福建省委同华中局的电台联络恢复后，即收到华中局《关于最近国际形势与闽浙党在国民党武装进攻中的任务的指示》。华中局明确指出，目前闽浙省委的中心任务是保存组织，保存干部，保存武装及在可能条件下相机发展以待国际国内有利时机之到来，强调闽浙是处在华中重要战略地位，“只要你们能够坚持今后两年，你们就可以取得最后的胜利，你们就可对全党、对整个中国革命完成一种不可估计的伟绩”。中共中央和华中局的这些指示，对于在艰难困苦的环境中坚持斗争的福建党组织无疑是极大的鼓舞，并对福建省委反“清剿”斗争起了重要指导作用。

福建省委自1938年成立伊始，就把省委机关设在崇安县（今武夷山市）洋庄乡坑口村头村，立足农村基本地区。皖南事变后，在国民党顽固派第一次军事围攻时，省委机关被迫转移到江西上饶禹溪，后又迁往崇安黄龙岩、邵武大山、樟树源一带。第二次“围剿”后，福建省委迁往建阳太阳山，这里成为闽北、闽东、闽中抗日反顽斗争的革命指挥中心。当第三次军事“围剿”来临、省委驻地建阳太阳山方圆200千米内顽军密布时，省委又果断地分批撤离建阳南迁闽中，先后到达永泰青溪、德化坂里；同时，为了更好地贯彻执行党中央关于“隐蔽精干”的重要指示，又于1944年7月经仙游东湖迁至永泰官烈，8月又秘密迁到长乐南阳，南阳一度成为全省抗日隐蔽根据地的中心，南方革命的重要战略支点。在艰苦复杂的环境中，福建省委始终将省委机关设立在农村基本地区，隐蔽党的活动，从而在皖南事变后江西、

① 《中共中央华中局转报闽委关于基本地区反顽进攻的总结报告》（1942年2月5日），载福建省档案馆、中央福建省委党史征委会闽浙赣办公室编《闽浙赣党史文件资料选编》（上），福建人民出版社，1987，第42页。

湘鄂赣等地党组织相继遭到不同程度破坏后，始终保住了省委机关，并及时贯彻执行中央关于隐蔽精干的“十六字”方针。“坚决执行中央历次指示的精简短小与积蓄力量及隐蔽政策的指示”，较好地贯彻了华中局对福建省委的指示，真正达到了保存自己、巩固革命力量的目的。

与此同时，闽中党组织在执行“隐蔽精干”方针的过程中也是牢牢依托农村基本地区，紧紧依靠老区基本群众开展合法斗争。如把莆田中心县委领导机关从莆田城郊四庭村移驻到莆田、永泰交界的宁里村；泉州中心县委机关从泉州城内菜巷转移到晋江吕宅，避免顽固派打击和恢复老区党的工作。同时，根据中共中央关于“撤退红干部的方向，包括沦陷区和‘绿林兄弟’中”的指示，闽中党组织陆续把沿海党员骨干和“江田事件”中暴露身份的游击队员300多人隐蔽到“福建和平救国军”内部，在海上隐蔽长达4年，形成了一支特殊的海上游击队。他们严守党的秘密，不与伪军同流合污，在“消灭伪军，瓦解汉奸，争取伪军，对付国民党顽军袭击”等方面得到中共中央华中局的肯定。中共中央华中局曾来电肯定了“以隐蔽方法打入各部伪军中去工作”的做法[①]，同时又根据南方局“三勤”“三化”方针，批准一批公务机关和学校的在职党员集体加入国民党、三青团组织，广交朋友，争取统战对象，掩护党的活动。“东吴事件”发生后，党内一份花名册落入敌手，这一重大情报就是由三青团统战对象送出的，安海区委书记郑家玄在敌人开始大搜捕之前，冒着生命危险，对可能出事的党员对象逐个通知撤离，及时保护了党组织的安全。

1941年10月，为了总结一年来反“清剿”斗争的经验教训，切实贯彻执行党中央和华中局的重要指示，福建省委在建阳县界首乡牛栏前村召开干部会议。参加会议的有曾镜冰、左丰美、汪林兴、王一平、陈贵芳、黄国璋、庄征、夏任珍等。会议就如何正确处理隐蔽精干与武装自卫斗争问题“展开了几天的争论”，终于统一了认识，认为没有

---

① 《中共中央华中局关于日军占领福州后的工作任务致福建省委电》（1944年10月），载《中国抗日战争军事史料丛书·新四军·文献》第12册，解放军出版社，2016，第63页。

武装会受损失，而过于公开的武装斗争易招致打击，因此决定实行“有步骤、有计划、有组织的转变到以秘密工作为主的斗争形式，武装则藏起来进行掩蔽秘密工作，需要自卫时再拿出来”[①]。

牛栏前会议是中共福建省委在皖南事变后召开的一次极其重要的会议。这次会议成功地把党中央关于“隐蔽精干”的指示同福建斗争的实际紧密地结合起来，进一步丰富了“武装退却”的策略思想，为击退国民党顽固派更大规模的“清剿”作了思想组织和军事上的准备。会后，省委先后接到中央关于实行特派员、联络员的组织形式和华中局要“曾镜冰集中力量领导沿海及闽江城市工作”的意见，遂决定由省委书记曾镜冰兼任闽江特派员，“以便加强秘密工作，求得与武装斗争结合”[②]。另成立基本地区工作委员会，由左丰美任书记，王文波任组织部部长，王一平任宣传部部长，汪林兴任民运部部长。这一系列思想和组织上的准备，为此后发动沿海抗日游击战争和反顽斗争奠定了基础。

牛栏前会议后，在考察和比较闽北和闽中形势中，福建省委作出省委机关南迁闽中的决定。

在灵活应对国民党顽固派的军事“围剿”的同时，中共福建省委还积极开展反特务斗争。在中共江西、浙江、粤北等省委相继遭国民党特务破坏后，国民党特务机关把攻击目标集中转向中共福建省委。他们在运用各种阴谋诬害利诱恐吓的办法的同时，着重施行“自新自首”政策，企图以“攻心战”来瓦解和消灭福建党组织及其武装。

为了粉碎国民党的政治阴谋及其特务政策，福建省委根据1941年6月7日中共中央关于老苏区老游击区工作方针的指示精神，对假自首作了一些补充规定，强调当国民党强迫办理自首手续时，党员可与群众一起假自首，不能假自首的干部应迅速撤开，但假自首不能破坏组

① 《福建党九年斗争总结（草案）》(1947年1月15日)，载福建省档案馆、中共福建省委党史征委会闽浙赣办公室编《闽浙赣党史文件资料选编》(上)，福建人民出版社，1987，第388页。

② 《福建党九年斗争总结（草案）》，载福建省档案馆、中共福建省委党史征委会闽浙赣办公室编《闽浙赣党史文件资料选编》(上)，福建人民出版社，1987，第388页。

织，不能出卖同志，不能登报骂共产党。[①] 省委认为：打击特务的“自新自首”政策应该从两方面进行，“一方面是正面的进攻，加强党的革命气节教育，被捕时在法庭上进行公开的斗争，这是主要的”，“另一方面则侧翼迂回，这就是在不公开攻击党与破坏组织的条件下，可以做自新自首，以保存自己力量，以进行反特务工作，以便根本上破坏其自新自首政策”。[②]

总之，在中共中央及南方局的指导下，经过闽粤边委和福建省委及下属各级的艰苦努力，到1942年底1943年初，福建各级党组织按照隐蔽精干、长期埋伏、积蓄力量、以待时机的方针，基本上完成了组织形式、领导方式和工作方法的重大转变，使广大地下党员获得了一定的合法地位和社会职业，使大多数党组织闯过了重重难关，基本站稳了脚跟，保存了主要骨干。从根本上锻炼了党组织，通过加强自身建设，使党扎根于群众之中，学会了在复杂环境中如何正确处理民族矛盾与阶级矛盾、进攻与退却的关系、公开工作与秘密工作的关系，懂得了怎样隐蔽自己、壮大自己、暴露敌人，创造了一整套地下工作的宝贵经验，丰富和发展了党的建设的理论宝库。

第四节 整风运动和党组织的恢复活动

一、开展以党性教育为中心的整风学习

抗日战争时期，中共中央非常重视党的建设，尤其是在党的思想建设方面。继中共六届六中全会后，1941年7月和8月，中共中央政治局先后作出的《关于增强党性的决定》和《关于调查研究的决定》，

① 《中共中央书记处关于老苏区老游击区工作方针的指示》（1941年6月7日），载中共中央文献研究室、中央档案馆编《建党以来重要文献选编》第18册，中央文献出版社，2011，第388页。

② 《中共福建省委关于我们四年来的斗争》（1944年），载福建省档案馆、中共福建省委党史征委会闽浙赣办公室编《闽浙赣党史文件资料选编》（上），福建人民出版社，1987，第197页。

要求全体党员加紧锻炼党性，提高党性，培养党性，增强党性，以个人利益服从于全党的利益。要求全党党员在统一意志、统一行动和统一纪律下团结起来。只有建立一个坚强统一的集中的党，才能应付革命过程中长期残酷复杂的斗争，才能实现党所担负的伟大历史任务。毛泽东先后在延安干部会议、中央党校作《改造我们的学习》《整顿党的作风》《反对党八股》的报告，为整风运动作了思想动员和理论准备。福建党组织尽管在皖南事变后，处境日趋艰难，斗争更加复杂，但接到中共中央这一重要决定后，即结合实际，认真进行了传达贯彻。

为了纠正本地区存在的缺乏党性的倾向和表现，增强广大党员与各级组织的党性，中共闽西特委于 1941 年 12 月 1 日发出了关于深入讨论中央“增强党性的决定”的指示。指示在阐明增强闽西党的党性教育的意义后，指出了闽西党存在的六个党性薄弱方面的具体表现：(1) 不听党的调动，不愿离开原地方，是为了自己方便，不是为了革命的前途，把党的利益来服从于自己的利益，而不是以个人的利益来服从党。(2) 单有“干到老干到死”的观念，但在工作中却不执行党的决议与指示，甚至直接违反和破坏党的决议与指示，对党阳奉阴违，随便乱用党的政治资本，对群众受到摧残、革命蒙受损失等“闲若无事”。(3) 政治责任心非常不够，工作上形式主义，态度敷衍，不知道爱护与珍重革命的利益，不是想尽一切办法来完成上级交给的各项任务，而是一切听其自然，一切推之客观。(4) 漠视党的决议与指示，不肯从新的环境和斗争中去好好学习，去吸收经验教训来改造自己，来适应党与革命的需要。在反顽自卫斗争中，不了解周围环境，不正确了解国民党的抗日与反共政策，不能正确地把握党的政策，不注意隐蔽精干，整天想要东打西打。(5) 只信仰个人，不尊重组织，不认识整个组织的力量；独断专行，家长制作风，不发挥集体领导作用。(6) 保留小资产阶级生活习惯、贪污腐化堕落、和平共处，害怕批评，互相掩饰、阳奉阴违、口是心非，意气用事，缺少阶级友爱，互相拉拢。[①] 根据

① 《中共闽西特委关于深入讨论中央“增强党性的决定”的指示》(1941 年 12 月 1 日)，载福建省档案馆编《福建党建档案资料选辑》，2001，第 142～146 页。

上述种种党性薄弱的倾向和表现，指示要求各县、区委负责干部详细阅读研究与深入讨论中央关于增强党性的决定，并向下级干部与党员作详细的解释，结合当地的具体情况，开展普遍的深入的党性教育，使每个党员、干部了解怎样做一个共产党员，何谓党性，增强党性的意义何在，党性薄弱对党对革命对个人有什么损害，要怎样纠正错误与改造自己。

指示强调各级党的主要负责干部，应提高自己对党的政治责任心，应郑重对待、坚决执行上级的决议与指示；应实行具体领导，详细分工，个人负责，从而打碎工作形式主义、态度马虎敷衍、不负责、听任工作自流等现象。

指示要求在党内开展自我批评与思想斗争，打破和平共居、感情拉拢、互相掩饰现象，反对当面客气、背后批评，反对地方观念、调不动人、贪污腐化；要加强党内的纪律教育，要纠正错误、不纵容错误，对有意固执错误以抵抗党的，必须给予必要的纪律制裁。

指示提出全体党员尤其是干部党员，必须深刻反省自己的错误与弱点，在新的复杂的斗争环境中加强理论学习，加强党性锻炼，反对自满自足、固执自大的观念，同时要加强同志间团结互助友爱，反对意气用事、互相攻击、家长制等现象。

指示要求今后的发展工作，应重质不重量，对入党对象应严格考查，并给予必要的“怎样做一个共产党员”的基本教育；对于干部提拔，更应慎重严格，加强对其党性的教育与锻炼，反对因缺干部而乱提拔的现象。

闽西地区各级党组织通过自上而下的普遍深入的党性教育，从思想上、政治上、组织上取得了很大成效。首先，消除了因闽西事件带来的“内部危机和外来的祸患”，把干部群众团结在特委的周围，使闽西党组织在斗争中进一步巩固与团结。其次，通过党性锻炼，使许多党员、干部“一扫以前那种摇摆姿态，而一致的坚定下来，无论是在意识上和工作上都有了新的气象”，有的从“老气横秋”变得“生龙活虎”，“这是闽西党的有生力量和新的资本，这是闽西党工作胜利的保证”。再次，“干部之中左倾情绪也就逐渐的转变过来”。总之，通过揭露批评党内违反党性的现象，不但“不损失党的威信，而且还提高了党的威信，取得了广大的人民阶层对党的了解，这是最大的胜利”。[①]

中共福建省委是在接到党中央机关报《解放日报》发表的“关于加强党性锻炼”的社论后，开始组织学习讨论的。当时福建省委刚刚躲过国民党顽固派的再次军事围剿，有了暂时相对稳定的环境，再加上“我们接受了前次斗争的教训，主要是没有坚强的党性，与实行及时的转移，所以使得蒙受极大的损失”。在实行党性锻炼与实行队伍转移的两难矛盾中认为“党性锻炼是主要的，只要党性坚强是不怕敌人的。否则，就是转移了，就是党性不强，队伍亦将自趋灭亡，故在敌人进攻以前，集中力量进行党性锻炼与队伍整训”[②]。因而认为“中央这一指示是完全正确与必要的”。于是于1942年7月作出关于加强党性的决定，指出“党的过去一切成功与失败的历史，证明党的巩固、党的意志、党的行动统一有机整体是决定的因素，而保证这一因素的完整唯一的方法是增加全体党员与干部对党性的锻炼”。可是福建党仍有许多党性不纯的现象存在：领导上主观主义，政治上不尊重上级决定；组织上自成系统，自成局面，否认集中领导；思想意识上发展小资产阶级个人主义，个人利益高于一切，不问组织不问党纪；不问团结，会上不发表意见，会后聚首商议，自高自大意气纷争等。在列举了上述诸多党性不纯现象后，要求全党坚决响应中央关于加强党性锻炼的号召，并决定：反对主观主义，实行中央关于调查研究决定，正确地掌握党的政策，注视环境的变化，变更自己的活动方法以适合环境需要；强调党的统一性、集中性，尊重上级，尊重中央，尊重多数，尊重党纪，尊重团结，强调无产阶级集体主义，反对小资产阶级和个人主义；开展自我批评，严格执行党的一切决定，加强党纪教育，遵守党的纪律；揭发一切违反党性的根源，开展反对机会主义的积极斗争，

---

① 朱曼平：《对闽西的工作意见》（1942年10月8日），载福建省档案馆、广东省档案馆编《闽粤赣边区革命历史档案汇编》第4辑，档案出版社，1987，第211页。

② 《中共福建省委关于我们四年来的斗争》（1944年），载福建省档案馆、中共福建省委党史征委会闽浙赣办公室编《闽浙赣党史文件资料选编》（上），福建人民出版社，1987，第181页。

更好地统一党的意志和巩固党的团结。保证更进一步提高党性锻炼，使党在困难的包围中冲上胜利的道路。①

为了帮助与解决党性锻炼的任务，1942 年 11 月中共福建省委出版了《锻炼报》。省委书记曾镜冰亲自为《锻炼报》撰写了题为“论组织观念”的创刊词，认为加强党性锻炼的中心是加强组织观念，要求“全体党员一方面要有坚决实践领导机关集中决定的观念，另一方面，又要有不死板的实践领导机关的集中决定观念，应有不断地向领导机关提出自己意见的观念，让领导机关把许多人的民主意见统一为集中意见”，强调发扬党内的民主集中制的精神，锻炼同志健全的组织观念。由此省委机关和部队中均进行组织观念教育，反对组织上命令主义、自由主义的错误，同时要求党员要坚持以辩证唯物论为宇宙观，加强学习，加强调查研究工作，克服主观主义，使党性锻炼得坚强起来。②

通过贯彻中央和省委关于加强党性的决定，“许多同志已抓住了加强党性锻炼的中心——加强组织观念”，认识到自成局面、自成系统、自由主义的危害，从思想上、行动上增强组织观念，更加自觉地保护组织、关心组织，这是闽浙赣边区党组织这一时期加强党性锻炼的成就。③ 但是，省委检查这一时期执行《关于加强党性的决定》的情况，认为“仍有许多缺点”，“在一般教育上，工作指导上，帮助错误同志认识错误上，尚感不够”，特别是一般同志“对于中央与省委的决定，采取浏览旧小说的态度，既不加以熟读与研究，又不与当时当地具体情况联系起来，结果只是空喊无补实际”。因此，1943 年 2 月 5 日，省委又作出了第二次关于加强党性的决定。决定列举了当时福建省委某

---

① 《中共福建省委关于加强党性的决定》（1942 年 7 月），载福建省档案馆编《福建党建档案资料选辑》，2001，第 149～150 页。

② 曾镜冰：《论组织观念》（1942 年 11 月），载福建省档案馆、中共福建省委党史征委会闽浙赣办公室编《闽浙赣党史文件资料选编》（上），福建人民出版社，1987，第 48～51 页。

③ 曾镜冰：《论组织观念》（1942 年 11 月），载福建省档案馆、中共福建省委党史征委会闽浙赣办公室编《闽浙赣党史文件资料选编》（上），福建人民出版社，1987，第 48～51 页。

些部门在政治、组织及思想意识上还依然存在的种种违反党性的现象后，提出了克服上述缺点的决定：一切违反党性的现象根源都是思想上的错误的结果，所以党性锻炼的开始，应该实行思想上的改造。决定认为当时最错误的思想是不能把握整体的狭隘主义、个人主义——主观主义，所以应广泛宣传辩证唯物主义，实行思想革命，从思想上根本上打击党性敌人。一是提倡学习理论，提倡调查研究，提倡大公无私，提倡宏大胸怀，对学习努力者，由省委或特委给以“学习英雄”称号；对调查研究工作积极者，给以特别的称赞。并决定每一个同志在工作报告时，必须包含学习与调查研究的部分。二是要认真开展自我批评，所有同志都应对自己做全面历史的总结检讨，提倡“脱裤子割尾巴”，不许马虎塞责。三是各级党部在制订工作决定前，应慎重考虑，在决定后应严格检查，对脱离联系的组织与同志，更应设法联系与仔细检查工作。对党性强、坚决执行上级指示、完成任务好的同志，由省委或特委给以“列宁党员”的称号；对违反党性、错误严重者，必须展开斗争，使其改正，仍不能改正者，应给以纪律制裁。决定还对各级党性锻炼工作的施行作了安排。[①]

福建省委接连进行的党性教育，为接下来开展的整风运动作了重要准备。

1941 年 7 月以来，中央关于党性决定、调查研究决定以及毛泽东关于整顿党的作风的报告，是党在思想上的革命，是改正干部及党员思想、转变工作作风的锐利武器。为了使干部充分掌握中央决定与毛泽东报告的精神实质，1942 年 4 月 3 日，中共中央宣传部发出通知要求各级党组织进行学习。根据中宣部的指示精神，福建各地党组织掀起了热烈的整风学习运动。

1942 年秋，中共福建省委机关和省委自卫武装主力已陆续集中到建阳太阳山。这时国民党顽固派对闽浙赣边区的“清剿”已基本结束，

① 《中共福建省委第二次关于加强党性的决定》（1943 年 2 月 5 日），载福建省档案馆、中共福建省委党史征委会闽浙赣办公室编《闽浙赣党史文件资料选编》（上），福建人民出版社，1987，第 65～67 页。

日军沿浙赣线的入侵也已撤退，闽浙赣边区的环境与形势出现了一个暂时相对稳定的时期，福建省委抓住这一有利时机，开展以加强党性锻炼为中心内容的整风学习运动。

太阳山整风学习分两个阶段进行。

第一阶段在省委领导成员和省委机关中开展，同时吸收闽江、闽中党组织的部分负责同志参加。从 1942 年 10 月开始，为期一个多月。主要学习中央和省委关于加强党性锻炼的决定，以及整顿党的作风的有关文件，“分头研究时间多于集中会议时间，书面意见多于口头意见”，旨在“克服粗枝大叶的作风，郑重地进行它”，真正解决思想认识问题。

首先对照中央的指示，讨论了隐蔽政策。大家认为党在国民党统治区的隐蔽政策的实质“是保存有生力量，而不可把他绝对化而变为取消工作”①，因而，党的这一政策是积极的隐蔽政策。在学习讨论中，大家联系实际，批判了闽中特派员李铁把隐蔽精干政策理解为单纯隐蔽的错误，指出其危害是取消了对国民党顽固派必要的斗争，使党组织在顽军进攻面前解除武装。这种联系实际的讨论对正确理解和执行党的隐蔽精干的方针政策，坚定斗争信心起了积极的作用。但是，仅仅根据李铁 1941 年在草拟一份决定时（未发出）曾引用一句王明的“以拥护蒋委员长为最终目标”的口号问题，就把他作为“十足投降主义展开斗争”②，并撤销其特派员职务，调离闽中，这样处理无疑是不够慎重的，也是欠妥的，带来了一定消极后果。

其次是讨论统战中联合与斗争的综合政策，着重检查了这一时期统一战线工作中存在的主观主义、形式主义的现象。为了纠正这种情况，在这一阶段整风学习时，省委领导引导大家认真学习党中央关于

① 《中共福建省委关于我们四年来的斗争》（1944 年），载福建省档案馆、中共福建省委党史征委会闽浙赣办公室编《闽浙赣党史文件资料选编》（上），福建人民出版社，1987，第 183 页。

② 曾镜冰：《十二年中的主要问题报告》（1956 年 6 月 11 日），载中共福建省委党史研究室：《中共福建地方史（新民主主义革命时期）》（下），中央文献出版社，1993，第 1067～1069 页。

“发展进步势力，争取中间势力，孤立顽固势力”的统一战线的策略方针，并结合福建的实际，及时制定了《关于统战中不同对象的具体政策》，对进步力量、中间力量和顽固派，分别提出了不同的工作要求与对策。省委特别注意到在顽固派掀起反共高潮的环境中，“有许多进步分子、中间力量，都因顽固势力膨胀，不敢公开接受我们”，因此要求“统战工作不应注意形式，而应注意实际”，“应多创造统战桥梁”。[①] 从而，使大家加深了对党中央抗日民族统一战线政策的正确理解。

为了严肃党纪，促进党性锻炼，省委领导成员在整风学习中，根据省委常委汪林兴历次不执行中央和省委决定以致造成严重后果的错误，作出撤销其省委常委和省委民运部长的处理，报请中央批准，并希望他今后能在实际斗争中改正自己的错误。

在省委机关开展整风学习的同时，对省委领导的主力部队也进行了整训，主要反对土匪意识，并审查处理了个别混进来的土匪分子。接着，建立健全了部队政治工作机构，各分队均设政治指导员，加强经常性的思想政治工作，以提高部队的政治素质。

通过这一阶段整风整训，使全体党员、干部及战士，更加明确了在新形势下增强党性：第一要坚持反顽斗争，反对动摇；第二要依靠党，分散做群众工作，不被顽军消灭，以完成党中央和华中局交给的任务。[②]

第二阶段整风学习从 1943 年 2 月上旬开始，原计划学习 3 个月，到 5 月结束，后因国民党顽固派又发动大规模的“清剿”，于 3 月底提前结束。

为了继续贯彻党中央和福建省委关于进行整风，加强党性锻炼的决定，并总结反“清剿”斗争的经验教训，有计划地培养一批善于在

① 《中共福建省委关于我们四年来的斗争》（1944 年），载福建省档案馆、中共福建省委党史征委会闽浙赣办公室编《闽浙赣党史文件资料选编》（上），福建人民出版社，1987，第 196 页。

② 曾镜冰：《十二年中的主要问题报告》（1956 年 6 月 11 日），载中共福建省委党史研究室：《中共福建地方史（新民主主义革命时期）》（下），中央文献出版社，1993，第 1067～1069 页。

艰苦复杂环境中独立活动的干部，以适应新的斗争形势的需要，省委决定以开办干校的形式进行第二阶段的整风学习。于是开办了第五期武夷干校，校长由曾镜冰担任，王一平任教育长。除参加第一阶段整风的干部留下继续学习外，还抽调数十名基本地区的工农干部和20多名在城市坚持秘密工作的知识分子干部上山学习。学员编成两个队。根据秘密工作的需要，训练班里城市来的学员采用编号代替姓名，戴上面罩，互不打听，从而使散处各地的城市工作干部不会互相认识，利于保密。①

这一阶段学习内容较多，除了国内外形势教育外，特别注重政治理论学习。有哲学、政治经济学、阶级斗争原理、统一战线理论、党的建设及抗日战争中的战略策略等方面理论，重点学习辩证唯物论。分“对立统一规律”“量变到质变”“否定之否定”“事物的发生、发展到灭亡的规律”4个专题，由曾镜冰、王一平轮流主讲。第五期武夷干校还对学员进行了革命气节教育和军事训练。

太阳山整风整训运动是中共福建地方组织的一次普遍的马克思主义教育运动，也是用无产阶级思想克服一切非无产阶级思想的思想革命运动。通过整风整训，对福建党内存在的党性不纯现象和作风不正的问题，展开了积极的思想斗争，分清了是非，团结了同志，增强了广大党员的党性观念和组织观念，提高了福建各级党组织的战斗力，广大党员特别是党的领导干部的思想水平、理论水平有了很大的提高，确立了实事求是、理论联系实际的正确的思想路线，为战胜国民党顽固派继续发动的军事进攻，争取抗日反顽斗争的最后胜利奠定了牢固的思想基础。

二、整风运动的深入与组织作风改造

福建省委和闽西、闽南党组织着重抓了增强党性锻炼为主要内容

① 曾镜冰：《福建工作报告》（1946年4月），载福建省档案馆、中共福建省委党史征委会闽浙赣办公室编《闽浙赣党史文件资料选编》（上），福建人民出版社，1987，第328页。

的整风学习，取得了一定成效。“党性锻炼过程的经验告诉我们，党性锻炼必须从整风中把党员干部思想改造；最后更因为目前对国民党反动的斗争，需要我们有正确的学风、党风、文风。克服主观主义、宗派主义与党八股，因此我们决定开始整风运动”。[①] 1943 年 9 月，福建省委在闽中特委机关驻地仙游县上湖底村，召集省委部分领导成员及闽中、闽江特委主要干部，开展反对狭隘经验主义的教育。省委书记曾镜冰作了“反对狭隘观念”的专题报告，指出有些人“把一些部分经验当作绍兴老酒一样以为越老越好，而拒绝了新的革命血液”，“不问大局、不问政策、不问原则，只顾少数人、只顾小事情、只顾小地方”，“不顾整个组织发展”，“不顾党的整个领导”以及党内新老干部、工农与知识分子干部、本地与外来干部之间闹不团结等现象，都是狭隘观念的表现，必须坚决克服。指出“个别经验只能在一定的时间地点条件下才能使用，超过这个时间地点，这条件的范围就不能使用”，必须做到“坚决勇敢捐弃成见，同舟共济”。[②] 大家通过学习讨论，结合思想政治工作，促进了党内认识的统一，从而克服了狭隘观点，初步解决了闽中党组织存在的不团结问题。以上这些都为党的整风运动打下了思想组织基础。10 月 7 日，福建省委作出了关于开始整风运动的决定，领导各级党组织开展关于反对主观主义、宗派主义和党八股的整风运动。决定指出这是一场“党内思想革命，是使全党把握唯物辩证法的思想方法”[③]。

1944 年 1 月，福建省委在永泰县青溪村集中开展整风学习，参加的主要有省委机关、闽江特委、闽中特委和闽中工委（大田）主要党

① 《中共福建省委关于开始整风运动的决定》（1943 年 10 月 7 日），载福建省档案馆、中共福建省委党史征委会闽浙赣办公室编《闽浙赣党史文件资料选编》（上），福建人民出版社，1987，第 83 页。

② 《反对狭隘观念报告大纲——曾镜冰同志在省委机关所作的报告》（1943 年 9 月 10 日），载福建省档案馆、中共福建省委党史征委会闽浙赣办公室编《闽浙赣党史文件资料选编》（上），福建人民出版社，1987，第 82 页。

③ 《中共福建省委关于开始整风运动的决定》（1943 年 10 月 7 日），载福建省档案馆、中共福建省委党史征委会闽浙赣办公室编《闽浙赣党史文件资料选编》（上），福建人民出版社，1987，第 83 页。

员干部，有曾镜冰、苏华、黄宸禹、黄国璋、蔡文焕、陈亨源、林汝楠、林大蕃、刘捷生、吴天亮等 50 多人。学习文件主要是毛泽东关于整顿“三风”的报告、中央“四三”决定，以及省委关于开始整风运动的决定。整个运动分两期进行，第一期共 20 天时间，主要目的是要达到深刻研究党的决议，百折不挠地执行党的决议，把党的决议变为群众的决议。①

福建省委的第一期整风贯彻理论联系实际的方针，分三个阶段。第一阶段认真阅读整风文件，把握文件的精神实质；第二阶段联系个人的思想、工作、历史以及自己所在地区部门的工作，思索反省自己的错误，开展批评与自我批评；第三阶段总结提高，统一认识，提出努力的方向。在这基础上，对符合“①能百折不挠执行党的决定，积极工作。②能处处以党的利益为前提，不致因个人家庭利益受损失而埋怨党的。③要与群众有联系的。④按期缴纳党费”等条件的党员进行了登记。登记分三、四、五月三批进行，“不够条件而可能进步时，要用心帮助督促其进步，使其达到具备条件的标准”。② 这一期整风虽然因斗争环境所致，进行时间不很长，“但收获却比过去几个月训练班收获还大”③，整个机关面目焕然一新，充满了团结互助积极工作的气氛，党的领导干部的作风也有很大转变。这一期整风结束后，省委、特委领导成员均分头深入各地农村，突出抓了两个月创造新据点与发动群众工作，取得了很大成绩，创造了许多经验。这也充分体现了整风的成果。

1944 年 3 月，国民党在衡山召开东南最高军政会议后，集中东南

---

① 《中共福建省委关于开始整风运动的决定》（1943 年 10 月 7 日），载福建省档案馆、中共福建省委党史征委会闽浙赣办公室编《闽浙赣党史文件资料选编》（上），福建人民出版社，1987，第 84 页。

② 《中共福建省委关于党员登记的决定》（1944 年 2 月 19 日），载福建省档案馆、中共福建省委党史征委会闽浙赣办公室编《闽浙赣党史文件资料选编》（上），福建人民出版社，1987，第 104 页。

③ 《中共福建省委关于我们四年来的斗争》（1944 年），载福建省档案馆、中共福建省委党史征委会闽浙赣办公室编《闽浙赣党史文件资料选编》（上），福建人民出版社，1987，第 210 页。

各地特务进攻福建，使福建的政治局势日趋严峻。在这关键时刻，福建省委专门发出了关于开展反特务斗争的指示，要求各级党组织提高政治警觉性，克服麻痹思想，首先迅速开展审查工作，审查每个人的政治关系，审查队伍，在审查中要特别慎重做到既“不放走一个特务”，也“不弄错一个群众”，同时要进一步严密组织，加强秘密教育和内部教育，注意每个人的思想发展等，[①] 以进一步巩固组织内部。同时针对一些同志放松警觉性，疏忽了秘密工作纪律，随便联络，甚至把城市的双重组织打通问题，发出关于组织关系问题的指示，要求加强秘密工作，组成许多独立小组，直属闽江特派员指挥，甚至个别联络，不要中间组织，联络时间尽量减少到半年或3个月一次，联系人员应尽量找真的亲戚朋友关系。同时，还要利用敌人的特务政策，“阻止与拖延了敌人的进攻，我们弄出了假的破绽，使敌人企图‘不战而胜’，我们迷惑特务进攻，而停止或放松了军事进攻，使得我们能取得休息与补充的机会，这是我们政治上的大胜利”。同时，根据特务“自新自首”政策的改变，确立了打击特务“自新自首”政策的两种方法：主要方面是正面的进攻，加强党的革命气节教育，由党性特别坚强的同志来执行，被捕时在法庭上进行公开的斗争；其次是侧翼迂回，在不公开攻击党与破坏组织的条件下，可以做“自新自首”，保存自身力量以进行反特务工作，以便根本上破坏其“自新自首”政策。[②] “依靠了这两种办法，对敌人自新自首政策的夹攻，阻止了叛变的现象，使得城市秘密组织能够保存下来。农村斗争才不受到打击，也容易坚持下去”。[③]

---

① 《中共福建省委关于开展反特务斗争的指示》（1944年3月），载福建省档案馆、中共福建省委党史征委会闽浙赣办公室编《闽浙赣党史文件资料选编》（上），福建人民出版社，1987，第106页。

② 《中共福建省委关于我们四年来的斗争》（1944年），载福建省档案馆、中共福建省委党史征委会闽浙赣办公室编《闽浙赣党史文件资料选编》（上），福建人民出版社，1987，第197页。

③ 曾镜冰：《福建工作报告》（1946年4月），载福建省档案馆、中共福建省委党史征委会闽浙赣办公室编《闽浙赣党史文件资料选编》（上），福建人民出版社，1987，第325页。

与此同时，省委书记曾镜冰还亲自对机关警卫部队和党员干部进行革命气节教育，号召大家应具有“富贵不能淫，贫贱不能移，威武不能屈，困难不能动，美色不能迷，头可断，肢可解，革命气节必须坚持不可灭”的精神。在火线上，不论胜利或失败，都能英勇作战；在法庭上，不论敌人拷打或利诱，都能坚持革命气节；在生活上，不论有无党的监督，都能严于律己而不腐化堕落。通过这样的革命气节教育，为警卫部队继续执行保卫任务和反顽斗争打下了扎实的思想基础。

1944 年 4 月底，省委领导的主力武装从闽北南下闽中，和省委机关特务队及闽中、闽南自卫武装会合后，在省委新驻地——德化县水口乡昆坂村坂里牛寮沟召开纪念红五月会议，省委书记曾镜冰作了关于反对斗争中的主观主义的报告，强调通过整风，要进一步确立坚定的人生观，“一定要坚信共产主义一定会实现的，而且它的实现又不是直线的，必然要遇到许多最可怕的灾难，最险恶的情况”。做到通过整风学习，在反对主观主义的斗争中改造自己，以适应斗争形势的需要。紧接着，在总结上半年整风学习经验，初步解决党风问题的基础上，省委于 6 月 10 日发出关于整顿学风的决定，明确指出“根据我们斗争的环境的特点，整顿学风主要火力应集中于反对斗争中的主观主义”，并召开全党采取“学与做结合”的形式，使马克思主义的学风在认识上得以深化，即在斗争中建立“顽强斗争”“把握政策”“调查研究”“斗争学习”四种作风。[①] 从而把组织建设提到思想理论建设的高度。同时整风采取学与做结合的方法，一边学习文件，一边在实际工作中运用，要求参加整风的干部，学会集中群众意见，学会总结斗争经验，学会调查研究。这些对干部的思想觉悟和实际水平的提高大有裨益。

在开展党员干部整风的同时，对省委及闽中特委武装人员也进行了整风宣传教育。针对这时期因扩大与补充一批新兵后出现的闹地方

---

① 《中共福建省委关于整顿学风的决定》（1944 年 6 月 10 日），载福建省档案馆、中共福建省委党史征委会闽浙赣办公室编《闽浙赣党史文件资料选编》（上），福建人民出版社，1987，第 140～141 页。

主义和家庭观念等问题，省委领导先后给他们作了“反对宗派主义，提倡大公无私”和“家庭问题及革命性质问题”的专题报告，并且采取树典型、学榜样的办法，使大家不仅从书本中而且在生活的典型上看到正确思想，自觉对照自己，反省错误，改正错误。这使武装队伍中阶级友爱大公无私变成一种潮流，消沉的局面改变为活跃的局面。

福建省委在深入进行整风运动中，取得了一些成绩和经验，也在斗争中整顿了作风，克服了教条主义，发扬了顽强斗争作风，注意环境特点作风；注意现实作风，克服了绝对主义，注意事物转化作风；克服了宗派主义与党八股，建立了联系群众作风。但却发现“这一时期我们组织上的错误与缺点是显而易见的：组织纷乱，方向不明，不知所为，不安所业，松懈散漫，精神不振”，而其根源则是缺乏在广大范围内有系统有计划的调查研究工作，干部政策错误，组织领导错误以及绝对主义思想在作怪。为此，从 1945 年 1 月开始到抗战胜利，福建省委继续进行第二阶段的整风运动，其主要内容是克服官僚主义，强化民主意识和全局观念，正确执行党的组织路线和干部政策，为迎接抗战胜利创造必要的条件。2 月，省委书记曾镜冰在干部会议上作了题为《目前我们的政治任务与整风任务》的报告。在总结了过去整风的成绩后，指出目前整风所面临的任务，即“首先要建立适合于斗争的思想，从思想上了解工作的意义”从而达到“把整风与工作合为一个过程”，“使理论与实际合在一起”，从而“使改造思想更加容易”。因而，在发扬过去好的作风的同时，需要克服还存在的坏的作风，比如怀疑主义缺少自信心、自尊心、自爱心，教条主义缺乏创造性、突击性与灵活性及有系统有计划的调查研究，孤立主义不肯苦思、苦学、苦干、苦钻以及个人思想、宗派思想等。为此，报告提出了开展广泛的调查研究，即调查“敌情”“上情”“己情”“友情”和“民情”。在开会前后、对人讲话前后、执行决议前后、作战前后，都要做调查工作；同志、近人、亲人等各种人，都可以作为调查对象。在调查过程中，要围绕“五情”，做到心中有数。对调查所取得的基本材料，必须做一番分析和研究，分辨其真伪，以便考虑正反材料互相联系中的本质，从把握本质中去观察各方面发展，摒弃那些偏听偏看的不真实东西。[①]

在此基础上，针对存在的组织作风，报告提出了具体的练干的措施和发扬民主与加强领导问题。“练干就是实行正确的干部政策以掌握干部的意思”，为此第一是了解干部，经常地加以审查；第二是信任干部，大胆地让其独立工作；第三是支持干部；第四是指导干部；第五是大批培养，领导机关应好好实行干部政策，干部本身也要好好锻炼自己。为此，必须发扬民主与加强领导：坚决实行毛泽东同志的两条原则；领导机关须经常召集民主会议，启发下层批评与做咨议机关；一般党的会议，除了批评与自我批评议程外，必须要加强领导，要做到照顾全体，把握全盘领导，要照顾全程，有准备地工作与预见将来，要照顾原则，多从原则上解决，不可干涉非原则问题；要确定组织系统，确定上下级关系、军政关系、军党关系、一元化原则等等。[②] 以此来卓有成效地开展党内整风。

另外，为了结合整风运动，加强对党内和武装队伍内部的组织纪律教育，5 月，曾镜冰在南阳会议上作了题为《要有严格的斗争组织纪律才能坚持反顽斗争》的报告。指出“在伟大艰苦的斗争中一定要有严格的纪律”，组织纪律是革命斗争胜利的保证。为此，“大家都能自觉地服从纪律，使我们有着坚强与团结的组织力量……以我们组织的统一来保证我们思想的统一，以取得反顽斗争的胜利”。[③]

与此同时，分散在闽粤边区各地的党组织和党员，特别是在南委事件后遵照上级指示停止了组织活动、进行分散隐蔽的党组织与党员，

---

① 《目前我们的政治任务与整风任务——曾镜冰同志在干部会议上报告》（1945 年 2 月 28 日），载福建省档案馆、中共福建省委党史征委会闽浙赣办公室编《闽浙赣党史文件资料选编》（上），福建人民出版社，1987，第 234、239～240 页。

② 《目前我们的政治任务与整风任务——曾镜冰同志在干部会议上报告》（1945 年 2 月 18 日），载福建省档案馆、中共福建省委党史征委会闽浙赣办公室编《闽浙赣党史文件资料选编》（上），福建人民出版社，1987，第 240～241 页。

③ 《要有严格的斗争组织纪律才能坚持反顽斗争——张同志在干部会议上的报告》（1945 年 5 月），载福建省档案馆、中共福建省委党史征委会闽浙赣办公室编《闽浙赣党史文件资料选编》（上），福建人民出版社，1987，第 257～258 页。

他们虽然身处逆境，但在全党开展整风运动的声势影响下，从党内有关报刊的宣传报道上，获悉全党正在开展整风运动。他们千方百计通过各种渠道，只要找到一些整风文献和学习材料，就认真地组织党员进行学习，自觉地联系实际，检查自己的非无产阶级思想，坚定革命意志。

闽西南党组织对照中央整风文件精神，首先分析了干部队伍思想作风状况，认为“现有的这些干部，多半还是不曾经过严格的组织锻炼的，也可以说他们出身的本质与思想意识及生活习惯等还不曾经过严格听组织生活的改造”，加上长期处于地方游击生活，养成了一种游击主义的作风，特别是停止组织生活、实行掩蔽埋藏后，各级党的联系不甚密切，党的监督也不经常，“再加上许多组织上、领导上不够严格，检查的不深入与马虎”，一些组织观念不强的干部便自由散漫，我行我素，有的甚至变坏变质。为此，闽西南党组织领导认为“目前我们闽西南党还在掩蔽埋藏的时期，这样的环境正是我们洗刷坏传统、坏作风与进行干部坚决改造的时候”。“而这种疏散埋藏的环境，也就是各级党的联系更不能密切，党的监督也不能十分紧密的时候，也正是每个干部独立作战的环境……因而有可能会出现变坏变质”的危险，而要解除这种危险，就要提高同志的组织观念与党性，即给他严格的组织生活与纪律精神的锻炼，养成一种坚强的组织观点与优良习惯。因此，在整风学习中，郑重地提出“建立严肃优良的组织作风”问题，要求各级党组织“接到这一指示后，应与论干部的改造指示合并讨论传达”，各级领导要带头学习，首先从自己的机关支部或自己直接领导下的单位严格做起，先从日常的与经济的生活做起，先从小的任务与工作严格督促做起，先从个别错误的批评斗争着手，来建立自己执行这一正确方针的模范。其中最重要的是各级组织的首长与领导干部自己加强学习，用最高度认真负责的精神来起模范作用、领导督促作用；其次，要求各级党组织集中力量同腐朽散漫的自由主义作斗争，同雇佣观点作斗争，同随便马虎敷衍塞责的行为作斗争，同贪污浪费的现象作斗争，只有战胜了这些劣根性、坏现象、坏观点的时候，才是改造干部胜利之时，才能使党的优良作风得以发扬光大；最后，在建立优良的组织作风的过程中，要讲究方式方法，要“认真地耐心地教育，逐步地推进”，“有系统的按时的有原则的”进行；领导者在自我检查和自我批评时，要认真与慎重，要深入，要做到贬恶与扬善。[①]

总之，福建各级党组织开展的整风运动，由于坚持了正确的方针和采取了从实际出发的正确方法，因而取得了较好的效果。它对广大党员干部是一次空前深刻的马克思列宁主义的思想教育，不仅重新教育和训练了党内经过长期斗争保留下来的一批老干部，而且教育训练了抗战初期入党的大批新党员，使党的队伍更加巩固，党的建设进一步增强。

三、牢固树立以群众为中心的意识

在基本地区坚持巩固战略支点的复杂斗争，就必须处理好党员干部和群众的关系，这是共产党人全心全意为人民服务宗旨的表现，也是基本立场的反映，更是一种工作方法和优良作风的写照。

在闽西，“如果说其他的支点（梅县、大埔……）是靠组织的基础保证党的存在的话，那么闽西党的存在是靠群众的基础来巩固党的存在的。一句话，闽西党的群众基础是巩固于组织的基础的，这是闽西的最大特色。除广泛的募捐是很好的证明外，群众搜山的表现，群众以生命来爱护同志的表现更可以说明这个问题。因此，闽西党的前途是最光明的，是最有巩固的保证的，因为它已经与群众建立了血肉的关系，因为它已经有了广大的群众做它的屏障和堡垒……”[②] 斯大林说：只要布尔什维克是保持着与广大民众的联系，那他们就会是不可战胜的——这可以说是一个定律，反之，布尔什维克只要是一脱离群众，一失掉与群众的联系，一染官僚主义的毛病，那他们就会丧失任何力量，即变成空架子。

在闽北，福建省委根据领导崇安反对敌人斗争的经验，发出基本

---

① 见《建立严肃优良的组织作风》（1943年8月12日），载福建省档案馆、广东省档案馆编《闽粤赣边区革命历史档案汇编》第4辑，档案出版社，1987，第241页。

② 朱曼平：《对闽西的工作意见》（1942年10月8日），载福建省档案馆、广东省档案馆编《闽粤赣边区革命历史档案汇编》第4辑，档案出版社，1987，第209页。

地区党的任务的指示，指出党的工作方式方法，必须坚决地、迅速地把半公开的组织转入绝对秘密组织，“党的生命交关问题就是如何使群众不至受敌人摧残或是减少敌人摧残”的问题，必须承认党与群众利益的矛盾统一性，“要依靠群众掩护，不可为了自己痛快而现头角，连累群众受摧残”，在群众受到摧残威胁时，自动离开，以免群众受连累。

敌人在军事进攻的同时，对群众采取大屠杀的政策，宣布十杀令，强迫群众并村，组织搜山队，要群众带路，进行守口搜山等，企图以此威吓群众，使群众不敢支持共产党和游击队。对此，党组织采取了一系列相应政策，组织群众进行反摧残的合法斗争，提出并村“并近不并远，并女不并男”、报信“报旧不报新，报假不报真”、守口“守口不守人”、带路“小路不带，大路直行”、搜山“打天不打地，打枪不打人”等做法。这样既应付了敌人，又使群众少受摧残。

在党组织领导的革命斗争中，群众根据自身的环境与条件，创造了合法斗争的新的形式与方法，如武装与合法结合；隐蔽斗争形式与偷税走私、不宣布罢工的罢工等形式；利用敌人互相间矛盾与采取最能取得广大社会同情的方法；抓住敌人最薄弱的一环，出其不意实行闪电式突击，迅速解决斗争，从无数次的小的斗争逐渐提高到大的斗争等。① 当时发动群众用一切方法与敌人作斗争，在武装自卫行动中，紧紧地依靠群众，认真保护群众利益，领导群众斗争。党组织首先承认群众的伟大创造力，再深入群众，了解群众的迫切要求，提出反映群众要求的口号，研究群众斗争的一切方式方法，加以科学的分析总结，再去指导群众斗争。这样很好地实现了党的群众路线，尊重了群众的首创精神，与群众建立了密切联系，取得群众的信任和大力支持。

1944 年初，面对敌人的再次进攻，中共福建省委充分认识到：在

---

① 《福建党九年斗争总结（草案）》（1947 年 1 月 15 日），载福建省档案馆、中共福建省委党史征委会闽浙赣办公室编《闽浙赣党史文件资料选编》（上），福建人民出版社，1987，第 378～379 页。

粉碎敌人进攻中的群众工作是我们生死存亡问题，群众工作是目前粉碎敌人进攻的中心工作。[①] 要求各级党组织在抗日反顽斗争中大力发动和依靠群众，以群众工作为中心环节。为此要大力鼓动和宣传群众，使群众充分了解党的政策，把党的决议变为群众的决议，真正变成群众自觉的行动。为了使群众了解、把握和执行党的决议，党组织并不是单纯从自身利益方面去解释决议的正确性，而是了解群众最苦的是什么，迫切要求的是什么，从群众具体的痛苦的事情与迫切要求上来说明党的决议是与他们的具体要求相一致的，利害关系和利益诉求也是完全一致的。同时根据群众不同的觉悟程度和心理来作细致的解释，如对革命有所认识的，就明确说明党反对内战的主张，而对觉悟程度一般的好心人，就解释为反对自己人打自己人。在宣传群众方面，把党的决议和政策翻译为群众的语言来传达，或者以故事小说，或者以戏剧的形式来讲解，善于根据群众听得懂的形象比喻，对学生比喻学校的事情，对工人比喻工厂的事情，对农民比喻农村的事情，以民间熟知的成语、历史上三国和薛仁贵的故事等，来宣传党的政策，坚定群众的斗争信心等。[②]

当时开辟新区的方式也是完全依靠群众的方式。主要有触角式，就是先试探，接触群众；连锁式，就是关系连关系，一站一站做工作，主要是依靠群众，发展群众；辐射式，就是以很多群众来参观游击队的实际生活与行动的形式，让群众自己回去，主要是以群众力量去传播真相和道理，到处扩大党组织和游击队的政治影响；爆炸式，用武装在一个地方公开，扩大典型的政治影响，提高威信，主要是给群众以实际的斗争经验；跳跃式，在不能一路以关系连关系做工作时，就跳跃到前面去，开辟以后再前进。还有就是以在路上交朋友的方式展

① 《中共福建省委关于国民党反动派四次围攻形势与我们具体对策的指示》（1944 年 1 月 16 日），载福建省档案馆、中共福建省委党史征委会闽浙赣办公室编《闽浙赣党史文件资料选编》（上），福建人民出版社，1987，第 101 页。

② 《中共福建省委关于开始整风运动的决定》（1943 年 10 月 7 日），载福建省档案馆、中共福建省委党史征委会闽浙赣办公室编《闽浙赣党史文件资料选编》（上），福建人民出版社，1987，第 87～88 页。

开工作。[①] 这些虽然是工作方式，但对党组织和游击队来说，完全是依靠群众，走群众路线，改变作风的最好写照。

当然，在党组织内部特别是思想观念上，对于群众工作也存在着一些不足，没有认识到它具有头等重要的意义，对于群众工作还是不够看重，或者不懂得怎样联络接近群众，不懂得怎样宣传教育，不懂得怎样组织与分配群众工作，有些同志讨厌群众的落后观点与习性，轻视群众等。为此，曾镜冰十分注意在党内进行讲解教育，他作了《关于群众工作的几个问题》的报告，讲解了群众工作的重要性和意义，阐明党是群众的领袖，他能够发挥领导的积极作用，就在于他能够与群众亲密地在一起。党脱离了阶级，脱离了群众，就什么事也做不好。所以要树立群众观念，就是要使群众觉悟起来，团结在党的周围，以共同进行革命斗争。而群众工作的原则，就是迁就与提高，联合与斗争，领导与学习，宣传影响与政治经验。在革命斗争中，要领导群众，使群众信服并跟随，就只能用说服的方法，经常耐心地、不畏烦琐地、孜孜不倦地说服。对于不同的群众，应当寄以各种不同的期望，用不同的心情与方法去教育。所以党员同志要有决心，不怕辛苦，不怕麻烦，到广大群众中去进行工作，建立密切的联系，如果在斗争过程中发现群众中有积极分子，条件成熟时，便发展为党员，发展党的组织。[②]

在艰苦的斗争中，福建省委领导各级党组织、党员和游击队员学会了“会冲、会躲、会变、会做群众工作”的四大本领，以多变的组织形式实行隐蔽、避免打击，万不得已时，只作速战速决的回避抵抗以保存实力；即使在艰难的环境下，仍然坚持做群众工作。指战员们都认识到，没有群众就不能生存，一刻也不能离开群众，离开了群众就正中了敌人的阴谋诡计，因此“机关工作人员一概下乡，战斗员也

---

① 曾镜冰：《开辟新地区的方式》（1944年12月），载福建省档案馆、中共福建省委党史征委会闽浙赣办公室编《闽浙赣党史文件资料选编》（上），福建人民出版社，1987，第153页。

② 曾镜冰：《关于群众工作的几个问题》（1944年），载福建省档案馆、中共福建省委党史征委会闽浙赣办公室编《闽浙赣党史文件资料选编》（上），福建人民出版社，1987，第154～163页。

努力学习做群众工作”[1]。把群众利益放在首要地位，想方设法保护群众，尽量减少群众损失。不但把握群众生活特点，而且把握当时环境特点，群众意识特点，并根据这些特点来争取群众，提高群众。党组织提出，就是要让群众亲身体验到共产党和游击队第一是好人，对老百姓好，第二就是真正有力量，有办法。提出“要想群众把我们当儿子而爱护，首先应当把群众当作父母而孝敬”，宁愿“自己吃不到，也要给人家吃，自己穿不暖也要给人家穿”，只要得到一点东西都要送给群众，虽然条件困苦没有什么好东西，但自己吃得差，而招待群众吃得好，自己坐着烤火，而把被子让给群众盖。正因此使群众更为感动，有的群众说：“你们这样好，万一给国民党抓去怎么办呀？”

省委机关转移到德化县坂里后，机关干部不仅注意在驻地附近而且在周边的毛厝、昆竹山、南山等村庄开展群众工作，通过“诊治疾病，帮婚助丧，行动感化的方法”，帮助群众解决实际困难。省委机关干部经常向群众调查了解情况，并召开大会向群众宣传党的有关政策，动员贫苦民众组织起来，与坂里全村 22 户群众订立关于安全保密、协助购买粮油等誓约，从而为机关开展活动创造了条件，也与群众结下了鱼水深情。遇到群众家中有婚丧喜庆事，就主动帮忙；重要节日也邀请群众一起欢度。干部战士一到群众家里，就帮助做事，每个人都学会了一些简单的医药常识，时常为群众治病，也学习一些种田经商的常识告诉群众，解决群众生产中遇到的问题，学习一些管家的常识以经常可以讨论群众家长里短等。一些干部每到一个乡村就被全村人围住要求给看病，对于无钱的村民机关干部还送钱给他们，对一些重病人，则日夜守在病床边。有时候做错事，也在群众面前进行自我批评，揭发一些同志的错误，群众听了说：“人家自己的丑事不能外扬，你们怎敢公开说出自己的错误呢？你们真是为着老百姓做事的。”[2]

---

① 《中共福建省委关于我们四年来的斗争》（1944 年），载福建省档案馆、中共福建省委党史征委会闽浙赣办公室编《闽浙赣党史文件资料选编》（上），福建人民出版社，1987，第 191 页。

② 《中共福建省委关于我们四年来的斗争》（1944 年），载福建省档案馆、中共福建省委党史征委会闽浙赣办公室编《闽浙赣党史文件资料选编》（上），福建人民出版社，1987，第 213 页。

中共福建省委还通过武工队活动方式开展群众工作。省委提出，这种武工队不是一般游击队，而是在党领导之下武装群众的工作队。其基本任务是调查群众生活情况，启发群众的觉悟程度；领导群众合法斗争，并以武装支持群众合法斗争；协助群众打击地方恶霸、反动官吏，收缴压迫人民的地方武装；组织秘密民兵，瓦解压迫人民的武装部队。将武装斗争与合法群众斗争相结合，中心则转为发动和组织群众，为了和依靠群众，在群众中扎根。这种办法受到党中央赞扬："你们过去派遣武装工作队，依靠山地，面向群众，到处发展党的组织与建立隐蔽基地的方针是很好的，今后仍当努力进行"。①

通过群众工作，广大群众切身感受到共产党是为劳苦大众谋利益的，共产党人要文有文，要武有武，不怕吃苦，是一个有力量、有前途的党，这样，党员干部在群众中建立了很高的威信，也与群众建立了深厚的感情，党群关系、军民关系十分融洽，成了"一家人"。"这样在我们被难时候，他们就非冒险来帮助我们不可了。"② 在反"清剿"斗争中，福建党组织坚持了正确的群众路线和群众工作方法，维护了群众的根本利益，从而取得了广大群众的真心实意的拥护和支持。

中共福建省委在数百倍顽军进攻下，之所以"能够在绝望的环境中打出希望，在毫无办法的时候，钻出办法，不怕千艰万苦与任何危险，能够咬紧牙根，顽强不屈地坚持下去"，关键在于党与人民群众密切的结合。③ 正如曾镜冰 1946 年 4 月在延安向党中央汇报时所说的："我们这几年来是依靠了群众，才能得到生存与发展。"④

---

① 《中共中央华中局关于日军占领福州后的工作任务致福建省委电》（1944 年 10 月），载《中国抗日战争军事史料丛书·新四军·文献》第 12 册，解放军出版社，2016，第 64 页。

② 曾镜冰：《学习五大本领》（1944 年），载福建省档案馆、中共福建省委党史征委会闽浙赣办公室编《闽浙赣党史文件资料选编》（上），福建人民出版社，1987，第 227 页。

③ 《福建党九年斗争总结（草案）》（1947 年 1 月 15 日），载福建省档案馆、中共福建省委党史征委会闽浙赣办公室编《闽浙赣党史文件资料选编》（上），福建人民出版社，1987，第 369 页。

④ 曾镜冰：《福建工作报告》（1946 年 4 月），载福建省档案馆、中共福建省委党史征委会闽浙赣办公室编《闽浙赣党史文件资料选编》（上），福建人民出版社，1987，第 331 页。

四、在迎接新任务中恢复党组织活动

1944 年是世界反法西斯战争进入决战的一年。盟军在太平洋发起强大攻势，中国共产党领导的各敌后抗日根据地军民在华北、华中、华南地区，对日伪军普遍发起局部反攻，消灭大量敌人。而日军为了扭转战局，从 1944 年 4 月到 11 月间发动了一场旨在打通大陆交通线的战役，同时为谋求海上交通安全，控制台湾海峡和防止美空军利用福州的空军基地，于同年 9 月下旬，发动了攻占福州的战役。福建与华南其他地区一样再次面临着沦陷的危机。

在国民党顽固派长期而残酷的军事“围剿”面前，为了保存党的组织，积蓄革命力量，巩固战略支点，到 1944 年，党中央给福建党组织的任务仍然是“保存有生力量”。随着国际国内形势的发展，1945 年 1 月 28 日，中共中央发出《关于开展大后方农村工作给周恩来同志的指示》，指出“南方局及大后方各地党的组织应以农村工作为主要工作……只有这一工作获有大的成绩时，然后才能在日本进攻中或国内重大事变中有雄厚的与可靠的基础发动游击战争”。3 月 6 日，中共中央又发出《关于开展潮、梅、闽西南工作的指示》，指出“沦陷区及可能沦陷区，可经过审查后恢复党组织活动，以组织保卫家乡的各种地方性武装为主，未能审查的党员可给予任务单独活动……闽南可能沦陷的老支点，应组成两个流动武工队恢复联系。闽西仍应在群众中继续巩固秘密党的基础。闽西南地区党的工作统一由朱曼平领导”。同一天，中共中央给广东省临委的《关于华南工作方针的指示》中指出“闽粤赣（边区）党的工作暂时由广东区党委兼管”，并作出对华南工作的一系列指示。

在中共中央对华南等地区的抗日武装斗争发出指示和作出部署期间，根据当时边区党组织的现状和闽粤边将成为战区的估计，隐蔽在闽粤赣边区坚持斗争的党的负责人李碧山、朱曼平、魏金水、林美南等人经过努力，设法取得了与党中央的联系。闽粤赣边区党组织停止活动两年来，经过疏散干部，实行“三勤”，已安全渡过了危机，胜利完成了保存干部、积蓄力量的艰巨任务。因此，得到中央的指示后，各地加速了恢复党组织的活动和组建抗日武装队伍的步伐。

闽西、闽南老苏区老游击区原来即保留了特委、县委两级党组织，区以下党组织虽然停止了活动，但大多数区委干部参加了特委、县委举办的生产单位，后来又参加了经工总队、经工分队和政保队的武装自卫行动。在斗争过程中，经工队和政保队指战员同原来农村基层党组织的干部、党员保持着经常的、密切的联系，得到他们的有力支持，为恢复地方基层党组织活动创造了有利条件。1944 年春，李碧山根据形势发展的需要，利用原有的有利条件，开始恢复平和县长乐区和大埔县部分党组织的活动，并于同年 8 月成立了中共饶和埔丰县工委，接着，饶和埔边县地区党组织的恢复工作迅速完成。1944 年 12 月，当朱曼平、魏金水等接到党中央有关指示后，立即进行传达贯彻，闽西南的大部分农村基层党组织很快地恢复了活动，并积极投入反顽自卫武装斗争。部分地区因党组织受破坏比较严重，暂时不联系；因为南委事件后误传解散组织而一时难以联系的党员，也暂缓恢复，以保证党组织的安全。闽南安溪县党组织恢复活动后，进一步采取“开辟新区，大胆发展组织”的措施，加强对群众的抗日宣传教育工作，吸收一批原在“勤交友”中培养的积极分子加入党组织，并在安（溪）南（安）同（安）三县交界的农村开辟了一些新据点。

闽西南党组织活动的全面恢复，结束了边区党的分散、隐蔽、静止状态。广大党员在“三勤”中增长了才干，加深了和人民群众的血肉联系，并丰富了斗争经验，使各地党组织在恢复活动后，能迅速深入发动群众，广泛组织人民武装，开展抗日反顽斗争。

为了总结闽西南党组织前一时期的工作，研究确定以后党组织自卫武装的斗争方针和任务，中共闽粤边委于 1945 年 6 月上旬在金丰大山召开边委扩大会议。出席会议的有朱曼平、魏金水、刘永生、罗炳钦、陈卜人、卢叨、范元辉等 10 余人。

会议决定成立中共闽西南特委和军事委员会，由魏金水任书记兼军委会主席，陈卜人任副书记，范元辉任组织部部长，卢叨任宣传部部长，朱曼平仍为闽粤边委书记兼闽西南军委会副主席。

金丰会议是闽西南党组织在全面恢复组织活动并取得反顽武装斗

争重大胜利的形势下召开的一次十分重要的会议。它认真总结了闽西南党组织过去斗争的经验教训，从理论与实践结合上加深了对武装自卫斗争、统一战线和党的建设的认识。

与此同时，在闽浙赣区域，为了继续贯彻党中央的隐蔽精干方针，完成华中局赋予福建党组织的“保存组织、保存干部、保存武装及在可能条件下相机发展，以待国际国内有利的时机之到来”这一中心任务，福建省委南迁闽中后，致力于新的隐蔽基地的建立与原有隐蔽基地的巩固。为了避开顽军正面进攻，保存有生力量，1944 年 7 月，省委机关又迁到永泰官烈村。同年 9 月迁往长乐南阳，省委在这里活动时间长达 10 个月，从恢复健全党组织入手，深入发动群众，逐步形成了一块以长乐南阳为中心，辐射到永泰、福清、闽侯等县边缘地区的隐蔽基地。在这一隐蔽基地里长乐县的南阳村，永泰县的官烈村，闽侯县的溪里村，德化县的毛厝、十字格等都先后建立健全了中共地方支部。这些秘密党支部在宣传发动群众、教育党员干部、保卫隐蔽基地及省委机关安全等方面都做了许多工作。同时建立了一批“白皮红心”的半民主政权，主要有长乐县江田乡、首占乡、七社乡梨洞村（现属福清县南岭乡），永泰县梧桐乡青溪村、嵩口镇芦洋村、泉山乡凤落村、后圳村、旗插安村，闽侯县南屿乡、南港陈厝乡，德化县南山乡，仙游县后坑岭下村、东湖村等，巩固了这个隐蔽基地。

为了及时传达党中央和省委的指示，掩护往来干部，输送情报物资及沟通各隐蔽据点情况，省委和闽中特委在这块隐蔽基地里还先后建立了 20 多个地下交通站、联络站。它同省委在城市及其他各隐蔽基地中建立的交通站、联络站一起，构成了全省秘密的交通联络网络，在隐蔽精干和抗日反顽斗争中起了重大作用。

1945 年 5 月上旬，中共福建省委在长乐南阳召开主要干部会议，检查了前一段“急于发展，急于公开，急于规模大”的急躁情绪使省委机关和军事实力暴露的失误。会议认为，今后工作必须坚决执行中共中央和华中局关于“精干、分散、隐蔽”的方针，阻止和粉碎国民党顽固派新的军事进攻。会后，省委发出训令，要求各地继续“分散掩蔽坚持原有阵地待机发展”，特别提醒各级领导“不要以为一时环境弛松而不严格实行掩蔽”。[①] 这个训令及时纠正了急躁的作法，得到了华中局的肯定，华中局指出“长乐会议的政治分析、工作检查、发展方向，基本上是正确的”[②]。

日军撤出福州、厦门等地后，摆在中共福建地方组织面前的一项紧迫任务是尽快恢复城市组织。实际上，中共中央华中局之前就曾电示福建省委：加强福州、厦门等中心城市工作，“对福州及沿海敌后一带采取各种方式蔓延发展”[③]。在福州第二次光复的前一天，即 1945 年 5 月 17 日，中共中央华中局在给曾镜冰的指示中，又强调提出：要在“一切群众条件较好的地区，去建立地下党与群众工作，对原有的老基本地区，采取一切可能方法，去坚持与保持群众的联系，作为我将来大发展的可靠基础”。[④] 遵照中共中央华中局的指示，福建省委于 1945 年 5 月，派原赣东北特派员庄征到福州恢复于 1943 年 7 月被破坏的党组织。庄征到福州后，很快与地下党员李铁、孟起、林白、杨申生、林立、孙道华、简印泉等取得了联系，他们接上组织关系后立即开展工作，积极物色对象，做好培养教育和考察工作，尤其是林白，他利用长期隐蔽在福州的有利条件，并通过社会关系，以英华、文山等学校为重点开展活动，培养了一批积极分子。另外，党组织在福州市郊的螺洲、高湖、西门等乡镇也都有了较好的发展基础。这样，在日军撤退后不久，就在福州地区建立了一批据点，发展了一批经过培养教育和考察的知识分子入党，恢复壮大了城市党的组织。随后，党组织在福州各大中学校、机关以及国民党上层组织积极开展活动。

---

① 《中共福建省委训令》(1945 年 5 月 11 日)，载福建省档案馆、中共福建省委党史征委会闽浙赣办公室编《闽浙赣党史文件资料选编》(上)，福建人民出版社，1987，第 254 页。

② 《中共中央华中局关于福建发展方针致曾镜冰电》(1945 年 5 月 17 日)，载《中国抗日战争军事史料丛书·新四军·文献》第 13 册，解放军出版社，2016，第 233 页。

③ 《中共中央华中局关于日军占领福州后的工作任务致福建省委电》(1944 年 10 月)，载《中国抗日战争军事史料丛书·新四军·文献》第 12 册，解放军出版社，2016，第 63 页。

④ 《中共中央华中局关于福建发展方针致曾镜冰电》(1945 年 5 月 17 日)，载《中国抗日战争军事史料丛书·新四军·文献》第 13 册，解放军出版社，2016，第 234 页。

同时，各个基本地区的党组织，在日军撤出福州、厦门等地后，也都注意恢复和发展各自的地区工作，以迎接抗战的最后胜利。

8月15日，日本宣布无条件投降，中国抗战和世界反法西斯战争取得胜利。中国抗战的历程表明，中国共产党及其领导的人民抗日力量，是全民族利益最坚定的维护者，是团结抗战的中流砥柱，是取得抗战胜利的决定性力量，而党的建设则是中国共产党成功的三大法宝之一。

第七章　整顿和发展组织为全面执政作准备

抗日战争胜利后，中国社会的主要矛盾发生了根本性的变化。为了适应新的斗争环境，保证革命任务的顺利转变，福建党组织十分重视采取整风的方式加强党的建设，使党员干部进一步明确了无产阶级革命与小资产阶级革命的根本区别，不同程度上克服了小资产阶级的思想影响，提高了马列主义理论水平，坚定了无产阶级立场和革命信心。随着解放战争形势的发展，为了适应即将开展的群众性游击战争和为全面执政作好准备，中共闽浙赣省委在党内进行“四查”（查阶级、查思想、查立场、查作风），进一步提高了党员干部全心全意为人民服务、全心全意依靠人民群众的思想，为群众性游击斗争的开展准备了思想条件。同时，城市党组织有了很大发展，但不幸发生了城工部事件，留下惨痛教训。中共闽粤赣边区党委通过各种方式开展了反对无政府、无纪律、不顾全局、各行其是等错误思想和行为的斗争，从而使广大党员干部提高了坚决执行党的路线、政策的自觉性和全局观点，增强了组织纪律性，达到了统一意志、统一行动，为夺取最后胜利，打下了组织和思想基础。这一时期党的建设起着承上启下、继往开来的历史作用，福建党组织在这个时期发生了巨大的变化，党的组织不断发展壮大，并领导革命最后取得胜利。

第一节　在战略转变中统一思想认识

一、抗战胜利后党的建设面临的形势

抗日战争胜利后，中国人民迫切需要一个和平安定的环境，休养

生息，重建家园。中国共产党从人民的根本愿望出发，主张团结一切爱国民主力量，把中国建设成为独立、自由、民主、统一、富强的新国家，这是一个光明的前途，但是，国民党统治集团则企图依靠美国政府的支持，在中国继续维持国民党一党专政的统治，这是一个使中国继续处于半殖民地半封建社会的黑暗的前途。为了争取中国走向光明的前途，中国共产党领导广大人民同国民党统治集团展开了复杂而激烈的斗争。中国革命由此进入一个两种命运、两个前途决战的新时期。

由于复杂的国际国内因素的影响，国内局势曾出现过一个短暂的争取和平民主的发展阶段。能否在新的复杂的斗争形势面前，把握住前进的航向，这是对中国共产党一个严峻的考验。1945 年 8 月 11 日，中共中央在《关于日本投降后我党的任务的决定》中指出："国共谈判以国际国内新动向为基础考虑其恢复"，但各地"对蒋介石发动内战的危险，应有必要的精神准备"，"对美国人民及政府中的民主分子必须表示好意"，但也要清醒地看到"斯科比危险[①]的可能性尚未过去"，不要上当受骗。8 月 13 日，毛泽东在延安干部会议上作了《抗日战争胜利后的时局和我们的方针》的报告。报告指出，由于蒋介石打内战的方针早已确定，因此，内战的危险是十分严重的。我们的方针是"坚决反对内战，不赞成内战，要阻止内战"，同时做好应付国民党发动内战的准备。"有了准备，就能恰当地应付各种复杂的局面"。报告特别提醒全党在这历史转折关头，要记取 1927 年陈独秀右倾机会主义招致革命失败的历史教训，强调"要有清醒的头脑和正确的方针，要不犯错误"。毛泽东的报告对形势的科学分析，使全党在击破蒋介石的和平欺骗与武装进攻的复杂的斗争中，保持清醒头脑，立于不败之地。党中央还在 8 月 26 日的党内通知中，特别告诫全党，绝不要因为谈判而放松对蒋介石的警惕和斗争，必须依托自己的力量、行动指导的正确，

---

① 第二次世界大战期间，希腊人民在抗击德国占领的斗争中，解放了三分之二的国土，成立了民族解放政治委员会。1944 年冬，德军在欧陆败退，盟国司令部代表、英国将军斯科比率领英军及希腊流亡政府进入希腊，指使并协助希腊流亡政府向希腊人民解放军进攻，屠杀 1 万多名爱国民众，并将约 5 万人投入监狱，造成了轰动一时的"雅典血案"。在英军的压迫下，希腊民族解放阵线解散了人民解放军，交出了武器。

必须坚决地依靠广大人民，坚决彻底地消灭来犯者。

在此错综复杂的历史转折关头，与形势和任务相一致，党的建设也面临全新的考验。首先，党的政治地位将面临新的定位。一方面如果顺应中国人民的期盼，向着和平建国的方向发展，由此国民党废除其一党专政的统治，那么，党的建设将在抗日民族统一战线的基础上，出现一个新的发展局面。而另一方面，如果国民党逆历史潮流而动，继续坚持一党专制，进而不顾民意发动内战，那么在抗战中形成的抗日民族统一战线的基础将彻底遭到破坏，党的政治地位将出现新的逆转。其次，面对着不同的历史抉择和历史可能，党的组织形式也必须适应形势进行不同的变化。党既要在和平、民主、团结的口号下，为反对内战独裁，争取和平民主发挥中坚力量的作用，也要为国民党随时有可能发动的军事进攻做好思想上和组织上的准备，尤其是党应及时从抗日民族统一战线时的组织方式，向适应新形势的组织方式转变，以预防不测，防止革命遭受失败的一幕再次重演。由此可见，在抗战胜利后，党的建设面临着极为复杂且繁重的任务。

进入解放战争时期，福建的党组织仍分为闽浙赣和闽粤赣两个边区系统，各保持一个省级领导机构，并下辖各级党组织。在闽浙赣边区，从抗日战争开始建立起来的中共福建省委，继续领导闽北、建松政、闽中、闽西北、闽东和赣东各地区的党组织，还领导着特委及相当特委一级的 5 个工委，15 个属特委管辖的中心县委、市委、县委和工委等组织，约有党员数百名。在中共闽浙赣区委、省委期间，共辖 8 个地委，后调整为 4 个地委、5 个工委、1 个直属市委和 2 个中心县委。地委和工委先后管辖过 12 个中心县委、31 个县委、33 个工委和 1 个直属区委。此外，区党委城工部曾管辖 1 个市委、1 个中心县委、1 个学委、3 个县委和 11 个工委。区党委社会部曾管辖 1 个地委。①

在闽粤赣边区，1945 年 11 月成立了闽粤边区临时委员会（此后，闽粤边临委取代了原闽粤边委的领导责任）。闽粤边区临时委员会开始

① 中共福建省委组织部等编《中国共产党福建省组织史资料（1926.2—1987.12）》，福建人民出版社，1992，第 318 页。

隶属于南方局，后失去了联系。1945 年下半年，开始经由广东东江电台和中央发生联系，直接接受中央的指示，其间闽粤边区临时委员会仍为特派员制，辖有闽西、闽南、闽西南边 3 个特委，永定、龙岩、永杭、平和、云和诏 5 个县委和漳南工委，以及安溪等地的党组织，共有党员 1000 多名。还有原属闽粤赣省委领导的闽粤赣中心县委（此时暂由广东区党委领导），辖有几个县委，有党员 300 多名。

新的形势必须提出新的应对方针和策略。抗战胜利前夕，中共中央就对闽粤赣边工作方针与部署作出指示，提出放手动员群众，坚持与发展各武装据点，实行人民武装自卫的斗争，并领导群众实行革命的两面政策，掩护党的工作，发展和保护群众利益，以达到树立华南革命根据地的右翼基础的目的。① 1945 年 8 月 11 日，中共中央华中局给中共福建省委发出电示，指出：日本投降后，福建党组织和人民武装应继续进行隐蔽分散的游击战争，创建与扩大游击基地，以准备应对内战。接着，华中局又于 9 月 4 日致电中共福建省委，转达党中央的指示，要求福建党组织“必须独立自主的分析环境解决问题，冲破困难，求得安全与发展”。必须要依靠人民群众，依靠党内的团结，依靠行动指导上的正确。要本着过去一贯坚持斗争的精神，总结斗争经验，教育干部，准备应付更困难的局面。②

根据上级指示，福建党组织一方面按照中共中央总方针和福建的实际情况确定了新的任务，通过和平斗争，揭露国民党反动派阴谋发动内战，以及其在福建不断向共产党及人民发动武装进攻，摧残人民群众的罪恶；通过开展民主运动，提高人民的觉悟，并取得社会各界人士的同情，以组成人民民主统一战线，阻止反动派的进攻；通过宣传，更好地团结教育人民，争取国际上爱好和平民主人民的同情和支持。同时要求广大党员和干部在思想上有个新的飞跃，以适应新时期

---

① 《中共中央关于闽粤赣边工作方针与部署给尹林平等的指示》（1945 年 8 月 9 日），载中共中央文献研究室、中央档案馆编《建党以来重要文献选编》第 22 册，中央文献出版社，2011，第 602 页。

② 《一九四五年日本投降后中央电示》（1945 年 9 月 4 日），载中共厦门市委党史办主编《厦门革命历史文献资料选集》第 8 集，1992，第 413～414 页。

和新任务的需要。

另一方面，迅速进行组织方式和斗争方式的转变，1945 年 8 月下旬，闽粤边委在水尖山召开紧急扩大会议，即“水尖山会议”，确定实现工作重点转移。会后闽粤边委收到《中央转发方方同志关于闽粤赣边区工作的意见》的指示。各特委先后召开会议，传达贯彻中央和闽粤边委关于分散坚持及工作重点逐步转为地下党工作的方针策略。决定减少或停止使用过去那些革命色彩较浓的乡村据点，迅速转移和隐蔽已经暴露的党员、干部。9 月，中共福建省委发出《关于目前形势与我们的方针任务的指示》（简称“九月指示”），分析了闽浙赣边区斗争形势特点并总结了斗争经验教训，清醒地估计了全面内战爆发的严重危险，强调必须做好自卫武装斗争、改造干部思想等的准备。确定了省委的中心任务是：一般的停止发展根据地，阻止国民党军队进攻，利用一切和平条件，保持群众联系，加深反动派的矛盾，强化自己力量，做到一般的根据地巩固起来，粉碎国民党军队的进攻。为此要做好各项工作，特别是要以最隐蔽的形式加强闽浙赣区根据地工作，建立巩固的“掩蔽根据地”。同时加强干部的思想改造和政策学习，克服保守主义、盲动主义、逃跑主义和流寇主义。

1946 年 2 月，鉴于全国时局的发展和蒋介石在国民党统治区继续加紧军事“清剿”的复杂政治局面，为了总结几年来的斗争经验教训，正确估量当时的革命形势，确定省委在新的形势下的战略方针和任务，中共福建省委在福州仓山麦园顶召开了扩大会议。着重研究了如何适应新的形势，在中共中央和平民主方针下进一步实行战略转变问题。会议指出：几年来的斗争实践证明了隐蔽游击战是一种很好的斗争形式，是从秘密工作到公开游击战争过渡阶段中一种最好斗争形式，它适合于自卫游击战争。会议总结了一些地区否认“隐蔽游击战的战略和原则”，“违背人民路线”而招致损失的教训，提出了中共中央和平民主方针下实现战略转变的具体要求：除在某些必要的、个别的地方，在一定条件、一定时间内还可以有一些军事行动外，一般停止军事行动，利用一切现实的形式继续隐蔽，争取生存与联系群众；发动、推动和领导群众自发斗争，团结广大群众的力量。

这一系列方针政策和措施的制定，表明福建党组织不仅开始自觉地实行革命战略的转变，为各地党组织和人民的斗争指明了方向，而且对于在新的历史条件下加强党的建设起到了重要的指导作用。

二、党的七大精神在闽粤边区的传达

在抗日战争即将取得胜利的前夜，中国共产党于1945年4月23日至6月11日在延安召开了第七次全国代表大会。毛泽东在大会上作《论联合政府》的政治报告，科学地分析了国际国内形势，郑重地提出了中国人民强烈希望建立民主联合政府、打败日本侵略者、建设新中国的基本要求。在两个前途、两种命运的激烈斗争中，为了争取光明的前途，反对黑暗的前途，七大提出了党的政治路线。

报告深刻地揭示中国新民主主义革命发展的规律，对党领导中国革命的三大法宝，即武装斗争、统一战线、党的建设问题进行了系统总结。同时，还把党在长期奋斗中形成的优良传统和作风概括为三大作风，即理论和实践相结合的作风，和人民群众紧密联系在一起的作风，自我批评的作风。这是共产党区别于其他政党的显著标志，是使党的路线、方针得以顺利贯彻的根本保证。大会通过的新党章明确规定：中国共产党，以马克思列宁主义的理论与中国革命的实践之统一的思想——毛泽东思想，作为自己一切工作的指针，反对任何教条主义或经验主义的偏向。七大确立了毛泽东思想作为党的指导思想，从而奠定了全党政治思想的理论基础。新党章明确规定：努力地学习和领会马克思列宁主义、毛泽东思想是每一个共产党员的义务。在党的工作中必须坚持群众路线，这是党的根本的政治路线和组织路线。在党内生活中必须坚持民主集中制。七大使全党能够在革命面临新的重大转变的关键时刻，在思想理论、政治路线和组织制度上得到及时正确的指导，为实现团结一致争取胜利提供了有力保证。

党的七大是中国共产党在新民主主义革命时期极其重要的一次会议。它总结中国新民主主义革命20多年曲折发展的历史经验，制定了正确的路线、纲领和策略，克服了党内的错误思想，使全党特别是党的高级干部对于中国民主革命的发展规律有了比较明确的认识，从而使全党在马克思列宁主义、毛泽东思想的基础上达到了空前的团结。它为党领导人民去争取抗日战争的胜利和新民主主义革命在全国的胜利，奠定了基础。

1946 年 11 月，中共七大代表、原中共梅县中心县委书记王维到达闽西，向闽粤边临委领导人魏金水、朱曼平、刘永生、范元辉、张昭娣等，详细传达了中共七大的精神。

王维在传达七大的盛况和精神时，首先传达了毛泽东在七大上高度赞扬华南各老革命根据地的党组织 20 年来长期坚持斗争、始终高举党的旗帜；毛泽东“号召大会向南方党，特别是闽西南党致敬”。[①] 党中央和毛泽东的高度评价与关怀，使听取传达的同志深受鼓舞。接着，王维传达了毛泽东在七大政治报告中阐述的新民主主义革命理论和新民主主义国家的政治、经济、文化纲领，同时，王维还根据七大总结的 24 年来党领导中国革命的经验，对党的新民主主义革命理论、路线、纲领作了具体的解释。

在党的政治路线方面，七大提出了：“放手发动群众，壮大人民力量，在我党的领导下，打败日本侵略者，解放全国人民，建立一个新民主主义的中国。”[②] 在说到如何放手发动群众时，王维列举了大革命时期的教训，由于受极右思想的影响，虽然“我们发动了千千万万群众的反帝、反封建、反军阀的斗争，但 1927 年当革命到了决定关头”，由于脱离群众，导致大革命的失败。“抗战时期，受了小资产阶级革命家的影响，实行过左政策”，同样出现了脱离群众的现象。内战初期，仍然“不敢放手发动群众”。直到日本投降后，由于广泛发动了群众，使华北敌我斗争形势得到改观。[③] 因此，只有放手发动群众才能取得革

---

① 《王维关于“七大”路线等问题的传达记录（要点）》（1946 年 11 月），载福建省档案馆、广东省档案馆编《闽粤赣边区革命历史档案汇编》第 5 辑，档案出版社，1988，第 37 页。

② 《毛泽东选集》第 3 卷，人民出版社，1991，第 1101 页。

③ 《王维关于“七大”路线等问题的传达记录（要点）》（1946 年 11 月），载福建省档案馆、广东省档案馆编《闽粤赣边区革命历史档案汇编》第 5 辑，档案出版社，1988，第 39 页。

命的成功。

王维还传达说：“群众利益的观点，决不是空洞抽象，以群众自己解放自己，不能代替包办，没有千万人民起来斗争，要争取人民自己的胜利是不可能”的，只有“依靠群众，相信群众，向群众学习”，“对群众利益负责和（对）党的利益（负责）不能分开”，才能取得最终的胜利。而“小资产阶级的个人英雄主义，是反对群众观点的，是会妨碍发动群众斗争的”。“只有无产阶级的共产主义观点，才是彻底的群众观点”。① 这些都是我们党多年来群众斗争的经验总结。

王维在传达关于整风的内容时指出：整风是全党思想革命，目的是改造工作，改造思想。通过改进党员思想来改造工作，是在半封建半殖民地中国建设布尔什维克党的基本原则。整顿党风，主要解决党员个人与党的关系问题，这是无产阶级的思想与非无产阶级思想的剧烈斗争。整风就是让党员干部都要一心一意为革命。整顿学风，主要解决学习态度和工作方法，反对教条主义和经验主义。要求改变工作方法、领导方法、工作作风，倾听群众呼声，深入基层调查研究。整顿文风，主要是反对党八股，反对形式主义。提出了开展整风的基本方法：一是以开展批评与自我批评为基本武器；二是对照文件解剖自己，反省工作，反省历史；三是深挖自己思想深处的非毛泽东思想世界观；四是领导带头，亲力亲为，加强领导；五是表扬积极分子和反省好的，批评不反省的，以反省坦白为光荣，以隐瞒为可耻；六是着重反省党风、个人与党的关系、工作态度和革命决心等；七是在思想教育与革命实践过程中，采取惩前毖后、治病救人的方针。

此外，王维还传达了党在白区（国民党统治区）的工作经验与方针，指出“左”的政策与行动给白区党的工作造成的危害。

最后，王维转达党中央关于目前华南的局势及华南党组织的斗争方针、策略、任务和要求：在东江纵队北撤后，华南党组织要有应对

① 《王维关于“七大”路线等问题的传达记录（要点）》（1946 年 11 月），载福建省档案馆、广东省档案馆编《闽粤赣边区革命历史档案汇编》第 5 辑，档案出版社，1988，第 40 页。

长期黑暗的准备；党的工作方针是隐蔽精干，长期埋伏，积蓄力量，等待时机；党的日常斗争必须是群众所要求的和成熟的斗争，“不急躁，不急功”；“斗争形式要多样化，不固定刻板，严重时期多采取分散零星的此起彼伏的斗争，胜利后又埋伏下去，做巩固工作，以待时机，利用社会合法形式”；斗争的策略原则是“利用矛盾，争取多数，反对少数，各个击破，有理、有利、有节，公开与秘密、合法与非法要严格分开，适当配合”；在组织建设方面，组织方针仍然是精简隐蔽，组织上仍可用单线制，可能的地方才组织支部，单线组织仍在一些严重的地方使用，要“慎重的发展党，严密自己”。①

经过党的七大精神的传达与学习，不但使与会同志受到了一次深刻的马列主义、毛泽东思想的教育，而且使他们对目前华南的形势及党的斗争方针、策略、任务有了更加明确的认识。对于统一思想和增强内部的团结，以及深入贯彻分散隐蔽、蓄力待机的方针策略，起了重要的作用。对总结福建党的工作，而且对确定福建今后斗争的方针任务，都具有重大的指导意义。但七大精神的贯彻落实需要一个过程，必须在工作中不断总结与深化。

三、福建省代表会议与九年斗争总结

在重大历史转折面前，中共福建省委迫切要求运用马列主义、毛泽东思想的精神实质，结合闽浙赣边区的具体情况，创造性地贯彻执行党中央在新形势下的总任务和总方针，正确实行革命的战略转变。省委认为福建党组织对党的七大精神和当时党的总任务、总方针还缺乏透彻的了解和认识，为此省委决定派曾镜冰赴延安汇报福建的斗争情况，进一步了解不断变化的国内外形势和党中央的战略策略，直接取得上级的指导和帮助。曾镜冰代表省委向党中央作了《闽浙赣党工作报告》。

---

① 《王维关于“七大”路线等问题的传达记录（要点）》（1946年11月），载福建省档案馆、广东省档案馆编《闽粤赣边区革命历史档案汇编》第5辑，档案出版社，1988，第44～45页。

4 月，毛泽东、刘少奇、朱德、陈毅等中央领导人先后接见了曾镜冰，并对福建党的工作给予充分肯定和很高的评价。刘少奇称赞福建有三大创造，就是武装退却，合法与武装斗争结合，反特斗争。还对福建今后的工作，提出重要指示，指出："今后任务是巩固、发展、提高"。巩固"是从思想上巩固党内的团结，巩固群众的联系、影响、组织，巩固已争取的乡镇保甲长"，并强调巩固是要依靠群众，巩固隐蔽根据地，要与群众结成巩固的无形同盟。发展是"向浙赣各省向皖南发展"，"这些发展要慎重稳当，这些发展要向能够做游击根据地发展"。提高，一是干部的提高，应有系统地准备干部，除了以训练班的形式外，要在老革命根据地"抽出一部分干部"。发展的干部应"绝对可靠、有经验又谨慎"，要提高他们的马列主义、毛泽东思想水平，特别是军事思想水平，要努力学习"几本马列著作"。二是革命根据地的提高，"由不割据到割据，由掩蔽提高到公开"，先建立一个中心以推动各地；发动农民在国民党统治区展开广泛的游击战争。中央领导同志不仅对福建党的工作，而且对福建今后斗争的方针任务都作了指示。①

曾镜冰从延安返回后，为了传达和贯彻党的七大精神和中央领导的指示，总结福建党组织九年斗争的经验与教训，实现福建党组织及武装力量的战略转变，开辟闽浙赣边区战场，以适应党中央全面的战略部署，省委决定召开福建省党员代表会议。1946 年 11 月 25 日福建省党员代表会议在南平县黄连坡召开，翌年 1 月 15 日结束，历时 52 天。曾镜冰、左丰美、陈贵芳、王一平、黄国璋、苏华、黄扆禹、王文波、庄征等福建党领导人参加了会议。会议的主要任务是总结历史经验，指导现实斗争；建立坚强核心，扩大斗争区域，实现战略转变，迎接革命高潮。

会议传达贯彻了党的七大精神和中央领导的指示，回顾和总结了

① 《曾镜冰在延安时中央负责同志面示的记录》（1946 年 6 月），载福建省档案馆、福建省军区党史资料征集小组编《福建军事斗争史料选编（1945. 9—1949. 10）》，1983，第 30～31 页。

福建党九年斗争的经验，从历史的发展中实事求是地叙述了“三大创造”的形成过程。会议分析了党组织之所以能在国民党的“围剿”中仍得以成长壮大的根本原因，在于把中共中央的路线、方针和指示与福建具体实践相结合。会上，总结出了九年来党建工作的经验，主要是加强党的组织，以马列主义、毛泽东思想和历史经验来武装提高自己，采取斗争实践和改造思想相结合的整风方法，不断克服各种非无产阶级思想意识等党建理论。

会议调整与完善了福建党组织。会议根据刘少奇“向浙赣各省、向皖南发展”的指示和斗争形势发展的需要，将中共福建省委改为中共闽浙赣区委员会。1939 年 7 月选举产生的福建省委委员 9 名、候补委员 2 名，这时仅剩 3 名省委委员，极不健全的班子与承担辽阔战略区的领导重任很不适应，极需要充实九年斗争中形成的骨干，产生新的领导班子。据此，会议选出了区党委委员曾镜冰、左丰美、陈贵芳、王一平、黄国璋、王文波、苏华、黄扆禹、庄征等 9 名，候补委员李铁、孟起、刘润世、沈宗文等 14 名。委员会还选举曾镜冰、左丰美、陈贵芳、王一平、黄国璋等 5 人为常委（后来增补阮英平、龙跃），并推选曾镜冰为区党委书记。

会议根据七大党章的规定，决定将各地特委改为地委，同时确定了各地委的负责人，分别为：闽北地委书记王文波；闽赣边地委书记王一平；闽东北地委书记左丰美、副书记刘捷生；闽浙边地委书记陈贵芳、副书记张翼；闽中地委书记黄国璋。闽浙赣区党委的成立，是福建党组织发展史的较大调整，标志着福建党组织从武装退却到公开游击战争战略任务的转变，也标志着斗争区域扩大为横跨三省接壤地带的闽浙赣边战略区。

在战略任务转变和斗争区域扩大的同时，需要充实坚强的领导集体，更需要组织形式的改变。省党代会确定了“闽浙赣区党委”这一组织形式，在领导班子中实现工农干部与知识分子相结合，吸收许多与各地群众有密切联系、在抗战期间工作成绩显著的新骨干；还调整加强了各地区的组织与领导成员，此次会议在中共福建党的组织建设史上具有重大的意义。

总结历史经验，从历史中吸收养分，历来是中国共产党加强自身建设的重要途径。为了实现历史性的转变，福建党组织高度重视对历史的总结，从中吸取经验教训，以此“来武装自己，用以解决当前新的巨大的历史任务”[①]，以适应和贯彻党中央全面的战略部署。在福建省代表会议上，曾镜冰作了关于经验总结的报告，提出目前党建的中心是已经结束了退却阶段，准备转变到巩固阶段。巩固阶段的一般任务是要巩固掩蔽根据地，为此首先就要巩固党，要从思想上巩固，要提高党员干部的马列主义及毛泽东思想认识，最好的办法就是从总结经验中去提高自己的认识，并明确了总结经验的目的、方针与方法。[②] 经过代表们广泛深入的讨论和研究，由省代表会议通过并经闽浙赣区党委修改批准后，正式形成了《福建党九年斗争总结（草案）》。

抗日战争的历史，“是福建人民群众与福建党团结一起艰苦奋斗的历史”，福建党组织之所以能领导人民经过艰苦奋斗，最终取得抗日战争的胜利，其中有着丰富的历史经验。《福建党九年斗争总结（草案）》将之集中概括为两种精神。第一，“以毛泽东同志的新民主主义与福建具体实践相结合，高度表现出我们的创造精神。根据这种精神，它勇敢地争取新的斗争方式与方法，大胆地利用敌人的矛盾来发展自己，因而克服了革命前进道路上的重重障碍”。第二，“我党与人民群众密切的结合，高度表现出我们的顽强斗争精神。根据这种精神，能够在绝望的环境中打出希望，在毫无办法的时候，钻出办法，不怕千艰万苦与任何危险，能够咬紧牙根，顽强不屈地坚持下去，顽强地对敌斗争；更坚决地展开自我批评与党内斗争，在克服党内各种小资产阶级意识中使自己得到了锻炼”。这两种精神，实际是党的思想建设和

---

① 《福建党九年斗争总结（草案）》（1947年1月15日），载福建省档案馆、中共福建省委党史征委会闽浙赣办公室编《闽浙赣党史文件资料选编》（上），福建人民出版社，1987，第369页。

② 《中共福建省委关于经验总结》（1946年11月30日），载福建省档案馆、中共福建省委党史征委会闽浙赣办公室编《闽浙赣党史文件资料选编》（上），福建人民出版社，1987，第341页。

作风建设范畴，在国共合作实行统一战线的历史条件下，进一步凸显了思想建设和作风建设的重要性。正是党重视思想建设和作风建设，“才能在九年艰苦斗争中，得到重大的成绩，才有许多重要的创造”。为此，在新的历史条件下，要求各级党组织和广大党员认真总结“九年斗争历史，来武装自己，用以解决当前新的巨大的历史任务”。[①]

《福建党九年斗争总结（草案）》归纳了四条经验：第一，九年斗争的历史证明，武装斗争是可以退却的。第二，由于顽军的力量暂时还很强大，完全实行武装斗争难以保存党的有生力量，完全以合法斗争保护人民利益也困难，所以不能不采取“合法与武装斗争结合”的方式。第三，在反特务斗争中，必须一方面坚持革命的严肃性，高度发扬革命气节，一方面要采取革命的灵活性。第四，按照马列主义、毛泽东思想，根据福建人民的历史经验，建设适合于革命斗争需要的党。

同时也在纷繁具体的历史史实中，深刻地总结出党的建设中富有普遍意义的历史教训，比如因为在长期斗争中没有根本肃清小资产阶级意识，犯了经验主义的错误，重视大力开展合法斗争，却放弃了与国民党进行多年斗争的阵地——乡村，放弃了与国民党斗争的主力——农民，在合法斗争中放弃了自己的立场，实际上将退却曲解为投降。由于长期分散的武装斗争，在斗争中进行争取土匪的工作，因此在队伍中也产生了土匪意识。“这种土匪主义的表现，第一是不要群众工作，甚至不顾群众利益；第二个是不要队伍中政治工作和党的领导；第三是不顾士兵的教育不要学习、贪污腐化。”比如存在以假民主代替真民主的倾向，不许不同意见的存在，借着组织名义打击他人，企图以打击办法推动工作，“结果养成了党内奴才思想，削弱同志为真理顽强斗争的精神。而且也助长了自由主义，这样就只顾少数人、只顾少数山头、只顾少数经验而分裂了新老干部的团结，分裂了本地干

① 《福建党九年斗争总结（草案）》（1947 年 1 月 15 日），载福建省档案馆、中共福建省委党史征委会闽浙赣办公室编《闽浙赣党史文件资料选编》（上），福建人民出版社，1987，第 368～369 页。

部与外来干部的团结，分裂了军事干部与地方干部的团结，分裂了此地干部与彼地干部的团结”①。

总结报告认为，边区之所以能够在武装退却中的九年合法与武装结合斗争中获得胜利，就是因为党已经建设成为适合于新的革命斗争需要的党，首先是克服了新的斗争环境中的非无产阶级思想——投降主义、军事主义、保守主义、盲动主义、官僚主义、自由主义、土匪主义。坚持了新的斗争环境中的无产阶级思想。采取了实践斗争与改造思想相结合的整风方法，特别是总结经验，发扬经验，创造典型，学习典型的方法，使党员干部提高马列主义理论认识与提高斗争的信心与能力。其次是根据新的斗争环境来改变党的组织形式与工作方法。不断克服不民主不集中的现象，发扬党的高度的创造性纪律性。把党内的干部精干政策与党外干部的大量政策相结合，求得全党团结一致。再次是善于根据在具体环境中为人民服务与依靠人民，战胜敌人。

这一系列历史经验教训的总结，对于福建党组织加强党的建设，在解放战争新的斗争历程中进一步发挥党的核心领导作用具有重要的意义。

四、中共闽粤边区工委成立及其决议

在国民党发动全面内战，大举进攻解放区的形势下，中共中央指派方方为中央代表，到香港负责华南党组织的工作。1946 年 8 月至 9 月间，方方听取了中共闽粤边临委和闽粤赣中心县委的工作汇报，对闽粤边区党组织今后如何坚持长期艰苦斗争方针问题作出重要指示。他一方面充分肯定了闽西南和闽粤边党组织坚持长期不懈斗争的历史功绩，指出闽西南和闽粤边党组织虽然经受了无数的艰难困苦与曲折，多次同党中央失去联系，但仍能独立坚持和服从党的决定，是很好的传统，这种斗争精神是最为宝贵的，同时也批评指出党组织过去斗争

---

① 《福建党九年斗争总结（草案）》（1947 年 1 月 15 日），载福建省档案馆、中共福建省委党史征委会闽浙赣办公室编《闽浙赣党史文件资料选编》（上），福建人民出版社，1987，第 390、398～399 页。

中存在的错误与缺点。他指示闽粤边区党组织必须贯彻执行“长期隐蔽、蓄力待机”的方针策略，据此，在组织上应撤销闽粤边临委，成立中共闽粤边区工作委员会，直属广东区党委领导。要求健全各地委、加强政治领导，提高农民干部的水平；严格建立公开与合法、秘密与非法的工作关系，进行有利于人民的合法与非法的斗争；把审查干部与整风工作配合起来，整风工作要使干部在思想上和工作上统一认识，统一步调；对于党内的不同意见，应遵循团结——批评——团结的方法解决。

为了统一闽粤边区党的领导，加强对国民党政治、军事斗争，根据中共中央南方局决定和方方的指示，1946 年 10 月至 11 月，闽粤边临委召开扩大会议（亦称中共闽粤边区工作委员会成立大会），由魏金水主持，朱曼平在会上详细传达了中共中央代表方方的指示。会议确定了闽粤边区党组织今后的斗争方针、策略、任务。会议宣布撤销闽粤边临委，正式成立中共闽粤边区工作委员会，仍直属广东区党委领导，由魏金水任特派员，王维任副特派员，统一了闽西南和梅州两地区党组织的领导，并通过了《中共闽粤边区工作委员会决议》。同时，闽粤边区工作委员会（以下称闽粤边区工委）下属的特委均改为地委，闽西特委改为闽西地委，由林映雪任特派员，梁集祥任副特派员；闽南特委改为闽南地委，由陈文平任特派员；闽西南边特委改为闽西南边地委①，由刘永生任特派员，罗炳钦任副特派员；闽粤赣中心县委改称梅埔地委，由张全福任特派员，陈仲平、何献群任副特派员。闽粤边区工委共下辖约 25 个县级党组织。

中共闽粤边区工作委员会将贯彻七大精神与总结不同时期历史的经验相结合，深刻吸取历史教训。比如针对“分散组织”与生产埋藏时期存在的问题，反思了政治上对敌人新进攻缺乏足够的估计，主观的认为既转化隐蔽生产，敌人就打不到，没有警惕到敌人也会用新的

① 对此有不同意见，有的认为后来根据实际情况未设立。但依据史料应该是有成立，见《中共闽粤边区工作委员会决议》（1946 年 11 月）；《中共闽粤赣边工委第二次扩大会记录》（1948 年 5 月）；中共福建省委组织部等编《中国共产党福建省组织史资料（1926.2—1987.12）》，福建人民出版社，1992，第 373 页。

方式来进攻；保密工作不注意，不少生产单位被破坏；领导作风上存在问题，群众观点不正确，损害群众的利益和借了东西损坏不赔等。闽粤边临委成立后，变动了领导班子的成分，注意在作出决策时发扬民主，吸收干部提出的有益意见，爱护干部，关心干部的生活，注重说服与团结，不采取打击的方法，加强了党建工作。在分散发展时期，确定了较长期分散活动的方针，开始注意建立党的组织工作，如武平开展岩前工作，龙岩开辟连城新活动点，永定建立永埔边支点，闽南则挺进到牛寮、龙溪、南靖一带。但工作中也存在没有认清革命的长期性，贯彻长期埋伏方针不够，暴露了党的力量造成损失的问题。

在此基础上，福建党组织结合新的斗争形势，富有针对性地提出了加强党的建设、加强党的领导的措施。在斗争方面要求：第一，领导须要预见。不仅要预见到敌人动向，而且要预见自己队伍的思想动向，加紧思想上准备。第二，斗争愈紧张愈需要民主集中制。在环境最困难时，领导者如果没有高度的民主，不能以身作则的表现自己的英勇奋斗，艰苦奋斗，不能与下级生活打成一片，倾听他们的意见，就绝对不能实现集中制度；相反的，有了一定条件之后不严格实行集中制度而陷于极端民主化，斗争就一定失败。第三，没有正确的政治认识，必然不能有正确的组织纪律认识。在贯彻党的群众路线方面，提出：一是不但应该有为人民服务的人生观，而且要善于为人民群众服务，要善于了解不同的人民群众，在不同的情况下有不同的要求，为达到人民群众不同的要求，应提出各种不同的口号和作各种不同的努力；二是不仅应该了解党与群众利益的一致，而且也要善于在党与群众利益发生矛盾时，提出一种正确的政策使党与群众利益得到统一，特别是要善于在任何时候都从解决群众利益上来解决党的利益；三是不但应该有相信群众自己解放自己的观点，而且更要紧是要善于启发群众自觉与自动地起来，自己解放自己，只有启发群众的自觉与自动之后，才容易了解群众的智识是丰富的，创造力是伟大的，而紧紧地依靠群众；四是不但要向群众学习，学习群众的丰富的智识伟大的创造力，而顶要紧的是首先要学习与研究群众的各种特性，根据群众的特性去教育群众启发群众，在他们自觉与自动起来后，才能更容易地学到群众的知识和群众的创造能力。①

对于公开与秘密，合法与非法工作，《中共闽粤边区工作委员会决议》规定了详细而切合实际的政策及措施，要求在干部思想上进行深入细致的教育工作。指出：秘密不但是技术问题，而是生死问题，工作成败问题，是严重的政治问题。乡村应建立三种组织，把接头处、支部、上层保甲乡绅的关系严格分开，以达到保存的目的。并制定秘密条例，规定：（1）每一个党员及干部都必须郑重保守党的秘密、党的工作组织情况、工作方式、群众关系及有关秘密的政策问题，不许将党内秘密泄露给任何人或与此无关的同志。（2）每一个党员和干部应自觉地认识党的秘密工作的重要性，只该知道必须知道的事情，而不该力求了解对自己工作无关的事情，不许在党内打听秘密消息。（3）每一个党的组织或党员除规定与一定的上下级组织或党员发生关系外，不许发生横的关系；党员调动组织联络，没有上级介绍信，不管任何人不得发生组织关系。（4）党的会议要注意秘密，不许不必要的旁人参加，不许随便召集联席会议。秘密组织开会时，应有适当的技术掩护。会议中传达讨论的事情，除规定应向下传达者外，不许参加会议者向任何人泄露。（5）党内书面报告与文件指示，不许详细写人名、地名、数目字及特别重要的问题。（6）少发秘密文件，必要时也应该是不泄露党的秘密工作，阅读后应焚毁或郑重保存，不得遗失。（7）赤色党员干部武装应严格遵守不暴露目标的隐蔽政策，出发、行动、交通、住寮、工作、联络群众等都必须严格遵守规定。（8）党的秘密组织必须短小精悍，党的工作（联络组织、领导斗争、散发文件等）必须遵照上级规定，不得马虎致暴露组织。（9）每个党员及干部被捕时，均应保持光荣的自我牺牲精神，发扬革命气节，绝不准泄露党的任何秘密，破坏党的任何机关工作。（10）违反党的秘密纪律，均须受党的适当处分；有意破坏秘密，须受最严厉处分。要求全党上下都要严格遵守。

---

① 《福建党九年斗争总结（草案）》（1947年1月15日），载福建省档案馆、中共福建省委党史征委会闽浙赣办公室编《闽浙赣党史文件资料选编》（上），福建人民出版社，1987，第395页。

《中共闽粤边区工作委员会决议》确定了慎重恢复发展党组织方针，提出了闽粤边区党组织在隐蔽待机总方针下的战略原则是："隐蔽的发展自己，提高自己，教育和团结革命的后备军与扩展革命的地区，以及大量解决革命所必须的经济，培养军政干部……以待新时期的到来"。[①] 中共闽粤边区工作委员会针对几年来由于集中全力进行武装斗争，忽视了党建工作，致使基层的党建基础非常薄弱的状况，提出为适应新的形势要努力把今后的党建工作做好。首先，要认识党的长期埋伏方针，掩蔽地进行党建工作。在环境已得安定的地方，就应着手深入进行党建的调查工作，在进行恢复党的工作时，必须作深入的个别调查，不能随便恢复组织。同时，由于农村支部的同志在长期失去联系与敌人进攻中对党的冷淡和害怕，要非常耐心地进行说服与教育工作。其次，领导机关要举办党建训练班，教育干部，研究党建工作。要从小处做起和长远打算，不要急于党员的吸收，而先从朋友交情谈起，要对党员进行思想教育。再次，建立一个支部或区委必须经过艰苦的工作，支部任务不能提过高过"左"的要求，应该是多做社会公益事业，调解乡村纠纷，从细小的合法的与群众日常生活有关的工作中，来提高支部党员的威信，在分散的环境下不必勉强建立支部，可以着重个别联系，在已有支部建立的地方，不必去机械地定期开会；对已经保存下来的老支部应严密关系，不要随便使用，以保证安全。

对于干部政策方面，决议指出：在几年的斗争中，闽西南党提拔起不少军事政治工作优秀的新干部，也基本做到了从工作中去认识了解干部，而且各级干部多数都是从本地斗争中产生的，是完全地方化的。但在干部问题上仍存在一些不足，从整个发展历史、全面地认识干部的特点、长处、短处作为培养使用的根据还做得不够，且因为牺牲了不少经过长期斗争锻炼、有经验、有能力、有威望的干部，所以深感干部的缺乏和干部政治文化水平急需提高。提出党的领导干部必须树立正确的领导作风与领导方法，坚持民主集中制，发扬党内民主，

① 福建省档案馆、广东省档案馆编《闽粤赣边区革命历史档案汇编》第 5 辑，档案出版社，1988，第 80 页。

实行集体领导；要善于提高干部的思想觉悟，善于发扬民主作风，培养干部独立思考问题、独立工作能力与发扬干部生动活泼的创造性；应注意提拔本地干部，大胆地提拔与群众有联系的、在群众中有威望的干部；新老干部之间、工农干部与知识分子干部之间、外来干部与本地干部之间，要互相尊重，取长补短，加强团结。为此，决议强调：首先要遵循毛泽东提出的团结——批评——团结的方针，既要分清是非，又要团结同志；其次，要着重提高干部的政治水平和原则性，使全党干部都真心诚意地自觉团结在党的路线政策下，团结在各级党的领导机关周围；再次，普遍进行整风。

在加强党的思想建设的同时，各级党组织还利用党员干部与革命据点群众在生产、生活上的密切联系，从中发现与培养了一批积极分子，并分期分批吸收入党，不断地巩固和扩大了党的组织。闽粤边区的斗争经历了由分散发展、武装自卫和分散隐蔽、蓄力待机的曲折复杂、艰难困苦的斗争，保存了武装，保存了干部，从而为时局好转后党在闽粤边区及时发动领导公开的革命游击战争保存了力量，准备了有利的条件。

第二节 开展整风与审干

一、福建省委及下属组织的整风

中共福建省委领导的闽浙赣边区，地处东南战略要地，是人民解放战争中华东战略区的重要一翼，是党在南方国民党统治区里的一块重要基本地区。在艰苦卓绝的抗日反顽斗争中，以曾镜冰为首的福建省委保存和发展了党的组织，活动范围到达闽浙赣三省交界地区数十个县，在这些广大农村的基本地区里壮大人民革命力量，巩固和扩展党在南方的这一战略支点。自抗战以后，边区党组织虽然正确执行了党中央路线，经常注意开展党的思想作风建设，使党的队伍不断壮大发展，政治思想上日益成熟。但是由于长期处于分散的农村游击战争环境和新党员的增多，党内不可避免存在着各种非无产阶级思想，尤其是小资产阶级个人主义思想意识，这种错误的思想意识导致某些“左”和右的倾向的产生，即抗战胜利后，面对国民党军队的“清剿”，产生了希望马上集中组织强大武装代替武工队，发展公开游击战争的“左”倾观念；另一方面，表现为不敢接受和实行部队分散隐蔽与生产自救的右倾观点。党内的这一状况，与革命任务转变时期客观形势和任务的要求不相适应。因此，很有必要用无产阶级思想克服小资产阶级思想，进一步提高广大党员和干部的政治思想素质。

中共福建省委在关于目前形势与我们的方针任务的指示中，总结两年来的经验时也明确地指出，组织干部学习，开展整风，改造思想是革命取得胜利发展的必要条件。因此，为了适应新的斗争环境，保证革命任务的顺利转变，在历史转折时期，必须“集中干部于一定地区改造思想，并在建立巩固根据地中实际学习”。[①] 福建党组织有必要在党内开展整风学习，以加强党的建设。

1945 年 9 月至 10 月间，中共福建省委先后在永泰县的兔耳山，林森县尚干乡南阳顶、南通乡古城溪里村等，组织省委机关干部进行整风学习，主要学习毛泽东的重要著作《论联合政府》和省委书记曾镜冰作的《论小资产阶级意识与无产阶级立场》报告。

曾镜冰在其报告中分析了党内小资产阶级思想意识产生的社会根源、历史原因和特点，着重说明了它的主要表现及其危害性。指出：小资产阶级思想意识时常表现为保守性与狂热性两个方面。保守性容易崇拜英雄，脱离群众；狂热性容易产生幻想，脱离现实，因此在思想方法上就不能从阶级力量对比的客观的全面情况出发，而陷于主观主义——教条主义与经验主义。反映在政治倾向上，一般在革命的有利条件下，容易表现“左”的倾向，因缺乏革命的长期努力，缺乏革命的耐心而盲动；相反地，在革命的艰苦条件下，则容易发生右倾，惧怕困难、悲观失望，敷衍革命，甚至发展到不尊重党，怀疑党，破

---

① 《中共福建省委关于目前形势与我们的方针任务的指示》（1945 年 9 月），载福建省档案馆、中共福建省委党史征委会闽浙赣办公室编《闽浙赣党史文件资料选编》（上），福建人民出版社，1987，第 272 页。

坏党，丧失无产阶级立场的危险境地。在组织生活方面，容易发生个人主义、宗派主义。因此，“小资产阶级动摇发狂，保守盲动，是违反群众路线的根源”，是党内错误的来源，如不克服小资产阶级思想意识，提倡无产阶级立场，“不但不能改造干部，不能适应将来大发展的需要，而且会把党拖到不可收拾的地步”。

为此，报告号召全体党员和干部积极开展思想斗争，用无产阶级思想克服小资产阶级思想，强调党员必须正确处理个人与党的关系，个人利益服从党的利益，强调“党的纪律是党的统一的保障”，要求党员不要轻视纪律；强调“惧怕困难就是惧怕革命”，要求党员克服困难，以推动革命的发展。

省委机关围绕曾镜冰的报告，采取实践斗争与思想改造相结合的方法，认真进行了 20 多天的整风学习，使全体党员和干部明确了无产阶级革命性与小资产阶级思想意识的根本区别，不同程度地克服了小资产阶级的思想影响，提高了马列主义理论水平，坚定了无产阶级立场和革命信心，增强了革命团结和组织纪律性。

在闽北、闽东北等地，党员干部和武装人员也相继开展了整风和整训工作。1945 年 10 月，闽北特委机关、部队的工作人员和战士，在崇安县坑口乡吴家齐村集中整训，传达学习中共福建省委的关于目前形势与我们的方针任务的指示，进行整风学习。1946 年 2 月，省委委员左丰美、王一平、刘捷生在南平县岩溪，组织干部学习整风文件，给游击队战士上文化课，把提高文化和思想教育结合起来。之后，省委为了加强南古瓯游击区党组织和游击队中的思想建设，集中党组织负责人员和游击队班以上干部，在古田县西路石坑乡的六空村，开展了历时 2 个多月的整风学习。其他各地的党组织也遵照省委的指示，先后开展整训、评模和举办战士训练班等多种形式的整风学习活动，取得了良好的效果，为迎接新的斗争环境和斗争任务奠定了思想基础。

由于国民党军队的疯狂“清剿”和严密的经济封锁以及利用特务搞“自首自新”等，给各地游击队的活动和生活造成极大的困难。为了求得生存和发展，省委强调只有加强反特务斗争和革命气节教育，才能与国民党作最后的斗争，这种斗争比一般斗争更困难，需要有很多办法，更要有高度的革命气节与丰富的经验。福建省委在巩固党组织的具体工作中提出："1. 革命是长期的艰苦斗争的过程；2. 阶级斗争是艰苦残酷的；3. 革命气节是政治生命的长生神；4. 党员的阶级成分复杂，需有革命气节的教育。"革命气节是"1. 威武不能屈；2. 富贵不能淫；3. 贫贱不能移；4. 困难不能动；5. 美色不能迷；6. 头可断肢可解，革命气节必须坚持不可灭"。养成革命气节要向先烈学习，向工农学习，严肃私生活，刻苦耐劳，加强阶级意识。①

闽浙赣区党委非常重视通过各种会议来加强干部教育，进行整风。1947 年 8 月 28 日，闽浙赣区党委针对未来斗争形势召开了一次重要会议。会议中大家认识到过去没有健全的人民立场，所以难以避免宗派主义脱离群众及违反上级决议，不能克服经验主义，虽也讲反对党八股，但只是数目字罗列，问题不能解决。所以只有坚持人民立场，才能检查发现问题，正确地分析和解决问题，"这就是整风的最中心关键"。通过讨论，大家进一步认识到中国革命的反帝反封建性质，这种性质决定了最基本的是经济矛盾，故应从经济着手，在经济斗争的基础上转入武装斗争，使武装斗争成为主要斗争，这种性质也决定了斗争形式的非常复杂，因此必须充分动员人民群众参加。但之前的斗争中存在着个人英雄主义，把群众力量孤立开来看，只看见群众眼前无领导无表现其力量，不知在党的领导下则会表现强大力量；只看见统治阶级对群众长期的压迫，群众力量一时无法有所表现，因此产生为群众服务与依靠群众不能统一的矛盾。为此就要纠正克服孤立看待群众力量的观点，建立正确群众观点，须在考察历史及在社会科学发展中认识群众力量，真正把为群众服务与依靠群众统一起来。② 同时要纠正不正确的思想领导，即事务主义的领导和官僚主义的领导，建立正

---

① 《革命气节——关于巩固组织具体工作项目之四》（1946 年 12 月），载福建省档案馆、中共福建省委党史征委会闽浙赣办公室编《闽浙赣党史文件资料选编》（上），福建人民出版社，1987，第 352 页。

② 《闽浙赣区党委"八·二八"会议讨论结论》（1947 年 8 月），载福建省档案馆、中共福建省委党史征委会闽浙赣办公室编《闽浙赣党史文件资料选编》（下），福建人民出版社，1987，第 455～459 页。

确的思想领导，使全党了解游击战争性质规律；克服经验主义，懂得分析具体情况，懂得如何发现问题，分析问题，解决问题；分析具体党员干部自觉程度，也就是研究干部思想动向，在一定的自觉基础上和根据其一定的思想动向，提高认识正确思想和思想方法的能力。这些指示在各地贯彻后，在党内思想上起了重大作用，许多干部的人民观点加强了，部分地方发动了群众生存斗争与建立了党的组织。

通过整风和革命气节的教育，党员干部原有的顽强斗争精神和吃苦耐劳的作风得到了发扬，联系群众、依靠群众的观点在党员干部的思想上更加明确，在一定程度上克服了阻碍贯彻党的方针政策的错误思想作风和工作方法。

二、闽粤边区党委及其下属组织的整风

全面内战爆发后，闽粤边区党组织和人民武装先后经历了武装自卫、分散坚持、疏散隐蔽和北撤南撤的艰难曲折斗争过程。由于这一时期的形势和党的斗争方针、策略及任务处于频繁而复杂多变的状态之中，因此不可避免地造成了党内思想的一时动荡。其中既有看不到革命前途的悲观消极情绪，出现个别党员违反党的纪律甚至离开党的队伍的现象，也有对长期隐蔽策略认识不足而产生的“左”的急躁冒进倾向。在干部政治、文化的提高教育方面缺乏计划，不经常，存在着自生自灭的自流现象。领导上存在着某些不深入的作风，强调原则指导，不是与干部一同细心研究，工作中碰到困难时不能及时具体地与干部一道去研究克服的办法，常常就是加以批评、斗争甚至打击。对党内一些工作上犯错误，违反党的政策，或思想堕落不进步，生活腐化贪污等的党员，没有及时极力地去教育争取，却不慎重地采取解决的办法。还有领导机关存在干部不团结现象，在同志与同志之间、上下级之间、单位与单位之间或多或少地存在着，表现出个人英雄主义、主观主义的官僚作风，不倾听干部意见，独断专行，没有民主生活，对干部不关心等。这些问题不解决，势必会影响到边区对中央提出的路线、方针、政策的贯彻和工作的开展。

1946 年 10 月至 11 月间召开的闽粤边临委扩大会议，针对存在的

问题，提出要加强整风，就是要根据王维传达的党的七大提出的整风方针和做法，普遍进行整风，改造思想，改进工作作风，达到全党思想上、政治上、行动上的一致，团结得像一个和睦的家庭一样。为此，闽粤边区工委[①]要求用批评与自我批评为基本武器；学习掌握文件反省工作，反省历史；分析自己的思想是否符合毛泽东思想；要求领导带头，亲自掌握；要治病救人，不是整治死人。在对党员干部教育方面，要求加强党员干部教育，把教育与工作密切结合，通过以新的路线、政策，新的思想、观点为内容，采用工作总结、检讨批判、当前情况研究、讨论布置今后工作的方式进行。开展各种政策、群众观点、团结问题、秘密工作等的教育，经常开展批评与自我批评，增强党内的团结，特别是要培养干部、党员的创造性和独立工作的能力。这种总结、检讨批判过去，研究解决当前问题，批评抛弃错误的，表扬巩固好的对的，提倡树立新的（包括政策、思想、作风等），就是整风，是最实际的整风教育。通过整风，“真正解决干部党员思想上工作中大大小小已经存在和将要发生的一些问题”[②]。同时树立正确的领导作风与领导方法，正确地应用民主集中制，尽可能地发扬党内民主，实行集体领导。对干部加强说服教育工作，尽可能不用处罚、强制、命令。着重提高干部的觉悟，赞扬有思想、有见解、敢怀疑、敢提意见的干部，反对那种只喜欢干部顺从而至于盲从的愚民政策和思想作风。照顾同志的工作困难，生活痛苦，并尽可能地帮助其解决。提倡具体深入的实事求是的作风，反对高高在上的空洞主观的所谓“原则领导”。检查工作不仅要检查下级的执行，而且必须从检查执行中来严格检查领导思想，检查决议本身，改正过去只批评下级而不反省自己的领导。要反对个人主义、英雄主义、名誉地位思想、自私观点等。

闽粤边区工委结合各种会议组织干部、党员学习中共中央的指示、文件，结合实际，检查工作和思想，提高干部的思想认识，在党内普

---

① 在此次闽粤边临委扩大会议上，根据上级指示，正式成立了中共闽粤边区工作委员会（简称闽粤边工委）。

② 《中共闽粤边区工作委员会决议》（1946 年 11 月），载福建省档案馆、广东省档案馆编《闽粤赣边区革命历史档案汇编》第 5 辑，档案出版社，1987，第 88 页。

遍开展整风运动，目的是使党员干部在思想上和工作上统一认识、统一步调。

闽西、闽南地委等各级党组织，遵照工委的指示精神，并结合当地的不同情况与可能条件，采取各种形式，或举办学习班，或召开整风会议，组织干部、党员学习党的文件，开展查思想、查作风、查工作活动，提高党员干部的政治素质；或对党员进行深入细致的形势教育，使党员正确认识隐蔽待机方针的精神实质，在艰苦环境中看到革命的发展前途，坚定革命信念，同时防止急躁冒进暴露自己的斗争倾向。教育党员在以职业为掩护的同时，密切联系群众，关心群众生活，广交朋友，熟悉环境，了解敌情，坚持地下革命活动；对党员进行党性教育、气节教育和组织纪律教育，从而达到党员干部的思想统一。

通过传达贯彻中央的整风方针和毛泽东的整风思想，“因此在干部思想上来一个历史性的刺激和波动”，半年来的整风取得实效。一是主要干部都接受了虚心反省自己、责己重责人轻的思想武器，给盘踞在干部头脑中的主观、英雄、不实事求是、官僚和家长作风以有效检讨，使干部思想得到改造。二是党内的民主作风也得到前所未有的发扬。在党内，领导干部不但学会虚心向干部和群众学习，那些自高自大、目空一切、自以为是的想法已经动摇或不能立足了。下层同志不但有勇气向上级提意见，而且有的单位已经敢于检查上级和督促上级了。三是在决定问题时，尤其是有关全党的路线、方针，形成经过酝酿、细心的考虑，不冲动和坚决服从的好作风。四是经济生活的改善，实行伙食金和零用费，转变过去一切共产主义化，动辄批评“自私自利”的作风，使艰苦斗争的干部和战士情绪提高不少。①

闽粤边区的党员干部在斗争中还得出一条经验：党的力量的生存和壮大，脱离不了新陈代谢的自然原则，一定有新的血液进来，一定有腐化堕落的分子从党的队伍里掉队。企图在静止中保持力量，结果只有得到力量的腐蚀，如逆水行舟，不进则退。因此只有在不断的斗

① 《中共闽粤赣边区工委执委扩大会决议》（1947 年 6 月 18 日），载福建省档案馆、广东省档案馆编《闽粤赣边区革命历史档案汇编》第 5 辑，档案出版社，1987，第 136 页。

争中（包括思想教育在内），在群众行动和阶级斗争的汹涌怒涛中，才能发展与壮大党组织的力量。

三、审查干部

审查干部的工作是党组织建设的重要内容，而且是长期性任务。1945年冬，福建党组织曾按照上级的指示，进行干部审查工作，由于环境条件、经验不足等原因，审干工作做得不够圆满扎实。1946年夏，各级党组织又参照延安整风的内容与形式，在党内普遍开展整风审干工作。对党员、干部的历史与思想行为进行必要的审查，对少数不顾党纪、自由行动的动摇分子作了组织处理，特别是及时识破了叛变投敌、充当特务、混进党内进行破坏的内奸。审干工作纯洁了革命队伍，清除了隐患，保证了党组织的纯洁和武装部队的安全。

审查干部的目的是使各级组织对于自己领导下的所有党员干部及广大工作人员的历史都有较全面的了解，从出身，参加革命，在各个重要关头的表现，思想意识，政治程度，工作能力、特长、缺点，有无被俘、动摇、“自新”、叛变，是否奸细特务混进党内等方面进行彻底的清查，以达到在干部使用、工作人员配备时能够正确恰当，并根据其优缺点区别安排，同时将动摇、“自新”、叛变、奸细特务分子清除出去，使党组织进一步纯洁而巩固。

规定审查的方针，一方面要以十分认真的态度来执行这一工作，一些来历不明或有什么值得怀疑的地方的人，应采取严肃态度，反对麻木不仁、马马虎虎、自由主义不负责任的态度，而必须负责认真地研究清楚，不让坏人漏网潜藏；另一方面又决不宜轻率从事，乱下结论，对于有不明白有可以怀疑的地方的同志不要乱加监视或扣留等，而应是十分慎重的，决不冤枉一个好人。

审查的基本方法是调查研究，弄清是非轻重，实事求是，不主观不存成见，采取群众路线，互相审查。整风审干的主要方式，是由党员报告自己从1942年下半年组织暂停活动以来的政治思想与工作表现情况，并结合自己的思想和工作，逐条对照刘少奇《论共产党员的修养》中指出的五种不良思想，做出深刻检查，继而在党员之间开展批评与自我批评，作为自己今后的经验教训，然后由组织调查研究，弄清是非，实事求是地对每个党员做出审干结论。

这期间的审干主要是把政治问题弄清楚，把历史问题弄清楚，等到历史问题与政治问题弄清楚之后，便开始进行思想审查。对于思想审查的部分，应该是较长期的，因为党组织还处在农村，党员成分大多数还是农民和一些小生产者、知识分子学生之类的，由此产生某些的个人主义、英雄主义以及主观主义、部落观点等都是可以理解的。只有长期的教育、长期的锻炼、长期的改造，才能达到全党改造的目的。

审查干部的工作，对于闽粤赣边区党组织来说，不但可以纯洁党组织警惕敌人，也能够了解党员干部，党员干部也能自己认清自己而卸下自己的包袱，借此展开对自己的学习和以往经验和教训的总结，使自己的思想能够提高到无产阶级先锋队的水平。如当时就对李碧山和朱曼平的历史进行了审查，最终作出“俱政治面目清楚”的结论[①]，从而有利于党员干部轻装前进，做好工作。

对于党内的肃反工作，由于国内战争时期过“左”的肃反政策的影响，闽西南党组织的肃反也存在着严重的错误倾向，主要表现在违反政策；政治堕落；对党不满，某些领导还夹杂着私人成见，甚至大开杀戒造成党内恐怖，帮助了敌人。其原因是党组织没有做耐心的教育与挽救工作，扩大干部某些次要的弱点，没有了解挽救干部对工作是有帮助的，也可以避免引起党内恐怖。另外由于有的负责干部个人品质的恶劣，对同志无情打击，甚至滥用权力，以图洗清自己，从而造成悲剧。因此南方分局指示：某些肃反是必须的，但决不是那么的普遍，那么当作政策去使用，这是会多树敌人而孤立自己的做法，今后要严格改正。闽西南党组织提出：党内禁止肃反，一律采取宽大政策，贯彻中央“大部不捕，一个不杀”的方针；对干部要关心爱护，

---

① 《方方尹林平致中央并转周恩来电——关于闽西南工作报告》（1946年10月25日），载中央档案馆、广东省档案馆编《广东革命历史文件汇集（1946.1—1947.7）》，1989，第127页。

平时要关心教育干部，要消除发生问题就对干部作“可能叛变”的估计；党内禁止肃反的方针要在党内开展讨论与教育，同时在党内加强纪律教育，对群众宣传解释，以消除党内外的恐怖情绪。深入调查，赏罚分明；争取多数，对于罪恶很大、无可救药的人，则可以采取杀一儆百的方针；严格执行肃反的权限和分寸。

对过去闽西南党组织内部的过“左”肃反政策，进行严格检讨和指出其后果的恶劣影响，使领导上得到警醒，消除了部分干部的忧郁和苦衷。特别是禁止党内肃反，使全党干部能够安心工作。这对于巩固内部具有重要的意义。

抗战胜利以后，中共闽西南党组织的团结是建立在全党同志、各级干部高度的思想觉悟和坚定的对敌斗争意志之上的，因而能在长期艰苦的斗争中，始终保持着全党行动的统一，并取得了一次又一次的胜利。然而，复杂的社会环境、思想认识、个人修养和人际关系也会产生一些不团结因素。这些不团结的事实多数由于一些政策的错误，或因领导作风的问题，以及一部分党员干部思想意识不纯洁等造成。中共闽西南党组织认为：凡属于原则问题有不同意见，在环境允许的条件下，可在一定的会议上讨论，使问题更加明确，理解更加深刻，使得多数同志意见达到一致。如因领导人在作风上有不足的地方，个人因不正确的思想或错误的认识而造成党内不团结，或使工作遭受损失，都必须改正消除。

在整风审干工作中，党组织还结合隐蔽生产与开展群众工作的实际，教育党员干部要扎根山区，做好长期打算，要依靠群众、关心群众，在生产上和生活上时刻同群众打成一片。同时，还利用夜间组织工农出身、文化水平低的同志学习文化。通过整风审干，进一步提高了党员干部的思想政治觉悟。通过传达和学习有关文件精神，广大党员干部虽然身处深山密林，但在极端艰苦的隐蔽斗争环境中始终保持着坚定的革命信念，经受住了各种严峻的考验。

然而，也存在对审干不够严肃的问题，当时规定每个干部要写出自传供组织审查，但超出规定时间后完成的“还远远落在十比一之下”，说明审查者与被审查者的态度都是不够严肃的。有的认为自己已经“无间断的干了十年八年甚至十几二十年，还有什么好审查呢?”[①]为此提请每个同志引起重视，并规定完成的时限。工委在讨论中认为，对审干应该认真负责地进行，不能单凭自传；审查清楚的可以恢复党籍，不清楚的不恢复党籍，俟有人证明时才恢复；有怀疑的不介绍职业，外地回来的人有介绍的介绍人应负责，无介绍的不应发生关系；失节的不能恢复党籍，来历不明的不能与之发生关系。进行审干工作的时候首先要进行教育解释，使大家乐于接受审查，“各级领导机关应对党对被审查者负责”，具体办法由工委讨论后再进行。[②] 最后决议中对审干作出几个决定：第一步先审查各地委，由工委负责，南方局批准；第二步审查县委与县委直属机关，由地委负责，工委批准；第三步审查区委工作团，由县委负责，地委批准；第四步审查区委以下的各支部和各个党员，由区委工作团负责，县委批准。同时根据实际情况，提出主要把政治问题弄清楚，把历史搞清楚，之后再进行思想审查。而对于思想审查应该是较长期的，而且又是伟大艰巨的党建的事业，不能有过高的希望。因为处境还是农村，党内成分大多数还是农民和一些小生产者、知识分子学生，由此产生某些的个人主义、英雄主义以及主观主义、部落观点等都是可以理解的。只有长期的教育，长期的锻炼，长期的改造，才能达到全党党性的加强。操之过急无补于全党改造的伟大事业。[③]

通过党内整风和审干工作，促进了思想认识的统一，不但有效地促进了隐蔽待机方针策略的深入贯彻执行，而且有力地配合了隐蔽斗争，同时还为党组织发动公开的群众游击战争准备了良好的思想基础和干部条件。

---

① 《中共闽粤赣边区工委执委扩大会决议》（1947年6月18日），载福建省档案馆、广东省档案馆编《闽粤赣边区革命历史档案汇编》第5辑，档案出版社，1987，第153页。

② 《有关形势、组织和领导等问题》（1947年5月22日），载中央档案馆、广东省档案馆编《广东革命历史文件汇集（1945.11—1949.12）》，1989，第392页。

③ 《中共闽粤赣边区工委执委扩大会决议》（1947年6月18日），载福建省档案馆、广东省档案馆编《闽粤赣边区革命历史档案汇编》第5辑，档案出版社，1987，第156页。

第三节 城市党组织的发展与坚持

一、城市党组织的恢复和发展

抗日战争期间，福建的主要城市福州、厦门先后沦陷，城市党组织多撤往基本地区或遭到破坏，仅少数党员隐蔽下来坚持斗争。抗战胜利前夕，福建省委派干部到福州、厦门，恢复和发展党的组织。1945 年 8 月，成立了中共闽江工委，主要任务是领导开展闽江沿岸地区城市工作。

时值全民族抗日战争向全国解放战争转变的历史时期，闽江工委认为，一方面仅靠过去少数党员“长期潜伏的城市工作”，无论在思想上还是在组织上都“适应不了新的任务的需要”；另一方面“闽江区域仍然处于国民党反动势力的白色恐怖之下”，必须继续坚持党中央的白区工作策略。鉴于闽浙赣边区只有中小城市，产业工人少，知识青年具有较高文化，多数出身农村，生活上没有出路，既易于接受革命思想影响，又可以通过他们密切联系广大工农群众，便于接触中上层人士开展统战、策反工作等特点，闽江工委首先把发展党员的重点放在福州市各大中专学校、机关和一些上层人士中，并以福州为基点向外县发展。

1945 年底，闽江工委在福州的福建协和大学、福建农学院、福建学院、英华中学等学校以及工厂、郊区农村和国民党军政机关中发展党员达 40 余人，并以英华中学党员为基础，成立了福州第一特别支部。1946 年 4 月，闽江工委在林森县桐口乡龙山村召开会议，会议分析了内战危机日益严重的形势，并根据省委二月会议精神，提出了“巩固组织，工作实在”的口号；确定了保障组织安全，培养党员骨干，“巩固福州，开辟外县市十五个”组织等具体任务。闽江工委组织的整顿和桐口会议关于城市工作方针任务的确立，有力地促进了工作的巩固和发展。

1946 年间，闽江学委通过秘密组织马列主义学习小组、读书会、联谊会等多种形式，教育和培养党员，发展党组织，先后在福州7所大专院校（增加了华南女子文理学院、福建医学院、福建师范专科学校、福建音乐专科学校），以及英华、三一、省立福州高级农业职业学校等中学建立了党支部，并在福州高级工业职业学校、协和职业学校、三民、黄花岗等10余所主要中专和中学发展了一批学生党员。随后，闽江工委又通过这些来自社会各个阶层的青年学生党员，广泛地联系了工农群众以至中上层爱国民主人士，推动了各条战线党组织的建立。4月，协和大学党支部在福州郊区魁岐、下岐分别办了两所夜校，参加学习的有100多人，培养发展了一批党员，成立了魁岐党支部。福州第二市委在林森师范学校和国民党福建省水警总队发展了一批党员和积极分子。林森工委在福州郊区螺洲乡建立了南门区委，并在上洋、桐口、东门横屿、大湖、白沙、铁坑、小北岭的社坑、东坑等地成立了10个党支部。同时闽江工委所属支部的党员，还利用各自的社会关系，分赴外地开展工作，在南平恢复了剑津中学党支部，成立省立中学党支部；在厦门大学和店员中发展一批党员，建立了两个党小组。

1946年7月，闽江工委在螺洲召开干部会议，庄征在会上作了题为《论联系群众、深入群众，巩固党、提高党》的报告。会议总结了闽江党3个月工作，实践证明“巩固组织，工作实在”方针的正确。产生了一批新的干部，在完成任务和联系群众上都达到了上级要求，表现在一是由帮助革命的态度走上了坚决负责的态度；二是由口头服从调动走上实际服从调动；三是由等待“交办”工作进步到自动开展工作，独立解决问题；四是由轻视群众开始了解群众的重要性。组织不但没有垮台，而且巩固扩大了，不仅限于福州，在许多县也建立起来。[①] 会议决定曾焕乾、何友于、黄猷、林立为特派员，分赴福（州）长（乐）平（潭）沿海和厦门、闽东以及闽西北等地开展工作。会议强调知识分子都要做到理论联系实际，由革命的理论家变为革命的实

① 庄征：《论联系群众、深入群众，巩固党、提高党——钱同志在1946年7月24日干部会议上的报告》，载王毅林主编《浩气长存——庄征烈士纪念文集》，福建人民出版社，2013，第45～46页。

践家，号召干部党员要“毁家纾党”，争做英雄。“英雄问题的提出，是反对官僚主义、宗派主义，反对半条心革命、业余革命、帮忙革命的现象。因此，这是巩固党、提高党的具体号召”。随即进行了争当英雄的竞选活动，如“据点英雄”就包括在新地区建立党组织或个别种子的组织据点；“培英英雄”就包括培养干部与培养英雄的内容。经过竞选，各系统涌现出许多英雄模范人物，庄征为培英英雄，何友于为开辟工作英雄，何友礼为据点英雄，曾焕乾为经济英雄，还选出18人为模范。通过这项工作的开展，培养锻炼了干部党员，提高了干部素质，转变了工作态度，大大加强了闽江工委及所属组织的思想建设和组织建设，进一步促进了城市党组织核心作用的发挥。

在这期间，中共闽江工作委员会先后建立了福州第一市委、福州第二市委、学生工作委员会、调查研究委员会、经济委员会、福安县委、台湾工委、闽侯县委、平潭县工委等组织。

在闽西南地区，抗战胜利时，闽粤边委和闽西南党组织在城市的工作还十分薄弱，厦门、漳州、泉州和绝大多数县城党的工作基本处于空白状态。在厦门和泉州周围各县农村，闽南特委只保存了安溪县龙门镇和南安县翔云乡两个党支部。

1945年11月，闽粤边临委成立，临委特派员魏金水遵照《中共中央转发方方同志关于闽粤赣边区工作的意见》中对加强厦门、漳州等城市工作的指示，及时召集闽南特委负责城市工作的干部开会，专门讨论在漳州、厦门、泉州等城市与安溪、南安、同安等县城乡开展党的工作问题，决定从地方和王涛支队中抽调党的骨干，到上述地方负责恢复党的组织，同时发动和平民主运动。同年年底，闽南特委根据闽粤边临委的城市工作部署，从安溪调回原负责国民党统治区工作的闽南特委泉（州）漳（州）厦（门）特派员罗林，研究并具体布置了党在城市的工作。1946年1月以后，闽南特委又先后派党员到安溪、同安、厦门等地，协助罗林开展城乡工作。

1946年3月，罗林在厦门召集张连、王新整、何家沛等人开会，传达党中央和闽粤边临委关于抗战胜利后的形势及城市工作的指示。会议结合闽南实际，决定恢复安溪、南安、同安等县边区工作，建立党的秘密组织；筹建厦门市工委；派张连赴台湾开展工作，发展党员，建立党组织。[1] 厦门会议结束之后，罗林、张连、王新整等人，先后在安溪、南安、同安、厦门等县、市的师范、中学、小学和厦门大学[2]恢复发展党员，成立党支部；安溪县的龙门小学、龙山小学、仙地小学，南安县的成功中学、南安师范、侨光中学，同安县的同安中学均建立了党支部。安溪龙门成立了区工委。当时，同安中学成为厦门及周围各县党组织的重要活动据点。

在安（溪）、南（安）、同（安）等县党组织和党的工作迅速恢复发展的同时，闽南特委厦门市工委直属的台湾共产党组织，也适时建立和发展起来。5 月，张连到台北，吸收暨大学生运动中的先进分子卜新贤、林大厦、郑英杰入党，建立中共台北支部，成为闽西南白区党在台湾建立的第一个党支部。

1946 年 9 月以后的近一年时间里，厦门市和同安县的党组织得到迅速的恢复发展，先后成立了中共厦门大学、厦门侨民师范、厦门厦西小学、双十中学等支部。同安中学的党员也迅速增加到 30 多人，并成立了中共同安中学总支。1947 年 7 月，遵照闽南地委的决定，成立了中共厦门市工委。当时，隶属于闽南地委组织系统的厦门和安（溪）、南（安）、同（安）等县及台湾党组织的党员人数共有 200 余人。至 1947 年 10 月，闽西南白区已建立的主要党组织有：中共安南同县工作委员会，中共厦门市工作委员会，中共南安诗淘码工委，中共台湾工作委员会，中共泉厦临时工作委员会。

针对国民党反动派坚持内战、独裁的方针和形势发展的需要，为了加强对国民党统治区爱国民主运动的领导，福建党组织加强了对城市工作和城市党组织的建设的领导。

闽粤赣边区党认识到“党在白区城市、大乡村工作的薄弱”，必须冲破山地基点的围篱，开展白区工作。为此对白区城市工作提出几条

① 《闽西南白区党活动纪事》，参见中共闽西南白区党史征集编写组编《中共闽西南白区组织革命史料选编》，1990，第 11 页。

② 厦门大学于 1946 年 7 月从长汀迁回厦门。

原则：一是白区的城市、大乡村仍然是“埋伏积力待机、里应外合”的方针，“积力”最好的办法就是要有计划地深入敌人的政权、养卫各个部门中去，白区工作同志要加强业务学习，争取负责的岗位，把革命与生活结合起来。城市应着重开展学生、工人、贫民、苦力方面的工作。二是策略必须服从总方针，为总方针服务。时机还没有成熟就不轻易斗争，有了斗争条件也必须慎重周密考虑，要有胜利把握，要能积蓄力量，要能及时进退，要能适可而止，要能攻能守，稳扎稳打。三是必须严密组织关系。山地基点与白区工作分别领导，建立白区部专门管理白区工作；采用特派员制，暂时还不建立委员会；一般不要建立支部，实行单线领导；建立三层组织或平行组织；恢复组织必须慎重，对来历不明的决不可轻易发生关系；发展新党员必须提高质量；严格执行秘密条例。① 闽浙赣区党委专门作出关于加强城市工作的决议，提出城市工作“没有组织坚强、秘密、纪律、严格、民主集中的党，是一步也不能前进的”。巩固组织和大力展开工作，成为城市党担负的双重任务。但城市工作领导上存在着事务主义、家长制和经验主义，从而养成不推不动，缺乏自动性的雇佣观点和作风，大大地妨害了组织的团结和巩固。这种思想偏向和作风偏向，反映了城市党思想教育的贫乏，反映了城市党思想教育不能克服小资产阶级意识。检讨党内教育方面，就是无计划无系统教育党员，停留在教条主义式的杂乱阅读上，没有提倡理论实践相结合的教育方法。为克服此种错误，要求各级领导同志提高革命责任心，提高自己的学习，学习党章、论党、怎样做个共产党员、群众路线、民主集中制、清算小资产阶级意识、新民主主义论等。同时应该向实际生活和实际事物学习，和理论联系起来，从片面的理论提高到理论和实际统一的自我集体学习。②

---

① 《闽粤赣边区工委执委扩大会议决议草案——形势和党的任务》（1947 年 6 月 18 日），载中央档案馆、广东省档案馆编《广东革命历史文件汇集（1945—1949）》，1989，第 434～436 页。

② 《闽浙赣区党委关于加强城市工作的决议》（1947 年 9 月），载福建省档案馆、中共福建省委党史征委会闽浙赣办公室编《闽浙赣党史文件资料选编》（下），福建人民出版社，1987，第 485～488 页。

福建城市党组织的恢复与发展，使城市工作和爱国民主运动的开展，有了坚强的组织者和领导核心。在积极领导人民争取和平民主的斗争中，福建党加强了自身建设，积极做好党的发展工作，不断壮大革命队伍。在秘密发展党员的工作中，福建党组织坚持严肃慎重的方针和严格考察、挑选，个别秘密吸收的办法，因而保持了党组织的纯洁和党员较好的素质。党组织选择对象和发展党员的主要方式有两种：一是通过党员个别接触、引导、培养。一般是由党员与初步选定的对象交朋友，利用同车间工作，或同班学习，同宿舍居住，同一社团，读书会活动和日常共同兴趣爱好，生活互助等条件，由一般交往到深入谈心，结成亲密朋友。二是通过在工运、学运和其他一些斗争、活动中的表现来考察。把“在斗争中考察考验人”作为一条重要的原则。对于初步确定有培养前途的分子，吸收他们参加夜校、读书班或各种社团的活动与工作，并引导他们参加工运和学运的一些斗争。对基本条件较好、政治上积极可靠者，先发展加入党的外围组织，作进一步考察考验。在开展以学生为主体、团结各阶层人士参加的爱国民主运动过程中，教育和培养了一批又一批的知识分子，从中不断发展党员，使城市党组织得到迅速壮大。

福建党组织在发展新党员的同时，不断加强对新老党员的思想教育，真正做到“不但在组织上入党，而且在思想上入党”。在城市党的建设工作中，针对知识分子多出身小资产阶级家庭和在城市易受资产阶级思想影响等特点，十分重视马列主义理论、党的基本知识教育和世界观的改造。他们在工作上小心谨慎，不断克服喜谈理论不务实际的作风，深入群众，适应环境，实现安全发展和巩固组织的目标。在学校通过读书会、研究会等形式传阅和讨论政治理论书籍与党报党刊，通过爱国民主运动实际斗争的考验，把其中的先进分子吸收进党，再放到工作中去培养、锻炼和提高。同时，十分注意党员的“质上提高”，经常组织党员学习《怎样做一个共产党员》《论共产党员的修养》等整风文件，加强组织纪律性和革命气节教育。在党员中，以能否牺牲个人利益，“毁家纾党”作为考察干部的标准和选拔干部的重要依据。

福建城市党组织还要求党员要“三勤”（勤业、勤学、勤交友），“三化”（职业化、社会化、群众化——或称合法化），在社会生根；严守“精干隐蔽，平行组织，单线领导”等原则；上下层的工作，公开的和秘密的工作，城市的和乡村的工作，党内的联系和党外的联系，既要严格分开，又要相互配合；发展党员要慎重，多发展极端隐蔽的党员及同情分子；加强纪律教育、气节教育等。

党组织的主要领导还经常深入基层调查了解党员思想状况和政治表现，以及工作中的实际问题；进行组织整顿，加强对党员的思想政治工作，使党的基层组织不断得到巩固，提高了党的战斗力。因而，所发展的党员和建立的党组织，一般都能在城市的爱国民主运动中起模范带头和战斗堡垒作用。许多党员到农村也能和广大贫下中农密切联系，帮助他们提高阶级觉悟，为实现党的方针任务而斗争。

由于加强了城市党的组织和思想建设，为开展城市秘密工作，发动各阶层人民的爱国民主运动，奠定了重要基础，有力地配合了全国解放战争的胜利发展。

二、闽浙赣区委城工部的成立与城工部事件

在福建省委党代表会上，曾镜冰高度评价了闽江工委开展的工作。同时，为了进一步向东南各省发展和开展城市工作，决定扩大闽江工委，成立中共闽浙赣区委城市工作部（简称城工部）。任命庄征为部长，李铁为副部长，孟起、林白、杨申生为委员。其主要任务是向省内外以至台湾发展组织。

1947年2月22日至25日，中共闽浙赣区委城工部在闽侯县桐口乡龙山村召开工作会议，宣布区党委城工部成立。庄征传达省党代表会通过的《福建党九年斗争总结（草案）》，在系统总结闽江工委两年来斗争的基础上，作了《论开辟第二战场》的报告。庄征指出：从城市工作发展史上看，从农村到城市，又从城市到农村，依靠农村发展城市，又通过城市发展农村，这是一条规律，也是一条经验。今后城工部党的工作方向，就是坚决执行曾镜冰提出的“城市工作基本上为着农村服务”的方针。庄征要求党员、干部都要树立起为农村服务的

观点，脱下中山装、学生装，决心建立与广大农民的联系，建立与下层武装的联系。

对于如何“开辟第二战场”，庄征首先分析了当时的形势，认为：人民生活空前困难，已经活不下去了，群众自发斗争又在各地爆发起来，所以在这个时候提出“开辟第二战场”，发动“民变”，是完全必要和可能的，因为客观条件已经成熟。庄征就如何发动“民变”的问题，针对城市工作的重要意义，分析了福建中小城市的特点；认为福建没有像上海、北平那样的城市，尽是中小城市。这些中小城市的特点是，它和广大农村有密切的联系，是农村的交叉点，它又是敌人的心脏，是敌人的政治、经济、文化中心所在，在这里给予打击，就会直接影响到农村。中小城市里真正的产业工人少，甚至没有，大量的是小资产阶级，包括小商小贩、公教人员、公私企业职员等。他们是独立的体力和脑力劳动者，受“三座大山”的压迫和剥削，常受失业和物价上涨之苦，是工人阶级在城市里的同盟军。小资产阶级和上层有着密切的关系，但他们的亲戚朋友又都在乡下，通过他们可以开展农村工作，也可以做上层的工作，这是利用敌人的矛盾以打击敌人的一种手段。因此，必须认真执行区党委提出的“城市应为小资产阶级服务”的精神，通过对他们的工作，借以达到城市为工农服务的目的。

城工部的成立，标志着闽浙赣边区的城市工作进入新的发展阶段，也为城市党组织的发展创造了条件。城工部成立后，原闽江工委在福州的党组织和外县的工委及其下辖的党组织均划归城工部领导，并对领导人作了部分调整；城工部组织系统除保留原闽江工委时期的学委、福州第一市委和林森县委 3 个系统外，还先后成立了 6 个城市工作委员会：福（清）长（乐）平（潭）工委（下属福清工委和平潭工委）、闽东工委（1947 年 3 月成立，下属福安县工委）、延（南平）古（田）瓯（建瓯）工委（1947 年 2 月成立）、安（溪）南（安）永（春）工委（1947 年 2 月成立）、尤（溪）德（化）永（泰）工委，筹建台湾工委。

1947 年 10 月，中共闽浙赣省委在福州市郊的高湖村召开会议（史称高湖会议）。会议决定省委城工部所属各地区的基层党组织均划归各地委领导，城工部机关主要骨干人员调往各地，组建地委城工部；任命曾焕乾为中共闽北地委城工部部长，何友礼为中共闽西北地委城工部部长，简印泉为中共闽浙赣省委机关工委书记。会议决定成立中共闽（清）古（田）林（森）罗（源）连（江）中心县委（又称五县中心县委），由城工部副部长林白兼任书记，将中共闽侯县委划归五县中心县委领导。

在中共闽浙赣区（省）委城工部的领导下，城市工作发展很快，不仅在福州地区的大中学校和许多工厂、企业建立了党的组织，而且还在全省各地以及省外的一些城市发展了党的组织。在利用合法的斗争形式领导学生开展的城市爱国民主运动中，培养锻炼出大批知识分子干部，发展壮大了党组织。城工部工作成绩显著，发展速度惊人，经过半年多的努力，城工部党组织已发展到闽、浙、赣、湘、台等五省，成为拥有党员 3000 人、干部 200 人的城市党组织①，充分发挥了城市党组织坚强有力的领导核心作用。

但在 1948 年春，由于在战争环境下，又是处在国民党统治区，阶级斗争比较尖锐复杂，加上省委主要领导不实事求是，主观臆断，随意怀疑猜测，又不作必要的调查和认真研究，党的政策观念薄弱，既违背党中央规定的有关肃反审干“一个不杀，大部不抓”的方针政策，又不及时向党中央和华东局请示报告，听任采取“逼供信”手段，错误认定城工部组织已成为国民党特务所控制的所谓“红旗特务组织”，决定解散城工部，在福州、闽北、闽东、闽中、闽西北等地错杀了城工部骨干 100 多人，终于酿成城工部事件，造成了无可挽回的重大损失。

城工部事件，很大程度上反映了党组织在对待知识分子问题上的失误。从中共闽江工委成立开始，福建就有一批积极投身革命、经过爱国民主运动锻炼的学生知识分子加入城市党组织，使得各级党组织领导的第二条战线得到蓬勃发展。全省革命知识分子的历史作用，在这时期里表现得尤为突出，而被杀害的城工部人员中，90％是青年学生知识分子。实践证明，这些人是坚定而热情地拥护党拥护革命的。

---

① 中共福建省委组织部组织史办公室：《中共闽浙赣区（省）委城工部组织史概要》，福建人民出版社，2008，第 28 页。

出现这一历史性惨剧的根源在于省委对待工农干部与知识分子干部问题上存在“左”的倾向，缺乏正确的思想认识，尤其是对待家庭出身、社会关系比较复杂的知识分子，往往采取怀疑、排斥、打击的做法。这是党建史上必须吸取的惨痛教训。

城工部事件的冤案一直到全国解放后，在中共中央和华东局的直接领导下，才得以平反昭雪，认定城工部组织是中共组织，一些遗留问题甚至到改革开放后才彻底解决。城工部英烈受到党与人民的尊重和纪念。

第四节　在开展游击战中壮大党组织

一、向公开游击战争转变中的党组织

为恢复和巩固基本地区党组织，闽浙赣区党委在 1946 年的二月会议上提出：加强党的组织建设，大批吸收密切联系群众的积极分子入党，大批提拔革命群众领袖到党的机关领导工作，加强党与群众、非党群众领袖的联系。

根据福州二月会议精神，区委抽调了重要干部和武装骨干，从南平、古田、建瓯三路同时开展工作。首先选择恢复基点村，以对付国民党军队的包围和袭击；其次深入群众，使游击队扎根于群众之中；再次在基点村中发展党员，建立党支部，进一步联系周围群众，开辟新区。游击队采取秘密联络各地党组织，深入群众进行广泛的宣传教育，然后选择突破口，严惩恶贯满盈的反动分子，进而恢复和健全了抗战期间建立起来的各级党组织和群众基础，壮大了革命力量。

为了恢复闽东老区，区委任命原闽东特委机关教导队负责人黄垂明为闽东特派员，带领 17 名游击队潜回闽东，负责打通闽东至福安、宁德、周宁的交通线。游击队依托曾是老革命根据地的宁德县桥头村，发动群众进行“五抗”（抗租、抗债、抗捐、抗税、抗丁）斗争，并从中培养骨干，发展党员，恢复和健全党组织，扩大武装力量。同时积极开展统战工作，争取了乡长等人，为游击队活动创造了有利的环境。

附近多个乡也恢复了党组织和农会、青年团、妇女会等群众组织，相应地配备了地方干部，加强了党的领导。

1946 年 5 月，闽中特委在福清县大雾山召开会议，会议检查了闽中党组织一年来的工作，决定分区发动群众，整顿和发展党组织，积极恢复游击区。为了加强领导，闽中特委在福清、长乐相继成立了 3 个县工委，福（清）长（乐）林（森）县工委，福（清）长（乐）平（潭）县工委，福（清）平（潭）县工委；特委特别强调各地党组织“必须注意秘密活动，提高警惕，整顿组织，加强党和群众的密切联系，争取和发动广大群众，建立安全立足点”。[①] 经过党组织的整顿和群众工作的加强，各地发展了党员，建立了党支部，开辟了新区。

全面内战爆发后，中共福建地方组织，一方面团结广大人民群众，积极争取和平民主，反对内战，扩大党的政治影响；另一方面实行分散发展，开展自卫武装斗争，既巩固了基本地区，又开辟了新据点，从而使党的力量得到不断的发展。

为了配合人民解放军主力在正面战场作战，必须发展国民党统治区后方的公开游击战争。中共中央于 1946 年 11 月 6 日发出关于南方各省乡村工作方针给方方等的指示：“在目前全面内战形势下，南方各省乡村工作应采取两种不同方针：甲、凡有可能建立公开游击根据地者，应即建立公开游击根据地。原有各根据地，如……闽南、闽西，应鼓励原有公开或半公开武装紧紧依靠群众继续奋斗……乙、凡条件尚未成熟之地区，则采取荫蔽待机方针，以等候条件之成熟。……而不是不管条件是否成熟，一概采取长期荫蔽方针。”[②]

福建省代表会议期间，接到中央《关于反对退却逃跑坚持敌占区游击战争的指示》，会上系统总结九年斗争经验，提高了全党的思想认识水平，为转向公开游击战争做了更为充分的思想准备。根据中央指

---

① 《中共闽中特委九月份工作总结——关于缺点的检查报告》（1946 年 11 月 5 日），载中共厦门市委党史研究室主编《厦门革命历史文献资料选编》第 9 集，1992，第 16～20 页。

② 《中共中央关于南方各省乡村工作方针给方方等的指示》（1946 年 11 月 6 日），载中共中央文献研究室、中央档案馆编《建党以来重要文献选编》第 23 册，中央文献出版社，2011，第 532 页。

示，闽浙赣区党委研究部署发动游击战争计划，确立了福建游击战争的新战略方针，并于1947年1月12日通过了《关于发动爱国游击战争的决定》。该决定要求各地党组织加强领导，改变领导方式方法，以适合新的斗争需要，多掌握思想政治领导，大胆提拔培养干部；广泛地联系群众，在群众中壮大党的组织。3月5日，华中分局复电福建省委对开展游击战争发出指示，指出“由于长期分散隐蔽转向公开发动游击战争”，在干部思想、组织形式、工作方法与领导方式上，“均应有新的准备和转变”。“应先选择一二个敌我力量对比与地形条件均对我有利及群众斗争成熟地区，进行周密布置，发动游击战争，并从此取得经验，以教育和推动全党的转变。在游击战争未成熟地区应当耐心进行必要的准备。”强调“应动员党员及同情分子深入群众，有计划组织和发动群众反抽丁、反征粮及其他切身利益的斗争”。“初期阶段……应先打击地方最坏的特务恶霸及区乡武装，以鼓舞和发动群众，但应暂避与顽敌作战，不要过早刺激敌人”。[①] 华中分局曾强调实行放手发动游击战争的同时，必须实行全面的转变，对不同地区采取分类指导和有针对性地“耐心”做好准备，华中分局的策略具有极大的指导意义。

1947年3月8日，中共中央发出关于在蒋管区发动农民武装斗争问题的指示。指出：“目前蒋管区后方甚为空虚，许多省份只有保安团并无正规军，特别是东南各省为然。……因此，在蒋管区发动与组织农民群众武装斗争的客观条件与时间是完全具有的。”只要联系群众，依靠群众，胆大心细地发动群众，既勇敢又谨慎地领导斗争，在群众中就可以建立和组织起来武装力量与农村游击根据地而逐渐地取得胜利。指出总方针“是从解放区自卫爱国战争与蒋管区人民民主爱国运动的配合发展和胜利中，取消大地主大资产的独裁统治”。但是，奋斗道路可能曲折，因此在斗争形式与组织形式上，“也可先从合法斗争形式上建立群众基础，先从敌人力量较薄弱的地方发动武装斗争，求得

① 《华中分局对开展游击战争的指示》（1947年3月5日），转引自中共福建省委党史研究室：《中共福建地方史（新民主主义革命时期）》（下），中央文献出版社，1993，第1222～1223页。

存在和发展，尤其在组织上，开始不要铺张门面，过分刺激敌人，反易招致敌人过早过大的打击”。① 中央明确地规定了党的总方针及在国民党统治区发展游击战争的指导方针和斗争策略，是党指导国民党统治区游击战争的纲领性文件。

闽浙赣区党委于3月中旬在福州召开区党委成员参加的紧急会议，并于3月16日以曾镜冰名义给各地委发出指示信，要求大胆放手发动群众开展反抽丁、抗征粮和打积谷仓的群众运动与游击战争。②

于是，闽浙赣边区各地党组织传达贯彻党代会精神并结合本地区实际情况和特点，加紧进行向公开游击战争的转变。闽浙边地区传达了中央关于希望闽浙赣区党委成为南方游击战的主力与领导的核心的精神，要求各地地委绝大部分的人员集中打游击，在游击战中扩大党的组织，推动群众斗争，在游击战中培养干部。

在此前后，闽北、闽中、闽浙边、闽赣边先后建立了游击纵队或游击队。1947年2月，闽北地委在崇安县坑口成立军分区并将闽北游击队改编为闽北游击纵队，加强了党对游击队的领导。同时，以原建松政特委为基础，建立了闽浙边地委，书记陈贵芳、副书记张翼。3月，闽赣边游击纵队成立，4月，曾镜冰组织领导了闽东北地委在古田县澄洋发动的武装暴动后，建立了闽浙赣游击纵队。纵队到古田县坵地整编，将第一、第二支队合编为第二大队。5月，第二大队与黄垂明率领的游击队会合，组建了闽东游击大队，共160人枪，大队长余三江，政委江作宇。在此期间，为了加强党对军事力量的指导，新四军第一纵队第一旅政委阮英平，受华东局派遣回到福建，任闽浙赣区党委常委兼军事部部长。为了加强闽东地区的游击战争，阮英平前往闽东，并于9月成立闽东地委，阮英平兼任书记，江作宇、阮伯琪为副书记，下辖宁德、福安、周政屏县委、古罗林中心县委等，统一领导指

① 《中央关于在蒋管区发动农民武装斗争问题的指示》（1947年3月8日），中央档案馆编《中共中央文件选集》第16册，中央党校出版社，1992，第418～419页。

② 《曾镜冰同志给各地委的指示信》（1947年3月16日），载福建省档案馆、中共福建省委党史征委会闽浙赣办公室编《闽浙赣党史文件资料选编》（下），福建人民出版社，1987，第439页。

挥闽东人民谋生军、古（田）罗（源）林（森）人民游击队及福建人民军第十一支队等武装，闽东地委拥有了共200多人的武装。

各地在建立和壮大游击武装的同时，进一步健全了地方党组织。闽浙赣区党委指示各地党组织，为坚决执行"八二八"指示，必须克服过去干部的流动现象。对一定干部应给以一定工作，使各级党组织固定地工作，并大量吸收训练新干部充实与健全各级组织；党与干部必须真正从群众斗争中生长。各地党必须由下而上地建立与健全起来，不可多从上委派，应吸收群众中有威望之同志。应特别注意审查所有党员干部及各组织与群众联系之程度；大量训练培养提拔干部；为了有效地进行工作，须加强党的思想领导，及时纠正不正确之思想及工作作风。[①] 闽浙赣区党委指出当时一个紧急任务是普遍发展党的组织，但发展组织要与群众斗争结合起来，要依靠广大群众及与广大群众打成一片，在一个地方建立组织后，迅速将这些经验去推动一般地方建立组织。[②]

为了进一步贯彻落实中央关于发动南方游击战争的指示，1947年3月9日，闽粤赣边工委[③]向下属各地委发出《关于新形势与新任务》的指示。指示中除了传达中共中央和广东区党委关于开展游击战争的指示与决定外，还提出了"集中最大力量，积极发动群众""准备发动广泛的群众游击战争"等五项具体任务，要求各地委将保存下来的武装人员和干部组织起来，成立能够独立活动的游击小组，直至建立基干游击队；同时加强训练，提高战斗力；解决经济，充实武器弹药等。遵照闽粤赣边工委的指示，闽西、闽南和梅州地区党组织在魏金水赴香港学习与汇报请示工作期间加紧进行武装斗争的各项准备工作。

闽粤赣边区工委武装队伍的组建，以少而精的原则，先建立工委

① 《闽浙赣区党委关于召集第二次代表会议决定——区党委决定一九四八年五月一日召开全省代表会议》（1947年9月），载福建省档案馆、中共福建省委党史征委会闽浙赣办公室编《闽浙赣党史文件资料选编》（下），福建人民出版社，1987，第495～496页。

② 《发展组织与群众斗争结合起来——张容同志在发动机关附近群众减租斗争的特务队同志会议上讲话》（1947年10月25日），载福建省档案馆、中共福建省委党史征委会闽浙赣办公室编《闽浙赣党史文件资料选编》（下），福建人民出版社，1987，第505页。

③ 中共闽粤边区工作委员会于1947年3月上旬改为中共闽粤赣边区工作委员会。

主力，而后逐级发展。1947 年 5 月中旬，以原边区工委特务队 13 人，梅埔地委特务队 16 人，加上刘永生、杨建昌共 31 人，集中在广东埔县坪沙，合编成立中国人民解放军粤东支队，刘永生任支队长，杨建昌任政委，程严、廖启忠、徐达为副支队长，王立朝为副政委兼政治部主任，后又增加郑金旺为参谋长。同年 8 月 1 日，按照边区工委关于各地建立主力的决定，由原钟骞支队的军事政治骨干 30 多人，在诏安、云霄、平和三县交界的乌山葱仔寮，成立了闽南支队，支队长李仲先，副支队长王汉杰（后吴扬），政委卢叨，副政委陈文平。8 月 20 日，由闽西地委保卫班和部分工作人员及梅埔韩江纵队部分骨干组成的共 40 多人的闽西支队，在永定县岐岭的万里石宣布成立，支队长兰汉华，政委林映雪，副支队长郑永清，副政委邱锦才。在这前后，闽西、闽南以及粤东的各县委、县工委，也相应地建立了游击队和武工队，从而形成了边区、地、县的武装组织系统。

各地武装队伍建立后，首先建立了党支部，进而集中一段时间进行政治军事训练，加强党对武装的领导。训练内容包括：政治形势、人民军队的宗旨、优良传统和纪律的教育；射击、投弹、利用地形地物、伪装、侦察等科目的军事技能训练。通过训练进一步提高了部队的政治思想和军事技术水平，增强了战斗力。

在游击战争状态下，福建各地党组织和党员队伍也得到发展。闽浙赣区党委成立后，领导机关不断健全，下属各地的党组织也迅速发展。至 1947 年 5 月，已发展有闽北、闽浙边、闽赣边、闽东北、闽中 5 个地委和新划归的浙南、处属两个特委；福州市委、泉州、崇安、林森、莆田、惠安等县委；及闽东、厦门、晋江、福安、平潭、闽清、仙游、延古瓯、安南永、尤德永、福长平、福平、福长林、南同边等 10 多个工委。党员人数大大增加，活动地区也更加扩大，地方党组织进一步健全。

1947 年 5 月 10 日，中共中央华东局决定把浙南特委和浙江处属特委，划归闽浙赣区党委领导，同时增补龙跃为区党委常委兼浙南特委书记，并代表区党委领导处属特委工作。

为了贯彻中共中央和华东局的指示，闽浙赣区党委系统地分析了闽浙赣斗争的环境和特点，提出依靠人民力量开展游击战争。认为人民为生存而斗争是人民自己的斗争，党对人民生存斗争的领导，既要真正为人民服务，又要充分依靠人民的积极分子，同时还要充分尊重人民最迫切的要求和反映当时人民的觉悟才有可能。代替人民斗争的主观的领导是不能发动人民斗争的。因此，就要不厌其烦地给群众以切身体验，耐心等待群众的觉悟，甚至不怕迁就群众的落后和以退却来保持与群众的联系，从而逐渐提高群众自觉，进行生存斗争和发展游击战争。为了加强对游击战争的领导，应开展党内斗争的学习运动。通过学习依靠人民的理论与实践，学习革命不平衡规律的理论与实践，以及分析具体情况的理论与实践，不断树立健全的人民立场。

闽浙赣区党委还指出，要使全党在工作中做到依靠人民，尊重规律，分析具体情况。首先需要学习和认识方法论，具体做到四个必须：一是必须重视干部，团结干部，指导干部，不可包办一切；二是必须从群众斗争中提拔干部，从下而上提拔干部，不可越级提拔；三是必须大量提拔与培养本地干部，没有本地干部，党是难于与群众建立密切联系的；四是必须有计划地培养干部。其次也需要有组织作保证，具体做到以下四点：一要加强下层组织，支部组织，克服头大脚小的现象；二是支部组织要小而多，以便接近群众；三是各级党组织应配备或有计划地培养副书记，以便轮流学习，必要时派出去发展新组织；四是有重点的组织，不求组织形式整齐划一。总之，要根据各地区和干部思想的不同，有计划有步骤地实行组织上与思想上的转变。

闽粤赣边区的党组织和党员也有较大的发展。至 1947 年 3 月，边区工委由 11 个委员组成，下设秘书处、组织部、宣传部等，领导机关大大加强。下辖组织有闽西、闽南、闽西南边、梅埔 4 个地委和永定、龙岩、平和、云和诏、梅埔丰、杭武蕉梅、饶和埔丰诏 7 个县委，漳南、靖和浦、永和靖 3 个工委和永杭、连城、杭岩、岩永靖、永埔、埔北 6 个工作团，地区已扩大到闽粤边的 20 多个县份，党员人数也同时有所增加。

1947 年 6 月 18 日，为了适应革命斗争的需要，进一步落实中共中央和香港分局的指示，闽粤赣边工委在大埔县坪沙隘头召开执委扩大会议。会议作出党的建设、领导问题等八项决定。会议认为闽粤赣边区党的组织依然十分薄弱，存在部队党组织不健全，党员的作用和威信降低，一些优秀的战士和工作人员不愿参加党组织，城市、大乡村的党组织联系较少等问题。在总结以前党建工作经验教训的基础上，会议指出：新的路线和政策已经确定，新的大规模建党的时机就要到来，必须要有充分准备，按照中央的指示，努力建设思想上、政治上、组织上布尔什维克化的广大群众性的党。在思想建设上，针对党的活动主要在广大的农村，党员成分的大多数是农民、小资产阶级、知识分子，将思想建设作为党建工作中极端重要的一个课题。必须从斗争实践和思想教育中，把我们从农民与小资产阶级、知识分子出身的党员、干部的思想提高到无产阶级先进战士的水平。着重对于农民、小资产阶级的个人主义、自私观念等非无产阶级思想进行批评、斗争。加强全心全意为人民服务的阶级气节与阶级立场的教育，鄙视动摇逃跑分子并给叛卖者必要的惩罚，以保证党的团结巩固。政治上，必须提高觉悟，坚定立场，保护群众利益、坚持依靠群众，走群众路线，保证顺利发动群众，使革命力量迅速壮大。组织上，必须严肃而又慎重地审查原有的干部党员，清除异己分子。在发展新党员方面，要大胆发展，尽可能在各乡村、机关、学校等建立起党的组织。但必须保证党的纯洁，吸收每一个党员，都须经过严格慎重的审查，决不让一个特务坏蛋分子混入党内。在严密组织关系方面，要采用各种适合的组织形式，特别是在白区城市、大乡村的党组织，更要注意秘密隐蔽。当在山地支点开展游击战争，以发动群众斗争建党的时候，原有的城市、大乡村的党建工作也必须加强，还没有组织的必须在山地斗争发动起来之后，依靠群众，使用每一个可能的机会与每一条可用的关系或线索去开展白区城市、大乡村的工作，从而为将来胜利占领这些城市、大乡村作准备。

会议要求在各级领导干部中，着重进行关于党建工作的检查、研究，展开反省总结，提高全体干部对建党问题的认识。在领导机关、部队、工作团的党员中进行关于各单位党的组织生活、支部的领导、党员的任务作用、党的威信等问题的讨论，集中大家的意见，着手整顿支部，提高党的威信，确立新的计划。然后，主动吸收优秀战士、工作人员入党，对个别屡教不改无可挽救的落后分子给予定期察看或清洗出党，从而使每一个单位的支部真正成为领导的核心。另外，在恢复原有老支部中，鼓励党员起来领导群众进行改善生活与反抗国民党暴政的斗争，在斗争中加强支部与群众的联系，提高党在群众中的威信，吸收新的积极分子入党，但仍须隐蔽，严防敌人的破坏。规定：凡党员必须按月缴纳党费，有职业有收入的党员，须以其收入按一定比例向党缴纳，并对每个党员提出了希望。要求把党建的工作当作全党的任务，每个党员都有责任在部队中、群众中教育战士、教育群众和发展党员，工作团的党员对党建工作更属责无旁贷，干部主要负责人应以身作则，亲自率领党员去开展党建工作，只有这样才能使党建工作成为全党的事业。闽粤赣边区委还制定了近期的建党计划：每个地委成立一个以上的正式县委，每一个县委成立一个以上的正式区委，每一个区委或工作团建立一个以上的支部。

会议还强调要加强党的领导，“领导的责任就在出主意用干部”。要出主意出得对，就要了解情况与掌握党的政策，了解自己周围敌、友、我各方面的动态与领会党的政策精神和明了当前努力的目标方向。政策确定之后，必须团结干部，团结全体党员、广大群众去为其实现、为自己的解放而奋斗。①

在游击战争的环境下，闽粤赣边区工委十分强调党建的重要作用，特别针对总队和各地委对加强党建工作不够认真的问题，提出必须使全党同志了解，无论进行任何斗争，任何大搞或小搞，没有党的领导核心，没有党员的模范作用，是一定不可能取得胜利的。何况创造闽粤赣边广大解放区的艰巨任务，没有坚强的党的领导，是很难完成的。要求各地党除按照预定计划进行党建工作外，决不能因普遍小搞而放松、妨碍党建工作。② 具体要求在普遍的斗争中吸收积极分子入党，开

---

① 《中共闽粤赣边区工委扩大会议决议》（1947年6月18日），载中央档案馆、广东省档案馆编《广东革命历史文件汇集（1945—1949）》，1989，第419页。

② 《闽粤赣边区工委致总队及各地委的信》（1947年9月18日），载中央档案馆、广东省档案馆编《广东革命历史文件汇集（1945—1949）》，1989，第456页。

展新据点，设法将未经恢复的组织审查恢复起来；必须经常有计划训练党内干部，以检查工作，总结斗争经验，到总结各个单位党的路线政策，到个人的反省整风，弄通思想；实现党的一元化领导；加强对人民武装的领导，地方党委书记兼部队政委，副书记为部队指挥员或副政委兼政治部主任等。[①] 这些指示，对于加强党的领导发挥了重要指导作用。

二、民主根据地的建立与党组织的发展

随着解放战争形势的发展，为了适应即将开展的群众性游击战争和民主根据地的恢复和建立，闽浙赣省委在统一认识和提高认识的基础上，于1948年1月11日向华东局提出了闽浙赣游击战争及准备恢复与建立闽浙赣边区民主根据地的打算。认为“闽浙赣人民从有根据地到无根据地的退却阶段，已胜利结束，开始了进攻阶段，其任务就是用游击战争来恢复与建立闽浙赣民主根据地”[②]；并于19日通过了《中共闽浙赣省委为展开广泛群众性游击战争，恢复与建立民主根据地的决议草案》(以下简称《决议草案》)。《决议草案》提出游击战争的基本任务和目标，明确指出用游击战争来恢复与建立民主根据地的任务大体上要分两步走。第一步是实行部队地方化，普遍建立党组织，发动和组织农民武装，集中力量消灭地方恶霸及反动地主武装，继续抗租、抗债、抗丁、抗粮，恢复与建立一部分下层民主政权；第二步从强大的农民武装中成立主力部队，号召群众分田废债，粉碎敌人进攻，建立巩固的新民主主义政权，完成创建民主根据地的任务。

与此同时，在闽粤赣边区党组织领导和发动公开游击战争之初，就根据毛泽东工农武装割据的思想，提出了建立根据地的战略任务。当时在闽西南和潮梅地区，都以历史上曾是老苏区的山区为支点，发

---

① 《为迎接大反攻加强农村斗争》(1947年10月)，载福建省档案馆、福建省军区党史资料征集小组编《福建军事斗争史料选编（1945.9—1949.10）》，1983，第131～132页。

② 《准备恢复与建立闽浙赣民主根据地的决议——曾镜冰同志给华东局的报告》(1948年1月11日)，载福建省档案馆、中共福建省委党史征委会闽浙赣办公室编《闽浙赣党史文件资料选编》(下)，福建人民出版社，1987，第541页。

动群众，扩大武装，向外发展，逐步由点到线再到面，创建了一批游击根据地和周围的游击区。在闽西建立了永和埔边游击根据地和岩永杭边游击基点；在闽南建立了以乌山为中心的云和诏边游击根据地及平和山内游击根据地。这些游击根据地和广大的游击区，使加强党组织等各项建设有了可靠的依托。

1948 年 1 月，闽浙赣省委召开扩大会议，从理论上重新认识现阶段闽浙赣边区革命斗争的性质，认识党组织和依靠农民群众的重要性，进一步检讨游击战争中存在的问题和教训，认为武装部队没有地方化，虽有广大地区的群众联系，但未能发动广大地区群众行动起来，游击行动没有真正建立在人民基础之上，没有把部队行动和群众行动相结合；在党的建设方面，党组织建立不普遍。所以要实行部队地方化，普遍建立党，并加强党，保证党在政治上的领导，在思想上克服忽视政策与政治领导之经验主义，在组织上克服自由主义，坚决依靠群众，走群众路线。①

为了贯彻新方针，省委于 2 月决定成立南古瓯县委，在古田县凤都乡石坑附近的各村庄进行试点。在发动群众开展除恶分粮斗争中，注意物色培养和发展党员，建立基层党组织，以发挥党支部的战斗堡垒作用。在古田，首先在石坑区石塘石门槛开办了发展党员对象培训班。紧接着又到附近各村庄物色、挑选平时表现突出的贫农团员，再办两期发展党员对象培训班。三期培训班共发展党员 30 多人，使石坑区各个基点村都建立了党支部。东村区也采取同样的办法，在东村、小吉、梅洋等村建立了党支部。在南平大凤乡芹山村召开贫农团会议，到会的有各村的贫农团负责人及积极分子 100 多人，并在会议期间挑选和发展了一批积极分子入党，陆续建立了东门、明洋、村尾等村的党支部。随后在建瓯郑外村建立了党的基层组织，同时在其他村庄也陆续发展党员，建立了党的基层组织。

---

① 《准备恢复与建立闽浙赣民主根据地的决议——曾镜冰同志给华东局的报告》（1948 年 1 月 11 日），载福建省档案馆、中共福建省委党史征委会闽浙赣办公室编《闽浙赣党史文件资料选编》（下），福建人民出版社，1987，第 541～544 页。

在闽北地区，地委向干部和游击队员传达《决议草案》的精神，并在干部中开展整风学习，对游击队进行短期整训。主要领导带队发动群众，组织贫农团。在上饶县、广丰县一些地方建立党的基层组织基础上，成立了上（饶）广（丰）县委，下辖花台、小丰两个区委。为加强领导，闽北地委下设上（饶）广（丰）浦（城）、邵（武）顺（昌）光（泽）和浦（城）水（吉）崇（安）3个工委。

1948年2月7日到14日，闽浙赣省委进行了一个星期的整风试点，随后，省委机关进行整风和整编，并在各地陆续展开。闽浙赣省委之所以在这个时候进行整风和整编，是因为意识到各地在组织领导游击战争中存在不同程度的经验主义，如果不通过整风克服经验主义，工作便不能进一步地发展；又因为这一时期发展了一部分地主、富农和许多小资产阶级家庭出身的党员，如果不进行整编，便无法完成广泛开展群众性游击战争，建立和发展民主根据地的任务。

整风分为三个阶段：第一阶段是学习文件。县以上的干部主要学习《中国革命和中国共产党》《目前形势和我们的任务》《关于若干历史问题的决议》《整顿党的作风》《中共中央关于调查研究的决定》《中共中央关于领导方法的决定》等15个文件，领会文件的精神实质，掌握理论武器。在学习文件的过程中，听取曾镜冰所作的《关于广泛开展群众性游击战争，恢复和建立民主根据地》的报告。第二阶段是讨论，端正态度，使大家真正认识到整风整编是为了进一步改造领导的工作作风和工作方法，改造广大干部和党员的思想，为展开广泛的群众性游击战争，恢复和建立民主根据地作好思想和组织准备。第三阶段是联系个人实际，进行“四查”，即查阶级、立场、思想、作风四个方面。查阶级就是查出身成分；查立场就是查执行任务与政策上的立场；查思想就是查地主、富农、流氓、小资产阶级的剥削阶级意识；查作风就是查思想方法与领导方法。

这次整风整编贯彻“惩前毖后，治病救人”的方针。要求与人为善，诚恳坦白，实事求是，不隐瞒不歪曲，查大不查小，查实不查虚，并采取领导与群众相结合，民主与集中相结合的方法。因此，取得了较好的收获，使大家认识到“只有群众、理论、组织才能挽救我们”[①]，提高了学习理论的自觉性，增强了组织观念和群众观念。

但在这次整风整编过程中，由于受华北解放区土地改革中某些“左”的做法的影响，不适当地强调依靠贫雇农出身的干部、战士，由这些人组织贫农团，坐上主席台，帮助领导检查，甚至采取了“搬石头”[②] 等错误做法，伤害了一些同志，后因出现了城工部问题，机关整风乃告结束。

省委机关整风整编结束之后，各地委也贯彻了省委关于整风整编指示的精神，先后开展了整风整编工作。闽东北地委的整风整编工作主要在部队进行，虽取得了一定成效，但由于受“左”的影响，也采取了“搬石头”等错误做法，出现偏差，不过很快得到了纠正。闽北地委在向干部和游击队传达贯彻《决议草案》之后，干部开展了整风学习，游击队也进行了短期整训，着重加强思想教育，提高阶级觉悟和思想认识，克服一些不正确的思想倾向。闽浙边地委提出加强党员思想建设、加强党内团结、改造干部思想等任务后，对党员、干部集中进行了短期整风。强调学习文件要联系实际，不要为学习而学习，要经常检查反省自己的工作、思想，要树立全心全意为人民服务、对群众负责的观点，并对部队进行整编，加强阶级教育和气节教育，提高政治素质和斗志，从而士气大振。闽赣边地委在传达贯彻《决议草案》后，也把整风整编作为执行新任务的一个重要步骤来抓，对干部、战士主要进行形势与任务的教育，从思想上、组织上进行整顿，克服由于多次挺进闽赣边失利而出现的悲观失望情绪，坚定了革命信心，提高了战斗力。城工部部分党组织也贯彻了省委有关整风整编的指示精神，主要是学习文件，联系实际，开展党员、干部的思想改造。闽中地委，尤其是泉州中心县委的党组织，则到下半年才结合工作进行

---

① 曾镜冰：《整风试验的总结》（1948 年 2 月 14 日），载福建省档案馆、中共福建省委党史征委会闽浙赣办公室编《闽浙赣党史文件资料选编》（下），福建人民出版社，1987，第 557 页。

② “搬石头”指对原来的党组织和党员不予信任，把他们当作绊脚的“石头”搬掉，单纯强调依靠贫农团。

整风学习。

为了研究解决各地传达贯彻新方针中的新情况、新问题，省委于4月20日在南平大凤乡杜嵩岭村李家祠堂召开了省委第三次全体会议。会议集中讨论了党与农民关系、领导问题、干部政策等5个问题，通过了《中共闽浙赣省委为坚决发动农民扩党练干决议》（简称《五一决议》）。省委认识到坚持走群众路线的重要性，懂得了在领导上只有重视克服主观主义，主要是经验主义，才能正确地把握政策，避免“左”右摇摆，才能正确地总结每个时期的经验教训，少犯或不重犯错误。针对此前未明确提出扩党练干的任务，在学习态度上存在不足等问题，明确指出：为适应边区人民开展群众性游击战争，建立民主政权的需要，必须实行扩党练干。扩党，就是由下而上建立各级党组织，在群众对敌斗争中吸收更多积极分子进党。练干，就是训练干部，学习文件，进行整风，在斗争实践中学会做群众工作。对此，省委要求各级党的领导干部深入群众，由下而上建立各级组织，并从一地开始，以便取得经验，指导各地。不管是扩党还是练干都应该与发动群众结合起来，要在群众对敌斗争中吸收贫雇农积极分子入党，作为斗争的核心力量，动员部分农民脱离生产，加强训练，以便担任区乡领导工作。练干须跟着群众对敌斗争规模的发展而发展。为了发动大规模的群众对敌斗争，游击队战士均应接受训练，主要是学习做群众工作，“还应进行党章、土地法大纲及支部工作等之基本教育”。此后各地都开展了扩党练干工作，收到很大成效。闽中支队成立后，为了提高指战员思想政治素质和战斗力，分期分批抽调各地游击队到司令部集训，前后共轮训1800多人。在长乐、林森、福清、莆田、仙游、惠安、泉州等县成立了30多个区委，并训练区乡干部500多人。在各种斗争中，大胆提拔干部，建立农会、民兵和帮工队等群众组织。

闽粤赣边区各地在发动武装斗争，建设根据地以来，始终坚持将工作重点放在党的建设上，从一开始就有计划地将党员分布在老区及其周围村落，播下革命种子，不断壮大党的队伍，依靠各级党组织和党员，发动群众，建立武装队伍。边区人民武装队伍建立之初就明确规定，边区、地委、县委各级党组织的主要领导人是四级武装队伍的政治委员，对部队和地方工作实行统一领导，这对于边区处于分散游击战争环境尤为重要。随着群众斗争和武装斗争的开展和发展，党的队伍逐步壮大，逐步建立和健全各级党组织，形成了革命斗争的领导核心。

中共闽粤赣边区工委于 1947 年底发出通知，强调各地要在指战员中开展诉苦复仇教育，联系个人的阶级、思想、立场、作风的反省，使大家在政治上、立场上、思想上和作风上提高一步。1948 年 2 月，边区工委在部署四项具体工作时，又强调各地必须进行三查三整，即查立场、查成绩、查生活，整非群众观点、整自由主义、整小圈子。根据以上指示精神，各地委结合本地区的实际情况，先后进行了整训工作。

1948 年，闽西支队开展了学习运动，通过总结工作、反省思想和诉苦，进行阶级教育、形势教育，使广大指战员进一步明确了今天的革命斗争是为了消灭人民公敌蒋介石，为了劳苦大众的彻底解放的道理，从而提高了阶级觉悟，坚定了阶级立场，增强了团结，加强了组织性和纪律性。

同时闽西组织发展也取得一定成绩，完成了原定 60 人的计划，永和埔成立了 14 个支部。9 月，闽西地委召开扩大会议，根据边区党代会关于加强党的建设的精神，针对闽西党在组织上和思想上存在的问题，组织开展三查三整的整党学习，通过自我检查和互相批评，划清无产阶级与非无产阶级的思想界线，帮助干部进一步坚定阶级立场和政治信念，树立对党对人民负责的态度，改进工作方法和作风，搞好同志和群众的关系，加强团结，使大家的阶级觉悟和思想认识提高了一步。10 月，对部队进行整编和政治训练，加强政策观念和阶级教育，提高了军政素质。年底，由于部队的发展，整风着重加强对新战士的教育和处理个别贪污、违反纪律和混入队伍的坏分子，从思想上和组织上进一步巩固了队伍。

随着军事斗争和群众斗争的胜利开展，闽南地区人民武装和地方工作人员迅速扩大，至 1948 年 5 月，已发展到 1000 多人。但由于干部缺乏，领导管理水平跟不上，部队和地方都出现了一些问题。如违反政策，组织纪律差，团结不好，后勤管理紊乱，贪污腐化等现象。为此，闽南地委于五六月间，在乌山通村举办军政干部训练班，集中部队排长、地方工作团主任以上干部，进行整风学习和组织纪律教育及党的方针政策教育，并紧密联系实际，检查对照，严格规章制度，从而提高了干部的政治思想和政策水平，使后来的各项工作都有明显的改善和提高。粤东地区主要通过会议和斗争空隙的休整，组织学习，总结工作，进行军政训练，整顿队伍，提高指战员的政治和军事素质。

为了全面总结过去一年来闽粤赣边区党的工作，闽粤赣边区工委于 1948 年 8 月 7 日至 22 日，在广东大埔县乌岭乡召开闽粤赣边区党代表会议。会议集中讨论了边区的军事斗争、群众斗争、统一战线、党的建设等工作。会议通过了关于加强党的建设的决定，认识到加强党的建设工作是继续开展与巩固整个斗争的重要环节，发展党是当前建党的中心一环，对发展党的原则、发展党的条件和主要对象、加强党的领导等作出规定，要求建立与健全支部组织，使支部在各种斗争中能起堡垒和核心作用；大胆培养、提拔与使用干部；加强党的民主集中制；实行整党工作，从思想上、政治上、组织上巩固党，包括开展三查三整运动和审干防奸工作等；加强党的领导，改进领导方法和作风。① 为了统一和加强闽粤赣边区党的领导，根据中共中央香港分局决定，成立中共闽粤赣边区委员会，选举魏金水、朱曼平、刘永生、林美南、王维（以上五人为常委）、林映雪、范元辉、卢叨、张全福、曾广、黄维礼、廖伟、李平、刘向东、陈文平等 15 人为委员。魏金水任区党委书记，朱曼平任副书记，林美南任副书记兼宣传部部长，王维任组织部部长。这次会议从组织上统一和加强了边区党的领导，通过全面总结取得了共识，并在思想上得到提高，从而为边区斗争发展提供了组织保证和奠定了思想基础。此时闽粤赣边区党委下辖有闽西地委，书记林映雪；闽南地委，书记卢叨；梅州地委，书记廖

① 《闽粤赣边第一次党代表会议决议案》（1948 年 8 月 24 日），载中央档案馆、广东省档案馆编《广东革命历史文件汇集（1948—1949）》，1989，第 98～103 页。

伟；潮汕地委，书记曾广；韩东地委，书记黄维礼。全边区党组织由原来的 3 个地委 20 多个县委，发展为 5 个地委 40 多个县委，党员达 2300 多人。①

至 1948 年底，在闽粤赣边区党委所辖之下，梅州地委建立了 7 个县委，潮汕地委建立了 9 个县委，韩东地委建立了 4 个县委，闽西地委建立了 4 个县委，闽南地委建立了 4 个县委和泉厦临工委。每个县委下建立区委，在农会、民兵、基层乡村民主政权中建立党的基层组织。从边区党委、地委、县委、区委直到基层党支部，形成了有各个层次的统一的领导核心。

实践证明，不断进行党的思想组织建设，是开展广泛的群众性游击战争，建立和发展民主根据地，打败敌人的重要思想和组织保证。随着形势的发展，党组织不断加强了党的思想建设和组织建设，提高了党组织的思想政治水平和战斗力。

第五节　为接管政权做好全面准备

一、加强党组织的制度建设

此前，由于处于战争环境，各级党委把主要力量放在领导武装斗争和群众斗争上，党的思想建设和组织建设跟不上迅速发展的形势需要，加上解放战争的发展态势，这些都对党的思想建设和组织建设提出了紧迫要求。1948 年底，中共中央香港分局强调指出目前组织工作仍落后于其他部门的工作。今后应先努力做好几项工作：彻底克服党内无政府无纪律状态，加强党的思想建设；认真执行党委制，分工合作，个人负责，集体领导，充实组织工作机构，使党务工作人员有职有权，专心工作；大胆发展在革命斗争中表现积极的工人、贫雇农民群众、革命战士及革命知识青年入党；准备建立与发展各地新民主主

---

① 《关于闽粤赣边的一年工作报告》（1948 年 11 月 3 日），载福建省档案馆、广东省档案馆编《闽粤赣边区革命历史档案汇编》第 6 辑，档案出版社，1989，第 57 页。

义青年团的组织；大量培养和提拔干部，建立在职干部学习制度等。[①]闽粤赣边区党委提出：组织上的首要任务之一，就是加强组织性纪律性和全局观点，克服无政府无纪律状态，反对本位、山头主义，养成与同志团结相处的习惯，以便担负起更大的任务。

为加强党的集中统一领导，必须在制度建设方面下功夫。1948 年 1 月 7 日，中共中央和毛泽东鉴于革命形势已经有了极大的进展，中国共产党必须迅速克服存在于党内和军队内的一些无纪律无政府状态，把一切必须和可能集中的权力集中于中央的迫切需要，发出了《关于建立报告制度》。此后中央又连续发出指示，要求在全党各级组织中建立请示报告制度，具体规定区党委、省委、军常委以至县委向上级请示与报告的制度。1949 年 1 月 23 日，在闽粤赣边区党委会议上，区党委根据中央的要求进行了检讨，发现存在上下级脱节现象，对上级的决定不讨论研究，自作决定，不报告，不请示，闹特殊，造成上会不能下行，下情不能上达，内外情况不了解，从而影响了领导作用的发挥等问题，解决办法就是要建立报告制度和巡视制度。[②] 会议提出要充分健全各级党委组织机构，加强集体领导；反对各种错误倾向，达到统一思想，步调一致的目的。此后在原则性问题上加强了严肃性与民主性的结合，注重向中央的请示报告，如 5 月下旬，魏金水先后就闽粤赣边区情况及对起义部队的对策等向方方、华南分局及中央作出报告，同时下属各级组织也加强了向区党委的报告。

与此同时，闽浙赣省委于 1949 年 1 月 28 日，发出了关于实行全党统一意志、统一行动、统一纪律的指示，指出：中央号召全党统一意志、统一行动、统一纪律，克服无组织、无纪律的无政府状态是完全正确的，闽浙赣党长期在分散独立斗争环境中工作，容易养成分散主义的习惯，造成党内严重的无纪律状态。为了配合解放军解放闽浙赣边区人民，必须坚决克服无纪律无组织的无政府状态。文件要求：各

① 《两年半来组织工作概况》（1948 年底），载中共广东省委组织部等编《中共广东省组织史资料》第 1 辑，1986，第 303～304 页。

② 《中共闽粤赣边区党委会议记要》（1949 年 1 月 23 日），载福建省档案馆、广东省档案馆编《闽粤赣边区革命历史档案汇编》第 6 辑，档案出版社，1989，第 93～94 页。

级党的组织必须建立委员会，一切由委员会决定。全党必须学习中宣部重印左派幼稚病第二章前言及左派幼稚病第二章，学习毛泽东整顿三风报告，学习中央、华东局、省委的政策、决定和指示，实行反省，批评与自我批评，克服宗派主义、主观主义、党八股，以保证全党不怕一切困难危险，全心全意为人民服务与执行党的决定。省委号召全党向一切无组织无纪律的无政府现象做斗争。①

随着群众斗争和武装斗争的深入发展，党的队伍逐步壮大。各级党组织逐步建立和健全起来，形成了革命斗争的领导核心，建立健全基层支部党组织提上了议事日程。中共闽粤赣党组织要求在同一连队、乡村、群众团体、机关、部门中有5个以上的党员，即应建立支部的会议生活和日常工作，使支部在某一具体的斗争中能与党的上层公开干部取得密切配合，在群众中起核心和模范作用。

在部队中，为了加强党的模范作用，并随时随地接受群众的检查监督，部队中党组织（干部和党员），原则上都予以公开，但在公开之前，都先作了一切必要的准备工作。例如建立与加强部队的政治工作、保卫工作；在党员干部的思想上、政治上、组织上先做准备，营造党内外良好的环境；领导上不使党的组织公开变成一种形式主义（仅是一种组织形式的改变）。在公开的步骤上，一般部队（主力和地方部队）先公开干部，干部中又先公开上级干部，后公开下级干部直到班长。主力部队党的组织比地方部队先行公开，以便在全军中起模范作用，并取得经验，然后才普及到地方部队。

闽粤赣边区贯彻香港分局和边区党委指示的精神，先后在党员干部、部队指战员中开展了整党、整风学习，学习《目前形势和我们的任务》《三大纪律，八项注意》等。通过领导带头，对照检查，开展批评和自我批评。潮汕地委和第二支队则开展以整顿纪律为中心的整党整军运动，通过听报告、学习文件和讨论，进行三查三整（即查思想、

---

① 《中共闽浙赣省委关于实行全党统一意志、统一行动、统一纪律指示》（1949年1月28日），载福建省档案馆、中共福建省委党史征委会闽浙赣办公室编《闽浙赣党史文件资料选编》（下），福建人民出版社，1987，第817～818页。

查工作、查斗志，整游击主义、本位主义和保守主义），从而提高了部队指战员的政治觉悟和组织纪律性，建立起了组织生活和工作制度。并在此基础上吸收一批经过战争考验的优秀分子入党，有效地增强了部队的政治素质。梅州地委也于4月召开整党会议，组织党员干部学习《关于增强党性的决定》《怎样做一个共产党员》等文件，联系实际领会文件精神实质，再进行个人检查，小组总结，使大家认识了无组织、无纪律和无政府主义的危害性，思想觉悟得到提高。

1949年4月10日，中共中央华南分局就闽粤赣边区的组织问题作了具体的指示：一是把边区党委的领导中心移到潮梅，把韩江地委改为中心地委，向闽西、闽南两个地委传达贯彻执行区党委的指示；二是充实区党委组织机构和明确分工，加强对地委和部队的领导。魏金水负责全面工作，朱曼平抓部队，林美南兼潮梅临时行政委员会主任，王维兼中心地委书记（原书记改任副书记），补充曾广为组织部副部长，陈仲平为宣传部副部长。① 这一组织措施的贯彻落实，更好地发挥了区党委的领导作用。

为了贯彻华南分局指示，更好地加强党的组织建设和思想建设，闽粤赣边区党委于4月至5月间召开了边区党的组织工作会议，会议听取了《反对无政府无纪律》和《放手发动群众与掌握农村政策》的报告。在会议报告和会议讨论中，指出：边区党委是根据马列主义的组织原则——民主集中制组织起来的，是以自觉的、一切党员都要履行的纪律联结起来的统一的战斗组织。所以，边区党从党中央北上后，在极端困难的局势下，得以战胜困难，坚持下来，引导斗争日益走向胜利。但是，边区党由于长期处于游击战争和地下斗争的环境中，被迫分散于各个山头和地区，习惯于各据一方，各自为战，加上远离党中央的领导，政治思想工作抓得不力，虽然经过一定的学习，仍存在不同程度的无组织、无纪律的游击主义等不良倾向。其主要表现是：有的对党的方针、政策和上级指示研究不够细心，执行不够有力；有

---

① 《中共中央华南分局对闽粤赣边区工作的指示》（1949年4月10日），载福建省档案馆、广东省档案馆编《闽粤赣边区革命历史档案汇编》第6辑，档案出版社，1989，第206页。

的处理问题不请示报告；有的强调本地区的特殊情况和困难，不善照顾全局和互相配合；在经济上缺乏统一的制度和管理；在组织上思想模糊，职权不清，上下脱节，不团结，各自为政，各行其是，致使党的正确政策思想未能及时执行和贯彻，使党不能更好发挥领导作用等。这些错误思想的表现如不及时加以纠正，将给边区的革命事业带来危害。针对以上的问题，会议提出：全党必须加紧纪律教育与学习，巩固与群众的联系，听取群众的批评与监督，从而在思想上克服地方主义与经验主义，在工作中克服无政府无纪律的状态和游击作风，以达到全党意志统一，行动一致，迎接伟大胜利的到来。①

同时，会议讨论认为，要放手发动群众，必须要有为人民服务，对人民负责，相信群众自己解放自己，以及向群众学习的正确观点；必须正确掌握党的路线、方针、政策，并使之成为群众的自觉行动。会议要求充实加强地、县委组织领导机构，加紧发展党员，壮大党的队伍：加强思想政治教育，增强党性，提高组织纪律性。

组织工作会议检查总结了边区党的建设和群众工作的经验教训，认识了党内存在的各种错误思想倾向，提出了纠正的方法，进一步加强了边区党的组织和思想建设，增加了党的团结和统一，增强了党组织的战斗力和领导力，对领导边区取得完全解放，建立民主政权具有重要意义。

各地根据华南分局和边区党委的指示精神，结合当地实际情况，不同程度地充实了地、县委领导机构，建立和发展了党的基层组织。至人民解放军南下到达边区时，闽粤赣边解放区基本上撤销了原边区县委组织，建立了以行政县治为基础的新县委 21 个、县工委 5 个。其中闽西地委有永定、上杭、龙岩、武平 4 个县委，撤销了杭武蕉梅、杭永边、永和埔靖边县委；闽南地委有平和县委以及安溪中心县委辖的安溪、永春、漳平、德化、大田等县委或工委。新解放区的党员发展

① 《反对无政府无纪律——魏金水在边区党组织会议上的报告》（1949 年 5 月），载福建省档案馆、广东省档案馆编《闽粤赣边区革命历史档案汇编》第 6 辑，档案出版社，1989，第 288～291 页。

工作较为顺利，党员人数也有增加。闽南地委由原来的近千名党员到解放时发展到1600余名。在新解放区发展的党员大部分是农村的贫苦农民积极分子，政治素质较好，在各项斗争中一般都能起模范带头作用，为新解放区的建设做出重要的贡献。

闽浙赣省委也有了进一步充实加强，新设秘书长，各部得到充实。下属组织方面，新成立中共建阳地委，下辖崇安、浦城、水吉、松溪、政和、建阳、建瓯、邵武等县委；中共南平地委下辖南平、沙县、顺昌、古田等县委；撤销闽北、闽东北地委和闽西北等工委。

在思想建设方面，鉴于解放区日益扩大，全国胜利在望，如不及时扭转和克服这些错误偏向，势必影响党中央的路线、方针、政策在福建的全面贯彻执行，给革命事业带来严重危害。因此，闽粤赣边区党委通过各种会议、干部学校、训练班等途径，开展反对无政府无纪律的斗争，批判了各种错误倾向。闽浙赣主要通过会议和福建公学的学习来加强思想建设，从而使广大党员和干部提高了全局观念和坚决执行党的路线、政策的自觉性，增强了组织纪律性，达到了统一意志、统一行动。

福建各级党组织建设和思想建设的加强，党员数量的增加，党员政治思想觉悟的提高，使党组织更加团结统一和有力量，为夺取全省的彻底解放，打下了组织和思想基础。

二、强化党的执政能力建设

随着解放战争的胜利发展，福建新解放地区日益扩大，各项工作相继展开，要搞好新解放区各项建设，首要任务是加强党的建设，特别是加强干部队伍和能力建设。

1948年6月，闽粤赣边区工委就提出以进攻消灭敌之进攻，以发展对付敌人之挣扎，巩固原有阵地，力求普遍深入，切实准备力量，最后反攻敌人，迎接分田废债，建立民主政权，解放苦难人民的任务与方针；提出要深入检查，总结经验，训练干部，提高干部领导能力，从而健全组织，加强各级各部的领导能力。为此要求以总结的经验训练干部，分期、分区、分部门地训练各部门干部，因为只有经过组织教育、经过训练出来的干部，分布在各个组织机体里，组织才会健全起来。[①] 1948 年 8 月，中共闽粤赣边第一次党代表会议也提出：有计划有步骤地培养干部，清除宗派主义观点，把培养干部和提拔干部相结合，把使用干部和爱护保存干部相结合。在实际斗争中审选坚定忠诚，积极为人民解放事业而服务的工农分子和贫苦知识分子，大胆提拔，给予适当工作岗位，发挥其才能。[②] “组织上的首要任务，是有重点的培养大批打天下与管天下的党、政、军、民、财经、文化干部”[③]。

1948 年至 1949 年春，遵照党中央关于在敌后广泛开展游击战争，加速解放全国步伐的指示精神，福建党组织加紧培养大量的干部和各种专业人才，以适应福建各地人民武装主动广泛出击，以及革命队伍的发展和解放地区的不断扩大。

1949 年初，经过中央军委的批准，闽粤赣边纵队和闽浙赣人民游击纵队正式成立或组建。两个区党委对纵队的建设都非常重视，加强了党的领导和支部工作，开展了整顿和整风，进行了思想政治工作，强化政策性教育等，提高了指战员的政策水平和能力。后来有不少指战员转入地方工作，补充了干部队伍。

对于干部的准备问题，闽粤赣边区党委会议就作过讨论，首先着重在领导干部方面。要加强组织上领导，特别是集体领导，健全部门工作与加强政策、思想、政治组织领导，组织机构要成为一部完整的严密而精确的机器。要定期开会、检查、表扬、惩奖、批评，反对事务主义、经验主义，提高干部的能力。在干部思想作风方面，坚持原则性，反对自由主义与无是非观点，坚持组织性与纪律性，反对山头

---

① 《中共闽粤赣边区工委关于目前形势特点与我们今后的方针和任务》（1948 年 6 月 20 日），载福建省档案馆、福建省军区党史资料征集小组编《福建军事斗争史料选编（1945.9—1949.10）》，1983，第 267 页。

② 《中共闽粤赣边第一次党代表会议决议案》（1948 年 8 月 24 日），载福建省档案馆、广东省档案馆编《闽粤赣边区革命历史档案汇编》第 6 辑，档案出版社，1989，第 26～27 页。

③ 《继续打天下，准备管天下——魏金水在边区党委机关新年晚会上的讲话》（1949 年 1 月 1 日），载福建省档案馆、广东省档案馆编《闽粤赣边区革命历史档案汇编》第 6 辑，档案出版社，1989，第 78 页。

主义、分散主义，提倡整体观念等。在培养和使用干部方面，要改变不敢大胆使用和提拔的状况，只要是忠诚革命的，就正确使用，因才使用。并对新形势下工农老干部的学习问题作出规定，指出如果不学习，就不能挑这担子，就会掉队。所以为适应形势发展的需要，必须加强学习，每个干部都要学习当前阶段党的基本路线，最低限度也要了解新民主主义的一般政策，冲破狭隘的小圈子，还要努力学习文化等，“这样我们才有执政的资本”。①

为了解决干部人才不足问题，香港分局指示各地要开办训练班和民主学校，大量培养各部门工作的干部。② 1949 年 1 月，方方指示“迅速指定固定干部，大量吸收知识青年训练”，培养各种干部，以备使用。中共闽粤赣边区党委于 2 月 17 日在给各地委的信中，提出区党委负责供给各地委、县、区主要负责干部，各地委应培养一般的县、区、乡行政人才。具体要求：在上半年内，潮汕地委应吸收知识分子 1200 名，梅州吸收 700 名，韩江吸收 400 名，闽西南各吸收 100 名，达到全边区吸收知识分子 2500 名计划。③ 各地委应先送 300 名知识分子到区党委，参加干部训练班，条件是纯洁、可靠，并应有 30%参加过实际斗争。6 月 24 日，中共中央对闽粤赣边区党委，提出了更高的要求，“应在东江、韩江及闽西三区放手招收大量青年学生，开办数千人的学校训练干部，同时按照可能性抽调一千至二三千老的和较老的工作干部加以训练，为准备接管广州及其他城市之用”④。于是，边区党委、地委和县委纷纷举办各类型的学校和训练班，大力吸收知识青年受训，培养干部和各种专业人才。先后创办了财经干部学校、卫生学校、潮

① 《新形势下工农老干部的学习问题》（1949 年 1 月 25 日），载福建省档案馆、广东省档案馆编《闽粤赣边区革命历史档案汇编》第 6 辑，档案出版社，1989，第 104～108 页。

② 《两年半组织工作情况》（1948 年底），载中共广东省委组织部等编《中共广东省组织史资料》第 1 辑，1986，第 304 页。

③ 《中共闽粤赣边区党委给各地委的信》（1949 年 2 月 17 日），载福建省档案馆、广东省档案馆编《闽粤赣边区革命历史档案汇编》第 6 辑，档案出版社，1989，第 114 页。

④ 《中共中央对华南部队作战的指示》（1949 年 6 月 24 日），转引自中共福建省委党史研究室：《中共福建地方史（新民主主义革命时期）》（下），中央文献出版社，1993，第 1377 页。

汕干部学校、军政学校、梅州公学、闽西南干校、韩江干校、闽西公学、永定干校和安溪干部训练班等10多个干部学校或训练班。

这些学校的学员，一部分是从部队和地方抽调来的干部和战士，大多数是从各地选派来的知识青年。如梅州公学的学员，主要是从粤东和闽西南各县招来的，具有高、初中文化程度，又有强烈革命要求的男女知识青年；也有一部分从各地派来的干部和战士；还有少数是国民党起义过来的青年军官。安溪中心县委的军政干部训练班的学员基本上都是从周围各中学党组织选送来的青年学生，其中有党团员，也有积极分子。教员一般由有经验的干部和原在国民党统治区从事教育工作的地下党员和进步教师担任。

由于学员大部分是从旧学校来的青年，多数出身于非无产阶级家庭，又受旧教育的影响，参加革命的动机和每个人的思想基础也有差异。因此，这些学校和训练班的办学宗旨都以延安抗日军政大学为榜样。首先，学校和训练班着重转变思想观念，把转变学员的思想和人生观作为教育工作的中心环节来抓，树立全心全意为人民服务的思想。其次，学校和训练班强调理论联系实际，学以致用，把学习与实践紧密结合起来。再次，学校和训练班培养学员勤劳、勇敢、艰苦朴素的革命精神和作风。

经过短短几个月的努力，闽粤赣边区共培养了5000多名干部和各种专业人才，基本上满足了地方各部门和部队的需要。

在1949年5月解放后，闽浙赣省委为了满足迎接全面解放对干部的大量需求，在建瓯创办了福建公学，由曾镜冰任校长、王一平任副校长，聘请解放军第五十一师政委和政治部主任担任讲师，还抽调一批干部担任课代表和指导老师。学员来源有二：一是游击队中有一定文化程度和有培养前途的青年；二是以闽北为主，来自8个省市、23个县的知识青年，共300多人。通过理论联系实际的学习，大家初步树立了为人民服务的观点，走知识青年与工农相结合的道路，增强了政策观念和组织纪律，为学员顺利走上工作岗位奠定了理论和思想基础。

大批干部的培养，也为接管政权，为民执政创造了条件。

建立新政权是党执政实践的重要尝试。随着国共两军对决的深入和福建各地游击战争的胜利发展，解放区进一步扩大，建立新政权工作已提到议事日程。早在1948年8月，中共中央香港分局就作出“经过减租减息之后的地区均应着手进行建立政权”的指示。同时，还提出可采取“完全一面的民主政权”和“秘密的两重政权”两种方式。①1949年初，香港分局又进一步提出：以边区为单位，成立临时行政委员会，统一领导各县政权，各县可以普遍从形式上建立，采取“包袱县长”形式，随军转移，以便对敌作政治斗争；每个地委所辖较大地区（如全县80%～90%受我控制地区），必须建立一个完整的县政机构，以便取得经验，培养行政干部，接收各县政权。②

1949年4月初，闽粤赣边党委召开了边区政权工作会议。会议认为：为了适应形势和迎接胜利，必须建立民主政权。目前，闽粤赣边武装控制的面积，纵横已达230千米与150千米，人口有180万人，全部武装达1万多人，有较好的装备，党和群众团体如农会、民兵普遍建立，减租减息正在开展，而且潮汕地区拥有1年的建政经验，已经具备建立边区人民政权的条件，所建立的民主政权是以共产党为领导，以工农为主体的人民大众的民主联合政府。

1949年5月30日，中共中央及时地给闽粤赣边党委负责人方方、林平、魏金水发来电示，提出：在已占领的地区，如已站稳，可建立行政公署，委派各县县长，逐步组织区乡政府。③按照这一指示，各新解放区的建政工作迅速开展。仅闽南的安溪和永春两个县，在5月就成立了6个区22个乡（镇）的人民民主政府。接着，平和、大田、漳平等县也先后建立了一些区、乡人民民主政权。

各级人民政府的产生，一般采用由上而下委派和由下而上选举两

---

① 《香港分局关于半年工作总结和今后方针任务》（1948年8月），载中央档案馆、广东省档案馆编《中共中央香港分局文件汇集（1947.5—1949.3）》，1989，第203～204页。

② 《香港分局关于我们当前的方针任务》（1949年3月），载中央档案馆、广东省档案馆编《中共中央香港分局文件汇集（1947.5—1949.3）》，1989，第461～462页。

③ 《中共中央关于广东工作给方方等同志的指示》（1949年5月30日），转引自中共福建省委党史研究室：《中共福建地方史（新民主主义革命时期）》（下），中央文献出版社，1993，第1366页。

种方式。县、区干部一般都由上级党委任命；乡、村两级多由选举产生。为了及时总结和推广建政经验，中共安溪县工委和县人民政府，曾召开了新政权工作检讨总结会，总结已建立的 3 个区、14 个乡、15 个村政权的经验，根据这些经验，进一步普遍建立了乡、村的民主政权。

中共闽浙赣省委早在 1948 年 1 月，就提出建立民主根据地的要求，各地委为建立人民自己的政权而做好准备，并先后建立了一部分两面政权、农会代替行政权职能及少数区、村的民主政权。至 1949 年 5 月，解放大军进入浙南和闽北之前，闽浙赣边区依靠当地党组织和游击队的力量，已先后建立了地、县等人民民主政权。据不完全统计，解放大军进入之前，闽浙赣共建立有地区级的浙南人民临时行政委员会 1 个（主席龙跃，副主席郑丹甫、郑海啸）；县级人民民主政府 10 个，其中绝大多数在浙南，福建只有闽中地区的平潭县人民民主政府。另外，闽清、永泰、莆田等县也先后建立了一些乡（镇）人民民主政府。

在闽浙赣边区除了由游击队建立的民主政权外，还有人民解放军为主解放的闽北地区，曾由闽浙赣省委和军管会任命，成立 2 个行政专员公署，11 个县民主政府。建阳行政公署（专员张翼），下辖崇安、建阳、建瓯、浦城、水吉、松溪、政和、邵武等县人民民主政府。南平行政公署（专员江作宇），下辖南平、沙县、顺昌、古田、尤溪等县人民民主政府。各县人民民主政府成立后，也先后任命一些区长，建立了部分区人民政权。当时，这些新解放区由于社会还不安定（尤其是边远山区）和支前任务繁重，干部缺乏，所以建政工作尚未普遍展开。在此期间，闽东先解放的几个县，曾成立了县人民政府筹委会，如福鼎、霞浦等县，作为过渡形式政权，履行了人民政府的部分职能。

能否制订出符合实际情况的方针政策是执政能力的重要体现。闽粤赣边党委边区政权工作会议还提出了闽粤赣边十大施政方针：第一，根据华南人民武装当前行动纲领和边纵成立宣言，团结边区各阶层人民，推翻国民党反动统治，建立边区新民主主义各级人民政府。第二，动员人力、物力、财力，支援解放战争，争取全边区的彻底解放。第三，保障人民言论、出版、集会、结社、居住、迁移、宗教、信仰的自由及人民生命、身体、财产不受侵犯。第四，实行减租减息，改善人民生活。第五，保护工商业，繁荣地方经济，本着“公私兼顾，劳资两利”原则，改善劳工生活。第六，保护华侨，欢迎华侨回国投资。第七，实行合理负担财政政策。第八，兴办水利，提倡生产合作，赈灾救荒，推行卫生建设及其他有关人民福利事业。第九，实施新民主主义教育，兴办中、小学校，推广社会教育，提高边区人民政治、文化水平，改善教师生活。第十，实行男女平等，提高妇女政治、经济、社会地位。[①] 同时制定了各项具体政策，如军事政策、财经政策、文化教育政策、统战政策、农村政策、城市接管政策等，并得到大力实施。

福建新解放区的政权建设，虽然为时较短，但这些新政权在巩固根据地和解放区、动员和组织群众、支援解放战争、培养干部等方面，都为全省解放后接管旧政权及帮助建立新政权，积累了许多经验，发挥了重要作用。

福建各级党组织还加强了对各团体和群众组织建设的领导。1949年4月11日，中国新民主主义青年团第一次全国代表大会在北平召开。出席全国团代会的闽粤赣边区代表回来后，向各地传达了大会的精神，并按照团章开展建团工作。全省各地都先后建立了团组织，仅闽南的安南永新解放区就建立了团安溪中心县委、团永德大工委、团永春游击队工委等组织，发展团员数百名，共青团员在各种斗争中成为党的有力助手，发挥了重要作用。

为了加强闽粤赣边区妇女工作，闽粤赣边区党委于1949年5月5日召开了边区临时妇女代表会议，听取了各地代表关于妇女生活状况、组织状况、工作状况的报告。根据全国第一次妇女代表会议决议的精神，闽粤赣边区党委制定了边区今后妇女工作计划和具体任务，选出了边区妇女会筹委会。各地委为加强妇女工作，还成立了妇女组织。如安溪中心县委成立了妇女工作委员会，闽西、潮梅地区积极筹备成立民主妇女联合会等。这些组织积极发动妇女，组织妇女起来参加各

① 《中共闽粤赣边区政权会议决议》（1949年4月5日），载福建省档案馆、广东省档案馆编《闽粤赣边区革命历史档案汇编》第6辑，档案出版社，1989，第188～189页。

种斗争，支援解放战争，迎接全国解放。

在新解放区，地方党组织带领县政工作团、工作队深入到未建立农会的地区，放手发动群众，按照农会章程进行组建，使各地的农会组织得到了进一步扩大和完善。如中共安溪县工委，为了贯彻闽粤赣边区政权工作会议提出的任务，制定并颁布了《村农会组织章程》，使各地农村工作有章可循，普遍建立农会，把贫苦农民都组织到农会里来，在各项斗争中，发挥更大的组织作用。

福建产业工人很少，特别是新解放区都是小县城、市镇，只有一部分手工业工人，但党组织仍十分重视这方面的工作。闽粤赣边区党委在接管新解放的城市工作中，就强调了要把工人（含店员、学徒）迅速组织起来，改善工人生活，变消费城市为生产城市，支援解放战争。闽北解放后，在闽浙赣省委职工部领导下，各地工人迅速组织起来，开展支援前线活动。南平成立了码头工人总会，帮助人民解放军搬运军用物资；闽北及古瓯线公路员工、汽车司机等积极抢运支前物资；顺昌洋口工会动员船工装运大米，支援解放军。

总之，福建各新解放区党的建设、政权建设和干部队伍建设，对巩固新解放区，恢复和发展工农业生产，支援前线等各方面工作，发挥了重要的组织保证作用，为接管福建，建设新政权，实现为民执政作好了充分的准备。

三、新福建省委的成立

1949年夏季，在中国人民革命战争即将全面胜利的时候，5月23日毛泽东、中央军委对华东局、第三野战军发出了提早进军福建的命令。命令要求："迅速准备提早入闽，争取于六、七两月内占领福州、泉州、漳州及其他要点，并准备相机夺取厦门。"①

第三野战军司令部认为逃到福建的国民党部队都是残兵败将，不

① 《军委关于各野战军进军部署给总前委等的指示》（1949年5月23日），载中共中央文献研究室、中央档案馆编《建党以来重要文献选编》第26册，中央文献出版社，2011，第419页。

会有大的战斗力，入闽兵力的部署只准备用十兵团的两个军。熟悉福建情况的十兵团司令叶飞，鉴于部队参加上海战役，伤亡较大，也很疲劳，需要时日休整，经建议批准以十兵团全部三个军入闽担负解放福建的任务，并休整一个月后开拔南进。于是部队普遍开展了形势和任务的教育，整顿了组织和进行了军事训练。为了接管和经营福建，中共中央决定由华东局组织部部长张鼎丞负责组建福建省委，做好一切准备工作。接管福建，需要1个省级、2个市级、8个地区级和60多个县级的党政领导班子和业务领导干部，这些干部除了当地干部外，还来自三个方面：一是由太行、太岳两大解放区抽调组成的长江支队4000多人，相当于1个区党委，6套地委、专署干部的配备；二是从苏南区党委抽调来的2000多人，相当于配备两个市的干部；三是从上海、苏州招收的2000多名知识青年（其中有1000多名大学生）组成的中国人民解放军华东随军服务团（简称南下服务团）。

6月12日，张鼎丞亲自到苏州，给长江支队干部作题为《关于当前形势和我们的任务》的报告。讲清全国革命发展的大好形势。在讲到长江支队的工作和态度问题时，他说：由于我们胜利快，需要大批干部，原准备的干部已经大大不够了。华东局报党中央批准，要我同大家一起去福建。福建话难懂、山多、雨水多、蚊子多，福建穷，是事实。但福建山清水秀，福建人民长期坚持革命斗争，有红旗不倒的老苏区。现在盼到了解放，他们欢迎我们去。老苏区群众觉悟高，会支持我们。大家去了接管城市、乡村，借粮、借款，支援前线，吃饱饭，打胜仗，还要积极恢复生产，繁荣市场。最后，他要求大家抓紧学习好城市政策，准备行军。响应毛主席“将革命进行到底”的号召，坚定革命意志，同困难作斗争，听从党的指示，哪里有困难就向哪里冲，先天下之忧而忧，后天下之乐而乐，发挥共产党员的先锋模范作用。福建的党和人民期待我们去工作、去战斗。

张鼎丞的报告引起了干部们的强烈反响，大家的思想开朗了，革命情绪高涨起来了。他们抱着革命到底，做一个彻底的革命者的决心和必胜的信心，长途跋涉，从北方来到东南沿海。

6月15日，中国人民解放军华东随军服务团在上海宣告成立。南下服务团成员，大都是进步青年，其中不少是党团员。集中后，分别在复旦、沪江两大学进行了半个月的政治学习、军事训练。张鼎丞亲自作报告，号召大家将革命进行到底，全心全意为人民服务，用马列主义、毛泽东思想武装自己的头脑，奋勇前进，不怕牺牲，要有艰苦奋斗、克服一切困难、百折不挠的精神。同时还邀请了华东局、上海市和福建省委的有关领导粟裕、魏文伯、舒同、冯定、刘瑞龙、李昌、方毅、江一真等作报告，讲明当前形势和任务，新区接管和城市政策，土地改革和农村政策，知识分子的学习和改造，青年团的工作方针等。这些报告对大家提高政治觉悟，树立革命人生观与世界观，了解党的基本政策，培养良好的作风起了很大作用，为南下福建、开展工作奠定了思想基础。张鼎丞还从政治上关心爱护广大知识青年，指示在原有地下党团员的基础上发展一批具备条件的新党员、新团员。

6 月 19 日，经党中央批准以张鼎丞为书记的中共福建省委于江苏省苏州市组成。福建省委以张鼎丞、曾镜冰、叶飞、韦国清、方毅、梁国斌、伍洪祥、刘培善、范式人、冷楚、陈辛仁、黄国璋 12 人为省委委员，张鼎丞为书记，韦国清为组织部部长，陈辛仁为宣传部部长，梁国斌为社会部部长，方毅为财政委员会书记，伍洪祥为青委书记。8 月 6 日，华东局决定增补左丰美为福建省委委员；刘尚志、黄国璋为省委组织部副部长；杨西光为省委宣传部副部长；李继成、叶松为省委社会部副部长；曾镜冰为省委秘书长，周璧为副秘书长；石英为省财经委副书记等。11 月，魏金水、刘永生经中央批准增补为省委委员。

中共福建省委在苏州开了组成会后，又在浙江省江山县新塘边召开了地委以上主要干部会议，张鼎丞向会议传达了党中央批准的中共福建省委组成的人选名单。据华东局决定，十兵团党组织归省委领导，张鼎丞兼任福建省军区政委、福建人民政府主席，同时宣布南下区党委的建制撤销。从华北、华东调来的干部均归中共福建省委领导，并对原长江支队六个地委的干部作了安排，一地委到晋江地区，二地委到建阳地区，三地委到南平地区，四地委到闽侯地区，五地委到龙溪地区，六地委到福安地区。华东的南下干部分配在福州、厦门两市。张鼎丞在很短的时间里，对全省的省级、地市级主要干部作了妥善安排，组成省、地市两级的领导班子。

7 月初，福建省委随十兵团南下，中旬抵达建瓯。曾镜冰向福建省委领导汇报了各方面的情况和有关福建事项。25 日经酝酿，召开了省委会议，确立了新省委的集中统一领导，闽浙赣省委宣告结束。9 月 14 日，经中共中央华南局批准，撤销中共闽粤赣边区党委，区党委所属的中共闽南、闽西两地委归中共福建省委领导。

中共福建省委领导班子，由华东局，十兵团，华北老解放区的太行、太岳区党委，闽浙赣省委，闽粤赣边区等重要领导人组成，他们都是久经战争考验，又富有斗争经验的老革命工作者。有这样坚强的党的领导核心，加上有部队干部和地方干部、南下干部和地下干部、外来干部和本地干部的共同努力，有勇敢勤劳的福建人民，特别是老区人民的拥护和大力支持，福建终于迎来了翻身得解放，当家作主人的新时代。中共福建地方党组织的历史翻开了新的一页。

解放战争是国共两党的一场生死大决战，做好中国共产党自身建设，转变斗争策略，发动群众，争取广大人民群众的支持，与国民党反动派进行针锋相对的斗争，是取得这场大决战胜利的关键。这一时期，福建地方党组织紧紧围绕着党的中心任务，针对党内存在的突出问题和革命战争所要解决的紧迫问题，积极加强全党的思想教育，开展整风学习，在斗争中根据形势的发展需要从隐蔽待机，保存实力，稳固和慎重恢复发展党组织，到在游击战争中加强党的建设；从巩固与扩大党的组织，到召开中共福建省代表会议；从加强党组织的制度建设，大量培养革命干部，再到为接管政权加紧党的执政能力建设。解放战争是中国共产党建设史上理论最成熟、经验最丰富的时期之一。这一时期党的建设，起着承上启下、继往开来的历史作用。中共福建党组织在这个时期发生了巨大的变化，党的组织不断发展壮大，取得了令人瞩目的成绩。

福建党组织的建设和干部的准备，干部思想和能力的提高，为福建解放后建设新福建，为民执好政准备了充分的条件。

后　记

加强党的建设是中国共产党的优良传统和重要法宝。中国特色社会主义新时代，提出从严治党的决策部署，把党的建设新的伟大工程摆在统揽“四个伟大”中的决定性地位，为此，深入研究中国共产党90多年来加强自身建设的历史及其宝贵经验，追根溯源，“不忘初心，牢记使命”，从中汲取智慧和力量，“以史鉴今，资政育人”，更是党史工作者应担负的重大职责。中共福建党的建设史是中国共产党建设史的重要组成部分，也是中共福建历史不可或缺的重要内容。为了进一步深化福建地方党史研究，加强红色文化宣传，为当前党的建设和构建全面小康社会提供历史镜鉴，中共福建省委党史研究室较早启动了编纂“中共福建党的建设史”课题的任务，决定先编纂1926—1949年的党建史，并申报列为2016年福建省社科规划项目。

为了做好这项工作，室领导非常重视，专门成立了编纂委员会和编纂组，编委会由黄誌、逄立左任主任，汪一朝、黄玲、王盛泽任副主任，由黄玲副主任牵头负责编纂工作。在写作过程中，查阅和使用了大量第一手资料，也参考和吸收了近年来的研究成果，坚持论从史出。本书循着历史发展脉络，理顺中国共产党在福建的建设纵向发展变化的过程及这种发展变化的根源，并从中得出一些重要的经验和观点。具体分工为王盛泽执笔第一、二章，第四章第三节；钟健英执笔第三章，第四章第一、二、四节，第五章；王爱菊执笔第六章；吕东征执笔第七章。最后由王盛泽修改统稿，于2018年9月完成课题并申报结项。可以说这是大家共同努力的结果、集体智慧的结晶。

本书的编纂出版，得到有关档案部门和出版社的大力帮助和支持。在此，谨向所有关心、支持和帮助本书编纂出版的同志和单位表示感谢。

由于编者水平和经验所限，难免有疏漏差错之处，敬请党史同仁及广大读者批评指正。

中共福建省委党史研究室

2019 年 10 月

图书在版编目（CIP）数据

中共福建党的建设史：1926—1949/中共福建省委党史研究室著. --福州：福建人民出版社，2020.3（2021.6 重印）

ISBN 978-7-211-08303-9

Ⅰ.①中… Ⅱ.①中… Ⅲ.①中国共产党—地方组织—党史—福建—1926—1949 Ⅳ.①D235.57

中国版本图书馆 CIP 数据核字（2019）第 285703 号

中共福建党的建设史（1926—1949）

ZHONGGONG FUJIAN DANGDE JIANSHE SHI

著　　者：中共福建省委党史研究室

责任编辑：满　艺

出版发行：福建人民出版社　　**电　　话**：0591-87533169(发行部)

网　　址：http://www.fjpph.com　　**电子邮箱**：fjpph7211@126.com

地　　址：福州市东水路 76 号　　**邮政编码**：350001

经　　销：福建新华发行（集团）有限责任公司

印　　刷：福州万达印刷有限公司

地　　址：福州市仓山区金山橘园洲工业园台江园 17 栋

开　　本：700 毫米×1000 毫米　1/16

印　　张：23

字　　数：329 千字

版　　次：2020 年 3 月第 1 版　　2021 年 6 月第 2 次印刷

书　　号：ISBN 978-7-211-08303-9

定　　价：60.00 元

本书如有印装质量问题，影响阅读，请直接向承印厂调换。